Christoph Girtanner

Historische Nachrichten über die Französische Revolution

Christoph Girtanner

Historische Nachrichten über die Französische Revolution

ISBN/EAN: 9783743692855

Hergestellt in Europa, USA, Kanada, Australien, Japan

Cover: Foto ©ninafisch / pixelio.de

Weitere Bücher finden Sie auf **www.hansebooks.com**

Historische Nachrichten
und
politische Betrachtungen
über die
französische Revolution

von

Christoph Girtanner,

der Arzneiwissenschaft und Wundarzneikunst Doktor; Herzogl.
Sachsen-Kob. geheimen Hofrathe; der Königl. medizinischen
Societäten zu Edinburgh und zu London, so wie auch der literar.
und philos. Societät zu Manchester Ehrenmitgliede.
u. s. w.

Neunter Band.

Illa vetus Gallia, quae quondam opibus, imperio, gloria floruit, hoc uno malo concidit, libertate immoderata et licentia concionum.

Cicero.

Berlin 1795.
Bei Johann Friedrich Unger.

Vorrede.

Der gegenwärtige Band ist vielleicht, in Rücksicht auf die Größe, die Wichtigkeit und die Mannigfaltigkeit und der in demselben erzählten Begebenheiten, der interessanteste von allen. Die Folgen dieser Begebenheiten erstrecken sich auf Jahrhunderte hinaus. Um so viel mehr muß es dem Geschichtschreiber unverbrüchliche Pflicht seyn, Begebenheiten von solcher Art treu, wahr, und ohne Partheilichkeit zu schildern. Privatmeinungen sowohl, als andere kleinlichen Rücksichten, müssen ganz verschwinden, und er muß sich unaufhörlich, während er schreibt, durch seine Einbildungskraft um ein Jahrhundert weiter hinaus versetzen; und aus diesem entfernten Gesichtspunkte die Begebenheiten betrachten, die vor unsern Augen vorgehen. Ich habe mich bemüht dieses zu thun, und hoffe daß mir mein Bestreben nicht ganz mißlungen seyn werde. Von den, über die Ereignisse des zehnten Augusts in Frankreich, England und Deutschland, in Menge erschienenen Schriften, hat mir bei meiner Ausarbeitung keine einzige gefehlt, und außerdem bin ich noch von einigen meiner Freunde zu Paris mit handschriftlichen Aufsätzen über jene großen Ereignisse versehen worden: so daß ich mich im Stande befand, eine ausführliche Geschichte des genannten wichtigen Tages zu schreiben, welche bisher noch gefehlt hat.

In Rücksicht auf die gedruckten Quellen, deren ich mich bedient habe, sei es mir erlaubt, noch einige Bemerkungen zu machen. Das dernier tableau de Paris von Peltier ist das umständlichste und wichtigste Werk. Der Verfasser hat sich die Mühe genommen, eine außerordentliche große Anzahl von glaubwürdigen Augenzeugen, über das, was sie gesehen hatten, zu verhören, auch ihre Zeugnisse mit einander zu vergleichen, und durch einander zu berichtigen. Aber Peltier ist ein wüthender Royalist, und alle Zeugen, die er verhört hat, sind Royalisten. Hierdurch wird sein Buch höchst einseitig, indem nichts in demselben erzählt ist, was der republikanischen Parthei zum Vortheile gereichen könnte, hingegen alles angeführt ist, was derselben zum Nachtheile gereichen kann. Die Thatsachen, welche Peltier erzählt, sind übrigens alle wahr, und er hat sich nicht erlaubt zu verfälschen oder zu erdichten. Peltier bleibt daher auf alle Fälle dem Geschichtschreiber, der ihn mit historischer Kritik benutzt, ein wichtiger und schätzbarer Schriftsteller, wie elend auch sein übertriebenes Royalistisches Raisonnement in unsern Ohren klingen mag. Bigot de Ste. Croix histoire de la conspiration du 10 Août ist ebenfalls ein wichtiges Werk, weil der Verfasser der einzige ist, der uns erzählt, was im Pallaste der Thuillerien vorfiel, wo er, als Minister, sich damals aufhielt. Das vortrefflichste Buch unter allen ist das Werk des Engländers Moore. Dieser erzählt, mit größter Unpartheilichkeit und Genauigkeit, alles, was er damals zu Paris vorgehen sah, und von glaubwürdigen Personen erzählen hörte. Andere, weniger wichtige, Quellen übergehe ich: mit den angeführten hielt ich es für nöthig den Leser bekannt zu machen.

Göttingen am 20. September 1794.

Christoph Girtanner.

Achtzehnte Abtheilung.

Geschichte der Entthronung und Einkerkerung des Königs.

Beweis daß die Häupter der Jakobiner eine Verschwörung gegen den König gemacht hatten, aus ihren eigenen Schriften. Stellen von Pethion, Louvet, Barbaroux, Brissot, Panis und Carra. Nahmen der Verschwornen. Frechheit, mit der sie die Verschwörung im voraus ankündigten. Beschimpfung des Königs. Entfernung aller Linientruppen aus Paris. Versuch auch die Schweizer zu entfernen. Der Pöbel wird gegen den Hof aufgewiegelt. Ungegründete Gerüchte. Vorgebliche Vergiftung der Freiwilligen im Lager zu Soissons durch gestoßenes Glas. Botschaft des Königs an die Versammlung, wegen des Manifestes des Herzogs von Braunschweig. Pethions schändliche Rede. Demoulins sonderbarer Vorschlag. Der geheime Ausschuß der Verschwornen versammelt sich. Die Marseiller müssen während der Nacht ihr Quartier ändern. Schrecken darüber im Schlosse. Schilderung der bedenklichen Lage, in welcher sich der König befand. Plan des Herrn la Fayette den König von Paris zu entfernen, und nach Compiegne zu bringen. Vorschlag den König nach Rouen zu bringen. Der König weigert sich, in diese Plane einzuwilligen. Proklamation des Königs. Der König macht im Schloß Vertheidigungs-Anstalten. Debatten in der Versammlung über la Fayette, und Lossprechung dieses Generals. Wuth der Jakobiner hierüber. Gerüchte, welche die Jakobiner gegen den König verbreiteten. Edles Betragen des Königs dabei. Schändliches Betragen des Herrn Pethion. Mitglieder der Nationalversammlung, welche sich über die von dem Pöbel erlittenen Mißhandlungen beklagen. Unruhige Sitzung der Nationalversammlung. Anstalten zur Vertheidigung, welche im Schlosse gemacht wurden. Anstalten der Jakobiner zum Aufruhr. Beschreibung der Gegend um das Schloß der Thuillerien. Neuer Jakobinischer Bürgerrath, welcher den rechtmäßigen Bürgerrath absetzt. Marsch der Aufrührer nach den Thuillerien. Ermordung des Kommandanten Mandat auf Befehl des neuen Bürgerraths. Die Nationalversammlung läßt Pethion aus dem Schlosse holen. Zug des Pöbels nach dem Schlosse. Anekdote den Dauphin betreffend. Musterung der Truppen durch den König. Betragen der Nationaversammlung. Anekdoten die Königinn betreffend. Die königliche Familie verläßt das Schloß, und begiebt sich nach dem Versammlungs-Saale der Nationalversammlung. Die Versammlung mißhandelt den König. Folgen, welche die Entfernung des Königs auf die im Schlosse befindlichen Truppen hatte. Mademoiselle Theroigne de Mericourt. Anfang des Gefechtes. Der General Westermann, Anführer der Rebellen. Traurige Lage der Schweizer. Gefecht der Schweizer mit dem Pariser Pöbel. Botschaft des Königs an die Schweizer. Ein Theil der Schweizer begiebt sich zum Könige, und wird entwaffnet. Fortsetzung des Gefechts. Schweizerischer Heldenmuth. Grausamkeit des siegenden Pöbels. Anekdoten, die Schweizer betreffend. Verheerung des

Schlosses. Verhandlungen der Nationalversammlung. Betragen des Königs während des Gefechts. Unruhe der Königinn. Fernere Verhandlungen der Nationalversammlung. Vierfacher Eid aller Mitglieder. Umwerfung der Konstitution. Suspension des Königs. Großmuth eines Parisers. Neu gewählte Minister. Traurige Lage der königlichen Familie. Genauere Schilderung dieser Lage. Ermordung des Obristen Carl. Anekdoten die königliche Familie betreffend. Schilderung des Zustandes der Thuilerien am eilften August von einem Augenzeugen. Schreckliche Lage einiger Schweizer, welche ihr Leben noch gerettet hatten. Blutgierigkeit des Pariser Pöbels. Proklamation der Sektion von Marseille. Bilderstürmerei. Die königliche Familie wird von ihren letzten Freunden getrennt. Kummer, welchen die Trennung verursachte. Anacharsis Cloots. Die Versammlung beschließt, daß der König in das Haus des Justizministers gebracht werden solle. Pethion und Manuel widersetzen sich. Die Unverschämtheit des Kapuziners Chabot. Die königliche Familie wird nach dem Gefängnisse des Tempels gebracht. Erhabenes Betragen der Königinn. Pethions Unverschämtheit. Mittel, derer sich die Jakobiner bedienten, um das Volk gegen den König aufzubringen. Der neue Pariser Bürgerrath. Unmenschlichkeit des Pariser Pöbels. Einige Züge, welche Beweise derselben sind. Grausamkeit der Weiber. Unterdrückte Preßfreiheit. Leichtsinn der Pariser.

Et ce n'etoit partout qu'un horrible mélange
D'os et de chairs meurtris et trainés dans la fange,
De lambeaux teints de sang, et de membres affreux
Que des chiens dévorants se disputaient entr'eux
         VOLTAIRE.

Während die vereinigten Armeen in Frankreich einrückten, machten die Häupter der Jakobiner den schrecklichen Plan, die Konstitution umzuwerfen, die königliche Familie zu ermorden, und sich der Regierung zu bemächtigen. Dieser Plan gelang ihnen, wie die Folge dieser Geschichte lehren wird, nur zu gut, und es wurde derselbe beinahe in seinem ganzen Umfange ausgeführt. Da aber die Jakobiner, wie sie seit dem Anfange der Revolution gethan haben, die Verschwörung Denjenigen schuld gaben, welche ein Opfer derselben geworden waren; da sie behauptet haben, der Hof selbst hätte eine Verschwörung gegen die Frankreicher gemacht, und die Entthronung so wohl, als die Einkerkerung des Monarchen, sei weiter nichts gewesen, als eine Maasregel der Vertheidigung: so wird es nöthig sein, ehe die gräßliche Geschichte jener blutigen Tage selbst erzählt wird, vorher unpartheiisch zu untersuchen, in wie fern das Vorgeben der Jakobiner gegründet sein möchte. Die eigenen Schriften der Jakobiner und die Geständnisse ihrer Häupter sind die Quellen, welche uns bei dieser Untersuchung leiten können, und aus welchen erhellt, daß der Hof, weit entfernt gegen die Konstitution und die Freiheit des Frankreichischen Volkes etwas unternehmen zu wollen, vielmehr, mit einer Unthätigkeit die man unmöglich anders nennen kann als Schwäche, nicht den geringsten Versuch machte, die Plane seiner Feinde, die ihm bekannt waren, zu zerstören, oder sich dem Ausbruche einer Verschwörung zu widersezen, von deren kleinsten Umständen er schon im voraus Nachricht erhalten hatte. Nur einige Kraft, einige Thätigkeit, einige Energie von Seiten Ludwigs, hätte Frankreich vom Untergange gerettet, und der ganzen Lage der Dinge eine andre Wendung gegeben. So sehr hängt in einer Monarchie das Wohl des Staates von dem persönlichen Karakter des Monarchen ab!

Daß eine Verschwörung gemacht wurde, um den König vom Throne zu stoßen; daß die Häupter der Jakobiner die Triebfedern dieser Verschwörung waren; und daß der zehnte August 1792 der bestimmte Tag war, an welchem diese Verschwörung ausbrechen sollte: diß erhellt aus den folgenden Umständen und Zeugnissen der Mitverschwornen. Pethion sagt: "Ich sah die Nothwendigkeit eines Aufstandes ein; nur das machte mir "Schwierigkeit, den Zeitpunkt derselben zu bestimmen: "denn dieser Zeitpunkt war entscheidend, und erforderte "daher die ernsthafteste und anhaltendste Ueberlegung. "Man mußte kluge Maasregeln ergreifen; Maasregeln

"welche, so zu sagen, unfehlbar wären; vorzüglich muß-
"te man sich einander recht verstehen, um nicht im Kam-
"pfe unterzuliegen, um nicht die Freiheit und das Schik-
"sal der ganzen Nation auf eine unvorsichtige Weise in
"Gefahr zu setzen. Alle diese Umstände vereinigten sich,
"den zehenten August zu dem großen Tage zu bestimmen.
"Die Mitglieder des Bürgerrathes, welche ich ersucht
"hatte, sich nach den Sektionen zu begeben, meldeten mir:
"daß die Ungeduld des Volkes auf den höchsten Grad ge-
"stiegen sei, und daß dasselbe nicht länger warten wolle.
"Ich erhielt außerdem kostbare Nachrichten von Vau-
"geois, meinem Freunde, welcher Präsident des Aus-
"schusses der Föderirten war. Auch Carra gab mir
"Nachrichten. Er sezte hinzu: wir wollen es schon
"so einrichten, daß man Ihnen keinen Vor-
"wurf machen kann; wir wollen Sie verhin-
"dern Ihr Haus zu verlassen. Wer war es, der
"zu verschiedenen malen die Ausführung dieser Maasre-
"gel zu beschleunigen suchte? — Ich war es, ja ich;
"denn sobald ich erfuhr, daß der Aufruhr allgemein sei,
"war ich entschlossen denselben zu begünstigen, weit ent-
"fernt ihm Einhalt zu thun." a) An einem andern Orte
"sagt Pethion: Denjenigen Männern, welche sich den
"Ruhm dieses Tages (des zehenten Augusts) zugeeignet
"haben, gehört derselbe am wenigsten. Er gehört denen,
"die diesen Tag vorbereiteten; er gehört der unbezwingli-
"chen Natur der Dinge; er gehört den tapfern Föderirten
"und ihrem geheimen Direktorium, welches den Plan
"zum Aufruhr schon vorlängst gemacht hatte." b) Pethion

a) Observations de Jerôme Péthion sur la lettre de Maximilien Robespierre. S. 10. 12.
b) Discours de Jerôme Péthion sur l'accusation in-
tentée contre Maximilien Robespierre S. 5. Pièces intéressantes servant à constater les principaux evenements
qui se sont passés sous la mairie de J. Péthion. S. 327.

„gesteht auch, daß er über die Ausführung der Verschwö„rung, und über die in dieser Rücksicht zu nehmenden „Maasregeln, eine Unterredung mit Robespierre gehabt „habe. a)

Der Jakobiner Louvet sagt: „ Wir verlangten den „Krieg, wir reine Jakobiner, weil im Frieden die Re„publik ganz gewiß nicht aufkommen konnte, denn selbst „unter den günstigsten Umständen durften wir höchstens „erwarten, einen Tyrannen gegen einen andern zu ver„tauschen... Die Republikaner, die würdigen Re„publikaner, verlangten den Krieg. Sie wagten es, nach „dem wahren Ruhme, nach der unsterblichen Ehre zu „streben, das Königthum selbst zu vernichten, dasselbe „auf immer zu vernichten; zuerst in Frankreich, und „nachher in der ganzen Welt." b)

Barbaroux nennt sogar den Ort, wo die Ver„schwornen sich versammelten. „Zu Charenton, sagt „er, wurde die Verschwörung verabredet, welche am „29. Julius ausgeführt werden sollte, aber erst am zehn„ten August zu Stande kam." c)

Brissot sagt: „Die Abschaffung des Königthums „hatte ich zur Absicht, als ich den Krieg erklären ließ. „Die aufgeklärten Männer verstanden mich am 30. De„zember 1791, als ich Robespierre antwortete, welcher „immer nur von Verrätereien sprach, die zu besorgen „wären, und als ich zu ihm sagte: ich fürchte nur Eins, „nämlich daß man uns nicht verrathe. Wir bedürfen

---

a) Lettres de Maximilien Robespierre à ses commettans. No. X. S. 436 Observations de Jérôme Péthion sur la lettre de Maximilien Robespierre. S. 11. Pièces intéressantes, servant à constater etc. S. 373.

b) A Maximilien Robespierre et à ses Royalistes par J. B. Louvet. S. 18.

c) Man sehe den Moniteur vom 1. November. 1792. S. 1298 in der dritten Kolumne.

"der Verrätherei; sie allein kann uns retten; denn es "giebt noch starke Dosen von Gift in Frankreich, und "es bedarf einer starken Explosion um dasselbe wegzuschaf- "fen... Die großen Verrätherelen werden Niemand "schaden, als den Verräthern; sie werden den Völkern "nützlich sein; sie werden aus dem Wege räumen, was "sich der Größe der Frankreichischen Nation widersetzt, "nämlich das Königthum." a)

Panis erzählt folgendes: "Ich erinnere mich, daß "ich den Barbaroux brauchte, um das Bataillon der "Marseiller zu bewegen, seine Wohnung bei den Barfü- "ßern, in der Sektion des Französischen Theaters auf- "zuschlagen; eine Maasregel welche den meisten Patri- "oten zur Ausführung der Revolution des zehenten Au- "gusts sehr wichtig schien. Wir vereinigten uns damals "mit einer kleinen Anzahl guter Staatsbürger, welche "jezt von Feigherzigen verläumdet werden, und mach- "ten den patriotischen Plan zur Belage- "rung der Thuillerien." b)

Endlich erzählt Carra den ganzen Plan der Ver- schwörung, deren thätiges Mitglied er selbst war. c) Er beweist, daß die, am zehnten August 1791 erfolgte, Revloution das Werk eines geheimen Ausschusses der Föderirten war. Dieser Ausschuß, welcher die Empö- rung gegen den König und die Konstitution anzettelte bestand, wie er sagt, aus fünf Personen: aus den Herren Baugeois, Großvikar des Bischofs von Blois; de Besse, aus der Abtheilung des Drome; Guillaume, Professor zu Caen; Simon von Straß- burg; und Galissot von Langers. Bald nachher ka-

a) J. P. Brissot à tous les republicains de France sur la société des Jacobins. S 8
b) Lettres de Maximilien Robespierre S 45 und 46.
c. Annales patriotiques et littéraires, rédigées par Mer- cier et Carra, 20 Novembre 792. Von e auch Fastes de la République Françoise. T. 2, S. 66.

meu noch dazu Carra, welcher dieses erzählt; Fournier, ein Kreole, der General Westermann; Kienlin von Strasburg; der Bierbrauer Santerre; Alexander, der Anführer des Pöbels in der Vorstadt St. Marceau; Lazousky, ein Kanonier; Antoine von Metz, Mitglied der konstituirenden Nationalversammlung; Lagrey und Garin. Diese Menschen versammelten sich zum ersten male in der Nacht vom Donnerstage auf den Freitag, den 26. Julius 1792, in einem Wirthshause der Straße St. Antoine, unweit der Bastille, die goldene Sonne genannt. Der Journalschreiber Gorsas war mit dabei. Damals wollten sie den Plan gegen den König am 26. Julius ausführen; allein Pethion verhinderte dieses, wie oben bereits ist erzählt worden. — Es erhellet also aus dieser Erzählung des Carra, welcher Niemand widersprochen hat, daß der Plan den König vom Throne zu stoßen, schon seit langer Zeit gemacht und vorbereitet war.

Die Verschwornen waren ihrer Sache so gewiß, sie rechneten so sicher darauf, der gutmüthige König werde entweder keinen, oder doch nur einen sehr schwachen Widerstand leisten, daß sie durch die Zeitungs und Journalschreiber schon im Voraus ihr Vorhaben bekannt machen ließen. Millin, Verfasser der Kronik von Paris, eines Jakobinischen Tageblattes, schrieb am fünften August: "Wenn der König nicht, zwischen hier "und einigen Tagen, die kräftigsten Mittel ergreift; "wenn er nicht eines Augenblickes von Zutrauen sich "bedient, welches durch die Wahl eines geschickten und "verständigen Ministers entstehen kann; wenn er noch "länger zögert: so ist er verlohren. Alle Sektionen "des Reiches werden den Sektionen der Hauptstadt nach"ahmen, und dann wird er unwiderruflich des Thro"nes entsetzt. Ich weiß zuverläßig, das die Ausfüh"rung dieser Maasregel gewiß gelingen wird, und daß

„der Ausgang derselben für Niemand zu fürchten ist, „als für den König: allein sie kann jetzt dem, seit so „langer Zeit erschütterten Staate, großes Uebel zuzie„hen." Prudhomme schrieb: "Jenes Schloß die „Thuillerien) steht abgesondert, gleich den Häusern in „welche man die Pestkranken einschließt; jener schöne „Garten (der Garten der Thuillerien) ist einsam und „verlassen, als wäre er mit Giftbäumen besetzt, von „denen uns neuere Reisende erzählen, und denen Nie„mand auf eine Meile weit sich nähert: nichts kann „besser die öffentliche Meinung in Rücksicht auf den Hof „schildern.... Ludwig der XVI muß an seinen Platz „gesetzt werden, nämlich außer die Konstitution eines frei„en Volkes, dessen Oberhaupt zu sein er nicht würdig „ist. ... Weiß etwa Ludwig der XVI, daß seine Abse„zung, sie mag nun von der Nationalversammlung „ausgesprochen werden oder nicht, dennoch durch das „Volk bereits ausgesprochen ist? Weiß er, daß das, was „er seinen Pallast nennt, es in kurzem vielleicht nicht „mehr sein wird?" a)

Einige Tage vor dem Ausbruche der Verschwörung war es bereits zu Paris bekannt, daß dieselbe am zehnten August ausbrechen würde b) In den Provinzen erwarteten die Anhänger der Jakobiner im voraus die Bestürmung des Schlosses der Thuillerien auf den genannten Tag, c) und der Engländer Moore erfuhr schon am sechsten August zu Clermont was am neunten und zehnten zu Paris geschehen werde. d) Ja sogar in den Hauptstädten von Europa hatten die Mitglieder der

a) Révolutions de Paris No. 160. Dugour collection des meilleurs ouvrages. T. 1. S. 221.
b) Peltier dernier tableau de Paris. T. 1. S. 47. Mallet Dupan lettre sur le 10. Août. S. 15.
c) Ein daselbst.
d) Moore Journal. T. 1. S. 12.

Propaganda von dem Plane der Verschwörung, und von dem festgesetzten Tage zu der Ausführung derselben Nachricht erhalten. a)

Aus einer Vergleichung aller dieser Umstände erhellt: daß eine Verschwörung im Werke war; daß der zehente August der zum Ausbruche dieser Verschwörung bestimmte Tag war; und daß es eine Verschwörung der republikanischen Jakobiner gegen die Konstitution und den König gewesen ist.

Der Garten der Thuillerien, welcher von der konstituirenden Nationalversammlung für ein Eigenthum des Königs erklärt worden war, wurde zu Ende des Julius, auf Befehl des Königs, verschlossen, weil der, von den Jakobinern aufgewiegelte und besoldete, Pariser Pöbel in demselben täglich die größten Ausschweifungen beging und die königliche Familie auf die frechste Weise beleidigte. Die Nationalversammlung war grausam genug, zu befehlen, daß dieser Garten, gegen den Willen des Königs, dem Publikum offen stehen sollte; ja sie beschloß sogar, zufolge eines Vorschlages des Hrn. Thuriot, daß ein Theil desselben, die Terrassen der Fucillants, ihr zugehöre. Um des Königs zu spotten, wurde diese Terrasse durch ein dreifarbiges Band von dem Garten getrennt. An dieses Band wurden eine Menge beleidigender Inschriften gehängt, und die Jakobiner spotteten des, in seinem Pallaste eingeschlossenen, unmächtigen Königs. Sie nannten den Pallast Koblenz, und den Garten: das Oesterreichische Lager; dabei sangen sie mancherlei Spottlieder in der Nähe des Schlosses. Jede Strophe dieser Lieder endigte sich mit folgenden Zeilen:

a) Dugour collection des meilleurs ouvrages. T. I. S. 238.

Nous te traiterons, gros Louis,
　　　　　Bi ibi,
A la façon de Barbari,
　　　　Mon ami.

Es ist eine eben so sonderbare, als richtige Bemerkung, daß sich alle Leidenschaften der Frankreicher durch Lieder äußern: eine Eigenheit, wodurch sich diese Nation von allen übrigen unterscheidet.

Die Nationalversammlung hatte, um dem Verlangen der Jakobiner nachzugeben, bereits, wie oben erzählt worden ist, die konstitutionsmäßige Leibwache des Königs verabschiedet, und die nach Paris gekommenen Föderirten, nebst den Marseillern, freundschaftlich aufgenommen. Hiedurch erhielten zwar die Jakobiner die Uebermacht über die Bürgermiliz und über die Anhänger der Konstitution: allein es blieben noch einige militairische Korps zu Paris, vor denen sie sich fürchteten und deren Entfernung ihnen schlechterdings nothwendig schien, um ihren Plan ungestört ausführen zu können. Sie erhielten daher von der Nationalversammlung einen Beschluß, vermöge welches alle Linientruppen Paris verlassen und sich zu der Armee begeben sollten. Nun blieben keine andere Truppen mehr übrig, als ein Regiment Schweizergarde, welches, zufolge der Konstitution sowohl, als der mit den Helvetischen Staaten getroffenen Uebereinkunft, ganz allein von den Befehlen des Königs abhing. Die Tapferkeit dieser Schweizer, und ihre Anhänglichkeit an den unglücklichen Monarchen, und die Treue, mit welcher sie ihren geleisteten Eid zu halten pflegten, waren bekannt. Noch am 24. Julius hatten sie einige bewaffnete Föderirte, welche während der Nacht in das Schlafzimmer des Königs eindringen wollten, mit Gewalt daran verhindert. a) Aus diesem

―――――――――
a) Fennel review. S. 296.

Grunde beschlossen die Jakobiner, daß die Schweizer Paris verlassen sollten. Die Nationalversammlung beschloß, daß der König einen Theil dieses Regiments von Paris entfernen sollte; und am siebenten August verließen dreihundert Mann von demselben die Hauptstadt und den Monarchen, welchem sie mit so großer Treue und Anhänglichkeit ergeben waren.

Das ganze Regiment hatte aus 2200 Mann bestanden, allein es war seit der Revolution auf 1600 Mann herabgesetzt worden. Von diesen blieben nun, nachdem jene 300 Mann unter dem Hauptmann Karrer nach Evreux marschiert waren, noch 1300 zu Paris. Zufolge des Beschlusses der Nationalversammlung hätten zwei Bataillone dieses Regiments, folglich mehr als 300 Mann, Paris verlassen sollen; auch hatte der König, diesem Beschlusse gemäß, bereits die nöthigen Befehle ertheilt: allein der Oberste des Regiments, der Graf Daffry, setzte sich dagegen, indem er vorstellte, daß das Regiment der Schweizergarde nicht anders, als mit Bewilligung der Helvetischen Staaten, getheilt werden könne, und daß er in die Entfernung von mehr als 300 Mann dieses Regiments nicht einwilligen dürfe. Diesen gegründeten Vorstellungen gab der König nach, und nahm seinen, bereits ertheilten, Befehl wieder zurück.

Die Jakobiner bedienten sich nunmehr der gewöhnlichen Mittel, deren sie sich bei jeder Gelegenheit zu bedienen pflegten, wenn sie den Pöbel gegen den Hof aufwiegeln wollten; durch Verleumdungen, Erdichtungen und ausgestreute falsche Gerüchte, brachten sie die Erbitterung auf den höchsten Grad.

Unter den verbreiteten Gerüchten machte vorzüglich Eines, so gräßlich es auch war, und so unglaublich es daher hätte scheinen müssen, den größten Eindruck auf die leichtgläubigen Pariser. Die Jakobiner gaben vor:

daß der König die Absicht gehabt habe, die, im Lager bei Soissons versammelten, Freiwilligen zu vergiften, und daß in dem an sie ausgetheilten Brode gestoßenes Glas gefunden worden sei. In der Abendsitzung des zweiten Augusts erschien ein Haufe von Bürgern und Bürgerinnen, welche der Versammlung dieses schreckliche Vorhaben anzeigten, und um eine eben so strenge als schnelle Untersuchung baten. Die Versamlung ernannte sogleich drei Kommissarien aus ihrer Mitte, die nach Soissons abgingen.

Ganz Paris gerieth bei dieser schrecklichen Nachricht in Bewegung. Man behauptete, und glaubte wirklich, daß der König Leute abgeschickt hätte, das ganze Lager zu vergiften; daß zweihundert Freiwilligen bereits gestorben wären; daß noch vier bis fünfhundert andere gefährlich krank lägen; und daß wahrscheinlich alle übrigen dasselbe Schicksal haben würden. a) Indessen kam schon am folgenden Tage, am dritten August, ein Brief von den abgesandten Kommissarien, Lacombe, Carnot und Gasparin, an die Versammlung, worin sie berichteten, daß in einem Brode einige Stücke Glas gefunden worden wären, daß aber dieses nicht von einer vorsätzlichen Vergiftung, sondern bloß aus Nachläßigkeit in das Brod wäre gemischt worden; denn das Mehl habe in einer Kirche unter den Fenstern gestanden, deren Glasscheiben zerbrochen wären, wodurch leicht einige Splitter des Glases sich mit dem Brode hätten vermischen können. Diese ganz natürliche Aufklärung einer so außerordentlichen Begebenheit that dem Pariser Pöbel kein Genüge: er fuhr fort zu glauben, daß die Glassplitter auf Befehl des Königs unter das Brod der Freiwilligen gemischt worden wären.

a) Fennel review, S. 320.

Am dritten August erschien Hr. de Joly, Minister der Gerechtigkeitspflege, in der Versammlung und überbrachte derselben die folgende Botschaft des Königs.

"Herr Präsident. Es ist seit einigen Tagen eine Schrift im Umlaufe, welche den Titel führt: Erklärung Sr. Durchl. des regierenden Herzogs von Braunschweig-Lüneburg, Befehlshabers der vereinigten Armeen Ihrer Majestäten, des Kaisers und des Königs von Preußen, an die Einwohner Frankreichs. Diese Schrift hat keines der Kennzeichen, welche die Authenticität derselben verbürgen könnten. Sie ist Mir, von keinem meiner Gesandten an den verschiedenen Höfen Deutschlands, welche sich in der Nähe unserer Gränzen befinden, zugesandt worden. Dennoch scheint es Mir, daß die Bekanntmachung derselben eine neue Erklärung Meiner Gesinnungen und Meiner Grundsätze erfordere. Frankreich sieht sich von einer Verbindung großer Kräfte bedroht: laßen Sie uns daher die Nothwendigkeit einsehen, einig zu sein. Die Verleumdung wird schwerlich glauben, wie traurig mein Gemüth bei dem Anblicke der vorhandenen Zwietracht und des Unglücks, das sich nähert, ist: allein Diejenigen, die da wissen, welchen Werth in Meinen Augen das Blut und die Wohlfarth des Volkes haben, werden Mir glauben, wenn Ich sage, daß Ich Besorgnisse und Kummer habe. Ich habe friedfertige Gesinnungen auf den Thron gebracht, weil der Friede das erste Bedürfniß der Völker, die erste Pflicht der Könige ist. Meine verabschiedeten Minister wissen es, wie sehr Ich Mich bemüht habe, dem Kriege auszuweichen. Ich sah ein, wie nothwendig der Friede wäre. Er allein war im Stande, die Nation über die neue Regierungsform aufzuklären; er allein war im Stande, Mich in dem Karakter, den Ich während dieser Revolution angenommen habe, zu unterstützen, und das Volk vor Unglücksfällen zu bewahren: allein Ich habe der einstimmigen Meinung Meines Staatsraths sowohl, als dem, von einem großen Theile der Nation erklärten und von der Nationalversammlung mehr als Einmal ausgedrückten Wunsche nachgegeben. a) Als der Krieg erklärt war, habe ich kein Mittel versäumt, um den günstigen Erfolg desselben sicher zu stellen. Meine Minister haben den Befehl erhalten, mit den Ausschüssen der Nationalversammlung und mit den Generalen Verabredungen zu treffen. Hat der Erfolg den Erwartungen der Nation bisher noch nicht entsprochen, so müssen wir es unserer inneren Zwietracht, dem zunehmenden Partheigeiste, und vor allem dem Zustande unserer Armeen zuschreiben, welche vorher noch hätten in den Waffen geübt werden sollen, ehe man sie in die Schlacht führte. Doch wird die Nation sehen, daß meine Bemühungen in eben dem Verhältnisse zunehmen werden, als die Bemühungen der Feinde zunehmen. Ich will, gemeinschaftlich mit der Nationalversammlung, alle Mittel anwenden, um es dahin zu bringen, daß das, von dem Kriege unzertrennliche Uebel, der Freiheit und dem Ruhme der Nation beförderlich sein möge. Ich habe die Konstitution angenommen. Der größte Theil der Nation wünschte dieselbe; ich sah, daß sie ihr Glück in dieselbe setzte; und dieses Glück macht die einzige Beschäftigung meines Lebens aus. Seit jener Zeit habe ich Mir es zum Gesetze gemacht, der Konstitution ge-

---

a) Aus dieser offenherzigen Erklärung des Königs erhellt, wie unwahr er ist, was der General Dumouriez in seinen Mémoires T. 2. S. 248. sagt: mon opinion a été toute entière pour la déclaration de guerre, celle du Roi était la même.

treu zu sein, und Ich habe Meinen Ministern befohlen, sie zur einzigen Richtschnur ihres Betragens zu nehmen. Ich habe nicht Meine Kenntnisse an die Stelle der Erfahrung, und Meinen Willen an die Stelle Meines Eides setzen wollen. Es war Meine Pflicht für das Wohl des Volkes zu sorgen, und diese Pflicht habe Ich erfüllt: dieß ist hinreichend zur Beruhigung eines rechtschaffenen Mannes. Niemals wird man Mich über etwas, das den Ruhm oder das Interesse der Nation angeht, in Unterhandlung treten, niemals von Ausländern, oder von einer Faktion, Gesetze annehmen sehen. Der Nation gehöre Ich an; mit derselben mache Ich nur Eins aus; kein Interesse kann Mich von ihr trennen; auf ihre Stimme allein werde Ich hören. Die Unabhängigkeit der Nation will Ich bis an Meinen letzten Athemzug vertheidigen; denn persönliche Gefahren sind Nichts in Vergleichung mit öffentlichem Unglücke. O! was sind persönliche Gefahren für einen König, dem man die Liebe seines Volkes zu rauben sucht! Dieß, dieß ist die eigentliche Wunde, die Mich schmerzt. Dereinst wird vielleicht das Volk erfahren, wie sehr seine Wohlfarth Mir angelegen ist, wie sehr dieselbe von jeher Mein einziges Interesse und Meine vorzüglichste Angelegenheit war. Großer Kummer würde durch den mindesten Beweis seiner Gegenliebe aufhören."

"Ludwig."
"Bigot de St. Croix.

Eine so rührende Erklärung des Königs über seine Gesinnungen, zu einer Zeit da die zahlreichen Armeen der verbündeten Mächte im Begriffe waren in Frankreich einzurücken, hätte wenigstens einigen Eindruck auf die Versammlung machen sollen: statt dessen entstand aber eine lange, durch persönliche Ausfälle und Schmähungen unterbrochene, Debatte über die Frage: ob dieser Brief des Königs gedruckt werden sollte, oder nicht? Es wurde zuletzt entschieden, daß derselbe nicht gedruckt werden sollte.

Nach dieser Entscheidung trat der Maire Pethion vor die Schranken und hielt folgende schändliche Rede:

"Meine Herren. Die Gemeinde von Paris hat mir aufgetragen, ihr Wortführer bei Euch zu sein. Ich will Euch die, von den Kommissarien der acht und vierzig Pariser Sektionen verfaßte, und von der großen Mehrheit der Pariser Sektionen gebilligte, Zuschrift vorlesen. — Gesetzgeber, wann sich das Vaterland in Gefahr befindet, dann müssen alle seine Kinder sich um dasselbe vereinigen. Niemals hat eine größere Gefahr dem Vaterlande gedroht. Die Gemeinde von Paris sendet uns zu Euch. Wir bringen in das Heiligthum der Gesetze den Wunsch einer ungeheuren Stadt. Voll Ehrfurcht gegen die Gesetzgeber der Nation, voll Zutrauen in den muthvollen Patriotismus derselben, verzweifelt diese Stadt nicht an dem öffentlichen Wohl; allein sie hält dafür, um die Uebel Frankreichs zu heilen müsse man sie in ihrer Quelle angreifen, und keinen Augenblick verlieren. Ungerne klagt sie bei Euch, durch uns, das Oberhaupt der vollziehenden Gewalt an. (Beifallklatschen der Gallerien.) Das Volk hat unstreitig recht gegen ihn aufgebracht zu sein: aber die Sprache des Zorns schickt sich nicht für starke Männer. Durch Ludwig den Sechszehnten genöthigt, ihn vor Euch und vor ganz Frankreich anzuklagen, wollen wir diese Anklage ohne Zorn, aber auch ohne kleinmüthige Schonung vorbringen. Es ist nicht länger Zeit jene Nachsicht zu gebrauchen, welche sich zwar für großmüthige Nationen

schickt, welche aber die Könige zum Meineide aufmuntert.
Die achtungswürdigsten Leidenschaften müssen schweigen,
wenn es darum zu thun ist, den Staat zu retten.
Wir wollen Euch nicht das ganze Betragen Ludwigs
des Sechszehnten seit den ersten Tagen der Revolution
schildern; nicht seine blutdürstigen Plane gegen die
Stadt Paris; nicht seine Vorliebe für die Adlichen
und die Priester; nicht die konstituirende Nationalversammlung durch Diener des Hofes beleidigt, von bewaffneten Männern umringt, mitten in einer königlichen
Stadt herum irrend, und ohne einen andern Zufluchtsort, als das Ballhaus. Wir wollen Euch nicht die so
oft verletzten Eide schildern; die unaufhörlich wiederholten, aber durch Handlungen widerlegten, Versicherungen; nicht den Zeitpunkt einer treulosen Flucht, welche selbst denjenigen Staatsbürgern die Augen öffnete,
die durch den Fanatismus der Sklaverei ganz verblen-
det waren. Wir wollen alles bei Seite setzen, was
durch die Verzeihung des Volkes bedeckt worden ist.
Aber verzeihen ist nicht vergessen: auch würde es vergeblich sein, alle diese Verbrechen zu vergessen; sie werden die Bücher der Geschichte beflecken, und die Nachwelt wird sich ihrer erinnern. Es ist jedoch, Gesetzgeber, unsere Pflicht, Euch mit schnellen Zügen die Wohlthaten der Nation gegen Ludwig den Sechszehnten sowohl, als die Undankbarkeit dieses Fürsten, zu schildern.
Aus wie vielen Gründen hätte man ihn, zu der Zeit
da das Volk seine Souverainetät wiedereroberte, vom
Throne stoßen können? Das Andenken an eine stolze
und aussaugende Herrscherfamilie, in welcher man kaum
Einen König gegen Zehen Tyrannen zählt; der erbliche
Despotismus, welcher von Regierung zu Regierung in
eben dem Verhältnisse zunahm, als das Elend des Volkes; die öffentlichen Finanzen, welche durch Ludwig

Neunter Th.   B

den Sechszehnten und seine beiden Vorgänger gänzlich erschöpft waren; schändliche, der Ehre der Nation nachtheilige, Verträge; die ewigen Feinde Frankreichs, welche seine Bundesgenossen und Herren wurden: solche Ansprüche hatte Ludwig der Sechszehnte an den konstitutionsmäßigen Zepter.. Die Nation hat aber, ihrem Karakter getreu, lieber großmüthig, als vorsichtig seyn wollen. Der Despot eines sklavischen Landes ist der König eines Volkes geworden. Nachdem er einen Versuch gemacht hatte aus Frankreich zu fliehen, um über Koblenz zu herrschen, ist er wieder auf den Thron gesetzt worden, vielleicht gegen den Willen der Nation, die man hätte um ihre Meinung fragen sollen. Wohlthaten ohne Zahl sind auf diese große Wohlthat gefolgt. Wir haben gesehen, wie während der letzten Zeit der konstituirenden Versammlung die Rechte des Volkes sind geschmälert worden, um der königlichen Gewalt Kraft zu geben. Aus ersten öffentlichen Beamten ist ein erblicher Stellvertreter geworden. Um des Glanzes des Thrones willen ist eine Leibwache geschaffen worden; und sein gesetzmäßiges Ansehen wird durch eine Zivilliste unterstützt, welche keine anderen Schranken hat, als die, die er ihr selbst hat geben wollen. Bald genug haben wir gesehen, wie alle Wohlthaten der Nation gegen sie sind gekehrt worden; wie die, Ludwig dem Sechszehnten zur Aufrechthaltung der Freiheit übertragene, Macht sich bewaffnet hat, um dieselbe zu vernichten. Wir werfen einen Blick auf das Innere des Reiches. Verkehrte Minister werden durch die unwiderstehliche Gewalt der öffentlichen Verachtung entfernt: diese bedauret Ludwig der Sechszehnte. Ihre Nachfolger machen der Nation und dem Könige die Gefahren bekannt, welche das Vaterland und den König umgeben: diese werden von Ludwig dem Sechszehnten weggejagt, weil sie sich als Patrioten gezeigt haben. Die Unverletzbarkeit des Königs und die Unbeständigkeit des Ministeriums vernichten täglich die Verantwortlichkeit der Wortführer der vollziehenden Gewalt. Eine Verschwörung anzettelnde Leibwache ist dem Scheine nach verabschiedet; allein sie ist noch vorhanden; sie wird noch von Ludwig dem Sechstzehnten besoldet; sie macht Plane zu einem Bürgerkriege. Ruhestörende Priester mißbrauchen ihre Gewalt über furchtsame Gewissen, bewaffnen ihre Kinder gegen ihre Väter, und senden aus dem heiligen Lande der Freiheit neue Soldaten zu den Pannern der Knechtschaft. Die Aufseher verbündeter Abtheilungen wagen es, sich zwischen die Nationalversammlung und den König zu drängen. Sie wollen ein, über das Reich zerstreutes, Oberhaus ausmachen. Einige derselben maßen sich sogar die gesetzgebende Gewalt an, und aus gänzlicher Unwissenheit wollen sie, zu eben der Zeit, da sie gegen die Republikaner deklamiren, das Reich in verbündete Republiken umschaffen. Im Nahmen des Königs stiften sie Zwietracht; und doch hat der König nicht mit Unwillen zweihundert dummen und strafbaren Verwaltern widersprochen, denen, von dem Einen Ende Frankreichs bis zum andern, die ungeheure Mehrheit ihrer Untergebenen widerspricht! Feindliche Armeen drohen unserem Gebiete von aussen. Zwei Könige machen ein, eben so ungereimtes als freches, Manifest gegen die Frankreichische Nation bekannt. Verbrecherische Frankreicher, die von den Brüdern, den Verwandten und den Freunden des Königs, angeführt werden, bereiten sich ihr Vaterland zu verheeren. Schon stellt der Feind auf unseren Gränzen unseren Kriegern Henker entgegen, und, um Ludwig den Sechszehnten zu rächen, wird die Souverainetät der Nation auf eine freche Weise beleidigt. Um Ludwig den Sechszehnten zu rächen fügt das Haus Oesterreich ein neues Kapitel zu der Geschichte seiner Grausamkeiten; um Ludwig den Sechszehnten zu rächen, haben die Tyrannen den Wunsch des Kaligula wiederholt, und möchten gerne alle Staatsbürger Frankreichs mit Einem Streiche vertilgen. Die schmeichelhaften Versprechungen eines Ministers haben bewogen den Krieg zu erklären, und wir haben denselben mit unvollständigen, und an allem Mangel leidenden, Armeen angefangen. Vergeblich ruft uns Belgien. Verkehrte Befehle haben den Muth unserer Soldaten gehemmt, unsere ersten Schritte in jenem schönen Lande hat die Mordbrennerei bezeichnet, und der Mordbrenner befindet sich noch im Lager der Frankreicher. Alle Beschlüsse, welche die Nationalversammlung zur Verstärkung unserer Truppen gefaßt hat, werden durch die Verweigerung der Genehmigung vernichtet, oder durch ein treuloses Zögern; und dennoch nähert sich der Feind mit starken Schritten, während die Patrizier Befehlshaber in den Armeen der Gleichheit sind; während unsere Generale, in Gegenwart des Feindes, ihre Posten verlassen; der bewaffneten Macht Berathschlagungen erlauben; hieher kommen, um den Gesetzgebern den Wunsch derselben vorzulegen, welchen sie auf keine rechtmäßige Weise hat kund thun können; und ein freies Volk verleumden, welches zu vertheidigen ihre Pflicht ist. Das Oberhaupt der vollziehenden Gewalt ist der erste Ring in der Gegenrevolutionskette, und es scheint als ob es an dem Pillnitzer Komplotte Theil habe, dessen Daseyn es so spät bekannt gemacht hat. Sein Nahme ist das Signal der Zwietracht zwischen dem Volke und der Obrigkeit, zwischen den Soldaten und den Generalen. Er hat sein Interesse von dem Interesse der Nation getrennt: auch wir trennen beides, so wie Er. Statt sich durch irgend eine förmliche Handlung den äusseren und inneren Feinden zu widersetzen, ist sein Betragen ein fortdaurender Ungehorsam gegen die Konstitution. So lange wir einen solchen König haben, kann die Freiheit sich nicht befestigen; und frei wollen wir bleiben. Aus einiger Nachsicht würden wir Euch vorgeschlagen haben, den König so lange zu suspendiren, als die Gefahr des Vaterlandes dauren wird: allein die Konstitution ist dagegen. Ludwig der Sechszehnte beruft sich unaufhörlich auf die Konstitution; auch wir berufen uns darauf, und verlangen daß er abgesetzt werde. (Beifallklatschen der Gallerien.) Wenn diese große Maasregel erst einmal genommen ist, so verlangen wir, daß Minister, die gemeinschaftlich verantwortlich seyn müssen, von der Nationalversammlung, aber nicht aus ihren Mitgliedern, gewählt, und, so wie es das konstitutionsmäßige Gesetz erfordert, durch das Stimmen freier Männer ernannt werden sollen, um vorläufig die vollziehende Gewalt auszuüben; bis der Wille des Volkes, unseres und Eures Souverains, gesetzmäßig und sobald die Sicherheit des Staates es erlaubt, in einer Nationalkonvention bekannt werden kann. Indessen mögen unsere Feinde, wer sie auch seyn, sich alle jenseits unserer Gränzen in Schlachtordnung stellen; Feigherzige und Meineidige mögen den Boden der Freiheit verlassen; drei hundert Sklaven mögen anrücken: und sie werden zehen Millionen freier Männer vor sich finden, die zum Tode, so wie zum Siege, bereit sind, die für die Freiheit, für ihre väterlichen Herde, für ihre Weiber, ihre Kinder und ihre Greise, streiten. Jeder von uns sei Soldat; und wenn er die Ehre haben soll, für das Vaterland zu sterben, so möge jeder von uns, ehe er den Geist aufgibt, sein Andenken durch den Tod eines Sklaven, oder eines Tyrannen, verherrlichen!"

Diese schändliche Bittschrift, deren Verfasser der Dichter Chenier war, wurde von der Versammlung mit großem Beifallklatschen aufgenommen. Pethion, welcher dieselbe vorlas, konnte das Vergnügen nicht verbergen, mit welchem er diese Gelegenheit ergriffen hatte, sich an dem Könige zu rächen, den er persönlich haßte. Er spricht sogar in seinen Schriften mit ausserordentlichem Wohlgefallen von dieser Bittschrift. "Es gehört mit unter die Sonderbarkeiten mei"nes Lebens," sagt er, "daß ich die Absetzung Desje"nigen verlangen mußte, welcher kurz vorher meine "Suspension verlangt hatte." a)

An demselben Tage (3. August) hielt Camille Desmoulins bei den Jakobinern eine Rede, in welcher er verlangte, daß einige Monate lang eine völlige Anarchie in Frankreich herrschen sollte, und daß die Nationalversammlung das, vormals zu Rom geltende, Valerische Gesetz erneuern sollte, welches erlaubte, einen jeden des Unpatriotismus verdächtigen Mann umzubringen, unter der Bedingung, daß nachher bewiesen würde, wie er den Tod wirklich verdient hätte.

Am vierten August versammelten sich die Häupter der Jakobiner, oder der sogenannte geheime verschworne Ausschuß, welcher aus den Herren Vaugeois, Debesse, Carra, Guillaume, Simon, Galissot, Fournier, Westermann, Kienlin, Lazousky, Santerré, Alexander,

---

a) On demandoit de toutes parts la déchéance du Roi. La commune de Paris fit à ce sujet, une pétition pleine d'énergie. Je la lus à la barre de l'assemblée. Ce fut une des singularités de ma vie, que de demander la déchéance de celui qui venoit de prononcer ma suspension. Péthion compte rendu. S. 23.

Antoine, Lagrey und Garin bestand, in einem Wirthshause auf den Boulevards, der blaue Sonnenzeiger genannt. Camille Desmoulins wurde an diesem Tage zum Mitgliede des Ausschusses aufgenommen; wahrscheinlich wegen der Rede, die er in dem Jakobinerklubbe gehalten hatte. Gegen acht Uhr des Abends begab sich diese ganze Gesellschaft von Verschwornen nach der Wohnung des Hrn. Antoine, eines ihrer Mitglieder, welcher in eben dem Hause wohnte, in welchem auch Robespierre sich befand. Dieser nahm keinen Theil an der Verschwörung, deren Ausgang er für zweifelhaft und das Unternehmen für gefährlich hielt.a) In der Wohnung des Herrn Antoine wurde nunmehr der Plan zum Angriffe des königlichen Schlosses verabredet, welcher am folgenden Tage (am fünften August) ausgeführt werden sollte. Carra schrieb, wie er selbst gesteht,b) den ganzen Plan zum Aufruhre eigenhändig ab, so wie auch die Art und Weise, wie das Schloß sollte angegriffen werden. Simon nahm Abschriften dieses Plans, und sandte dieselben um Mitternacht an die Anführer der beiden Vorstädte, an Santerre und Alexander. Allein diese antworteten: sie hätten noch keine Anstalten gemacht; daher ward der Aufruhr abermals auf den zehnten August verschoben.

Um jedoch diese Sitzung nicht ganz unnütz vorüber gehen zu lassen, beschlossen die Verschwornen, die Ausführung ihres Planes dadurch vorzubereiten, daß sie die, ihnen ergebenen, Marseiller und Föderirten andere Quartiere nehmen ließen, welche zu dem abgeredeten Angriffe bequemer und dem Schlosse näher lagen. Der Aufent-

a) Précis historique de Carra, dans les fastes de la République. T. 2. S. 69.
b) Ebendaselbst.

halt der Marseiller war bisher in den Kasernen de la Pepiniere, am äußersten Ende der Vorstadt Montmartre, gewesen: jetzt aber war beschlossen worden, daß sie nach der Kaserne der Barfüßer, in der Sektion des Französischen Theaters, verlegt werden sollten. Durch diese Veränderung des Ortes ihres Aufenthaltes befanden sich die Marseiller in der Mitte zwischen den beiden Vorstädten St. Marceau und St. Antoine: sie konnten nun bei dem Angriffe auf das Schloß die Zentral-Armee ausmachen.

Nach Mitternacht erhielten die Marseiller den Befehl von Verschwornen: ihre bisherige Wohnung zu verlassen, und nach dem, ihnen bestimmten, neuen Orte des Aufenthaltes zu marschieren. Sogleich brachen sie mit großem Lärm und Geschrei auf; bewaffnet und mit ihren Kanonen marschierten sie durch die Straßen von Paris. Niemand, außer den Verschwornen, kannte die Ursache dieses Marsches; man war daher in den Thuillerien, sobald man davon Nachricht erhielt, auf einen Angriff des Schlosses gefaßt. Voller Schrecken und Besorgniß stand die königliche Familie aus ihren Betten auf. Die Minister begaben sich nach dem Schlosse zu dem Könige. Der König sagte; "Was will man schon wieder? Soll der Auftritt des zwanzigsten Junius wiederholt werden? Ach! lasset sie kommen; ich bin "schon seit langer Zeit auf Alles gefaßt. Geben Sie "Niemand, als den wachthabenden Offizieren, Nachricht "davon, und wecken Sie die Königinn nicht auf." a) Die Minister ersuchten einige Rathsherren, nach dem Schlosse zu kommen: der Maire kam nicht; er ließ sagen, er wäre abwesend, und schlief ruhig fort. b) Der

a) Histoire de la conspiration du 10. Août 1792. Par Mr. Bigot de Ste. Croix. S. 21.
b) Ebendaselbst.

König brachte die ganze Nacht schlaflos und in Erwartung eines Angriffes gegen seine Person zu, bis er endlich am Morgen erfuhr, daß bloß die Marseiller ihre Wohnung verändert hätten.

An den folgenden Tagen erhielt der König eine Menge Nachrichten, und Beweise von dem Daseyn einer Verschwörung gegen seinen Thron und sein Leben. Er erfuhr die Plane der Republikaner, und er sah zu gleicher Zeit ein, daß ihm die Konstitution nicht Macht genug gebe, um dieselbe aufrecht zu erhalten und die Ränke ihrer Gegner zu zerstören. Eben so sehr, als vor den Republikanern, fürchtete sich der König auch vor den Emigranten, und vor den Armeen, welche, in Verbindung mit diesen Emigranten, in Frankreich einzudringen drohten. Er hatte zuverläßige Nachricht erhalten, daß seine Brüder, ungeachtet sie vorgaben in seinem Nahmen zu handeln und nur zu seiner Beschützung nach Frankreich kommen zu wollen, dennoch keine andere Absicht hätten, als ihn, nach ihrer Rückkunft, für schwach und des Thrones unfähig zu erklären, auch unter diesem Vorwande sich der Regierung zu bemächtigen. In dieser traurigen Lage, ohne Rathgeber, ohne Freunde, von äusseren sowohl, als von inneren Feinden, verfolgt und seinen nahen Fall voraus sehend, war Ludwig der Sechszehnte unschlüssig, was er thun sollte. Drei Partheien stritten sich in Frankreich, und ein jeder Streich den diese Partheien einander versetzten, fiel auf den König zurück. Er befand sich zwischen den Royalisten, welche die vormalige Regierungsform mit allen ihren Mißbräuchen wieder einführen wollten; zwischen den Feuillants, welche die Konstitution nebst einem konstitutionsmäßigen Könige verlangten; und zwischen den Republikanern, welche gar keinen König wollten. a) Es war ganz natürlich, daß sich Ludwig die größte Mühe gab, einer so peinlichen Lage, deren längere Dauer ihm unerträglich seyn mußte, zu entgehen. Die wenigen Freunde des Königs thaten ihm mehr als Einmal den Vorschlag, Paris zu verlassen, und sich zu der Armee des Herrn La Fayette, unter den Schutz dieses Generals, zu begeben. La Fayette erklärte sich bereit, den König aus den Händen der Jakobiner zu befreien. Der Plan zu dieser Reise war folgender. Der König sollte, in Gesellschaft seiner ganzen Familie, Paris verlassen; aber nicht heimlich, sondern öffentlich: er sollte sich des, ihm vermöge der Konstitution zukommenden, Rechtes bedienen, welches ihm erlaubte, sich bis auf zwanzig Stunden von dem gesetzgebenden Körper zu entfernen. Der König sollte also kund thun, daß er eine Zeitlang sich zu Compiegne aufzuhalten gesonnen sei. Der Brief, welcher diese Nachricht enthalten hätte, wäre (so war es der Plan) dem Presidenten der Nationalversammlung in eben dem Augenblicke überreicht worden, in welchem der König sich in seinen Reisewagen gesetzt hätte. Wollte die Versammlung sich dieser Reise widersetzen, so handelte sie gegen die Konstitution, und dann wurden die Armeen nach Paris geführt, um den dortigen Pöbel zur Unterwürfigkeit unter die Konstitution zu zwingen. b) Der König verwarf diesen Plan: seine erste Flucht hatte ihm so viele Unannehmlichkeiten zugezogen, daß er schlechterdings in keine zweite willigen wollte; selbst dann nicht,

a) Peltier dernier tableau de Paris. T. 1. S. 58.
b) Ebendaselbst. T. 2. S. 83. Cette lettre eut été remise au Président de l'assemblée nationale à l'instant même où le Roi eut effectué son départ; et si elle y eut fait mettre opposition, alors elle légitimoit l'insurrection des armées contre le peuple de Paris.

wann La Fayette der Anführer derselben wäre. a) Vergeblich bot daher La Fayette dem Könige an, eine Abtheilung seiner besten Truppen ihm entgegen zu senden; vergeblich versprach er, eine zweite Reise nach Paris zu machen und den König selbst abzuholen: Ludwig weigerte sich irgend einen dieser Vorschläge anzunehmen.

Nun wandte man sich an die Königinn. Täglich erhielt sie Briefe und Schriften, welche sie dem Könige vorlegte, ohne irgend ein Wort für, oder gegen die in denselben enthaltenen Vorschläge zu sagen: denn sie hatte es sich zum unverbrüchlichen Gesetze gemacht, den König ganz seinem eigenen Willen zu überlassen. b)

Einige andere Freunde des Königs suchten den Monarchen zu bewegen, daß er in der Normandie einen Zufluchtsort suchen möchte. Diese Provinz war, mehr als alle andere, dem Könige ergeben, und unter allen Städten Frankreichs war die Stadt Rouen seit dem Anfange der Revolution am ruhigsten geblieben. Der Herzog de Liáncourt befand sich daselbst, nebst einigen Truppen, auf die er sich verlassen konnte, und deren vorzüglichsten Theil das Schweizerregiment Salis Samada ausmachte. Mit Kanonen und Kriegsmunition war Rouen ebenfalls hinlänglich versehen. Das Haus des Herrn Kanning, eines Engländers, wurde für 18,000 Livres jährlich gemiethet, und zur Wohnung der königlichen Familie bestimmt. c) Am fünften August ward der Plan zu dieser Reise dem Kö-

―――――――

a) On proposa à Leurs Majestés de partir, de s'éloigner de vingt lieues de la Capitale. On leur en facilita les moyens: tout étoit prêt. Elles se refusèrent constamment à ce projet de départ: elles en éloignèrent l'idée. Bigot de Ste. Croix sur la conspiration du dix Août 1792. S. 22.
b) Peltier dernier tableau de Paris. T. 1. S. 87.
c) Ebendaselbst. S. 90.

nige überreicht, anf welcher er von einer kleinen, aus 3,300 Mann getreuer Truppen bestehenden, Armee würde begleitet worden seyn: Ludwig verwarf aber auch diesen Vorschlag, weil derselbe nicht ausgeführt werden konnte, ohne daß er seinem, der Konstitution geleisteten, Eide ungetreu geworden wäre. Er weigerte sich, von irgend einem Plane zu hören, irgend einen Vorschlag anzunehmen, dessen Folge ein bürgerlicher Krieg seyn würde; denn vor allem Blutvergiessen hatte er einen unüberwindlichen Abscheu. Er entschloß sich, zu Paris zu bleiben und den ferneren Gang der Begebenheiten abzuwarten, ungeachtet ihm Jedermann voraus sagte, daß er das Opfer seiner gutmüthigen Rechtschaffenheit sein würde.

Ludwig wollte jedoch, zu der Zeit da er seinen Untergang bereits voraus sah, noch durch eine feierliche Erklärung Frankreich und ganz Europa beweisen, wie unschuldig er an allem demjenigen sei, was ihm zur Last gelegt wurde. Er erließ daher am siebenten August die folgende, von allen sechs Ministern unterzeichnete, Proklamation:

"Frankreicher. Zu einer Zeit, da zahlreiche Armeen sich unsern Gränzen nähern, und Manifeste vor sich her schicken, welche die Unabhängigkeit der Nation bedrohen, sollte der Unwille gegen eine solche Sprache sowohl, als das Verlangen das Vaterland zu vertheidigen, nur Ein Gefühl, nur Einen Entschluß in den Gemüthern übrig lassen. Die Eintracht ist jetzt dringend nothwendig, und Diejenigen, welche dieselbe zu stören suchen; Diejenigen, welche dieses Band, die vorzüglichste Kraft der Staaten, zerreißen wollen; Diejenigen, welche die Gemüther durch Mißtrauen entzweien und durch Verleumdung beunruhigen; Diejenigen, welche die Nation von dem Könige zu trennen suchen: diese sind die wahren Feinde der öffentlichen Ruhe; diese geben den uns angreifenden Mächten die einzige Unterstützung, welche denselben Sieg verschaffen kann. Sollte es wohl möglich sein, daß der Ehrgeiz einiger Personen, die sich unterstanden haben einen Versuch zu machen, ob sie nicht die höchste vollziehende Gewalt unter sich theilen könnten, auch nur auf Einen Augenblick die Frankreichische Nation so schädlich verblenden könnte, daß dieselbe ihr theuerstes Interesse aus den Augen setzte, und selbst das Opfer ihrer Verschwörung würde! Ist es etwa nicht leicht, den Planen einer kleinen Menge von Verschwornen die Larve des Patriotismus abzureißen, welche, um zu verbergen wie wenig ihrer sind, und in Hofnung ihre Zahl zu vermehren, so viel Lärm machen; durch ihr Geschrei die Meinung der Nation unterdrücken; durch ihre Unternehmungen Schrecken verbreiten; die Gesetze sowohl, als die Gerechtigkeit, unter die Füße treten; und dem Frankreichischen Volke ihren Willen frecher Weise aufdringen? Diesen leidenschaftlichen Bemühungen muß der König Mäßigung und Vernunft entgegen setzen. Der König muß den Gemüthern, welche man irre leitet, die Wahrheit zeigen; das Zutrauen, welches man zu vernichten sucht, wieder erwecken; und sich dem Volke nähern, dessen Interesse man vergeblich von dem Seinigen zu trennen sucht: denn der König hat kein anderes Interesse, als das Interesse des Volkes; er kann nur dann glücklich sein, wann das Volk glücklich ist; nur mächtig, wann das Volk stark ist. Dagegen quälen Diejenigen, welche ohne Aufhören das Volk gegen Se. Maj. aufwiegeln, dasselbe durch Mißtrauen: machen sein Elend noch drückender, indem sie ihm die Ursachen und Mittel es zu heben verbergen; und bereiten ihm großes Unglück sowohl, als eine lange Reue,

indem sie es zu gewaltthätigen und strafbaren Entschlüssen
antreiben. Der König glaubt nicht der Majestät des
Thrones, über welche er der Nation Rechenschaft schul,
dig ist, etwas zu vergeben, wenn er in Gegenwart
derselben Verleumdungen widerlegt, welche man gegen
seine Person vorgebracht hat: denn Er redet nicht zu
denen, die Urheber derselben sind; Er will Allen Frank,
reichern ans Herz reden; ihnen ihr wahres Interesse
zeigen; diejenigen unterrichten, die vielleicht möchten
hingerissen werden; diejenigen zurecht weisen, die man
schon verführt hat; und Allen darthun, wie gefährlich
der Plan der Ehrgeizigen ist, wie niederträchtig ihre
Verleumdungen sind, und wie schändlich die Mittel sind,
deren sie sich bedienten. Seit der Zeit, da der König
die Konstitution angenommen hat, kann man Ihm nicht
die kleinste Verletzung derselben, ja nicht einmal den min,
desten Eingriff in dieses Gesetz, welches Er aufrecht zu
erhalten geschworen hat, vorwerfen. Er sah dieselbe
als den Ausdruck des allgemeinen Willens an, und hat,
te keinen andern Wunsch, als sie in allen ihren Thei,
len vollziehen zu lassen. Der König machte sie den aus,
wärtigen Mächten bekannt; er berief unter Seinen
Wortführern alle diejenigen zurück, die sich weigerten
durch die Leistung des Eides sich derselben zu unterwer,
fen; und Er setzte andere an ihre Stelle, deren An,
hänglichkeit an die Konstitution bekannt war. Sobald
Se. Maj. von dem Vorhaben der gegen Frankreich
verbündeten Mächte Nachricht erhielt, wandte der Kö,
nig alles an, um sie durch Unterhandlungen aufzuhal,
ten, und sie von einem Plane abwendig zu machen,
der ihrem wahren Interesse eben sowohl, als dem In,
teresse Frankreichs, entgegen war. Er wandte, zur
Zerstörung dieses Bundes, nicht nur alle offiziellen Mit,
tel an, die einem Könige der Franzreicher zukommen,

sondern außerdem noch allen den Einfluß, welchen der König den Banden des Blutes und dem Antheile an Seiner persönlichen Lage zu verdanken haben mag. Als die Strenge der Gesetze von dem Könige harte Maasregeln gegen Frankreichische Prinzen aus Seiner Familie und von Seinem Geblüte erheischte; da sah man Ihn nicht anstehen, ob Er der Stimme der Natur, oder den Pflichten des Königthums gehorchen sollte, so schmerzhaft auch jener Zeitpunkt für Ihn sein mochte. Unstreitig hat der König alles gethan um dem Kriege auszuweichen. Gegen Seinen Willen und als Er es nicht verhindern konnte, hat Er Sich zu dieser grausamen Maasregel entschlossen, deren ganze Last das Volk drückt. Wäre wohl Ein Mensch grausam genug, um diesen Widerstand zu tadeln? Welcher Feind der Menschheit und Frankreichs dürfte dem Könige ein Verbrechen daraus machen? Eher noch könnte man Ihm vorwerfen, in den Krieg eingewilligt zu haben, wenn nicht die Uebereinstimmung der Nationalversammlung mit denjenigen Ministern, welche damals in Seinem Staatsrathe saßen, ihm diesen Entschluß zur Nothwendigkeit gemacht hätten. Der König gab dieser Uebereinstimmung nach; und als der Krieg einmal erklärt war, wandte Er Alles an, um den Ruhm der Frankreichischen Waffen zu erhalten. Als höchstes Oberhaupt der Armee nahm der König einen zu großen Antheil an diesem Ruhme, als daß Er nicht denselben in seinem vollen Glanze hätte zu erhalten suchen sollen. Die Wahl der Generale, welche Er an die Spitze der Armeen stellte, erhielt den Beifall der Nation; und die Ergebenheit dieser Generale suchte Er noch durch die hohen Ehrenstellen zu vermehren, mit denen Er der Nationalversammlung vorschlug, diejenigen unter ihnen zu bekleiden, die damit bekleidet werden konnten. Hat die Verproviantirung mit der Schnelligkeit der Krieges-Erklärung nicht gleichen Schritt gehalten; hat das, von den Ministern einstimmig angenommene, System des Feldzuges auf unrichtigen Voraussetzungen beruht; haben ihre Irrthümer unseren Waffen bedaurenswürdige Unfälle zugezogen, und die Unzufriedenheit der Armee sowohl, als die Klagen der Generale und ein allgemeines Mißvergnügen, veranlaßt: so würde es offenbar ungerecht sein, der Person Se. Maj einen Fehler zuzuschreiben, welcher in dem Irrthume der Minister liegt, und für welchen die Wortführer des Königs verantwortlich sind. Der König horchte auf das Zeugniß Seines Gewissens, darum hat Er beständig von der anscheinenden oder vorübergehenden Meinung an die wirkliche und besser aufgeklärte Meinung der Nation appellirt. Durch die Ausübung Seiner konstitutionsmäßigen Rechte hat Er dem ganzen Europa einen größern Beweis Seiner Freiheit gegeben, als Er durch die stärksten Erklärungen hätte thun können. Wie viel Befehle hat Er nicht für die Verproviantirung und Vermehrung der Armeen erlassen! Der Errichtung eines Lagers von zwanzig tausend Mann im Inneren des Königreiches, und beinahe unter den Mauren von Paris, hat Sich der König nur darum widersetzt, um die Errichtung einiger Bataillone Freiwilligen vorzuschlagen, die noch zahlreicher, und auf eine nützlichere Weise vertheilt waren. Alle unsere Truppen, die sich auf mehr als 300,000 Mann belaufen, stehen an unseren Gränzen und sind daselbst, theils in den Festungen, deren Vertheidigung wichtig ist, theils in den verschiedenen Lagern vertheilt, nach den Planen, welche die Generale gemacht haben, denen der König ein völliges Zutrauen geschenkt, und Macht genug gegeben hat, um das Gute zu thun. Konnte wohl der König Sein Interesse inniger mit dem

Interesse der Nation vereinigen? Konnte Er sorgfältiger dasjenige erfüllen, was Ihm die Konstitution auflegt, als indem Er alle Mittel der Unterhandlung anwandte, um die Plage des Krieges von Frankreich abzuwenden; als indem Er bewies, wie ungerne er das Blut der Frankreicher vergießen lassen wolle, wie sparsam Er mit ihrem Schatze umgehe, wie ein genauer Beobachter der friedfertigen Grundsätze der Konstitution Er sei! Und als der König diesem Unglücke nicht vorbeugen konnte, was blieben ihm da für andere Pflichten zu erfüllen, als die ganze Kraft der Nation zu zeigen, und, so wie er that, die Ehre der Nation und die Vaterlandsliebe in Bewegung zu setzen, damit die Sache der Freiheit kräftig vertheidigt würde! Auswärtige Armeen drohen Euch, Frankreicher, Ihr müsset denselben durch Eure Standhaftigkeit, und vorzüglich durch Eure Eintracht, Furcht einflößen. Sie drohen Eurer Unabhängigkeit: erneuert mit dem Könige den Eid dieselbe zu vertheidigen. Sie maßen sich Seines Nahmens an, um das Gebiet Frankreichs zu verheeren. Hat Er nicht diese Beleidigung bereits schon im Voraus widerlegt, als Er Sich, so lange Er nur konnte, einem Kriege widersetzte, von welchem man sich zu sagen erkühnt: es sei derselbe für Sein Interesse unternommen worden. a) Hatte er dieselbe nicht schon im Voraus widerlegt, als Er Armeen versammelte, um sie den Bemühungen der feindlichen Armeen entgegen zu setzen! Hat Er dieselbe nicht seither durch eine förmliche Schrift widerlegt, so wie es die Konstitution verlangt, sobald Er sah, daß sie in einer Deklaration stand, welche dem Anführer der vereinigten Armeen zugeschrieben wird! Frankreicher! soll Euer König für das verantwortlich sein, was Eure Feinde sagen? Soll es

a) Auch dieß beweist, daß Dumouriez Unrecht hat, wenn er sagt, der König habe den Krieg gewünscht.

in der Macht derselben stehen, die Bande zu zerreißen, welche Euch mit Ihm verbinden? Sollen sie durch Manifeste, die vielleicht gefährlicher sind als ihre Armeen, Zwietracht unter uns streuen, weil es ihnen, gegen ihre Hofnung, nicht gelungen ist uns in Schrecken zu setzen! Frankreicher! nicht alle Eure Feinde befinden sich in den Armeen, welche Eure Gränzen angreifen. Erkennet sie an dem Plane Euch zu entzweien, und glaubet nur, daß Diejenigen eben nicht weit davon entfernt sind, ein gemeinschaftliches Interesse zu haben, welche in den Ideen, die sie zu verbreiten suchen, so gut mit einander übereinstimmen. Die, welche in Frankreich eindringen wollen, kündigen an: sie hätten für das Interesse des Königs die Waffen ergriffen; und Die, welche Unruhen im Inneren erregen, erkühnen sich gleichfalls zu sagen: um Seines Interesse willen bekriege man ihn. Se. Maj. widerspricht auf die förmlichste Weise den Behauptungen beider Partheien. Alle guten Frankreicher, alle Diejenigen, denen die Ehre der Nation, die Sache der Freiheit und das Wohl des Vaterlandes am Herzen liegt, müssen diesen treulosen Behauptungen widersprechen, den Waffen der Erstern einen unerschütterlichen Muth, und den Komplotten der Andern eine unabweichliche Anhänglichkeit an die Konstitution entgegen setzen. Aus den angegebenen Gründen hält der König dafür, es sei wichtig an die Vollziehung und an die, den konstituirten Autoritäten gebührende, Ehrfurcht zu erinnern, so wie auch der Macht der Nation alle die Thätigkeit zu geben, deren dieselbe fähig ist, indem man Gedanken, Willen und alle Bemühungen, auf das Wohl des Staates richtet. Se. Maj. befiehlt daher den großen Räthen und den Aufsehern der Abtheilungen, so wie auch dem großen Rathe der Gemeinden und den Bürgergerichten, Eifer und Thätigkeit zu verdoppeln, damit die öffentliche Ruhe erhalten werde; damit die Abgaben eingehen; damit die Personen sowohl, als das Eigenthum, sicher seien; und überhaupt alle ihrer Aufsicht anvertrauten Gegenstände genau in Acht zu nehmen. Der König befiehlt zugleich den Zivil- und Kriminal Gerichten, den Friedensrichtern, den Polizei- und Sicherheits-Beamten, und einem Jeden unter ihnen, über das zu wachen, was ihn angeht, damit die Gesetze, welche vorzüglich ihrer Aufsicht anvertraut sind, ihrer ganzen Form und ihrem Inhalte gemäß, vollzogen werden mögen. Der König erinnert alle Frankreicher, daß das Gesetz, welches die Gefahr des Vaterlandes betrift, alle öffentliche Zivil- und Militair-Beamte in den Zustand einer beständigen Requisition setzt, und ihnen die Verbindlichkeit auferlegt, ihre Pflichten als Staatsbürger mit einem neuen Eifer zu erfüllen. Demzufolge ersucht Er alle thätigen Staatsbürger, sich bei den gesetzmäßigen Versammlungen genau einzufinden, wenn sie dahin berufen werden, um ihre Stimme zu geben und dem Vaterlande mit ihren Kenntnissen zu dienen; Er ersucht sie gleichfalls, den Dienst als Bürgersoldaten selbst zu versehen, dem Gesetze Kraft zu verschaffen, über die Vollziehung der Urtheilssprüche sowohl, als über öffentliche Ruhe und Sicherheit, zu wachen: vorzüglich aber vermahnt Er sie zu einer unverbrüchlichen Anhänglichkeit an die Konstitution, welcher sie getreu zu sein geschworen haben."

"Gegeben in dem Staatsrathe am 7. August 1792, im vierten Jahre der Freiheit."

"Ludwig."
"Dejoly, Dübouchage, Champion, Dabancourt, Leroux la Ville, Bigot de Ste. Croix."

Der König verließ sich nicht auf den Eindruck welchen diese Proklamation auf die Gemüther hervorbringen möchte: Er machte zu gleicher Zeit Anstalten zu seiner Vertheidigung, auf den Fall daß das Schloß angegriffen werden sollte. Die ganze Anzahl von Truppen, welche er in dem Schlosse zusammen bringen konnte, bestand aus 1500 bis 1800 Mann, welche bewafnet wurden und den Befehl erhielten, Gewalt mit Gewalt zu vertreiben. Um jedoch auf keine Weise gegen das Gesetz zu handeln, ließ der König am Morgen des achten Augusts den Maire, Hrn. Pethion, nach dem Schlosse kommen, zeigte demselben die gemachten Vertheidigungs-Anstalten, und eröfnete ihm seinen Vorsatz, sich gegen jeden Angriff zu wehren. a)

Ehe man den König angriff, mußte vorher Hr. La Fayette von der Armee entfernt werden, dessen unerschütterliche Rechtschaffenheit sowohl, als seine Anhänglichkeit an den unglücklichen König, allgemein bekannt war, und vor dessen großen Einfluß auf die Armee sich die Jakobiner fürchteten.

Am achten August hielt Hr. Johann Debry, eines der heftigsten Jakobinischen Mitglieder der Versammlung, einen Vortrag über La Fayette, in welchem er diesen General der schändlichsten Verbrechen beschuldigte und ein Anklage-Dekret gegen ihn verlangte. Die Debatte über diesen Vortrag dauerte lange und ward sehr lärmend. Hr. Vaublanc hielt eine vortrefliche Rede zur Vertheidigung des Generals, in welcher er die schändlichen Ränke der Jakobiner ohne Schonung aufdeckte, und das offene, gerade Betragen des Hrn. La Fayette, in das hellste Licht setzte. b) Diese Rede

a) Bigot de Ste. Croix histoire de la conspiration du 10. Août. S. 23.
b) Man findet diese Rede in dem Journal logographique, rédigé par M. Ducos. T. 26, S. 319 bis 344.

machte einen ausserordentlichen Eindruck auf die Versammlung; viele Mitglieder derselben, die in der Absicht gekommen waren, um gegen Hrn. La Fayette zu stimmen, änderten ihre Gesinnungen. Brissot versuchte es, durch eine heftige Rede die Gemüther gegen den General aufzubringen und die Anzahl seiner Feinde in der Versammlung zu vermehren: allein die niederträchtige Bosheit seiner ungegründeten Beschuldigungen war allzu auffällend, als daß dieselben hätten Eindruck machen sollen. Die Mehrheit in der Versammlung neigte sich sichtbar auf La Fayettes Seite, und als es zum Stimmen kam, da wurde La Fayette durch eine große Mehrheit der Stimmen für unschuldig erklärt. Sobald die Jakobiner sahen, daß sie die kleinere Anzahl in der Versammlung ausmachten, erhoben sie ein lautes Geschrei, und verlangten, daß die Stimmen durch den namentlichen Aufruf aller Mitglieder sollten abgegeben werden. Dieß thaten sie, um ein Verzeichniß derjenigen Mitglieder zu erhalten, die nicht mit ihnen gestimmt hatten. Die Stimmen wurden gesammelt; es fanden sich 406 Stimmen gegen, und 224 für das Anklage-Dekret: La Fayette ward dem zu folge mit einer Mehrheit von 182 Stimmen losgesprochen, und für unschuldig erklärt.

Nach geendigter Sitzung wurden diejenigen Mitglieder der Versammlung, welche für La Fayette gestimmt hatten, von dem, durch die Jakobiner aufgewiegelten, Pöbel verfolgt, beschimpft, und mit Steinen geworfen. Einige derselben erhielten sogar Wunden mit Säbeln, Messern und Dolchen. Alle diese Mitglieder erschienen daher aus Furcht am neunten und zehenten August nicht in der Nationalversammlung. Dieß war es, was die Jakobiner wünschten!

Am Abende des achten Augusts ward, im Jakobinerklub auf den Vorschlag des Hrn. Montaux (welcher selbst ein Mitglied der Nationalversammlung war,) beschlossen: daß die 406 Mitglieder der Versammlung, welche für La Fayette gestimmt hatten, der öffentlichen Verachtung Preis gegeben sein sollten.

Ueber den König verbreiteten die Jakobiner, um das Volk gegen den Monarchen aufzubringen, eine Menge eben so grundloser, als boshafter Gerüchte. Bald streute man aus: Pethion sei auf Befehl des Königs ermordet worden: bald, es würden im Schlosse große Zurüstungen gemacht; es wäre in demselben ein beträchtlicher Vorrath von Bomben, Waffen, Kriegsmunition, Kanonen, Fackeln und dergleichen, versteckt, um Paris zu bekriegen und in Brand zu stecken; man sähe täglich eine große Anzahl bewafneter Mannschaft hinein ziehen und nicht wieder heraus kommen, woraus man schließen müsse, daß diese Truppen in unterirdischen Gängen versteckt würden, um auf Ein mal hervor zu brechen, und die Patrioten alle mit einander an Einem Tage zu ermorden.

Der König erhielt Nachricht von diesem Gerüchte, und sogleich machte er eine Proklamation bekannt, durch welche er den Maire, die Mitglieder des Bürgerrathes, und einen jeden andern, den die Nationalversammlung dazu ernennen möchte, aufforderte, nach dem Schlosse zu kommen, in demselben überall die strengste Untersuchung vorzunehmen, damit das Volk von der Falschheit dieses Gerüchtes überzeugt, von seiner Furcht befreit, und von dem Mißtrauen gegen seinen König zurückgebracht werden möge. Der Maire Pethion begab sich hierauf, in Gesellschaft mehrerer Mitglieder des Bürgerrathes sowohl, als anderer, zu diesem Geschäfte ernannter, Personen nach dem Schlosse der Thuillerien, woselbst er die strengste Untersuchung vornahm, aber gar nichts fand. a) Es ist also zuverlässig erwiesen, daß selbst am Tage vor dem Ausbruche der Verschwörung, am neunten August, weder Waffen, noch Kanonen, noch Kriegsmunition von irgend einer Art, in dem königlichen Schlosse vorhanden war. Hr. Pethion machte zwar öffentlich bekannt, daß er bei der Untersuchung nichts verdächtiges im Schlosse gefunden hätte; um aber das Gerücht von den militairischen Vorkehrungen des Königs nicht zu widerlegen, setzte er mit hämischer Bosheit hinzu: dennoch könne er für nichts stehen.

Am neunten August legte Hr. Thûriot der Nationalversammlung eine Zuschrift der Stadt Sezanne vor, welche verlangte, daß der König abgesetzt werden solle. Nachdem noch einige andere Zuschriften waren vorgelesen worden, die günstig für den König lauteten, trat Hr. Lamarque auf, um den König anzuklagen. Seine Rede wurde durch das Vorlesen mehrerer Briefe unterbrochen, die von Mitgliedern der Nationalversammlung, welche am vorigen Tage für Hrn. La Fayette gestimmt hatten, an den Präsidenten geschrieben waren. Hr. Mezieres schrieb: es hätte ihn beim Ausgange aus der Nationalversammlung ein Weib mit einem großen Messer in der Hand verfolgt, und gedroht ihn zu erstechen; nur mit großer Mühe sei er dieser Furie entgangen. Hr. Regnaut Boscaron schrieb: es hätten ihn am vorigen Tage einige Männer in rothen Mützen umringt und gedroht, ihn an die Laterne aufzuhängen; nachdem er sich als ein Mitglied der Versammlung zu erkennen gegeben, habe ihm ein Kerl geantwortet: "eben deßwegen, weil du ein Mitglied der Versammlung bist und für den Verräther La Fayette

---

a) Fennel review. S. 389.

gestimmt hast, wollen wir dich umbringen" (Die Zuhörer auf den Gallerien klatschten.)

Bei diesem unanständigen Betragen der Zuhörer sprangen die Anhänger des Königs und der Konstitution alle auf, und forderten von dem Präsidenten, daß er der Frechheit dieser Leute solle Einhalt thun lassen: "allein, "sagt ein Augenzeuge," ich wurde bald überzeugt, "es sei wahrscheinlicher, daß die Leute auf den Gallerien die Mitglieder heraus werfen würden, als daß "die Mitglieder jene sollten heraus treiben können." a)

Hr. Froudiere meldete: daß er am vorigen Tage, nebst mehreren andern Mitgliedern der Versammlung von dem Volke sei beschimpft und mit Steinen geworfen worden, daß sie sich genöthigt gesehen hätten, sich in eine Wachtstube zu flüchten, und als der Pöbel Anstalt gemacht habe, mit Gewalt in dieselbe einzudringen, wären sie mit Lebensgefahr durch ein Hinterfenster entsprungen. (Die Zuhörer auf den Gallerien lachten.)

Hr. Dumolard wurde, wie er der Versammlung meldete, am vorigen Tage von einem Föderirten verfolgt, der ihm drohte den Kopf mit seinem Säbel abzuhauen, wenn er sich jemals unterstünde wieder in der Versammlung zu erscheinen. Bei dieser Drohung zog der Föderirte seinen Säbel halb aus der Scheide. (Die Zuhörer auf den Gallerien brachen in ein lautes und anhaltendes Freudengeschrei aus.)

Nun entstand ein heftiger Lärm. Viele Mitglieder riefen dem Presidenten zu, er solle die Sitzung aufheben, oder die Nationalversammlung nach einer andern Stadt verlegen, wo dieselbe ohne beschimpft zu werden sich berathschlagen könne. "Lärm und Unordnung,"

a) Moore Journal during a residence in France. T. 1. S. 32.

sagt ein Augenzeuge, "waren unbeschreiblich. Funfzig "Mitglieder schrien auf Ein mal. Niemals habe ich "ein solches Getümmel gehört. Des Präsidenten Stim, "me sowohl, als sein Glöckchen, wurden durch den " Lärm übertäubt." a)

Nachdem es wieder ruhig geworden war, meldete der Präsident, wie er so eben von zweien Mitgliedern der Versammlung erfahren hätte, daß eine große Anzahl bewafneter Männer den Versammlungssaal umgäbe. Einige Mitglieder, welche hinausgegangen waren, sich von der Wahrheit dieser Nachricht zu überzeugen, behaupteten, daß dieselbe falsch wäre, daß zwar eine Menge Volks sich vor der Thüre befände, daß aber Niemand bewafnet wäre, als die Bürgersoldaten, welche bei der Versammlung die Wache hätten.

Es entstand hierüber ein neuer Lärm, und nachdem derselbe einigermaßen gestillt worden war, fuhr der Sekretair fort, die Briefe derjenigen Mitglieder vorzulesen, welche am folgenden Tage von dem Pöbel waren beschimpft und gemißhandelt worden, weil sie für Hrn. La Fayette gestimmt hatten. Es waren Briefe von den Herren Lacretelle, Quatremere, Calvet, Sorel, Deuzy, Dubois, Baret, Brunk u. s. w. Nachdem die Briefe vorgelesen waren, behauptete H. Kersaint: daß sich die Versammlung um solche Kleinigkeiten nicht bekümmern müßte. Hierauf stand die große Mehrheit der Mitglieder auf, und rief aus: "Wir erklären laut, daß wir nicht frei sind, nicht freimüthig unsere Stimmen geben können." b)

Hr. Vaublanc stand auf und erzählte: Meuchelmörder hätten ihn am vorigen Tage aufgesucht, so

a) Moore Journal. T. 1. S. 34.
b) Journal logographique par Ducos. T. 26. S. 397.

daß er nicht habe wagen dürfen, die Nacht in seinem Hause zu schlafen, wohin sie drei mal gekommen wären, um ihn zu ermorden, und sogar seinen Bedienten geмißhandelt hätten, weil derselbe, auf die Frage wo sein Herr wäre, geantwortet: er wisse es nicht. „Unstreitig," meine Herren," sagte Hr. Vaublanc, „sind Schimpfwörter, Drohungen und hinterlistige Nach„stellungen, vortrefliche Mittel, die Debatte über die Ab„setzung des Königs vorzubereiten; aber diese Mittel „werden eben so wenig im Stande sein uns meineidig „zu machen, als sie im Stande waren uns gestern zu „einer Ungerechtigkeit zu verleiten. Die Nationalver„sammlung weiß wie weit ihre Gewalt geht, und nie„mals wird dieselbe diese Schranken überschreiten. Sie „kennt die Achtung, welche sie den Aufträgen ihres Sou„verains schuldig ist: sie weiß, daß sie keine andere „Gewalt hat, als die Konstitution, und niemals werden „die meineidigen Wünsche, die man Euch vorgeschlagen „hat, erhöret werden."

Bei diesen Worten entstand ein neuer und lange anhaltender Lärm. Nachdem derselbe aufgehört hatte, trat der General-Prokurator der Abtheilung von Paris, Hr. Roederer, vor die Schranken, und theilte der Versammlung seine Besorgnisse mit, daß in der nächst folgenden Nacht Unruhen in Paris entstehen möchten. Mehrere Sektionen der Hauptstadt befänden sich, sagte er, bereits im Aufruhr und hätten beschlossen, daß sie bewafnet gegen das Schloß ziehen wollten: daher ersuchte er die Versammlung, die ernsthaftesten Maasregeln zu ergreifen, um dem bevorstehenden Aufruhr zuvor zu kommen. — Die Nationalversammlung nahm keine Rücksicht auf diese Vorstellungen, sondern fuhr in ihren Berathschlagungen fort.

Hierauf erschien der Maire, Hr. Pethion, vor

den Schranken, und wurde mit großem Beifallklatschen aufgenommen. Er gestand, daß die Stadt Paris sehr unruhig wäre, und daß er für das, was nach Mitternacht geschehen möchte, nicht stehen könnte. Statt daß die Nationalversammlung die nöthigen Maasregeln hätte nehmen sollen, die Ruhe der Hauptstadt sicher zu stellen, hob sie des Abends um sechs Uhr ihre Sitzung auf, und überließ den König sowohl, als die Konstitution, ihrem Schicksale.

Ganz Paris war bereits an diesem Tage, am neunten August, van dem bevorstehenden Aufruhr unterrichtet, und bei Hofe waren Furcht und Schrecken so groß, daß die Hofdamen es nicht wagten, nach dem Schlosse zu fahren, aus Furcht von dem Pöbel gemißhandelt zu werden. Bei der Spielparthie der Königinn fand sich Niemand ein als Lady Sutherland, die Gemahlin des Engländischen Gesandten, nebst einer anderen Dame, welche sie in ihrem Wagen mitbrachte.

Da der Maire von Paris der Nationalversammlung selbst gestanden hatte, daß er für die Ruhe der Hauptstadt nicht stehen könnte, und daß ein großer Sturm bevorstände: so hielt der König für nöthig, Anstalten zu seiner Vertheidigung zu treffen, um im Falle eines Angriffes Gewalt mit Gewalt vertreiben zu können. Hr. Mandat, der General-Kommendant der Bürgermiliz, ließ sich von Pethion den geschriebenen Befehl geben, welchen der Maire nicht verweigern konnte, das Schloß zu vertheidigen und einem jeden Angriffe auf dasselbe zu widerstehen. Sobald er diesen Befehl erhalten hatte, ließ er sechszehn Bataillone von der Bürgermiliz aufbrechen, und besetzte schon um sechs Uhr des Abends alle Posten dreifach. Die Schweizerwache, acht hundert bis neun hundert Mann stark, stand unter den Befehlen des Obristlieutenants Hrn.

Maillardot, welcher in Abwesenheit des Hrn. Dafry das Kommando führte. Um eilf Uhr des Nachts war das ganze Regiment unter den Waffen, um halb zwölf Uhr wurden die Soldaten desselben auf ihre Posten vertheilt. Bald nachher erhielt der Schweizer Hauptmann, Hr. von Erlach, von dem Kommendanten der Bürgermilitz, Mandat, den geschriebenen Befehl, die Posten zu verstärken und Gewalt mit Gewalt zu vertreiben.

Auf dem großen Platze des Louvre befand sich, von eilf Uhr des Nachts an, die Gendarmerie zu Pferde, 600 Mann stark, unter den Befehlen der Herren de Rulhieres und de Verdiere. Auch der Karousselplatz und der Pont royal waren mit Reiterei besetzt.

Außerdem hatte sich noch eine große Anzahl von Edelleuten, Freunden und Anhängern des Königs, bewafnet nach dem Schlosse begeben, um die Person des Königs gegen jeden Anfall zu vertheidigen.

Nach dem Nachtessen begab sich der König, nebst seiner Familie, nach dem Zimmer, welches das Kabinett des Staatsrathes (cabinet du conseil) genannt wurde. Die Minister und die Hofbeamten blieben in demselben Zimmer. Die Befehlshaber der Truppen, welche Rapport abstatteten, erhielten, zu wiederholten malen, den Befehl von dem Könige, das Blutvergießen soviel als möglich zu vermeiden.

Hr. Bigot de St. Croix, der Minister der auswärtigen Angelegenheiten, erhielt von dem Könige den Auftrag, alle halbe Stunden einige Personen auszusenden, welche von demjenigen, was in der Stadt vorging, Bericht abstatten sollten. Diese Berichte theilte der Minister unmittelbar dem Könige mit. a)

a) Bigot de Ste. Croix sur la conspiration du 10. Août 1792. S. 25.

Um eilf Uhr des Nachts brachte einer dieser Boten die Nachricht, daß um zwölf Uhr die Sturmglocke geläutet und der Generalmarsch geschlagen werden würde. Ein anderer Bote brachte zu gleicher Zeit eine Abschrift des Beschlusses der Vorstadt St. Antoine nach dem Schlosse, vermöge welches: 1) das Schloß der Thuillerien belagert, 2) alle Personen, die sich im Schlosse befinden würden, und namentlich die Schweizer, ermordet, 3) der König gezwungen werden sollte, seine Krone nieder zu legen. Der fernere Plan der Verschwornen war, den König, nebst der Königinn und der königlichen Familie, nach dem Schlosse von Vincennes zu bringen, um ihn daselbst als eine Geissel zu verwahren, im Falle die Feinde nach Paris kommen sollten. a)

Nachdem alle diese Anstalten getroffen waren, kamen, gegen eilf Uhr des Nachts, der Maire Pethion und der Prokurator-Syndikus Röderer, nach dem Schlosse. Hr. Pethion untersuchte sorgfältig alle Anstalten zur Vertheidigung; er durchlief alle Zimmer des Schlosses, er stieg die Treppen hinunter, in den Hof herab, sprach mit den Soldaten welche Schildwache standen, und befahl ihnen Gewalt mit Gewalt zu vertreiben, wenn sie angegriffen werden sollten. Nachher begab er sich in den Garten der Thuillerien, sah die daselbst postirten Truppen, und rekognoscirte alles aufs genaueste, bis ihn ein Beschluß der Nationalversammlung aus dem Schlosse abrief. b)

Hr. Bigot de Ste. Croix hatte durch seine Spionen den ganzen schrecklichen Plan der Verschwörung er-

---

a) Rélation authentique de l'évenement des Thuilleries par un Officier des Gardes-Suisses, dans la Suite du Supplément à la Gazette de Leyde, 1792, No. 77.

b) Bigot de Ste. Croix, S. 25. 26.

halten. Er hatte erfahren, daß ein eiserner Käfig bereits verfertigt wäre, in welchen die Königinn eingesperrt und in den Straßen von Paris herum geführt werden sollte. Er wußte ferner, daß man den König gefangen nehmen und in dem Tempel, oder in dem Hause des Hrn. Beaumarchais, einsperren wollte. a)

Jedermann in Paris erwartete den Ausbruch der Verschwörung. Daher legten sich nur wenige Personen zu Bette. Jedermann war in Unruhe und banger Besorgniß; Jeder bewafnete sich so gut er konnte. Freunde und Bekannte versammelten sich, theils aus Neugierde, um desto schneller zu erfahren was vorginge, theils um ihrer eigenen Sicherheit willen. b)

Der geheime Ausschuß der Jakobiner, welcher den Plan zum Aufruhr entworfen hatte, und dessen Mitglieder oben schon genannt worden sind, war bereits versammelt. Die Mitglieder desselben hatten sich in drei Divisionen getheilt, deren eine, unter Anführung des Kreolen Fournier, sich nach der Vorstadt St. Marceau begab; die zweite, bei welcher sich Westermann und Santerre befanden, blieb in der Vorstadt St. Antoine; und die dritte, bei welcher Gasin und Carra waren, hielt sich in der Kaserne der Marseiller, in der Straße des Französischen Theaters, in dem Hause No. 4 auf.

Damit sich der Leser von den folgenden Begebenheiten einen desto deutlicheren Begriff machen könne, wird es nöthig sein, die Gegend um das Schloß der Thuillerien etwas genauer zu beschreiben. Der bei diesem Bande befindliche Plan wird die Beschreibung anschaulicher und deutlicher machen.

a) Ebendaselbst. S. 26.
b) Fennel review. S. 390.

Das Schloß der Thuillerien bestand aus fünf Haupt-Pavillons, welche durch Zwischengebäude unter einander verbunden waren. Das Ganze machte einen der prächtigsten Palläste in der Welt aus. Eine Gallerie von außerordentlicher Länge verband das Schloß der Thuillerien mit dem Schlosse des alten Louvre. Diese Gallerie, (die Gallerie des Louvre genannt,) war zu einem Museum bestimmt: es sollten in derselben die dem Könige zugehörigen Gemählde, Kupferstiche, Statuen, Brustbilder, Münzen, Antiquitäten, und andere seltene Dinge, aufbewahret und aufgestellet werden. Allein seit dem 25. Julius, seit welcher Zeit man im Schlosse täglich einen Angriff erwartete, hatte der Hr von Salis, ein Oberoffizier der Schweizerwache, in dieser Gallerie eine Art von Verschanzung mit Brettern anlegen lassen, um den Aufrührern allen Zugang von dieser Seite zu verwehren. Hier standen dreißig Schweizer.

Der erste Pavillon des Schlosses, welcher dem Pontroyal gegen über lag, wurde der Pavillon der Flora genannt. Ihn bewohnte die Prinzessinn Elisabeth. In diesem Pavillon befand sich eine prächtige Treppe, die Treppe der Prinzen genannt, welche nach dem Prinzenhofe führte. Ein Arm dieser Treppe führte nach einer eisernen Gitterthüre, die in den Garten ging und das Gitter der Königinn hieß. a)

Von dem Pavillon der Flora ging eine lange Gallerie, die Gallerie des Caraggio genannt, nach den drei mittleren Pavillons. Unter dieser Gallerie befanden sich die großen Staatszimmer der Königinn, beinahe ebenen Fußes mit der Terrasse im Gart

---

a) Peltier dernier tableau de Paris. T. I. S. 101.

ten, welche die Terrasse des Pallastes genannt wurde.

In den mitleren drei Pavillons war die Wohnung des Königs, welche aus dem Billardzimmer, dem großen Eßsaale, dem Staatsrathszimmer, einem prächtigen Saale, dem sogenannten Ochsenauge und verschiedenen andern, für die Leibwache bestimmten, Sälen bestand. Zu dieser königlichen Wohnung führte die sogenannte große Treppe, welche sich mitten im Schlosse befand, und zwei Ausgänge hatte, die durch Gitterthüren verschlossen wurden; den Einen nach dem Garten, den andern nach dem königlichen Hofe (cour Royale.)

Unter der Wohnung des Königs, in den Zimmern des Erdgeschosses, waren die Wohnungen des Dauphins, der Prinzessinn von Lamballe und mehrerer anderer Hofdamen.

Die andere Hälfte des Schlosses, von der großen Treppe bis nach dem Pavillon der Ställe, enthielt die Kapelle, das Theater und diejenigen Zimmer, welche von den Prinzessinnen Tanten des Königs, vor ihrer Abreise nach Rom, bewohnt worden waren.

Gegen die Seite des Karousselplatzes hatte das Schloß vier große Höfe: den Prinzenhof, in welchem eine Wachtstube für die Bürgermiliz errichtet worden war; den königlichen Hof, in welchem, unten an der großen Treppe, seit dem sechsten Oktober 1789 zwei Kanonen standen; den Schweizerhof, in welchem die Schweizerwache ihre Wachtstube hatte; und den Hof von Marsan. Diese vier Höfe waren von sehr vielen Zimmern umgeben, in denen die Hofbedienten, und andere zum Hofe gehörige Personen wohnten.

Aus dem Hofe Marsan gelangte man, wenn man sich um die Ecke drehte, in den Stallhof, welcher an den Pavillon der Ställe stieß; und aus diesem Hofe kam man in den Hof der Reitbahn. Dieser Hof hatte zwei Ausgänge; den einen links nach dem Garten der Thuillerien, durch eine Seitenthüre; den andern nach der vormaligen Reitbahn, in welcher die Nationalversammlung, seitdem sie sich zu Paris befand, ihre Sitzungen hielt.

Der Garten der Thuillerien hatte fünf Terrassen. Die erste, welche neben dem Schlosse in seiner ganzen Länge herlief, und mit prächtigen Statuen geziert war, hieß die Terrasse des Pallastes; die zweite, welche rechter Hand auf der ganzen Seite des Gartens herunter lief, wurde die Terrasse der Feuillants genannt, von welcher ein Eingang in den Versammlungssaal der Nationalversammlung führte. Die dritte Terrasse befand sich am Ende der zweiten und hieß die Terrasse der Orangerie, aus welcher man in den Platz Ludwigs des XV gelangte; gegen über, an dem Flusse, lag die Terrasse des Dauphins; die fünfte Terrasse lief, dem Flusse entlang, parallel mit der Terrasse der Feuillants, und wurde die Wasser-Terrasse genannt. Diese lezte Terrasse hatte an ihrem Ende, neben dem Pavillon der Flora, eine Gitterthüre, durch welche man von dem Pontroyal in den Garten kommen konnte.

Zwischen der Terrasse des Dauphins und der Terrasse der Orangerie wurde der Garten durch einen Graben von dem Platze Ludwigs des XV abgesondert. Ueber diesen Graben ging die Drehbrücke, welche alle Abend verschlossen wurde, so daß Niemand von dieser Seite in den Garten kommen konnte.

Neunter Th.   D

Um Mitternacht hörte man das Läuten der Sturmglocken; der Generalmarsch wurde geschlagen und die Lärmkanonen abgefeuert. Auf Befehl der Polizei waren alle Häuser erleuchtet: so daß es in den Straßen so helle war wie am Tage. Beim ersten Schlage der Sturmglocke begaben sich zwei hundert Jakobiner nach dem Rathhause, woselbst der Bürgerrath versammelt war. Sie kündigten den Mitgliedern dieses Rathes an, daß sie das Zutrauen des Volkes verlohren hätten; jagten sie alle, Manuel und Danton ausgenommen, von dem Rathhause; und nahmen ihre Stellen ein. Pethion, der von dem was geschehen sollte unterrichtet war, wollte nicht zugegen sein, um keine Verantwortung zu haben; er blieb daher in dem Schlosse.

Sobald die Sturmglocken geläutet wurden, begaben sich die Jakobinischen Mitglieder der Nationalversammlung nach ihrem Versammlungssaale.

Mehrere Bataillone der Bürgermiliz kamen bei dem Schlosse an. Alle schienen geneigt, den König gegen den Pariser Pöbel zu vertheidigen. Sie wurden auf die verschiedenen Posten vertheilt, und besetzten dieselben in Gesellschaft der Schweizer. Diese erklärten: sie würden sich so verhalten wie die Bürgermiliz, und weder mehr thun, noch weniger.

Auf den Pontneuf hatte der Kommendant der Bürgermiliz, Mandat, ein Kommando von der Bürgermiliz mit einigen Kanonen postirt, um dadurch den Einwohnern der beiden Vorstädte alle Gemeinschaft mit einander abzuschneiden. Dieses Kommando war das wichtigste unter allen. Wenn es seinen Posten vertheidigte, so konnte der Plan der Verschwornen nicht ausgeführt werden. Sobald daher der neue Jakobinische Bürgerrath versammelt war, sandte derselbe einige seiner Mitglieder, mit National-Schärpen bekleidet, nach dem Pontneuf, und ließ der Bürgermiliz befehlen, diesen Posten zu verlassen. Der kommandirende Offizier, welcher von der auf dem Rathhause vorgegangenen Veränderung nichts wußte, gehorchte und zog sich mit seinen Leuten zurück. Nun war die Brücke frei, und die Verschwornen hatten, von beiden Seiten des Flusses, über die Brücke mit einander Gemeinschaft.

Die Föderirten, die Marseiller, und die übrigen, von den Jakobinern besoldeten, Hülfstruppen setzten sich nunmehr in Bewegung. Da aber der neue Bürgerrath wußte, daß der Kommendant der Bürgermiliz einen geschriebenen Befehl von dem Maire Pethion in der Tasche hätte, das Schloß zu vertheidigen und Gewalt mit Gewalt zu vertreiben; da er wußte, daß dieser Kommendant die vortrefflichsten Maasregeln zur Vertheidigung des Schlosses genommen hätte: so wurde beschlossen, vor allen Dingen den Kommendanten aus dem Wege zu schaffen. Während der Kommendant, Hr. Mandat, mit den zu treffenden Anstalten beschäfftigt war, erhielt er einen Befehl von dem Bürgerrathe, sogleich nach dem Rathhause zu kommen. Er entschuldigte sich mit der Nothwendigkeit seiner Gegenwart im Schlosse, und weigerte sich zu gehorchen. Bald nachher kam eine zweite Botschaft von dem Bürgerrathe mit demselben Befehle. Noch zauderte er. Als ihm aber die Herren Pethion und Roederer vorstellten, daß es seine Pflicht wäre, den Befehlen des Bürgerraths zu gehorchen; so ging er, obgleich unwillig, nach dem Rathhause. Noch wußte er nicht, und Niemand im Schlosse wußte es, daß der rechtmäßige Bürgerrath von dem Rathhause vertrieben war, und daß der Abschaum der Jakobiner die Stelle desselben eingenommen hatte.

Mandat verließ das Schloß ohne irgend einen

Befehl zurück zu laſſen, weil er bald wieder zurück zu kommen hofte. Er kam nach dem Rathhauſe, trat in den Saal, und ſah mit Erſtaunen lauter neue, ihm unbekannte Geſichter. Der Preſident des neuen Bürgerrathes Huguenin und ſein Gehülſe Tallien fingen an ihn auszufragen, und ſich bei ihm zu erkundigen, was für Anſtalten zur Vertheidigung des Schloſſes er getroffen hätte. Hierauf wurde er beſchuldigt, daß er die Abſicht hätte, das Volk niederzumetzeln und ermorden zu laſſen. a) Mandat konnte, vor Beſtürzung über alles was er ſah und hörte, nicht antworten; der Preſident Huguenin befahl, ihn wegzuführen. Auf der Treppe fielen zwei beſtellte Meuchelmörder über ihn her: der Eine zog eine Piſtole und ſchoß ihm eine Kugel durch den Kopf, während ihm der Andere den Dolch in die Bruſt ſtieß. Der Befehl Pethions wurde ihm aus der Taſche genommen, und ſein Leichnam ward in den Fluß geworfen, ungeachtet ſein Sohn, welcher ſich bei der Ermordung gegenwärtig befand, ſtehend bat, daß man ihm erlauben möchte, den Körper ſeines Vaters begraben zu laſſen. Dieß geſchah um zwei Uhr des Morgens.

Durch die Ermordung des Kommendanten Mandat waren nun die Vertheidiger der Thuillerien ohne Anführer und ohne Plan. Er hatte keine Befehle hinterlaſſen, keinem Offizier während ſeiner Abweſenheit das Kommando übertragen; vergeblich wartete man auf ſeine Rückkunft und blieb indeſſen in völliger Unthätigkeit.

Sobald die Nationalverſammlung verſammelt war, beſchloß ſie, daß der Maire Pethion aus dem Schloſſe

a) Peltier dernier tableau de Paris. T. 1. S. 112. Moore Journal, T. 1. Bigot de Ste. Croix. S. 29.

sollte geholt werden, um ihr Bericht abzustatten. Er erschien und berichtete, daß wahrscheinlich alles gut gehen würde. Hierauf wurde ein Brief einer Deutschen jakobinischen Versammlung zu **Mannheim** vorgelesen, welche sich dem Schutze der Nationalversammlung empfahl. Dann erschien der Justizminister, Hr. Dejoly, und ersuchte die Versammlung, im Nahmen des Königs, ernsthafte Vorkehrungen zur Beschützung des Schlosses zu treffen. Statt dessen hob die Versammlung ihre Sitzung auf und ging um halb fünf Uhr auf eine Stunde aus einander.

Indessen gaben die Verschwornen, welche an vier Orten versammelt waren, (nämlich auf dem Platze des Französischen Theaters; auf dem Pferdemarkte; in dem Zeughause, und bei der kleineren Kirche des heiligen Antonius) ihren Truppen den Befehl zum Aufbruche. Das Zeughaus wurde angegriffen; das bei demselben stehende Kommando der Bürgermiliz überwältigt; 2,600 Flinten wurden heraus genommen, und unter den Pöbel vertheilt. Eine unzählbare Schaar bewaffneter Männer zog, in ziemlicher Ordnung, nach dem Schlosse der Thuillerien. Es war fünf Uhr des Morgens.

Um diese Zeit befahl die Königinn ihre Kinder aufzuwecken und zu ihr in den Saal zu bringen. Der Dauphin schnitt sich eine Locke von seinen Haaren ab, gab dieselbe einem Kinde, welches mit ihm zu spielen pflegte, und sagte: "Josephine, nimm diese Locke von "meinen Haaren, und versprich mir, daß du dieselbe tragen willst, so lange ich in Gefahr sein werde!" a) Diese Worte des unglücklichen Kindes rührten alle Umstehenden.

Den Zug des Pöbels nach dem Schlosse beschreibt

a) Bigot de Ste. Croix. S. 29.

ein berühmter Schriftsteller auf folgende Weise: "Eine "unzählbare Menge Pöbels, angeführt durch die Mör= "der von Avignon, und begleitet von den Galerensklá= "ven aus Marseille und Brest, zog nach dem Schlosse. "Landstreicher; Räuber; gemeine Gassendirnen; Tage= "diebe; das besoldete Gesindel welches seit 1789 im Sol= "de der Unruhestifter stand; der Abschaum aller Jako= "binerklubs des ganzen Reiches, welcher wegen der vor= "geblichen Föderation nach Paris gekommen war; Ta= "gelöhner aus den benachbarten Dörfern, welche die zu "machende Plünderung anlockte; ein gräßliches Gemisch "von Weibern in Lumpen, und von Ungeheuern, die "kaum wie Menschen aussahen; Lastträger, Schorn= "steinfeger, Kohlenbrenner; Krämer, welche die Rolle "eines Brutus spielen wollten; aus diesen Menschen, "und aus Verbrechern aller Art, war die Armee der "Stifter der Republik zusammengeflickt, welche jetzt im "Begriffe stand die Wohnung des Tugendhaftesten al= "ler Ludwige mit Feuer und Schwert zu verheeren." a)

Der Lärm in der Gegend des Schlosses nahm jetzt auf eine schreckliche Weise zu. Man hörte wie sich der Pöbel näherte, wie die Kanonen herbei geschleppt wurden, wie die Aufrührer die schrecklichsten Verwün= schungen gegen die königliche Familie ausstießen. Der König und die Königinn standen am Fenster, und sahen voller Unruhe die zahlreiche Armee, welche gegen sie an= rückte. Diese Armee kam in zwei Kolonnen. Eine die= ser Kolonnen zog über den Pontneuf, theilte sich, nachdem sie über die Brücke war, in zwei Abtheilun= gen, deren Eine unter dem Bogen der Gallerie des Lou= vre durch, und nach der Straße St. Nicaise mar= schirte; die andere Abtheilung der ersten Kolonne kam

---

a Mallet Dupan sur les évenemens du 1. Août. S. 16.

durch die Bogen der Gallerie des Louvre auf den Karousselplatz: die zweite Kolonne marschirte durch die Straßen St. Honore und St. Nicaise nach dem Karouſ-
selplatze.

Hr. Pethion, deſſen Gegenwart nothwendig
war, und der, als Maire, durch seinen Einfluß das
Volk hätte beruhigen sollen, begab sich nach Hause,
und ließ sich eine Wache von vier hundert Mann geben, um auf alle Fälle sicher zu sein und den Ausgang des Treffens ohne Besorgniß abwarten zu
können.

Gegen halb sechs Uhr sah der König, von einem Balkon des Schlosses, auf die, in den verschiedenen Höfen versammelten, Vertheidiger seiner Person
und seiner Familie herab. Sobald ihn die Bürgersoldaten und die Schweizer erblickten, erschallte ein lautes Geschrei: "Hoch lebe der König!„ Der Monarch
entschloß sich herunter zu gehen und die besetzten Posten
selbst zu besuchen. Eine zahlreiche Schaar von Herren
des Hofes begleitete ihn. Die Bürgersoldaten und
Schweizer riefen einstimmig: "Hoch lebe der König!„
Der König war darüber gerührt; er sprach in abgebrochenen Worten: "Nun! man sagt daß sie kom-
"men..... ich weiß nicht was sie wollen..... ich werde
"mich niemals von den guten Bürgern des Staats
"trennen; denn meine Sache ist ihre Sache.„ Die
Bürgermiliz schwor bei ihren Waffen, daß sie den König zu vertheidigen bereit wäre.

Als der König dem großen Thore des Karousselplatzes gerade gegen über sich befand, wurde das Thor
gewaltsam aufgestoßen und drei mit Piken bewaffnete
Bataillone stürzten herein, mit fliegender Fahne, klingendem Spiele und dem lauten Aufruhrs-Geschrei:
"Hoch lebe Pethion! Weg mit dem Könige! Hoch

"lebe die Nation! Hoch leben die Ohnehosen!„ Der König drehte diesem Gesindel den Rücken zu, und ging ganz kaltblütig weiter, nach dem Hofe Marsan, wo die getreuen Schweizer die Wache hatten. Die eingedrungenen Bataillons der Pikenmänner hielten sich in dem Schloßhofe noch nicht für sicher genug, weil sie noch zu schwach waren, um mit den Vertheidigern des Königs einen Kampf zu wagen: sie machten daher Rechtsum, zogen wieder aus dem Hofe heraus, und erwarteten die Ankunft der Marseiller.

Der König setzte die Musterung der Truppen fort. Auf der Terrasse des Pallastes baten ihn die, daselbst befindlichen, National-Grenadiere so dringend, den entfernten Posten bei der Drehbrücke, am andern Ende des Gartens, auch zu besuchen, daß sich der König entschloß, dieser Bitte nachzugeben. Einer unter den Herren des Hofes wünschte, daß dieses nicht geschehen möchte, und stellte dem Könige vor, daß er sich der großen Gefahr aussetze, von den Pikenmännern, welche bereits in den Garten eingedrungen waren, und aus allen Kräften schrieen: "Weg mit dem Veto! Weg mit dem Verräther!„ umringt und ermordet zu werden. Dennoch ging der König nach der Drehbrücke. Er fand den Posten daselbst sehr gut besetzt. Auf dem Rückwege nach dem Schlosse gerieth der König in große Lebensgefahr. Der bewaffnete Pöbel drängte sich auf ihn zu; ein Kerl unter dem Haufen, bei dem man einen gezückten Dolch gewahr wurde, drängte mit wüthenden Geberden die Offiziere weg, welche den König umgaben, suchte sich dem Monarchen zu nähern, und rief dabei so laut er konnte: "Hoch lebe Pethion! Hoch lebe die Nation!„ Man stieß diesen Rasenden zurück, und der König sprach ganz gelassen: "auch ich sage, hoch lebe die Nation. Ich habe es immer ge-

und ich habe niemals etwas anders gewünscht,
ihre Wohlfarth." a)

Der Prokurator-Syndikus der Gemeinde, Hr.
[...]erer, besuchte ebenfalls alle Posten, und befahl
[de]r Bürgermiliz sowohl, als den Schweizer[n]
[wie]derholtenmalen: daß sie das Schloß vert[heidigen,]
Gewalt mit Gewalt vertreiben sollten. b)

Die Nationalversammlung hatte [ihre]
Sitzung wieder angefangen. Zwei Minist[er]
begaben sich vor die Schranken, und Einer von ihnen,
Hr. de Joly, sprach: "Die Nationalversammlung ist
"von den Unruhen unterrichtet, welche in Paris statt
"finden. Diese Unruhen haben den König veranlaßt die-
"jenigen Maasregeln zu nehmen, welche die Konstitution
"ihm vorschreibt. Wir erinnern uns, daß die National-
"versammlung am zwanzigsten Junius dem Könige eine
"Gesandtschaft aus ihrer Mitte zugesandt hat, und wir
"kommen jetzt, im Nahmen des Königs hieher, um Sie
"zu ersuchen, daß sie eine ähnliche Gesandtschaft aus ih-
"rer Mitte auch jetzt noch dem Schlosse senden mögen:
"sonst würde sich die Person des Königs in der größten
"Gefahr befinden. Eine Gesandtschaft der Nationalver-
"sammlung wird die Ruhe nicht nur im Schlosse, sondern
"in der ganzen Hauptstadt, gewiß wieder herstellen."

Die Versammlung weigerte sich, diese Bitte zu bewilligen, und fuhr, ganz gleichgültig und unbesorgt, in
einer Debatte über den Negerhandel fort. c)

Zwei hundert und zehen Edelleute hatten sich, wie

a) Bigot de Ste. Croix. S. 33. Hr. Bigot de Ste. Croix
war gegenwärtig als dieses vorging.
b) Rélation d'un Officier des Gardes-Suisses, dans la Gazette de Leyde, suite du supplément No. 77. 1792.
Rapport de M. Roederer dans le moniteur du
12. Août 1792.
c) Bigot de Ste. Croix. S. 34.

bereits gesagt worden ist, zur Vertheidigung des K[önigs]
im Schlosse versammelt. Hr. de Belair, ein [Officier?]
der Bürgermiliz, stellte der Königinn vor, daß d[ie Bür-]
germiliz wegen der Absichten dieser Edelleute besorg[t sey,]
[und daß] dieselbe wünschte, man möchte die Edelleu[te vom]
[Sch]losse entfernen. Die Königinn erwiederte: [„Ich kann]
[un]s von diesen Herren trennen, denn sie sind [unsere treu-]
[e]sten Freunde. Sie werden mit der Bür[germiliz die]
[gleichen] Gefahren theilen, und Ihren Befehlen ge-
"horchen. Stellen Sie diese Herren vor die Mündung
"der Kanonen, dann werden Sie sehen, wie man für
"seinen König stirbt."

Bald nachher besetzten die Edelleute, mit den Grenadieren der Bürgermiliz vereinigt, alle Posten im Inneren des Schlosses. Sie gaben den Bürgersoldaten die
Hand, und riefen aus: "Hoch lebe die Bürgermiliz!"

Der König ging, in Begleitung der Königinn, durch
alle Zimmer des Schlosses zwischen einer doppelten Reihe
dieser seiner Vertheidiger durch. Er redete sie an und
sprach ihnen Muth ein. Die Königinn wandte sich vorzüglich zu den Grenadieren der Bürgermiliz und sagte:
"Meine Herren. Alles, was Ihnen am theuersten ist,
"Ihre Weiber, Ihre Kinder, Ihr Eigenthum, Alles
"hangt von dem heutigen Tage ab. Wir haben Ein ge-
"meinschaftliches Interesse; und Sie dürfen in diese
"tapfern Diener (in die Edelleute) nicht das mindeste Miß-
"trauen setzen; denn diese werden Ihre Gefahren theilen
"und Sie bis zum letzten Athemzuge vertheidigen." a)
Die Königinn sprach diese Worte mit solcher Würde, mit
solcher Majestät, und mit solcher Wärme, daß sich die
Grenadiere der Thränen nicht enthalten konnten, und
daß sie, voller Enthusiasmus für die königliche Familie,

a) Pelt[ie]r dernier tableau de Paris. T. 1 S. 126 Bigot de Ste. Croix. S. 34.

In Gegenwart derselben, ihre Waffen mit scharfen Patronen luden.

Gegen acht Uhr kam ein Mitglied des Bürgerrathes in das Zimmer des Staatsrathes, in welchem sich der König nebst der königlichen Familie befand. Joly, der Minister der Gerechtigkeitspflege, sagte: "Was gibts? Was verlangt man?" — "Die Absetzung," war die Antwort. Hr. de Joly erwiederte unwillig: "Ey! so mag die Versammlung dieselbe beschließen." Dann fragte die Königinn dieses Mitglied des Bürgerrathes: "Was soll aber aus dem Könige werden?" Ein tiefer Bückling erfolgte, statt aller Antwort. In demselben Augenblicke trat Hr. Röderer, in Gesellschaft der übrigen Aufseher der Abtheilung von Paris, herein. Seine ersten Worte waren: "nichts darf den König von den Aufsehern der Abtheilung trennen." Darauf sagte er: er müßte den König und die Königinn allein sprechen, und ging mit beiden in ein inneres Zimmer, wohin die übrigen Aufseher der Abtheilung folgten, welche Zeugen dieser Unterredung waren, so wie auch die Minister des Königs. Hr. Röderer erklärte der königlichen Familie: die Gefahr sei auf den höchsten Punkt gestiegen; sie übertreffe alles, was man sich vorstellen möge; unter der Bürgermiliz befänden sich nur sehr wenige getreue Vertheidiger des Königs; die übrigen wären bestochen und würden selbst auf das Schloß schießen; der König, die Königinn, ihre Kinder, nebst allen Personen, die sich in ihrer Gesellschaft befänden, würden unfehlbar ermordet werden, wenn sich der König nicht auf der Stelle entschlösse, sich nach der Nationalversammlung zu begeben. Die Königinn sah die Absicht dieses Vorschlages sogleich ein, welche keine andere war, als den Monarchen von seinen getreuen Vertheidigern zu trennen, und ihn der Wuth der Jakobinischen Mitglieder der Versammlung

Preis zu geben: sie erklärte sich in den stärksten Ausdrücken gegen den Vorschlag, und sagte sogar: "Lieber will ich mich hier an die Wand annageln "lassen, als das Schloß verlassen!" a) Der König und die Minister waren ebenfalls der Meinung, daß das Schloß nicht verlassen müßte. Nun trat Hr. Roederer vor die Königinn und sprach mit großer Heftigkeit: "Madame. Die Augenblicke sind kostbar. Zaudern Sie noch Eine Minute, noch Eine Sekunde, so "ist es unmöglich für das Leben des Königs, für das "Leben Ew. Majestät, und für das Leben Ihrer Kinder zu stehen." Diese Worte machten großen Eindruck. Die Königinn erwiederte mit einem tiefen Seufzer: "Wohlan! so müssen wir denn auch noch dieses "letzte Opfer bringen!"

"Laßt uns gehen," sagte der König; und bald nachher setzte er hinzu: "weil wir nach der Versammlung "wollen, so haben wir hier nichts mehr zu thun." Eine große Anzahl von Edelleuten drängte sich zu der königlichen Familie, um dieselbe zu begleiten: allein der König verbot ihnen, zu folgen, und die Königinn setzte, um ihnen Muth einzusprechen, hinzu: "wir werden "bald wieder kommen." — So zog der König, mit seiner Gemahlinn, seiner Schwester und seinen Kindern, durch die lange Reihe von Zimmern seines Schlosses, und durch die dichten Haufen aller derjenigen, die gekommen waren ihn zu vertheidigen und vor der Gewalt des Pöbels zu beschützen. Die unglückliche Familie ging die Treppen ihres königlichen Pallastes herunter, und ohne Schwierigkeit kam dieselbe, zwischen einer doppelten Reihe von Schweizern und Bürgersoldaten, bis zu dem Eingange des Saales der Nationalver-

---

a) Bigot de Ste. Croix. S. 35. Peltier dernier tableau. T. 1. S. 129.

sammlung auf der Terrasse der Feuillants. Hier verweigerte ihnen der Pöbel den Durchgang und hielt die erhabenen Flüchtlinge länger als eine Viertelstunde auf, während welcher Zeit das zusammen gelaufene Gesindel von allen Seiten schrie: "Wir wollen keinen Tyrannen mehr! "Bringt sie um! Bringt sie um!„ a) Ein Kerl, der gräßlich aussah, näherte sich dem Könige, und hörte nicht auf ihn mit den schändlichsten Schmähungen und Drohungen zu überhäufen. Endlich brachten es die Aufseher der Abtheilung, durch wiederholte Bitten und Vorstellungen, bei dem Pöbel dahin, daß dem König erlaubt wurde, sich mit seiner Familie nach der Nationalversammlung zu begeben, jedoch unter der Bedingung, daß er alle diejenigen, die ihn begleiteten, vor der Thüre lassen müßte. Eben der Kerl, welcher den König so frech geschmäht hatte, riß jetzt den achtjährigen Dauphin von der Seite seiner Mutter weg, und trug ihn auf seinen Armen in den Versammlungssaal.

Der König, die Königinn, die Prinzessinn Elisabeth und die Kronprinzessinn, traten in den Saal. Der König setzte sich zur linken des Presidenten nieder, und sagte ganz ruhig: "Meine Herren. Ich komme hieher um "Frankreich ein großes Verbrechen zu ersparen. Ich habe "geglaubt, daß ich nebst meiner Familie nirgendwo sicherer sein könnte, als mitten unter den Stellvertretern der "Nation, und es ist meine Absicht, den ganzen Tag über "hier zu bleiben.„

Hr. Vergniaux, der President der Versammlung, antwortete: "Sire. Die Nationalversammlung fürchtet keine Gefahr. Sie wird fest auf ihrem Posten stehen "bleiben, und alle ihre Mitglieder werden auf demselben "sterben, um die Rechte des Volkes sowohl, als die kon-

a) Peltier dernier tableau de Paris. T. 1. S. 133.

"stituirten Autoritäten, zu unterstützen." — Diese Rede des Presidenten war eine bittere Ironie, die, unter solchen Umständen, nur aus einem sehr gefühllosen Herzen kommen konnte. Zu einer Zeit da die Konstitution vernichtet wurde und das konstitutionsmäßige Oberhaupt des Reiches sich in der größten Lebensgefahr befand, sprach der Präsident von den Rechten des Volkes und von Unterstützung der konstitutionsmäßigen Obrigkeiten: und doch hatte selbst die Versammlung kurz vorher den neuen Bürgerrath der Stadt Paris anerkannt, welcher, wie oben ist erzählt worden, sich selbst, ohne von dem Volke gewählt zu sein, der Regierung bemächtigt, und diese Regierung mit der Ermordung des Kommendanten der Bürgermiliz angefangen hatte.

Der König blieb sitzen. Allein die Herren Lasource, Cambon, und einige andere Mitglieder, bemerkten, daß die Versammlung in Gegenwart des Königs sich nicht berathschlagen könne, und daß sich daher der König von der Seite des Präsidenten entfernen müßte. Es entstand ein verwirrtes Geschrei: "Vor die Schranken! Vor die "Schranken! Auf die Bank der Minister!" Einige wollten, der König sollte sich vor die Schranken setzen; die andern verlangten, daß sich der Monarch auf die den Ministern bestimmte Bank setzen sollte. — Der König setzte sich, nebst seiner Familie, auf die Bank der Minister. Hr. Dühem behauptete: daß der König auch da schlechterdings nicht bleiben könnte, weil er sich immer noch innerhalb des Saales befände, da er doch schlechterdings außer demselben sein müßte. Nach einiger Berathschlagung wurde dem Könige befohlen, sich in die, mit eisernen Gittern versehene, Loge eines Zeitungsschreibers zu verfügen. Die königliche Familie begab sich dahin, in Begleitung der Minister und einiger anderer getreuer Anhänger. Das erste, was bei dem Eintritte in dieses enge, finstere Gefängniß, ihnen in die Augen fiel, war das, auf den weißen Wänden mit großen schwarzen Buchstaben gezeichnete, Wort: Tod. a)

Die Mitglieder der Versammlung und die Zuhörer auf den Gallerien riefen: "Das Gitter weg! Das Gitter weg!" Der König sah sich genöthigt, selbst Hand anzulegen, und das Gitter mit Gewalt wegzureißen, wobei ihm die Herren, Bigot de Ste. Croix, Dubouchage, der Prinz de Poix und der Herzog von Choiseul, behülflich waren.

Wir haben oben gesehen, daß der König seinen Pallast nur auf die dringenden Vorstellungen des Hrn. Röderer verließ, welcher, im Nahmen der Aufseher der Abtheilung von Paris, es ausdrücklich verlangte. Indessen war doch dieses Verlassen seiner Wohnung ein in aller Rücksicht höchst unpolitischer Schritt, ob man gleich die Gründe billigen muß, welche den Monarchen zu demselben bewogen. Sobald die Bürgermiliz in dem Schlosse, und auf den zu dem Schlosse gehörigen Posten, erfuhr, daß der König dasselbe verlassen hätte, da wiederholte sie die letzten Worte, die der König gesprochen hatte, ehe er aus dem Schlosse sich entfernte. "Weil der König nach "der Versammlung gegangen ist," sagten sie, "so ha"ben wir hier nichts weiter zu thun. Unsere Pflicht ist es, "seine Person und seine Familie zu vertheidigen, aber nicht "die leeren Mauern seines Pallastes." Der Eifer dieser getreuen Bürger erkaltete, und an dessen Stelle trat Unwillen darüber, daß der König sich in der Versammlung mehr gesichert glaube, als unter ihrem Schutze. Der größte Theil dieser Bürgermiliz verließ seine Posten und vereinigte sich außer dem Schlosse mit den Föderirten und dem übrigen Gesindel. Die Schweizer wußten es nicht,

---

a) Bigot de Ste. Croix. S. 52.

daß sich der König nicht mehr in dem Pallaste befände, und sie erhielten noch um neun Uhr von einem Kommendanten der Bürgermiliz, Hrn. de Boisseuil, den ausdrücklichen Befehl, sich in das Schloß zurück zu ziehen und dasselbe bis auf den letzten Athemzug zu vertheidigen. Diesem Befehle mußten sie gehorchen, ungeachtet sie voraus sahen, daß ihnen, da sie mit keiner hinlänglichen Kriegsmunition versehen waren, ein gewisser Tod bevorstünde. a)

Indessen rükte der bewafnete Pöbel in immer größeren und zahlreicheren Haufen gegen das Schloß an. Aus allen Winkeln von Paris kam derselbe herbei, ohne zu wissen was man vorhabe, oder was er selbst anfangen wollte, bereit zu rufen: Hoch lebe der König! oder: Hoch lebe die Nation! je nachdem die Straße, durch welche der Haufe durchzog, so oder anders gestimmt war; je nachdem es der Ausgang ergeben würde, und in jedem Falle entschlossen, es mit der siegenden Parthei zu halten. b) Die Gendarmerie zu Pferde, welche auf dem Karousselplatze postirt war, machte dem anrückenden Pöbel Platz, that keinen Widerstand, und zog sich zurück, ehe noch das Gefecht seinen Anfang nahm.

Das Gesindel hatte zwei und zwanzig Männer gefangen genommen, die sich nach dem Schlosse begeben wollten, um sich zu den Vertheidigern desselben zu gesellen. Zwölf unter ihnen entsprangen durch eine Hinterthüre: die übrigen wurden nachher nur besto genauer bewacht. Noch war man unentschlossen, was man mit ihnen anfangen wollte, als die berüchtigte Theroigne de Mericourt in Amazonenkleidung, mit dem blossen Säbel in der Hand, auf einen Tisch sich stellte und

a) Rélation authentique par un Officier des Gardes Suisses. Gazette de Leyde. 1792. Suite du Suppl. du No. 77.
b) Moore Journal. T. 1. S. 185.

zu dem Volke sprach. Sie verlangte, daß die Gefangenen sogleich sollten umgebracht werden. Dieser Vorschlag ward mit dem größten Beifalle aufgenommen; der Pöbel fiel über die unglücklichen Gefangenen her, ermordete dieselben, und steckte ihre Köpfe auf Lanzen, die nachher in der Stadt herum getragen wurden.

Das ganze Schloß war bereits, sowohl als der Garten der Thuillerien, mit dem bewaffneten Pöbel umgeben, welcher mit Kanonen von allen Seiten her anrückte. In dem Innern desselben befanden sich die Schweizer, eine kleine Anzahl von Bürgersoldaten und die bewaffneten Edelleute. Zwei Kompagnien Schweizer und drei hundert getreue Bürgersoldaten hatten den König nach der Nationalversammlung begleitet, und waren nun von dem Schlosse abgeschnitten.

Gegen zehn Uhr fing das Gefecht an. Der General Westermann war zu Pferde und hatte das Hauptkommando über die Rebellen. Er stellte sie in Form eines Winkelhakens in Schlachtordnung, von den Bogen des Louvre bis nach der Straße de Lechelle, so daß der ganze Karousselplatz umringt war. Alle Ausgänge dieses Platzes besetzte er mit geladenen Kanonen. Während dieser Zeit kam ein Wagen mit Pulver und ein Wagen voll Kanonenkugeln, mit Bedeckung, unter Anführung des Santerre an.

Nun klopfte Westermann selbst an die sogenannte Königsthüre und verlangte mit seinen Truppen in den Hof gelassen zu werden. Die Schildwache weigerte sich die Thüre zu öffnen, und sogleich wurde dieselbe mit Gewalt aufgesprengt. In dem königlichen Hofe wurden nunmehr die Kanonen aufgepflanzt und gegen das Schloß gerichtet. Eine Kanone ward abgefeuert; weil sie aber zu hoch gerichtet war, so traf sie nur das Dach des Pallastes, und prellte von da zu rück, ohne den mindesten Schaden gethan zu haben. Eben so wenig trafen die übrigen Schüsse mit den Kanonen, weil sich die Marseiller auf die gehörige Richtung derselben nicht verstanden.

Die Schweizer berathschlagten sich, ob sie das Schloß vertheidigen sollten, oder ob sie nicht sich durch die Belagerer durchschlagen und nach der Nationalversammlung begeben sollten, um die Person des Königs zu vertheidigen, dessen Wache sie waren. Der König hatte sie verlassen ohne ihnen jedoch einen Verhaltungsbefehl zu geben, daher kam ihre anfängliche Unentschlossenheit, die aber bald aufhörte, als sie sich erinnerten, daß ihnen der Maire, Herr Pethion, befohlen hätte Gewalt mit Gewalt zurück zu treiben und auf ihren Posten zu sterben. Daß sie der Gewalt nicht würden widerstehen können, sahen sie voraus, denn ihrer waren sieben hundert mit einem sehr geringen Vorrathe von Kriegsmunition; dagegen betrug die Anzahl der Angreifenden über 100,000, und diese hatten dreißig Kanonen nebst einem außerordentlich großen Vorrath von Kriegsmunition, herbeigeführt. a) Außerdem befand sich der König in der Gewalt der Rebellen; und folglich waren die Vertheidiger des Schlosses auf alle Fälle verlohren, sie mochten siegen oder besiegt werden. Wollten die Schweizer ihr Leben retten, so mußten sie ihre Waffen niederlegen und sich mit den Rebellen vereinigen. Aber dieses zu thun verbot ihnen Ehre und Pflicht, und der Schweizersoldat ist von jeher gewohnt gewesen, sein Leben der Pflicht aufzuopfern.

Der versammelte Pöbel rief den Schweizern zu:

a) Les Suisses virent clairement qu'ils étoient sacrifiés; mais il ne perdirent pas courage..... Qu'on juge de nôtre position, retirés dans le chateau, et luis n'y périr. Rélation authentique par un Officier des Gardes-Suisses.

"Weg mit Euch Schweizern! Legt die Waffen nieder!" Doch wagte der Haufe es nicht, weiter als bis in die Hälfte des Hofes vorzurücken. Nach einer Weile war endlich ein kleiner Trupp von Marseillern dreist genug, bis an den Fuß der großen Treppe vorzudringen. Daselbst fielen sie die Schweizerliche Schildwache an, und bemächtigten sich derselben, nebst fünf andern Schweizersoldaten, die dem Schildwachstehenden Soldaten zu Hülfe kamen. Die sechs gefangenen Schweizer wurden am Fuße der Treppe mit Keulen und Flintenkolben todt geschlagen. Bei diesem Anblicke geriethen die Schweizer in Wuth, stellten sich, unter den Befehlen des Hrn. Hauptmanns Stürler und des Hrn. von Casselberg, am Fuße der Treppe in Schlachtordnung, und feuerten ihre Gewehre ab. Bei der ersten Salve fielen einige von den Rebellen; die übrigen aber zogen sich fliehend aus dem Schloßhofe zurück, und warfen im Fliehen Flinten, Patrontaschen, Piken, und was sie sonst trugen, von sich. Einige Marseiller legten sich platt auf die Erde auf das Angesicht, stellten sich als wenn sie todt wären, und krochen dann langsam fort, bis sie außer der Schußweite sich befanden. Auch die Kanoniere liefen weg, und ließen ihre Kanonen im Stiche. Derselben bemächtigten sich die Schweizer, welche vorher keine Kanonen gehabt hatten: allein sie konnten sich dieses Geschützes nicht bedienen, weil sie weder Schleßpulver noch Kugeln dazu hatten. a)

Sobald die Schweizer sahen, daß der Königshof von den Rebellen ganz verlassen war, besetzte ein Detaschement von sechzig Mann das Thor, welches aus dem genannten Hofe auf den Karusselplatz führte. Dieses

---

a) Ces cinq pièces nous devinrent inutiles; les gardes nationales en avoient pris les gargousses. Ebendaselbst. Peltier dernier tableau de Paris. T. 1. S. 153.

Detaschement fuhr so lange mit Feuern durch das Schloßthor fort, bis der ganze Karousselplatz leer war; und die Schweizer verlohren bei diesem ersten Scharmüzel nicht mehr als Einen Mann, während von den Marseillern viele getödtet wurden. Der fliehende Pöbel, nebst den Föderirten, lief durch die Straßen, mit einem gräßlichen Geschrei: "Ins Gewehr! Ins Ge- "wehr! Wir sind verrathen! die Schweizer feuren auf "die Bürger! sie haben schon hundert Marseiller er- "schossen!„

Ein anderes Detaschement Schweizer, welches sich unter Anführung des Hrn. von Salis, dreier Kanonen bemächtigte, welche bei dem Eingange des Hofes der Reitschule aufgepflanzt waren, litt viel mehr, als das erste. Die Schweizer verlohren über dreißig Mann.

Auf diese Weise nahm das Gefecht seinen Anfang. Die im Schlosse vorhandenen Bürgersoldaten, welche versprochen hatten die Schweizer zu unterstützen, zeigten Furcht als das Treffen ernsthaft wurde. Ein Schweizeroffizier sprach ihnen Muth ein: "Voran, meine Her- "ren, „ sprach er, "Ihnen gehört der Ehrenposten; wir "wollen Ihnen folgen.„ Endlich ermannten sie sich, und unterstützten die Schweizer in der Vertheidigung des Schlosses.

Die im Schlosse befindlichen Edelleute hatten keine anderen Waffen, als Pistolen: sie konnten daher an dem Gefechte gar keinen Antheil nehmen.

Während die Schweizer auf allen Seiten des Schlosses über den bewaffneten Pöbel den vollkommensten Sieg davon getragen hatten, und die Kanonen, welche es ihnen gelungen war zu erobern, welche sie aber aus Mangel an Ammunition nicht gebrauchen konnten, mit den Ladestöcken ihrer Flinten zu vernageln versuchten, kam Hr. D'Hervilly, ein Offizier der Bürgermiliz, durch den Garten der Thuillerien, nach der Terrasse des Pallastes. Von da rief er den Schweizern, so laut er konnte, zu: "Meine Herren. Im Nahmen des Königs, und auf Seinen Befehl, kommen Sie nach der Nationalversammlung."

Die Schweizer hielten diese Botschaft, diesen Befehl des Königs, das Schloß zu verlassen und nach der Nationalversammlung zu kommen, für einen Wink der Vorsehung. a) Es fehlte ihnen wirklich schon an Kriegsmunition, und sie sahen voraus, daß sie, bloß aus Mangel an Patronen, in kurzer Zeit sich dem Gesindel würden auf Diskretion ergeben müssen: sie verließen daher mit Freuden das Schloß, weil sie hoften, außer demselben sich einen neuen Vorrath von Kriegsmunition verschaffen zu können. Alle diejenigen Schweizer, welche sich auf der Terrasse des Pallastes und in der Nähe derselben befanden, ungefähr zwei hundert an der Zahl, marschirten, unter Anführung des Hauptmanns Stürler, nach der Nationalversammlung: die übrigen blieben im Schlosse zurück, weil ihnen der Befehl nicht bekannt geworden war. Auf dem kurzen Wege quer durch den Garten von der Terrasse des Pallastes bis zum Eingange der Nationalversammlung an der Terrasse der Feuillans, verlohren diese zwei hundert Schweizer über dreißig Mann, denn es fielen von allen Seiten des Gartens über tausend Flintenschüsse gegen sie. Sobald sie bei der Nationalversammlung angekommen waren und sich in die daselbst befindliche Wachtstube begeben hatten, wurden sie entkleidet und

---

a) Par un coup du ciel Mr. d'Hervilly arrive auprès de nous. Les cartouches nous manquoient: il ordonne au nom du Roi de nous replier sur l'assemblée nationale. Rélation autenthique par un Officier.

entwaffnet. Die Waffen und die Kleider trug der Pöbel im Triumphe in Paris herum. Die Offiziere, welche von dem Pöbel verfolgt und gemißhandelt wurden, wollten sich in den Saal der Nationalversammlung begeben, um wenigstens so lange sicher zu sein, bis sie weitere Befehle vom Könige würden erhalten haben: allein es kamen ihnen zwei Mitglieder der Versammlung entgegen, welche sich weigerten sie in den Saal zu lassen, und welche sie in ein Nebenzimmer führten, wo sie von eilf Uhr des Morgens bis neun Uhr des Abends bleiben mußten. a)

Die Gemeinen wurden, wie bereits gesagt worden ist, entkleidet und entwaffnet. Sie weigerten sich lange sich entwaffnen zu lassen; sie kündigten den Marseillern sowohl, als dem sie umringenden Pöbel, mit der größten Entschlossenheit an: daß sie ungeachtet ihrer kleinen Anzahl (ihrer waren hundert und siebenzig) sich vertheidigen, und ihre Waffen nur mit ihrem Leben verlieren würden. Allein während dieses Streites kam der Hauptmann Stürler zurück, und brachte einen, von dem Könige eigenhändig geschriebenen, Befehl: daß sie ihre Waffen niederlegen und nach den Kasernen von Courbevoye sich begeben sollten. b) Der zweite Theil des königlichen Befehles konnte nicht vollzogen werden, weil der Pöbel die Schweizer gefangen behielt. Selbst die Waffen übergaben sie nicht dem Pöbel, welcher dieselben von ihnen forderte, sondern den Soldaten der Bürgermiliz. Einer nach dem andern wurde entwaffnet, und der Pöbel bemächtigte sich nachher dieser Waffen, wie bereits erzählt worden ist.

a) Ebendaselbst. Man sehe auch Peltier dernier tableau de Paris. T. I. S. 161.
b) Le capitaine revient avec l'ordre par écrit aux Suisses: de rendre leurs armes et de se retirer aux casernes de Courbevoye. Rélation authentique.

Während, vermöge eines Befehls des Königs, dem Schlosse, auf die so eben beschriebene Weise, zwei hundert tapfere Vertheidiger entzogen wurden, um auf eine schnipfliche Weise entwaffnet und gefangen gehalten zu werden, hatte der flüchtig gewordene Pöbel wieder Muth gefaßt und war zum zweiten male angerückt. Neue Truppen hatten sich mit ihnen vereinigt, und neue Kanonen hatten sie mitgebracht. Die Kanonen wurden auf dem Karusselplatze, an den Eingängen der Straßen St. Nicaise, de Lechelle und des Orties, aufgestellt. Die ersten Schüsse gingen, beinahe eine halbe Stunde lang, alle auf die Dächer. Ein anderer Theil des Pöbels drang, durch das Thor des Hofes der Reitschule und durch das Thor des Pont Royal, in den Garten der Thuillerien ein, und griff das Schloß von der Seite des Gartens an, welche jetzt ganz unbesetzt war, seitdem sich diejenigen zwei hundert Schweizer, welche diese Seite vertheidigten, hatten zurück ziehen müssen, wodurch die übrigen, die sich im dem Schlosse befanden, der größten Gefahr ausgesetzt wurden.

Diese, im Schlosse zurück gebliebenen, Schweizer erfahren nicht eher etwas von dem Rückzuge ihrer Landsleute, als bis sie bemerkten, daß die nach dem Garten zu gehende Seite des Schlosses nicht mehr vertheidigt wurde. Sobald sie davon Nachricht hatten, zweifelten sie nicht länger daß sie verlohren wären, und gaben sich der Verzweiflung Preis. Lärm und Unordnung wurden unter ihnen so groß, daß Niemand Befehle zu geben, Niemand dieselben zu vollziehen im Stande war. Die meisten äußeren Posten zogen sich nach der großen Treppe zurück, an deren Fuß sich gegen achtzig Mann Schweizer versammelten, um diesen wichtigen Posten gegen den andringenden Pöbel zu vertheidigen.

Zwanzig Minuten lang thaten diese achtzig Schweizer dem ganzen, auf sie eindringenden, Haufen Widerstand, und tödteten mehr als vier hundert Rebellen. Auch wichen sie nicht zurück, sondern vertheidigten ihre Posten bis sie alle todt waren: nicht Einer von ihnen floh; nicht Einer flüchtete sich die Treppe hinauf; sie fielen wie Helden und starben, in Erfüllung ihrer Pflicht, des schönsten, ruhmvollsten Todes.

Nach der Niederlage dieser tapfern Schweizer war die große Treppe unbesetzt. Mit der größten Wuth stieg der Pöbel dieselbe hinan; durchlief schnell die ganze Reihe von Zimmern; und ermordete alle Schweizer, die er antraf, und die sich nicht länger vertheidigen konnten, weil sie alle ihre Patronen verschossen hatten. Einige unter ihnen flehten auf den Knieen um Pardon: diese wurden lebendig aus den Fenstern geworfen, und von dem unten stehenden Pöbel mit Lanzen aufgefangen. Andere, die zu entfliehen suchten, wurden von dem Pöbel, mit welchem sich nunmehr auch die Bürgersoldaten vereinigt hatten, verfolgt, und auf die grausamste Weise gemordet. Noch andere versteckten sich in den Sälen, den Kellern, den Ställen und auf den Böden: sie wurden aber bald entdeckt, aus ihren Schlupfwinkeln hervorgezogen und geschlachtet.

Siebzehn Schweizer hatten sich in der Schloßkapelle hinter dem Hochaltar verborgen. Als der Pöbel hinein drang und sie entdeckte, legten sie ihre Waffen nieder, baten um Gnade, und riefen: Hoch lebe die Nation! Dennoch wurden sie auf den Stufen des Altars in Stücken gehauen.

Hundert andere entflohen, durch den Hof von Marsan, nach der Straße de Lechelle zu. Von diesen wurden ein und achtzig auf der Flucht getödtet, deren Leichname in der Straße liegen blieben; die übrigen wurden gerettet.

Die zwei hundert Edelleute, welche nach dem Schlosse gekommen waren um den König zu vertheidigen, entgingen alle, bis auf zwei, der Gefahr, indem sie schon früher das Schloß verlassen hatten, ehe noch das Volk in dasselbe eingedrungen war.

Ungefähr dreihundert Schweizer flohen durch den Garten der Thuillerien, unter einem unaufhörlichen Kugelregen, der gegen sie gerichtet war, nach den Elisäischen Feldern. Die rothe Uniform, welche sie trugen, entdeckte sie dem Pöbel, wohin sie sich auch begeben mochten, sogleich. Diejenigen, welche durch die nach ihnen gerichteten Flintenschüsse nicht getödtet wurden, retteten sich über den Platz Ludwigs des Funfzehnten. Fünfe unter ihnen erhielten in dem Hause des venetianischen Gesandten, des Hrn. Pisani, in der Straße St. Florentin, einen sicheren Zufluchtsort. Der Gesandte gab sich selbst Mühe diese Flüchtlinge zu verstecken. Ungeachtet man an demselben Tage zwei mal in seiner Wohnung Haussuchung hielt, ungeachtet der Gesandte selbst der größten Gefahr ausgesetzt gewesen sein würde, wenn man die Schweizer entdeckt hätte, behielt er sie dennoch bei sich; und sie wurden nicht gefunden.

Einige wurden auf die sonderbarste Weise gerettet. Vierzig Schweizer flohen, in Gesellschaft eines königlichen Pagen, durch den Garten der Thuillerien, über die Drehbrücke nach der Straße Rue Royale. An dem Eingange dieser Straße waren ihrer noch dreißig übrig, ohne den Pagen. Die Schweizer beschlossen, ihre Waffen niederzulegen, und sich den Marseillern zu ergeben, welche in dem Hause, Hotel de la Marine genannt, einen Posten hatten. Der Page rieth ihnen, dieses nicht zu thun, und sagte ihnen voraus, daß sie unfehlbar ermordet werden würden, wenn sie sich den Ohnehosen ergeben wollten. Dessen ungeachtet blieben die Schweizer bei ihrer Meinung. Sie traten in das Haus, warfen ihre Flinten fünf bis sechs Schritte weit von sich, und riefen: "Hoch lebe die Nation!" Bei diesem Geschrei kam ein Haufe von acht Marseillern aus dem Hause auf sie zu. Diese sagten zu den Schweizern: "Ihr seid treulose Verräther. Ihr ergebt "Euch weil Ihr sehet, daß Ihr doch gefangen seid: Ihr "könnt also keinen Pardon erwarten; doch rufet noch Ein mal: Hoch lebe die Nation!„ — Die Schweizer thaten es, und gleich nachher wurde Einer unter ihnen von einem Ohnehosen mit der Pike durchbohrt, sein Kopf ward abgehackt und auf die Pike gesteckt. Die übrigen, hierüber aufgebracht, hielten es für schimpflich sich von einem so kleinen Haufen umbringen zu lassen, ohne sich zu wehren, da ihrer doch weit mehr waren. Sie stürzten sich auf ihre weggeworfenen Flinten, ergriffen dieselben, schossen auf die acht Ohnehosen und tödteten ihrer sieben. Allein während sie damit beschäftigt waren, sich an diesem Gesindel zu rächen, hatte ein anderer Haufe von Rebellen, auf dem Platze Ludwigs des Funfzehnten, eine mit Kartätschen geladene Kanone gegen die Schweizer gerichtet, welche jetzt noch neun und zwanzig Mann ausmachten. Der Kartätschenschuß tödtete vier und zwanzig unter ihnen. Die übrigen fünfe, nebst dem Pagen, retteten sich sogleich in ein offen stehendes Haus, wo sie sich im Keller versteckten. Der Pöbel suchte sie daselbst; er fand sie, aber nicht, denn sie hatten in dem Keller eine Thüre entdeckt, welche in einen Nebenkeller führte. Diese Thüre war von ihnen eingesprengt worden, sie hatten sich durch dieselbe gerettet, und nachher die Oeffnung wieder so geschickt verschlossen, daß man nichts bemerken konnte. Diese fünf Schweizer, nebst dem Pagen, entgingen der Wuth ihrer Mörder. a)

b) Peltier dernier tableau de Paris. T. 1. S. 172.

Ein Haufe Schweizer von dreißig Mann, unter
Anführung eines jungen Schweizeroffiziers, des Hrn.
Forestier de St. Venant, fand sich auf dem Platze Ludwigs des Funfzehnten von einem großen Haufen
Rebellen umringt. Diese tapfern Schweizer sahen
einen unvermeidlichen Tod vor Augen, und entschlossen
sich, als Helden zu sterben. Hr. Forestier ging,
mit dem bloßen Degen in der Hand, an der Spitze
seiner dreißig Mann, die ihm mit gefälltem Bajonette
folgten, auf die Rebellen los. Drei mal gelang es
ihm, durchzudringen und sich eine Oeffnung zu verschaffen, allein eben so oft wurde er wieder eingeschlossen;
zuletzt, nachdem er die Hälfte seiner Mannschaft verlohren hatte, sah er sich genöthigt, mit den ihm übrig
gebliebenen vierzehn Schweizern, nach den Elisäischen
Feldern sich zurück zu ziehen. Dort vertheilten sich diese Schweizer, und suchten auf verschiedenen Wegen zu
entfliehen; sie wurden aber von dem Pöbel bemerkt,
und alle einzeln niedergemacht.

Ein Detaschement von sechzig Schweizern und vier
Offizieren wurde in den Elisäischen Feldern von der
Gendarmerie zu Pferde umringt, gefangen genommen
und dem Pöbel überliefert. Dieser führte sie nach dem
Rathhause, mit dem Versprechen daß ihr Leben gerettet werden sollte. Kaum aber waren sie auf dem Gre-
veplatze angekommen, als der Pöbel über sie herfiel, sie
ermordete, und ihre Leichname in Stücken zerriß.³⁾

Von dem ganzen Regimente der Schweizerischen
Leibwache sind (die drei hundert Mann desselben ausgenommen, welche schon vorher Paris verlassen hatten)
nicht mehr als ungefähr 180 übrig geblieben; die übrigen 750 kamen alle an diesem Tage um. a) Neun

a) Peltier dernier tableau de Paris. T. 1. S. 176.

Offiziere der Schweizer wurden nach dem Gefängnisse der Abtei gebracht.

Hätte nicht der König das Schloß verlassen und einen Theil der Schweizer zu seiner Begleitung mitgenommen; hätte er nicht nachher durch Hrn. Dhervilly noch zwei hundert andern befehlen lassen, die Vertheidigung des Schlosses aufzugeben und nach der Nationalversammlung zu kommen; und hätte der König die Schweizer mit hinlänglicher Kriegsmunition versehen lassen: so würden diese tapfern Kinder der Alpen den König und die Konstitution gerettet, und den Frankreichern sowohl, als den übrigen Völkern des Erdbodens durch ihr unvergängliches Beispiel gezeigt haben, daß Muth, Treue und Anhänglichkeit an einen guten Fürsten, einer kleinen Anzahl rechtschaffener Männer die größte Ueberlegenheit über viele tausend Rebellen gibt.

Die Wuth des Volkes gegen die Schweizer war so groß, daß alle Personen die man in rother Kleidung in den Straßen antraf, niedergemacht wurden, weil man sie für Schweizer hielt. Auf diese Weise kam der Architekt Hr. Melan um, b) und selbst einige Föderirte von Brest, die durch Zufall roth gekleidet waren, wurden todt geschossen.

Sobald der Pöbel in das Schloß eingedrungen war, wurden alle Personen, die sich in demselben befanden, ohne Unterschied des Alters, des Ranges oder des Geschlechts, umgebracht; die Schuhputzer sogar, und die Küchenjungen, entgingen, so wenig als die Hofmarschälle und Kammerherren, der Rache. Ueberall floß das Blut, überall lagen nackte und verstümmelte Leichname; denn ein Haufe von Weibern, welcher den Mördern nachfolgte, durchbohrte mit Dolchen alle diejenigen

b) Ebendaselbst. S. 182.

noch einmal die durch Zuckungen verriethen, daß sie noch nicht ganz todt wären. Eben diese Weiber zogen die Körper der Getödteten nackend aus, bemächtigten sich der Kleider, und verstümmelten die Leichname der Mannspersonen auf eine Weise welche die Schaamhaftigkeit zu beschreiben verbietet. a)

In einem der unteren Zimmer des Pallastes hatten sich einige Hofdamen vom höchsten Range eingeschlossen. Das Zimmer wurde eingesprengt, und der Pöbel war im Begriffe auch diese Weiber zu morden, als, mit einer seltenen Unerschrockenheit, die Prinzeßinn von Tarente, eine von den im Zimmer befindlichen Damen, dem mit Blut besprützten Anführer der Bande entgegen ging, ihn anredete, und ihn so lange aufhielt, bis die Bürgermiliz Zeit hatte herbei zu kommen, und die Prinzeßinn nebst ihren Gesellschafterinnen aus den Händen der Mörder zu befreien.

Sobald nichts mehr im Schlosse zu morden war, fing das Gesindel an zu plündern, Schränke und Schreibtische wurden erbrochen, Geld, Juwelen, Silbergeschirr und Assignate, wurden gestohlen; die kostbarsten Spiegel wurden zerschlagen; die herrlichsten Gemälde zerrissen; die Fußteppiche nebst den Tischen und Stühlen, aus den Fenstern geworfen; die köstlichsten Weine des königlichen Kellers tranken die Weiber, auf den nackten Leichnamen sitzend, aus silbernen Nachttöpfen; die Garderobe der Königinn und der Prinzeßinnen theilten sie unter sich, und schmückten ihre in Blut getauchten Hände mit den prächtigsten, zum Schmucke der Königinn gehörigen Fingerringen. Die an das Schloß stoßenden Gebäude, Wohnungen der Herren des Hofes, wurden erst geplündert, dann in

a) Eben daselbst. S. 176.

Brand gesteckt; unten, in den Höfen und im Garten, spielten die Kinder mit den abgehauenen Köpfen und Gliedmaßen der Gemordeten. — Ein Augenzeuge sagt: "der Pöbel wetteiferte unter sich, wer am besten köp„fen und würgen könne; auch lachte und spottete der„selbe über das Krümmen und Winden der unglückli„chen Schlachtopfer seiner Wuth." a) Ein anderer Augenzeuge beschreibt den Zustand des Schlosses auf folgende Weise: "Während das Blut in den Höfen des „Schlosses über das Pflaster weg floß, verzehrte das „Feuer die Häuser, welche das Schloß der Thuillerien „umgaben, und fing bereits an das Hauptgebäude zu „ergreifen. Das geplünderte Schloß ist eine bloße „Ruine. Mobilien, Tische, Leinengeräthe, Betten; al„les ist auf den Karusselplatz geschleppt worden, um „diesen Kannibalen zu einem Freudenfeuer zu dienen. „Das Schloß ist von dem Keller bis unter das Dach „ausgeplündert. Das kostbarste Geräthe sowohl, als „die Meisterstücke der Kunst; alles hat der Pöbel ge„raubt. Dessen ungeachtet rühmt die Nationalver„sammlung seine Uneigennützigkeit, weil man ihr einige „Louisd'or und zwei bis drei silberne Schüsseln über„bracht hat." b)

Von den unermeßlichen Schätzen, die sich im Pallaste der Thuillerien befanden, ist kaum der zwanzigste Theil gerettet und von einigen Bürgersoldaten nach der Nationalversammlung gebracht worden: alles übrige wurde von den Rebellen gestohlen und unter sich getheilt. Einige von den Rebellen entzweiten sich bei dieser Theilung, fielen selbst über einander her, und mordeten sich unter einander.

a) Fennel review. S. 285.
b) Mallet Dupan sur les évenemens du 10 Août. S. 27.

Einige der rechtschaffensten Männer, unter denen ich nur den Herzog de la Rochefoucault, Hrn. Regnault de St. Jean Dangely, Hrn. Fleurieu, vormaligen Seeminister, und den Grafen von Clermont Tonnerre nennen will, wurden in ihren Häusern umgebracht. Ich wage es nicht, die Grausamkeiten welche begangen wurden, die Marter durch welche die Schweizer langsam zu Tode gequält wurden und die unmenschliche Gefühllosigkeit der Pariser, welche so gräßlichen Auftritten mit Vergnügen zusahen, zu schildern, um das Gefühl meiner Leser nicht zu empören. Die folgende Stelle, welche aus der Schrift eines Augenzeugen, des Engländers Fennel, a) genommen ist, enthält die Hauptzüge des Gemäldes der Stadt Paris am zehnten August 1792.

"Welch einen schrecklichen Anblick gewährte Paris am zehnten August, besonders an den Orten, wo das Blutbad vorzüglich statt gefunden hatte! Alle Läden, Fenster und Thüren, waren zugeschlossen; die Straßen voll von bewaffneten Männern und Weibern, die ihre blutenden, und in Blut getauchten, Siegeszeichen trugen. Einige, welche aus übertriebener Trunkenheit leblos schienen, tappten noch immer nach ihren von Blute triefenden Säbeln herum, und wälzten sich in den Folgen ihrer Unmäßigkeit. Man sah hie und da Knaben und Mädchen, welche in die Verbrechen ihrer Eltern eingeweiht wurden, und welche sich um einen Kopf einen Arm, ein Stück Fleisch, oder den Rest einer Schweizerkleidung, die unter sie geworfen wurden, zankten. Der Karusselplatz war einem großen Ofen ähnlich. Wer von dieser Seite in den Pallast wollte, der mußte durch zwei lange Gebäude gehen, die, von

---

a) Fennel review. S. 240. der Deutschen Uebersetzung.

Einem Ende bis zum andern, in Flammen standen, und auf brennenden Leimen, oder auf zerstückelte Körper treten. Der Pallast stellte ein Zweites fürchterliches Schauspiel dar; er war von den Kanonen der Rebellen stark, wenn gleich nicht wesentlich, beschädigt; seine Fenster waren zerschmettert; und ein Theil seiner zertrümmerten Stafflerung hing noch an ihm herab. Aber nichts konnte empörender sein, als der Anblick, welchen der Eingang, die Treppe, die Kapelle, und alle Zimmer gewährten. An den Wänden klebte das Blut der bluttriefenden Hände der Mörder, welche sie daran abgewischt hatten; das Getäfel war zerbrochen; und von den Gemählden, Gläsern, Spiegeln und allen anderen Zierrathen, konnte man nur noch die Trümmer erkennen. Die Fußböden waren mit verstümmelten, fast nackten Leichnamen; mit Gliedern, die man vom Körper abgesondert hatte; mit zerbrochenen Armleuchtern, Flaschen, und Ueberresten von Seide, Atlaß, Leinwand, und dergleichen bedeckt. Die Garderoben des Königs und der Königinn hatte man geplündert, und die Kleider theils weggenommen und unter den Pöbel vertheilt, theils unter die zerschlagenen Trümmmer geworfen. Das Thor des Pallastes, welches nach dem Garten führt, füllten mehrere Haufen todter Leichname an, die man hier getödtet hatte, als sie zu entfliehen suchten. — Auf allen Spaziergängen des schönen Gartens, in den Bassins, am Fuße einer jeden Statue, und beinahe eines jeden Baumes, traf man zerstückelte Gliedmaßen an, die, selbst nach dem Tode, auf die unmenschlichste und grausamste Art zerhackt waren, während, von der vorderen Seite her, um diesem Schauspiele den höchsten Anstrich des Schreckens zu geben, die hölzernen Hütten der Schweizer, welche in vollen Flammen standen, ihren blaugelben Wiederschein auf die, mit todten Körpern angefüllten, Karren warfen, welche durch das Volk vom Schlachtfelde weggezogen wurden."

Bald nachdem der König mit seiner Familie in den Saal der Nationalversammlung gekommen war, erschien der Prokurator-Syndikus, Hr. Röderer, vor den Schranken, und stattete der Versammlung, im Nahmen der Aufseher der Abtheilung, Bericht ab. Er sagte: der Kommendant der Bürgermiliz, Mandat, sei bereits um vier Uhr des Morgens nach dem Rathhause vor den Bürgerrath gerufen worden, und seither nicht wieder zum Vorscheine gekommen; es sei gewiß der Plan zu einer Verschwörung gemacht, denn er wisse zuverläßig, daß schon am vierten August fünf tausend scharfe Patronen unter die Föderirten ausgetheilt worden seien; Auch habe er erfahren, daß der gesetzmäßige Bürgerrath abgesetzt worden sei, und daß ein anderer, nicht gesetzmäßig gewählter, Bürgerrath die Stelle des vorigen eingenommen habe; das Volk versammle sich auf dem Karousselplatze; es habe Kanonen herbei geschleppt; es drohe das Schloß zu bestürmen; seine Versuche das Volk zu besänftigen seien fruchtlos gewesen; vergeblich habe er gesucht den zusammen gelaufenen Haufen zu bewegen, daß sich derselbe zerstreuen möchte; man habe ihm geantwortet: wir wollen so lange die Nationalversammlung umringen, bis dieselbe den König wird abgesetzt haben.....

Hier klatschten die Zuhörer auf den Gallerien in die Hände. Der Präsident Vergniaud vermahnte sie zur Ordnung und Hr. Röderer fuhr fort:

Er erfahre, daß von Viertelstunde zu Viertelstunde eine neue Volksmenge aus den Vorstädten anrücke, und daher habe er kein anderes Mittel gesehen, den König und seine Familie vor Gewaltthätigkeiten zu beschützen, als ihn hieher, zu der Nationalversammlung zu bringen.

Kaum hatte Hr. Röderer seine umständliche Erzählung geendigt, als Hr. Borie, ein Mitglied des Bürgerrathes, vor die Schranken trat, und ankündigte, das Schloß werde gestürmt, die Kanonen wären bereits gegen dasselbe aufgepflanzt und würden bald abgefeuert werden.

Ein Offizier der Bürgermiliz bestätigte diese Nachricht, und bat die Versammlung, ihr Ansehen anzuwenden, um die Bestürmung des Schlosses zu verhindern, und der Ermordung einer großen Menge von Staatsbürgern zuvor zu kommen.

Hr. Lamarque schlug vor: daß die Versammlung zehen ihrer Mitglieder absenden möge, um das Volk zufrieden zu sprechen. Er bat sich aus, selbst unter dieser Zahl sein zu dürfen.

Die Versammlung nahm den Vorschlag an. Die Mitglieder traten ab und eilten nach dem Karousselplatze. Auch wurden zwölf Mitglieder ernannt, die sich nach dem Rathhause begeben sollten, um sich mit dem neuen Bürgerrathe zu besprechen.

Jetzt trat Hr. Vergniaud den Präsidentenstuhl an Hrn. Guadet ab.

In demselben Augenblicke hörte man mehrere, schnell auf einander folgende, Kanonenschüsse. Einige Flintenkugeln zersplitterten die Fenster des Versammlungssaales. Man hörte außer dem Saale ein fürchterliches, beständig zunehmendes, Geschrei. Die Mitglieder der Versammlung standen auf, und machten (um mich der Ausdrücke eines patriotischen Blattes zu bedienen) sich unter einander die Ehre streitig, wer zuerst davon laufen sollte. Der Präsident Guadet, welcher in Gefahr war allein gelassen zu werden, rief ihnen zu: sie möchten bleiben, und bedenken, daß sie sich auf ihrem Posten befänden, auf welchen sie, wie der Soldat auf dem seinigen, zu sterben verpflichtet wären. Viele blieben, andere begaben sich nach Hause. Die Zuhörer auf den Gallerien riefen bei jedem Kanonenschusse: "Hoch lebe Pethion! Hoch lebe die Nation!" Hierauf sagte der President: "Fürchten Sie nicht, meine Herren, daß die Schweizer hier herein dringen möchten; ich erkläre, daß keine bewaffnete Macht uns angreifen kann, und ich habe Ursache zu glauben, daß die Schweizer heute gar keine feindselige Handlung unternehmen werden."

Hr. Lamarque kam zurück, und erzählte, daß er, nebst den übrigen nach dem Schlosse gesandten, Mitgliedern der Versammlung, nicht habe durch das Volk durchdringen können; daß sie zu spät gekommen wären; und daß das Gefecht bereits seinen Anfang genommen habe.

Die Versammlung beschloß: daß alle ihre Mitglieder in ihrer Mitte bleiben sollten; und daß dieß der Posten wäre, auf welchem sie entweder ihr Vaterland retten, oder mit demselben umkommen müßten.

Die Kanonenschüsse nahmen an Anzahl und Stärke zu, und das Feuer aus dem kleineren Gewehre hörte nicht auf. Lärm und Unruhe herrschten in der Versammlung; der Pöbel drang herein; die Thüren der Gallerien, und alle andere Nebenthüren, wurden mit Gewalt aufgesprengt; man stieg durch die Fenster, über das Dach, und durch die, den Ausschüssen der Versammlung bestimmten, Zimmer herein. Niemand wußte in der Versammlung was er sagte, oder was er that, weder die Mitglieder noch die Zuhörer; so bestürzt waren alle.

Bei dem ersten Kanonenschusse sprang der König von seinem Sitze auf, und sagte überlaut: "Ich habe "befohlen, daß man nicht schießen solle." — Der König irrte sich. Er hatte nicht ausdrücklich befohlen, daß man nicht schießen sollte: allein er hatte, als er das Schloß verließ, gesagt: "hier ist weiter nichts zu "thun." Worte die man allerdings als einen Befehl nichts zu thun hätte ansehen sollen, und auch vermuthlich würde angesehen haben, wenn man davon, daß der König dieselben gesprochen habe, hätte Nachricht erhalten können; dieß geschah aber nicht, und Niemand hörte diese Worte, als die Herren des Hofes, welche den König umgaben, und ihn nach der Nationalversammlung begleiteten.

Sobald geschossen wurde, trug der König dem Seeminister, Hrn. Dubouchage, auf, sich nach dem Schlosse zu begeben, und den Schweizern in seinem Nahmen zu befehlen, daß sie dasselbe verlassen und nach der Nationalversammlung kommen sollten, um die ferneren Befehle des Königs zu erhalten.

Der Minister des Seewesens theilte diesen Befehl dem Hrn. Dhervilly mit, welcher, wie man oben bereits gesehen hat, zwei hundert Schweizer bewog, sich von ihren Brüdern zu trennen, und mit Lebensgefahr, durch einen Regen von Kanonen- und Musketenkugeln, zu dem Könige zu eilen. Nachdem dieses geschehen war, trat der Minister vor die Schranken der Versammlung und sagte: daß er so eben, im Nahmen des Königs, den Schweizern habe Befehl geben lassen, ihre Waffen niederzulegen, und sich nach der Kaserne von Courbevoye zu begeben.

Sobald das Schießen anfing, sah man deutlich, daß sich die Königinn in der schrecklichsten Unruhe und Besorgniß befand. Sie weinte, indem sie an das

Schicksal der Hofdamen dachte, welche sie in dem Pallaste zurück gelassen hatte. Der Lärm und die Verwirrung um sie her; das Donnern der Kanonen und des kleinen Geschützes; das Anprallen der Kugeln an die Mauern des Pallastes, welches man deutlich vernehmen konnte; die Drohungen, welche der Pöbel in ihrer Nähe gegen ihre Person ausstieß; die schwache Wache welche zu ihrer Beschützung vorhanden war; alles dieses überzeugte sie, daß sie diesen Tag nicht überleben würde. a) Sie bereitete sich daher zum Tode, wobei sie aber zugleich, mit der ihr eigenen Theilnehmung an dem Schicksale derjenigen Personen die ihr theuer waren, sich bemühte Madame de Tourzel, ihre Hofdame, welche sie nach der Nationalversammlung begleitet hatte, zu trösten, deren sechszehnjährige Tochter sich in dem Schlosse befand, und die ihre Angst über das derselben bevorstehende Schicksal nicht verbergen konnte. b)

Aus Ungeduld, die näheren Umstände des Gefechtes zu erfahren, sandte die Königinn einen jungen Mann, der die Aufsicht über die Loge hatte, in welcher sie sich befand, nach den Thuillerien, um ihr bei seiner Rückkunft zu berichten, was er gesehen habe. Der junge Mann ging. Er kam nicht über die Hälfte der Stätte, wo das Gefecht vorgefallen war, und brachte die Nachricht zurück: er hätte hundert und zwanzig Leichname gezählt. Die Königinn weinte, und fragte nicht weiter. c)

a) Peltier, dernier tableau de Paris. T. 1 S. 222.
b) La Reine et ses enfans pressent de leurs bras, et consolent de leurs larmes Madame de Tourzel, dont la fille, agée de seize ans, est restée au chateau, exposée aux poignards et à la brutalité des assassins. Bigot de Ste. Croix. S. 55.
c) Moore Journal S. 66.

Man brachte vor die Schranken der Versammlung einen Offizier, der das Ludwigskreuz trug und dessen Kopf mit Wunden ganz bedeckt war. Er wollte eben anfangen zu sprechen, als er mit Gewalt wieder weggeschleppt wurde.

Es ward hierauf vorgeschlagen, daß einem Ausschusse aufgetragen werden sollte, eine Proklamation aufzusetzen und in allen Straßen der Hauptstadt bekannt machen zu lassen, durch welche das Volk ermahnt würde, des Lebens und Eigenthums der Bürger zu schonen. Dieser Vorschlag wurde von der Versammlung angenommen; allein nun stritt man sich über die Worte, mit denen die Proklamation anfangen sollte. Einige verlangten, es solle dieselbe so anfangen: "Es lebe die Freiheit! Es lebe die Gleichheit!" Andere behaupteten, daß noch hinzugesetzt werden müßte: "Es lebe die Konstitution!" dieser Zusatz ward verworfen — man wollte von der Konstitution nichts mehr hören, sondern nur von Freiheit und Gleichheit, von Rauben und Morden zu Ehren derselben.

Das Schließen hörte auf, und es erschien eine Deputation des neuen Bürgerrathes, welcher sich in der Nacht selbst konstituirt und den Kommendanten der Bürgermiliz ermordet hatte. Unter diesem Bürgerrathe befanden sich folgende Mitglieder, die als Bösewichter und Verbrecher schon lange bekannt waren: Manuel, Danton, Camille Desmoulins, Fabre Deglantine, Huguenin, Paris, Offelin, Marat, Freron, Tallien, Duplain, Billaud Varennes, Robespierre, Dusfort, Cailly, Jourdeuil, Desforgues, Lenfant, Leclerc, Collot Oberbois, der Dichter Chenier, Panis, Destournelles und Legendre. Santerre war von diesem Bürgerrathe zum Kommendanten der Bürgermiliz ernannt worden; Pethion behielt die Stelle eines Maire.

Vor der Deputation dieses neuen Bürgerrathes, welche an den Schranken der Versammlung erschien, trug man drei Paniere her, auf denen mit großen Buchstaben geschrieben stand: Freiheit! Gleichheit! Vaterland! Dann fing der Redner an zu sprechen: "Gesetzgeber! schwöret daß Ihr das Reich retten wollet."

Alle Mitglieder der Versammlung standen auf und riefen: "Wir schwören, daß wir das Reich retten wollen!"

Der Redner. "Dieser Eid ist für uns hinlänglich. Gesetzgeber! eine neue Obrigkeit tritt vor Eure Schranken. Die neuen Gefahren des Vaterlandes haben unsere Ernennung veranlaßt: die Zeitumstände forderten dieselbe und durch unsern Patriotismus werden wir uns derselben würdig zu machen wissen. Das Volk ist endlich müde, seit vier Jahren, durch die Treulosigkeit des Hofes und durch Ränke, beständig hintergangen zu werden; es fühlte, daß es Zeit war, das, an dem Rande eines Abgrundes sich befindende, Reich vor dem Sturze zu bewahren. Gesetzgeber! uns bleibt weiter nichts mehr übrig, als dem Volke Hülfe zu verschaffen. Wir kommen hieher in seinem Nahmen, um mit Euch gemeinschaftlich die zum öffentlichen Wohl dienlichen Maasregeln zu verabreden. Pethion, Manuel und Danton, sind auch unsere Mitglieder; und Santerre befindet sich an der Spitze der bewaffneten Macht. (Beifallklatschen) Nun mögen die Verräther zittern; die Reihe ist jetzt an ihnen; und dieser Tag ist der Tag des Triumphes der Bürgertugenden. Gesetzgeber! das Blut des Volkes ist geflossen: ausländische Truppen, welche bloß vermöge eines neuen Verbrechens der vollziehenden Gewalt innerhalb unserer Mauren geblieben sind, haben auf die Bürger geschossen. Uns sere unglücklichen Brüder hinterlassen Wittwen und Waisen. Das Volk, welches uns zu Euch sendet, hat uns aufgetragen, Euch zu erklären, daß es Euch von neuem sein Zutrauen schenke: allein es hat uns zugleich aufgetragen, Euch zu erklären, daß es keinen andern Richter über die ausserordentlichen Maasregeln erkennen könne, zu welchen Nothwendigkeit und Widerstand gegen Unterdrückung es bewogen haben, als das Frankreichische, in Urversammlungen versammelte, Volk, Euren Oberherren und unseren."

Man erwartet, daß die Nationalversammlung diese Menschen, welche sich erst auf die frechste Weise eine Macht angemaßt hatten, welche ihnen nicht zukam, und dann sich unterstanden, vor die Versammlung zu kommen, und derselben zu sagen, daß sie sie nicht für ihre Richterinn erkennen wollten, mit Verachtung werde abgewiesen haben. — Nichts weniger als das. Die Rede wurde mit einem lauten Freudengeschrei aufgenommen, bei welchem der König zwar gleichgültig blieb, die Königinn aber ihren Unwillen nicht verbergen konnte. Der Präsident Guadet antwortete dem Redner:

"Meine Herren. Ihrer Pflicht getreu, werden die Stellvertreter des Volkes Freiheit und Gleichheit bis an den Tod aufrecht erhalten. Sie haben geschworen dieses zu thun, und sie werden niemals ihren Eid verletzen. Eure Gesinnungen machen Euch Ehre. Die Nationalversammlung giebt Eurem Eifer Beifall; sie sieht in Euch gute Bürger des Staates, die sich bemühen, Friede, Ordnung und Ruhe, zu erhalten. Sie ersucht Euch, aller Mittel, welche das Zutrauen des Pariser-Volks Euch verschaffen kann, Euch zu bedienen, um es an seine Pflichten zu erinnern, damit man niemals sagen könne, daß die Nationalversammlung während der Unruhe und Zwietracht einen Beschluß gefaßt habe. Die Versammlung ersucht Euch an Euren Posten zurück zu kehren, denn Ihr würdet es vielleicht für eine Beleidigung halten, wenn man Euch einladen wollte der Sitzung beizuwohnen."

Alle Mitglieder der Versammlung standen, zwei mal nach einander, auf und schworen: der Freiheit und Gleichheit getreu zu bleiben.

Auf den Vorschlag der Herren Montaut und Thuriot mußte noch jedes Mitglied einzeln den folgenden (den vierten) Eid leisten: "Im Nahmen der "Nation schwöre ich, die Freiheit und Gleichheit auf"recht zu erhalten, oder an meinem Posten zu ster"ben." — Dieser Eid hat das besondere, daß er im Nahmen der Nation geschworen wurde, da sonst so lange die Welt steht alle Eide in dem Nahmen Gottes geschworen worden sind. Ueberhaupt liegt darin ein großer Widerspruch, daß die Frankreicher, welche keinen Gott glauben, dennoch so viele Eide leisten und schwören lassen.

Auf den Vorschlag der Herren François und Fauchet ward beschlossen, daß keine Posten von Paris abgehen sollten, ausgenommen diejenigen Eilbothen, welche auf Befehl der Nationalversammlung abgesandt werden würden.

Ein Bürger brachte eine Schachtel mit Kostbarkeiten, welche er in dem königlichen Schlosse gefunden hatte.

Einige andere brachten goldene und silberne Gefäße aus der königlichen Kapelle; noch andere einen Kasten in welchem sich 1,500 Stück Louisdors befanden. a) Die Versammlung beschloß: daß alle Kostbar-

a) Dieser Kasten hatte die Reise nach Varennes mitgemacht, daher ihn der König mit dem darin enthaltenen Gelde zum ewigen Andenken aufhob. Peltier dernier tableau de Paris. T. 1. S. 230.

keiten, und überhaupt alle Dinge von Werth, welche in den Thuillerien würden gefunden und nach der Versammlung gebracht werden, dem Bürgerrathe der Stadt Paris übergeben werden sollten.

Es wurde angekündigt, daß Hr. Daffry, der Obrist des Regiments der Schweizerwache, nach dem Gefängnisse der Abtei gebracht worden sei.

Ein unbekannter Mann erschien vor den Schranken und verlangte die Bestrafung des Königs. "Ich "verlange, sprach er, "daß die vollziehende Gewalt "bestraft werde. Sie hat das Blut unserer Mitbürger "vergießen lassen. Ich verlange Rache, im Nahmen "der Vorstadt St. Antoine." Der Präsident versprach dem Manne, daß die Versammlung auf seine Bitte Rücksicht nehmen würde.

Diß war das Signal zur Umwerfung der vormals vergötterten und so oft beschwornen Frankreichischen Konstitution. Jetzt trat Hr. Vergniaud auf und schlug vor, den folgenden Beschluß zu fassen, welcher auch von der Nationalversammlung ohne die mindeste Abänderung angenommen wurde.

"In Erwägung daß die Gefahr des Vaterlandes auf den höchsten Grad gestiegen ist; daß es für den gesetzgebenden Körper die heiligste Pflicht ist, alle Mittel zur Rettung desselben anzuwenden; daß es aber unmöglich ist, kräftige Mittel zu finden, so lange man sich nicht damit beschäfftigt, die Quelle alles Unglücks zu verstopfen; in Erwägung daß dieses Unglück vorzüglich durch das Mißtrauen verursacht wird, welches das Betragen des Oberhauptes der vollziehenden Gewalt während eines Krieges rege gemacht hat, der, in seinem Nahmen, gegen die Konstitution und Unabhängigkeit der Nation geführt wird; daß dieses Mißtrauen in mehreren Theilen des Reiches den Wunsch erweckt hat, die, Ludwig dem XVI übertragene, Gewalt zurück zu nehmen; in Erwägung daß die Nationalversammlung ihre Gewalt durch keine Usurpation vergrößern kann, oder darf, und daß dieselbe, in den außerordentlichen Zeitumständen, in denen sie sich durch Begebenheiten befindet welche kein Gesetz voraus gesehen hat, auf keine andere Weise das, was ihr eine unerschütterliche Ergebenheit an die Konstitution vorschreibt, mit dem festen Entschlusse sich eher unter den Trümmern des Tempels der Freiheit zu begraben, als dieselbe untergehen zu lassen, vereinigen kann, als wenn sie sich an das souveraine Volk wendet, und mit gehöriger Vorsicht dafür sorgt, daß dieser Schritt nicht durch neue Verräthereien unnütz gemacht werde, beschließt die Nationalversammlung folgendes:

1. "Das Frankreichische Volk wird ersucht eine Nationalkonvention zu bilden. Die außerordentliche Kommission soll morgen den Plan zu einem Beschlusse vorlegen, welcher die Einrichtung sowohl, als die Zeit der Zusammenberufung dieser Konvention, festsetzen wird."

2. "Das Oberhaupt der vollziehenden Gewalt ist vorläufig von seinem Amte suspendirt, so lange bis die Nationalkonvention die Maasregeln wird bestimmt haben, welche sie glauben wird annehmen zu müssen, um die Sicherheit der Personen sowohl, als das Reich der Freiheit und Gleichheit, sicher zu stellen."

3. "Die gegenwärtigen Minister sollen vorläufig ihre Geschäfte fortsetzen; die außerordentliche Kommission soll aber heute noch den Plan zu der Einrichtung eines neuen Ministeriums vorlegen."

4. "Die außerordentliche Kommission soll, ebenfalls heute noch, den Plan zu der Ernennung eines Gouverneurs für den Kronprinzen vorlegen."

5. "Der König soll, nebst seiner Familie, in dem Versammlungssaale des gesetzgebenden Körpers verbleiben, bis die Ruhe zu Paris hergestellt sein wird."

6. "Die Aufseher der Abtheilung sollen ihm heute noch in dem Pallaste Luxemburg eine Wohnung zubereiten lassen, in welcher er unter dem Schutze der Staatsbürger und des Gesetzes sein soll."

7. "Ein jeder öffentlicher Beamter, ein jeder Offizier, oder Soldat, welcher in diesen Tagen des Schrekkens seinen Posten verlassen wird, soll für infam und für einen Verräther des Vaterlandes erklärt werden."

8. "Die Aufseher der Abtheilung und der Bürgerrath von Paris sollen den gegenwärtigen Beschluß sogleich bekannt machen lassen."

9. "Es soll derselbe, durch außerordentliche Eilbothen, an die 83 Abtheilungen gesandt werden, welche gehalten sein sollen, ihn mit eben der Feierlichkeit öffentlich bekannt zu machen."

Auf den Vorschlag der Herren Dühem und Bazire wurde beschlossen: daß die Zivilliste von nun an nicht mehr bezahlt werden solle; daß die Rechnung über dieselbe von dem Schatzmeister des Königs, dem Herrn de la Porte, der Versammlung mitgetheilt werden solle; und daß die Papiere des Hrn. de la Porte versiegelt werden sollten.

Hr. Brissot verlangte ein Anklage-Dekret gegen alle sechs Minister, und die Versiegelung aller ihrer Papiere. Auch dieser Vorschlag wurde angenommen.

Ein Bürger von Paris, welcher Muth und Menschlichkeit genug gehabt hatte, einen braven Schweizersoldaten seinen Henkern zu entreißen und ihn zu retten, erschien mit demselben vor den Schranken der Nationalversammlung. Ueber die Leichen seiner Landsleute hatte er diesen Mann hieher geführt. "Hier," rief die-

ser großmüthige Pariser, "hier finde ein wackrer Krie-
"ger Schutz! Ich habe ihn der Wuth meiner Mitbür-
"ger entriffen, deren Feind er niemals gewesen ist, de-
"ren Feind er bloß durch Verführung zu seyn schien.
"Seine Verirrung ist gebüßt; er finde Erbarmen in die-
"sem Saale!"

Indem er so sprach, fiel er dem Schweizer um
den Hals, umschlang ihn, drückte ihn fest an seine
Brust, und bat, daß man ihm erlauben möchte, den
Schweizer in sein Haus zu führen. "Ich will," sagte
er, "gerne lebenslänglich Denjenigen verpflegen und er-
"nähren, welchem ich glücklicher Weise das Leben ge-
"rettet habe."

Der König und die Königinn klatschten diesem rüh-
renden Auftritte Beifall zu und die ganze Versammlung folgte nach. a)

"Man erholt sich gewissermaßen," sagt ein Augenzeuge, b) "wenn man unter den Ereignissen des zehn-
"ten Augusts auf eine Begebenheit dieser Art stößt."

Auf den Vorschlag des Hrn. Jean de Bry
ward beschlossen.

1. "Daß die bisher gefaßten Beschlüsse der Nationalversammlung, denen der König seine Genehmigung
versagt habe, sowohl, als die noch ferner zu fassenden
Beschlüsse, die Kraft der Gesetze haben sollten, ungeachtet sie mit der königlichen Genehmigung nicht versehen wären."

2. "Daß der Minister der Gerechtigkeitspflege
das Siegel des Staates auf die Beschlüsse der Nationalversammlung drücken solle, ohne daß dazu die Genehmigung des Königs erforderlich sei.

a) Moore Journal T. 1. S. 200. Bigot de Ste.
   Croix. S. 66.
b) Moore Journal, an dem angeführten Orte.

3. "Daß die Minister gemeinschaftlich die Proklamationen und andere öffentlichen Schriften unterzeichnen sollten."

Die Versammlung beschloß ferner, auf den Vorschlag des Hrn. Merlin, zwölf Kommissarien nach den Armeen, nach jeder Armee drei, zu senden.

Einige Bürger kamen vor die Schranken, und ersuchten die Versammlung, Kommissarien nach den Thuillerien zu senden, indem daselbst die größten Kostbarkeiten geplündert und gestohlen würden, welches man zu verhindern suchen, und die dort vorhandenen unermeßlichen Schätze der Nationalkasse übergeben müsse.

Drei Artikel, welche Hr. Chouvieu vorschlug, wurden ebenfalls beschlossen, nämlich:

1. "Daß ein Lager in der Nähe von Paris errichtet werden solle."

2. "Daß zu Paris auf den Höhen von Montmartre Batterien angelegt werden sollten."

3. "Daß von nun an die Sitzung der Nationalversammlung fortdauernd sein sollte."

Auf den Vorschlag des Hrn. Jean de Bry ward einstimmig beschlossen, daß ein jeder Staatsbürger, welcher 21 Jahr alt sei, und von der Frucht seiner Arbeit lebe, bei der Wahl der Mitglieder der Nationalkonvention zu den Urversammlungen zugelassen werden solle. Hiedurch war also der Unterschied zwischen den thätigen Staatsbürgern aufgehoben.

Ferner wurde beschlossen: daß die Herren Rosland, Claviere und Servan, ihre Geschäffte als Minister wieder antreten sollten. Hr. Danton ward zum Minister der Gerechtigkeitspflege, Hr. Monge zum Minister des Seewesens, Hr. Lebrün zum Minister der auswärtigen Angelegenheiten, und Hr. Grouvelle zum Sekretair des Staatsrathes ernannt.

Hr. Dabancourt, der Kriegsminister, wurde, auf Befehl der Versammlung, in Verhaft genommen, weil er die Schweizer nicht von Paris weggeschikt habe; es ward befohlen, in ganz Paris Haussuchung anzustellen, um versteckte Waffen auszufinden; und den Föderirten wurde ein täglicher Gehalt von dreißig Sous bestimmt.

So endigte sich die Sitzung des merkwürdigen zehenten Augusts 1792. Von den 745 Mitgliedern der Nationalversammlung waren nicht mehr als 284 Mitglieder, also nicht einmal zwei Fünftheile der ganzen Anzahl, vorhanden.

Die Lage der königlichen Familie war die ganze Zeit über äußerst traurig und schrecklich. In einem kleinen Zimmer, worin sie sich kaum regen konnten, mußten sie alle Verleumdungen, alle Grobheiten, alle Beschimpfungen, welche gegen sie ausgestoßen wurden, mit anhören. Die außerordentliche Hitze des Tages; das Andenken der Gefahr, welcher sie so eben entgangen waren; die Drohungen, welche sie anhören mußten; die Furcht vor der Zukunft: alles dieses zusammen genommen machte ihnen das Leben zur Folter, und setzte sie in eine der peinlichsten und bedaurenswürdigsten Lagen, in der sich noch jemals Menschen befunden haben.

Auf das Gesimse der Loge sich stützend, sah der König, ruhig und gelassen, alles was vorging, hörte alles, was über und gegen ihn gesprochen wurde. Er sprach von Zeit zu Zeit mit denjenigen Mitgliedern der Nationalversammlung, die seiner Loge am nächsten saßen, vorzüglich mit den Herren Coutard, Caslon und Bergniaud. Mit der größten Kaltblütigkeit und ohne eine Mine zu verändern, hörte er das Dekret an, wodurch seine Absetzung beschlossen wurde. a)

a) Peltier dernier tableau de Paris. T. 1. S. 254.

Sechszehen Stunden brachte der König auf diese Weise nebst seiner Familie in dem engen Zimmer zu, in welches er sich vor den Dolchen der Meuchelmörder geflüchtet hatte; sechszehen schrekliche Stunden. Es war ihm nicht möglich irgend einige Nahrung zu sich zu nehmen, weil Niemand da war, der dieselbe verschaffen wollte. Etwas Obst, und Himbeerenessig mit Wasser, war Alles, was der königlichen Familie während dieser langen Zeit gebracht wurde. Erst um Ein Uhr des Morgens wurde dem Könige erlaubt, aus seiner Loge sich zu entfernen. a)

Die Minister hatten den König bereits um sechs Uhr des Abends verlassen, sobald das Dekret, vermöge welches ihre Papiere versiegelt werden sollten, abgegeben war. Selbsterhaltung befahl ihnen, sich schnell nach ihren Wohnungen zu verfügen. Sie nahmen Abschied vom Könige und entfernten sich. Jedoch sahen sie sich genöthigt, sich zu verkleiden, um sich unkenntlich zu machen und sich der Wuth der auf sie lauernden Meuchelmörder zu entziehen. b)

Vor Ermattung, vor Hitze und vor Schlaflosigkeit, war der Dauphin, dieses liebenswürdige, unschul-

a) Ebendaselbst.
b) Attachés, malgré nous à cette scène d'horreur, puisque nous ne pouvons y arracher de si précieuses victimes; obligés de nous revêtir, en leur présence, daccoutremens méconnoissables, et, par un desespoir muet, communiquant encore avec leurs pensées, nous nous éloignons, un autre de leurs ministres et moi, traversant des lignes d'assassins fatigués qui bordent nôtre passage, n'entendant autour de nous que les cris des brigands et ceux des blessés, marchant sur des pavés teints de sang, arrêtés par des monceaux de morts, et laissant derrière nous des tyrans à la France, et, à coté d'eux, nôtre Roi dans les fers. Bigot de Ste Croix histoire de la conspiration du 10. Août 1792. S. 69.

dige Kind, auf dem Schooße seiner Mutter eingeschlafen. Er lag in süßen Träumen, während man seinen Vater der Krone beraubte, deren Erbe er war. Das schlafende Kind war ein rührendes Bild der Unschuld, mitten unter einer Bande rasender Bösewichter, in deren Herzen der Königsmord bereits beschlossen war.

Die Hofdamen der Königinn waren, wie oben erzählt worden ist, in einem Zimmer des Erdgeschosses der Thuillerien zurück geblieben. Die Königinn erkundigte sich mit dem lebhaftesten Antheile nach dem Schicksale dieser Damen, so oft Jemand aus den Thuillerien nach der Nationalversammlung kam, und sie hatte endlich das Vergnügen zu erfahren, daß ihre getreuen Dienerinnen gerettet wären.

Der Obrist Carl befand sich in der Loge des Königs, als, in der Nähe derselben, vor der Thüre ein großer Lärm entstand. Hr. Carl, welcher für die königliche Familie Gefahr besorgte, ging hinaus, indem er zum Könige sagte, er wolle sich erkundigen was diesen Lärm verursache. Kaum hatte er sich entfernt, als der Lärm noch mehr zunahm. Die Königinn sandte einen Kammerdiener an die Thüre, um zu sehen was die Ursache davon wäre. Augenblicklich trat der Kammerdiener mit dem Ausdrucke des Schreckens und Entsetzens auf dem Gesichte herein — der unglückliche Carl war vor der Thüre ermordet worden, und kämpfte noch mit dem Tode.

Neben dem Versammlungssaale der Nationalversammlung waren vier kleine, an einander stoßende, Zimmer zurecht gemacht worden, in denen die königliche Familie die Nacht zubringen sollte. Nach Ein Uhr des Nachts wurde diese unglückliche Familie durch ein Detaschement der Bürgermiliz dahin geführt. Sie vertheilte sich in die vier Zimmer folgendermaßen: In dem erſten Zimmer blieben fünf Edelleute, welche den König nicht verlaſſen wollten, Im zweiten Zimmer ſchlief der König allein, in ſeinen Kleidern, eine Serviette, ſtatt der Nachtmütze, um den Kopf gebunden; im dritten Zimmer ruhte die Königinn nebſt ihren Kindern: im vierten Zimmer die Prinzeſſinn Eliſabeth, Schweſter des Königs, nebſt der Prinzeſſinn de Lamballe und der Madame de Tourzel. In keinem der Zimmer ſtand ein Bette: alle dieſe erhabenen Perſonen ruhten auf Matratzen, welche auf die Erde gelegt waren. a)

Am folgenden Morgen wurde die königliche Familie ſchon gegen neun Uhr von der Bürgermiliz wieder abgeholt, und nach der Nationalverſammlung, in die enge Loge, in welcher ſie den vorigen Tag zugebracht hatte, wieder zurück geführt.

An dieſem Tage, am 11. Auguſt, dauerte das Morden der Schweizer, und anderer dem Hofe ergebener Perſonen, die ſich verſteckt hatten, und die man jetzt erſt entdeckte, noch fort. Man höre, wie ſich ein unpartheyiſcher, vortreflich beobachtender, Augenzeuge hierüber ausdrückt: b)

"Dieſen Morgen (am 11. Auguſt) ging ich hin, die Stelle zu beſehen, wo das geſtrige Gefecht vorgefallen war. Die nackten Leichname der Schweizer (denn ſie wären ſchon entkleidet) lagen auf der Erde. Viele von ihnen ſah ich auf der Terraſſe, unmittelbar vor dem Pallaſte der Thuillerien; andere lagen einzeln in verſchiedenen Theilen des Gartens; noch andere lagen häufenweiſe über einander, beſonders auf der Terraſſe der Feuillants. Der Garten ſowohl, als die anliegen-

a) Peltier dernier tableau de Paris. T. 1. S. 255.
b) Moore Journal T. 1. S. 39. der Deutſchen Ueberſetzung.

den Hofplätze, waren gedrängt voll von Zuschauern, unter welchen sich eine Menge Frauenzimmer befanden, welche durch ihre Gegenwart bewiesen, daß ihre Neugierde weit größer sei, als ihre Sittsamkeit. Die Leichname der Bürgersoldaten, der Vorstädter und der Föderirten, waren bereits von ihren Freunden weggebracht worden: nur die Leichname der Schweizer wurden auf eine so empörende Weise zur Schau hingelegt. Ihrer acht hundert bis tausend wurden gestern gemustert; jetzt sind, wie ich höre, nicht zwei hundert mehr am Leben. Da so viele Leute die große Treppe des Pallastes hinaufgingen, um die Verwüstung zu betrachten, welche durch das gestrige Gefecht in allen Zimmern angerichtet worden, so mischte ich mich unter den Haufen. Ich war ungefähr bis auf die Hälfte der Treppe gekommen, als ich Jemand oben schreien hörte, und bald darauf sah ich einen rodten Menschen herab tragen. Er war, wie man versicherte, auf der That ertappt worden, als er einige Geräthschaft des Pallastes entwenden wollte; dafür hatten ihn die zunächst stehenden Personen sogleich mit dem Tode bestraft. Diese kurze Manier Gerechtigkeit zu handhaben, benahm mir alle Lust die königlichen Gemächer zu besuchen: ich ging also wieder herunter auf die Terrasse, und that noch einen schwermüthigen Gang unter die Leichname derjenigen, die ich zwei Tage vorher in allem Stolze der Gesundheit und kriegerischen Ansehens gesehen hatte. Ich glaube nicht, daß ein Bataillon Fußvolk in Europa diesem an Wuchs und Ansicht gleich kam. Aus dem Garten der Thuillerien ging ich, durch das Mittelthor des Pallastes, in den Hof und Karusselplatz, wo das Gefecht zuerst anfing: die Leichname der Schweizer lagen an verschiedenen Stellen im Hofe. Die Kaserne der Schweizer, welche diesen großen Hof vom Karusselplatze trennt, war gestern in Brand gesteckt worden, und brannte noch. Man warf viele Leichname in die Flamme. Einige sah ich halb verzehrt. Bei diesem Anblicke wurde mir übel. Ich eilte fort von dem Schauplatze des Entsetzens, und ging gegen Mittag in die Nationalversammlung. Noch wartete ich an der Thüre, die von der Terrasse der Feuillants in die Versammlung führt, auf einen Bekannten, welcher mir Zutritt verschaffen sollte, als ein langer Zug sich dem Thore näherte. Er bestand aus vielen Leuten, von denen ein Theil wie Bürgersoldaten gekleidet war. Jeder hielt einen Mann, in einer weißen Weste ohne Rock, an der Hand. Die Männer in den Westen sahen blaß und niedergeschlagen aus; ihre Beschützer sprachen ihnen Muth und Trost zu. Dabei erfuhr ich, daß sich einige Schweizer gerettet und in dem Wachthause der Feuillants versteckt gehabt hätten, daß sich aber ein Haufen Pöbels um das Wachthaus versammelt habe, und daß einige abscheuliche Ungeheuer laut die Köpfe dieser unglücklichen Soldaten gefordert hätten; daher halte man es ihrer Sicherheit für zuträglich, sie vor die Schranken der Versammlung zu führen, und sie dem Schutze derselben zu empfehlen. Lasource eilte der Versammlung die Gefahr zu berichten, in der die armen Schweizer sich befanden, und Schutz für sie zu begehren. Gorsas blieb an der Thüre des Wachthauses, hielt Reden an das Volk, und bediente sich aller Mittel, welche die Menschlichkeit ihm eingab, um dasselbe abzuhalten die Gefangenen anzugreifen. Dem zufolge wurden sie, auf oberwähnte Weise, von dem Wachthause zur Thüre der Versammlung geführt, durch einige Bürger, unter denen sich Lasource und andere Mitglieder der Versammlung befanden."

Diese Schweizer wurden in den Versammlungs-

saal vor die Schranken gebracht. Einer ihrer Landsleute sprach für sie, und es schien offenbar der Wunsch
der meisten Mitglieder zu sein, sie zu retten; Lacroix
hielt sogar eine Rede um das Volk zum Mitleiden zu
bewegen: allein die Zuhörer auf den Gallerien lärmten
und tobten; sie wollten von Mitleiden und Gerechtigkeit nichts hören; sie schrien: "Rache! Rache! diese
"Menschen haben unsere Brüder gemordet!„ a) der
blutdurstige Pariser-Pöbel umringte den Versammlungssaal; schärfte seine Säbel; brüllte das, seit der
Revolution ihm so geläufige, Mordgeschrei; und verlangte, daß ihm die Schweizer ausgeliefert werden sollten. b) Die Mitglieder der Versammlung berathschlagten sich über die Mittel dieser braven Schweizer der
Wuth des niederträchtigen Gesindels zu entziehen. Einige von ihnen sprachen, an mehreren Stellen des
Saales, hinauf zu den Leuten die unmittelbar über ihnen auf den Gallerien saßen, und flehten den Pöbel
um Menschlichkeit an. Allein dieß war vergeblich: jene
Menschen riefen immer: "Blut! Blut„. Ein Mitglied der Versammlung redete sie in zornigen Ausdrük-
ken an, und sagte: sie wären reißende Thiere; c) Hr.
Vergniaud, der Präsident, rief überlaut: "Großer
"Gott! was sind das für Kannibalen!„ d) Die ganze
Versammlung gerieth in Schrecken. Man wußte nicht
wie weit die Wuth des ungezähmten Pöbels gehen,
wo sich dieselbe endigen würde; man wurde besorgt für
die königliche Familie; so sehr, daß Hr. Caslon,
ein Mitglied der Versammlung, zu dem Könige hin-
ging, und ihm sagte: Er möchte sich, nebst seiner

b) Moore Journal. T. 1. S. 45.
b) Fennel review. S. 243.
c) Peltier T. 1. S. 256.
d) Ebendaselbst.

Familie, in den engen Gang vor der Loge bege, ben, sobald er das Volk mit Gewalt würde in den Versammlungssaal eindringen sehen. Der König und die Königinn erwarteten alle Augenblicke den Tod, und der König drang darauf, daß die wenigen getreuen Diener, welche ihn noch umgaben, und welche ihn nicht verlassen wollten, sich entfernen möchten, um sich nicht der Gefahr auszusetzen, zugleich mit ihm ermordet zu werden. a) "Das Betragen der Königinn," sagt Hr. Moore, welcher sich in der Versammlung gegenwärtig befand, "das "Betragen der Königinn bei dieser schweren Prüfung "war äußerst anständig, und ihre Fassung erhaben... "Oft warf ich meine Blicke in die Loge des Logogra"phen. Was müssen der König und die Königinn em"pfunden haben! was die armen Schweizer selbst! Als "einige Mitglieder zu ihrem Besten sprachen, und ver"sicherten, sie wären zu dem, was sie gethan hätten, "gezwungen worden, und niemals Feinde der Frank"reichischen Nation gewesen, da hoben sie ihre Hände "gen Himmel, um die Wahrheit dieser Worte zu be"zeugen. Mich empörte die Hartherzigkeit einiger Bö"sewichter auf den Gallerien, die immer unerbittlich "blieben, obgleich jetzt bei weitem der größere Theil "sich zum Mitleid bewegen ließ." b)

Die Versammlung beschloß endlich, auf den Vorschlag des Hrn. Alhitte, Kriegsrecht über die gefangenen Schweizer halten, und das abgegebene Dekret, nebst allen übrigen Dekreten, welche die Herstellung der Ruhe in der Hauptstadt zum Zwecke hätten, durch ganz Paris bekannt machen zu lassen. c)

a) Ebendaselbst.
b) Moore Journal, T. 1. S. 44. 46. der Deutschen Uebersetzung.
c) Fennel review. S. 244.

Die berüchtigte Sektion von Marseille machte folgende Proklamation bekannt:

"Am 11. August, im vierten Jahre der Freiheit."

"Die Sektion von Marseille, welche die Verbrechen Ludwigs des Sechszehnten einmüthig verabscheut, welche, durch seinen Meineid, durch seine zahlreichen und wiederholten Angriffe, und durch den öffentlichen Meuchelmord, den er so eben begangen hat, aufs Härste gegen ihn aufgebracht ist, erklärt, daß Keiner künftig bei der Sektion unter keiner andern Benennung, als dieser: Ludwig der Verräther, erwähnt werden, und daß es keinem Mitgliede dieser Sektion erlaubt sein solle, ihm in der allgemeinen Versammlung, oder in den Ausschüssen, einen andern Nahmen zu geben."

"Sie verordnet, daß dieser Beschluß durch ihren ganzen Bezirk bekannt gemacht werden solle; sie fordert die Bürger der Sektion auf, und befiehlt ihnen sogar, wenn an ihren Häusern, oder zum Schilde, irgend ein Bildniß der königlichen Familie, oder irgend ein Sinnbild der Verräther (La Fayettes zum Beispiel) befindlich ist, dasselbe sogleich abzunehmen; denn die Freiheit muß der einzige erfreuliche Gegenstand, und Bildnisse, welche sich auf sie beziehen, müssen die einzige Zierde für die Häuser aller guten Staatsbürger sein."

"Die Versammlung der Sektion beschließt den Druck dieses Beschlusses, und die Versendung desselben an die verschiedenen Sektionen und an den vorläufigen Bürgerrath."

"Lebois Präsident.

"Vinrent und Deshaynes, Sekretaire."

Die übrigen Sektionen der Stadt Paris nahmen diesen Beschluß an, und bald nachher wurde ein jedes

Sinnbild der königlichen Würde, ein jedes Schild mit dem Bildnissen eines Königs, ein jedes Brustbild La Fayettes, weggerissen und zerstört. Die vortreflichsten Denkmäler der Bildhauerkunst, welche den Eingängen der Palläste, den Kirchen, den Erziehungshäusern, den öffentlichen und Privatgebäuden, oder den öffentlichen Plätzen, zur Zierde dienten, wurden zerschlagen, die Gebäude dadurch entstellt, und die Straßen mit Trümmern angefüllt. Nicht einmal die Bildsäule Heinrichs des Vierten auf dem Pontneuf wurde verschont. Die Worte: König, Prinz, Königlich, Monarch, Bourbon, u. s. w. wurden über der Thüre eines jeden Hauses, wo sie sonst gestanden hatten, ausgelöscht, und die Nahmen der Straßen, welche sich auf die königliche Würde, oder auf den Titel eines Prinzen bezogen, wurden verändert. a) Eine Gesandtschaft des Pöbels erschien vor der Nationalversammlung um derselben von diesen Heldenthaten gegen die Bildsäulen Nachricht zu geben, und die Versammlung billigte diese Bilderstürmerei.

Spät in der Nacht wurde die königliche Familie abermals, aus der Loge, in welcher sie den Debatten der Versammlung zuzuhören gezwungen wurde, nach ihren Schlafzimmern zurück gebracht. Vorher war man aber noch grausam genug, die kleine Anzahl getreuer Diener des Königs, welche ihn nicht verlassen, sondern mit ihrem Monarchen jedes Schicksal theilen wollten, von ihm zu trennen, und zwar auf den Vorschlag des Hrn. Grangeneuve, welcher behauptete, die Versammlung könnte für das Leben und die Sicherheit des Königs unmöglich stehen, wenn man zugebe, daß unbekannte Personen sich seiner Person nähern dürften. Alle

---

a) Fennel review. S. 250.

die Edelleute, welche die königl. e Familie umgaben, wurden genöthigt dieselbe zu ver..en, und statt ihrer umringte man die erhabenen Gefangenen mit Jakobinischen Bürgersoldaten, die sich so unverschämt betrugen, daß der König einige Mitglieder der Versammlung kommen ließ, und sich bei denselben über diese unwürdige Behandlung beklagte. Die Mitglieder entschuldigten die genommenen Maasregeln so gut sie konnten. Die Königinn, mit dieser Entschuldigung nicht zufrieden, sprach in einem sehr nachdrücklichen Tone. Als aber auch dieß keine Wirkung that, da brach der König in folgende Worte aus, welche er an Hrn. Caslon richtete: "So "bin ich also im Gefängnisse! — Ach, meine Herren! "Karl der Erste war glüklicher als ich; man trennte ihn "nicht eher von seinen Freunden, als bis er das Schaf"fot betrat!„ — So grausam wurde Ludwig der Sechszehnte behandelt, daß ihm das Schicksal des unglücklichen Karls, in Vergleichung mit dem seinigen, beneidenswürdig schien. a)

Kaum hatte der König diese Worte gesprochen, als man ihm ankündigte, daß in dem Nebenzimmer sein Nachtessen bereit stünde. Bei diesem Nachtessen wurde die königliche Familie zum letzten male von ihr wenigen Getreuen bedient, die sich nun bald auf immer von dem Monarchen trennen sollten. Diese Erwartung machte das Essen äußerst traurig; und der sich aufdringende Gedanke, daß man sich wahrscheinlich in dieser Welt zum letzten male sehe, verbitterte die letzten Augenblicke vor dem Abschiede. Peltier, welcher seine Nachrichten aus dem Munde eines der fünf Getreuen niedergeschrieben hat, gibt einige nähere Umstände an, die dem Geschichtschreiber nicht entgehen dürfen. b)

---

a) Peltier dernier tableau de Paris. T. 1. S. 258.
b) Ebendaselbst.

"Die Gewißheit einer bevorstehenden Trennung, „ sagte er, "verbreitete über die Mahlzeit einen unbeschreib-
"lich traurigen Flor. Die Rührung war mit Unwillen
"vermischt. Der König aß nicht. Dadurch verlängerte
"er die Mahlzeit; dadurch verschafte er sich das, mit
"Schmerz verbundene, Vergnügen, jene lieben und ge-
"treuen Männer noch etwas länger zu sehen, ehe er
"ganz in die Hände der Wüthriche fiel. Endlich mußte
"man sich trennen; ein schrecklicher Augenblick. Der
"König, welcher wußte, daß bereits ein Dekret der Ver-
"sammlung vorhanden war, vermöge welches diese ge-
"treuen Diener sollten in Verhaft genommen werden,
"sobald sie ihn würden verlassen haben, befahl ihnen
"selbst, sich weg zu begeben, und wo möglich sich zu ret-
"ten. Er umarmte sie weinend und schluchzend; er er-
"suchte sie, auch seine Kinder zu umarmen; er schien
"ihnen das letzte Lebewohl zu sagen. Die Königinn sprach
"mit der ihr eigenen Anmuth: Erst jetzt, meine Her-
"ren, fangen wir an ganz einzusehen, wie schrecklich
"unsere Lage ist; durch Ihre Ergebenheit und durch
"Ihre Bemühungen hatten Sie dieselbe gemildert, un-
"sere Dankbarkeit wird. . . . Hier wurde die Königinn
"durch die Wache unterbrochen, welche die Treppe her-
"auf kam, um die Edelleute in Verhaft zu nehmen.
"Sie retteten sich durch eine geheime Treppe, und trenn-
"ten sich nachher, um von dem Volke nicht erkannt zu
"werden. Vor ihrer Entfernung warf noch Einer un-
"ter ihnen, Hr. Obyer, funfzig Louisdors auf den Tisch,
"weil er wußte, daß weder der König noch die König-
"ginn Geld bei sich hatten. Die Königinn rief ihm zu:
"behalten Sie Ihr Geld, meine Herren; sie bedürfen
"desselben mehr als wir, denn Sie werden, wie ich hof-
"fe, länger als wir leben. „

Den folgenden Tag, den 12. August, brachte die

königliche Familie ebenfalls in der Loge des Logographen, bei der Nationalversammlung zu. Was an dem genannten Tage unter dieser Familie vorfiel ist bis jetzt noch nicht bekannt geworden, weil alle ihre getreue Diener, durch die man vorher Nachricht von einzelnen interessanten Vorfällen erhalten hatte, jetzt entfernt waren, und Niemand, als der niedrigste, ungezogenste, roheste und verworfenste Pöbel, nunmehr die erhabenen Personen der königlichen Familie umgab, von welchem weder Beobachtungsgeist, noch interessante Nachrichten, noch Mitleiden, noch Gerechtigkeit, noch Menschenliebe, noch Ehrfurcht für Rang und Stand, erwartet werden dürfen.

Die Nacht vom 12. zum 13. August, brachte die königliche Familie, so wie auch den ganzen Vormittag des 13. Augusts, in der Nähe der Nationalversammlung, eben so wie die vorigen Tage, zu.

Am 12. August erschien der berüchtigte Anacharsis Cloots vor den Schranken der Versammlung, wünschte derselben Glück zu ihren Großthaten und versprach ihr, daß bald alle Völker der Erde mit ihren Königen eben so verfahren würden.

An eben diesem Tage beschloß die Versammlung, auf den Vorschlag des Hrn. Quinette, daß der König, nebst seiner Familie, das Haus des Ministers der Gerechtigkeitspflege, Danton, bewohnen solle; daß eine Wache den König umgeben, und für die Sicherheit seiner Person sowohl, als der Personen seiner Familie, stehen solle; daß dem Könige, bis zu dem Versammlungstage der Nationalkonvention, eine Summe von 500,000 Livres bewilligt werden solle; daß aber, ohne Erlaubniß des Bürgerrathes, kein Mensch zu dem Könige Zutritt haben solle.

Mit diesem Beschlusse war Hr. Pethion nicht

zufrieden: er wollte schlechterdings, daß der König in ein Gefängniß gebracht werden sollte, und hatte dazu schon lange das Gebäude des sogenannten Tempels vorgeschlagen. Kaum war also der Beschluß gefaßt, als auch schon Hr. Manuel vor den Schranken erschien, und folgende Anrede an die Stellvertreter Frankreichs hielt.

"Gesetzgeber! Frankreich ist frei, weil endlich der König dem Gesetze unterworfen ist. Euch kam es zu, allen Völkern dieses große Beispiel zu geben. Ludwig dem Sechszehnten bleibt nun weiter nichts mehr übrig, als sich vor seinem Oberherren zu verantworten, und schon dieses Recht setzt ihn unter den Schutz der Nation. Der Tempel kann dem Könige und seiner Familie zur Wohnung dienen. Er wird von zwanzig, aus den acht und vierzig Sektionen ausgesuchten, Männern bewacht werden. Wollt Ihr der Nation den König, seine Frau und seine Schwester, anvertrauen: so werden sie morgen dahin mit aller der Achtung geführt werden, die das Unglück verdient. Man wird sorgfältig darüber wachen, daß sie keinen Briefwechsel unterhalten; denn alle ihre Freunde sind Verräther. Die Straßen, durch welche sie geführt werden sollen, werden mit lauter Soldaten der Revolution angefüllt sein, welche sie erröthen machen werden, darüber, daß sie haben glauben können, es befänden sich Sklaven unter ihnen, die bereit wären den Despotismus zu ertragen. Ihre größte Strafe wird darin bestehen, daß sie werden rufen hören: Hoch lebe die Nation! Hoch lebe die Freiheit!"

Der Präsident der Versammlung stellte dem Herren Manuel vor, daß sein Vorschlag nicht angenommen werden könnte, weil die Versammlung bereits beschlossen hätte, den König nach dem Hause des Justizministers zu senden: allein Manuel bestand auf seinem Antrage, und erklärte, daß in diesem Falle der Bürgerrath für die Person des Königs nicht verantwortlich sein könne, weil das Haus des Justizministers mit andern Häusern umgeben sei, über deren Dächer der König leicht würde entfliehen können. Die Nationalversammlung sah sich genöthigt die Verwahrung des Königs dem Bürgerrathe allein zu überlassen, und diese blieb bei ihrem Vorsatze, den König in das Gefängniß des Tempels einzuschließen.

Es wurden also nunmehr Anstalten gemacht, den König nach dem ihm bestimmten Gefängnisse zu führen. Von Freitag Morgens um neun Uhr bis Montag Nachmittags um drei Uhr war der König in der kleinen Loge bei der Nationalversammlung geblieben, und während dieser Zeit hatten ihn die Mitglieder der Versammlung auf die unmenschlichste Weise in seinem Unglücke verspottet und verhöhnt. Es sei erlaubt Einen Zug dieser Art, aus hunderten, mit den eigenen Worten eines Augenzeugen anzuführen: "Chabot, ein "vormaliger Kapuziner, sagte mitten in seiner Rede: "alles heute vergossene Blut, alles Elend des Landes, "verdanken wir dem Meineide und der Treulosigkeit je"nes Verräthers. Dabei wies er auf den König. — "Wer einen Mann, der auch kein König ist, in seinem "Unglücke so beleidigen kann, der muß ein Herz haben "wie ein Tiger, und Lebensart wie ein Kapuziner." a)

Montags, am 13 August, fuhr die königliche Familie in zweien Wagen von dem Hause der Nationalversammlung nach dem Gefängnisse des Tempels ab. Sie brachte über dieser Fahrt zwei Stunden zu; so langsam ging dieselbe vor sich. Pethion und Manuel wollten der Rache, die sie an dem König ausüb-

a) Moore Journal T. 1. S. 66. d. D. Ueberf.

ten, weil er sie nach dem Aufruhr am zwanzigsten Junius von ihren Aemtern abgesetzt hatte, recht genießen: sie setzten sich daher in den Wagen des Königs, und befahlen durch alle nur möglichen Umwege zu fahren. Während des ganzen langen Weges schrie der besoldete Pöbel und das lumpige Gesindel unaufhörlich: "Weg "mit den Tyrannen! Weg mit den Tyrannen!„ Auf dem Platze Vendome ließen Pethion und Manuel anhalten, um den gefangenen Monarchen die zertrümmerte Bildsäule seines großen Vorfahren, Ludwigs des Vierzehnten, zu zeigen. Die Königinn warf einen Blick der Majestät und des Unwillens auf den niederträchtigen Bösewicht Pethion, welcher unmenschlich genug war, ihres Unglücks zu spotten, und ihr die Trümmer der Bildsäule zu wiederholtenmalen zu zeigen. Pethion konnte diesen Blick nicht vertragen. Er sagte: "sehen Sie etwas freundlicher aus, Madame, sonst wird "das Volk erbittert, und dann kann ich für die Folgen "nicht stehen.„ Hierauf schlug die Königinn die Augen nieder, und sah weder den Hrn. Pethion noch das Volk weiter an.

Der König war ganz gelassen. Als Pethion und Manuel zu ihm in den Wagen stiegen, bemerkte Jemand, der Wagen würde zu voll werden. "Keineswe"ges,„ antwortete der gutmüthige Monarch lächelnd, "Herr Pethion weiß, daß ich eine weit längere Reise "in einer vollen Kutsche aushalten kann.„ — Eine Anspielung auf seine Rückreise von Varennes nach Paris. a)

Die Prinzessinn von Lamballe, Madame Tourzel, Erzieherinn der königlichen Kinder, und einige andere Hofdamen, wurden zugleich mit der königlichen Familie nach dem Tempel gebracht.

a) Moore S. 64.

Als sie im Tempel angekommen waren, führte Hr. Pethion den König in ein Zimmer, und sagte ihm: dieß sollte sein Schlafzimmer seyn. Der König erwiederte: daß es ihm, seiner Meinung nach, doch wohl erlaubt seyn würde, sich unter den für ihn bestimmten Zimmern, selbst eines zum Schlafzimmer zu wählen. "Nein!" antwortete Pethion, "dieß ist Ihr Schlafzim»mer, und hier müssen Sie schlafen; denn das ist der »Wille des Volks." a)

"Auf diese Weise," sagt ein berühmter Schriftsteller, b) "wurde, von seinen Unterthanen, der gut»müthigste und tugendhafteste Monarch, welcher jemals »auf Frankreichs Thron gesessen hatte, eingekerkert und »zu den härtesten Leiden verdammt; derjenige König, »welcher die Folter abgeschafft, die Leibeigenschaft auf»gehoben, das Schicksal der Gefangenen gemildert, »Amerika die Freiheit verschafft, zuerst der Nation über »die Verwaltung der öffentlichen Einkünfte Rechnung »abgelegt, und zuerst die Nation aufgefordert hatte, »die Mißbräuche abzuschaffen, welche in die Regierung »eingeschlichen waren; derjenige König, welcher, mitten »unter einem üppigen, verdorbenen Hofe, achtzehn »Jahre lang allein tugendhaft und unverdorben geblie»ben war."

Der Tempel ist ein altes, gothisches Gebäude, mit hohen Mauern und einer Art von Befestigung umgeben. Vormals gehörte es den Tempelherren, bis dieser Orden von König Philipp dem Schönen auf die grausamste Weise aufgehoben wurde.

Sobald der König eingekerkert war, wandten die Jakobiner alle Mittel an, um das Volk, welches den Monarchen liebte und sich von seiner Verrätherei nicht

a) Fennel review. S. 255. der D. Uebers.
b) Peltier dernier tableau de Paris. T. 1. S. 261.

überzeugen konnte, gegen ihn aufzubringen. Man gab sich Mühe, das Volk zu überreden, der Hof habe es verrathen, und die eifrigsten Patrioten hätten sich in der größten Lebensgefahr befunden. Zu diesem Ende wurden an allen Ecken der Straßen Schmähschriften gegen die rönigliche Familie angeschlagen; die Tageblätter und Zeitungen sprachen in den unanständigsten, pöbelhaftesten Ausdrücken, von eben dieser Familie; die unpartheiischen Zeitschriften sowohl, als die, welche zur Vertheidigung des Hofes geschrieben wurden, mußten aufhören, und ihre Druckereien wurden zerstört; alle Personen, die man im Verdacht hielt daß sie das Verfahren der Jakobiner mißbilligten, wurden gefangen genommen und ins Gefängniß geschleppt; besoldete Volksredner stellten sich, im Garten der Thuillerien, im Palais Royal, auf dem Platze Ludwigs des Funfzehnten, und auf anderen öffentlichen Plätzen, auf Stühle, und deklamirten gegen den König und die Königinn, die sie nicht anders, als Herr Veto und Madame Veto nannten, oder sie sprachen überhaupt von den Lastern der Könige, von der Sittenlosigkeit, Thorheit und Ruchlosigkeit, aller Frankreichschen Monarchen seit dem Anbeginne der Monarchie. Zuweilen stellten sich zwei Redner gegen einander über, und stritten sich. Der Eine vertheidigte die Monarchie mit den schwächsten Gründen; der andere sprach für die Republick mit Enthusiasmus, und trug, der Verabredung gemäß, den Sieg davon. Auch die Schauspiele, welche auf die Frankreicher so mächtig wirken, wurden benußt, und nur solche Stücke vorgestellt, in denen das Königthum lächerlich oder verhaßt gemacht, und die republikanische Regierungsform angepriesen würde.

Seit dem zehnten August wurden alle Ausgänge der Stadt Paris, Barrieren genannt, auf das allergenaueste bewacht, und Niemand wurde herausgelassen, als die Eilbothen, welche die Versammlung nach den Provinzen sandte, um in denselben sowohl dasjenige bekannt zu machen, was zu Paris vorgefallen war, als die Beschlüsse der Versammlung zu überbringen. Die zwölf Kommissarien der Versammlung, welche nach den vier Armeen gesandt wurden, waren am 11 August bereits abgereiset. Sonst erhielt aber Niemand, wer es auch sein mochte, Erlaubniß Paris zu verlassen. Sogar der Kourier des Engländischen Gesandten, welcher Freitags abgehen sollte, durfte nicht eher abreisen, als am Sonntage, am 12. August. a)

Der, von Robespierre und Marat geleitete, Pariser Bürgerrath hatte jetzt alle Gewalt in Händen, und herrschte unumschränkt, mit einer eisernen Tyrannei. Die Nationalversammlung war ein bloßes Werkzeug in den Händen dieses, aus Dieben, Mördern, und Schurken aller Art bestehenden, Bürgerrathes. So oft er irgend eine Maasregel durchsetzen wollte, sandte er eine Gesandtschaft an die Nationalversammlung, und verlangte bald dieses, bald jenes Dekret, welches auch allemal bewilligt wurde, weil es nicht abgeschlagen werden durfte. An der Spitze aller dieser Gesandtschaften befand sich der Demagoge Robespierre. Seit dem zehnten August war der Abschaum des Pöbels unaufhörlich in Bewegung. Er umringte das Rathhaus und den Saal der Versammlung, verlangte, mit schrecklichem Geheule, bald den Kopf eines Unschuldigen, bald irgend ein blutdürstiges Dekret — und erhielt jederzeit was er verlangte. Ungefähr funfzehnhundert Menschen waren eines Morgens vor der Wohnung des Maire versammelt, welche, um verschiedener Ursachen willen, den Maire Pethion zu spre-

a) Fennel review. S. 256.

Neunter Th.

chen verlauten. Er wolle Räume und Wohnung täglich auf Einmal für ein gelassen haben können, müs- den in den Bekanntmachungssaal einlassen, wobei ver- schiedene obrigkeitliche Personen bei ihnen Gestalt las- sen. Während diese das Anliegen der im Saale be- findlichen Personen untersuchten, und Pässe bewilligten, schleppten einige Föderirten einen armen Mann, beschul- den sie beschuldigten, daß er am Zehenten im Pallast etwas gestohlen habe. Die Föderirten erklärten, daß sie ihn nicht selbst hätten hinrichten wollen, sondern ihn hergebracht hätten, damit das Gesetz das Urtheil über ihn spreche; wie sie auch nichts weiter gegen ihn vor- bringen könnten, als daß sie ihn beim Diebstahle er- tappt hätten. Der Mann betheuerte, daß er unschul- dig wäre. Ein Rathsherr untersuchte die Sache, sprach ihn frei, und bat die Föderirten daß sie ihn los lassen möchten. Diese erwiederten dem Rathsherren: sein Lossprechen sei von keiner Bedeutung, denn sie hätten den Mann stehlen gesehen, und wenn er es nicht für gut fände seine Hinrichtung zu befehlen, so würden sie dem Manne sogleich den Kopf abschlagen. Der arme Mann bat um sein Leben; der Rathsherr machte ver- nünftige Vorstellungen: aber vergeblich. Einer der Fö- derirten hatte sich eine Sense verschafft. Diese mach- ten sie von dem Stiele los, warfen den Mann nieder, hielten ihn fest, und sägten ihm, in Gegenwart des Bürgerrathes und der betroffenen Menge der Anwesen- den, den Kopf ab, wobei sie der martervollen Qualen ihres Schlachtopfers, und des gefühlvollen Mitleids der sie umgebenden Personen, spotteten, und sich darüber freueten. a)

Dergleichen Auftritte fielen in Menge vor. Ich

a) Fennel review, S. 277.

... das Gefühl ... sehr nicht ... ich mag
durch ... diese Blätter, welche ernst
... Betrachtungen gewidmet sind, nicht besudeln:
... sei es auch erlaubt, nur ein Paar Züge anzuführen, um zu beweisen, daß das Französische Volk,
welches schon zu den Zeiten des Claude Spass mit
... bevölkerte, und seine abscheulichen Gesänge
... Munde sudelte, diesem barbarischen
... während der gegenwärtigen Revolution
... treu geblieben ist.

Die Mörder fanden in einem Hause einen jungen und schönen Schweizerossizier versteckt. Sie zogen
ihn hervor, und befahlen seinem Bedienten, ihn zu er-
schießen. Dieß geschah. Nun gab einer der Mörder dem
... eine kleine Handsäge, und gebot ihm, den
... Kopf langsam abzusägen: "denn, sprach er,
... schöne Kopf wird sich auf der Pike gut ausnehmen, und die Frisur darf ja nicht verdorben werden."
Der Bediente weigerte sich, und wurde sogleich in Stük-
ken gehauen. Hierauf sägten zwei Weiber dem Offizier langsam den Kopf ab, und steckten denselben auf
die Pike.

Einige Schweizer hatten in dem Hause einer vornehmen Dame Schuz gefunden. Man forderte ihre
Auslieferung. Die Schlüssel wurden der Dame, welche ihren Töchtern für die unglücklichen Gefangenen bat, abgenommen; die Zimmer wurden durchsucht;
die Schweizer wurden aus ihrem Schlupfwinkel hervor
gezogen, auf die Straße geschleppt, und vor der Hausthüre niedergemacht. Nach verübtem Morde sandte der
Pöbel eine Gesandschaft an die Dame, sie um Verge-
bung zu bitten, daß man ihr Schrecken verursacht habe.
Die Abgesandten richteten ihren Auftrag aus, sagten
den Töchtern der Dame Artigkeiten, spielten mit ihren

von Menschenblut triefenden Händen mit dem Schoß-
hündchen, und entfernten sich unter vielen Verbeugungen.

Als die Königinn in den Tempel-Thurm gebracht
war, konnte sie ihre Thränen nicht länger zurück halten. Manuel, statt sie zu trösten, sagte, mit einer
Verbeugung: "das Volk verlangt nicht Thränen, son-
"dern Blut, Madame." — Kein Gefühl des Mitleids
ist jemals in die Tigerherzen dieser Menschen gekommen;
sie sind grausam genug, selbst über die Thränen der Verzweiflung zu spotten!

Woher mag es kommen, daß die Weiber, diese
sanften und weichen Geschöpfe, während allen blutigen
Auftritten der schrecklichen Revolution, deren gräßliche
Geschichte zu beschreiben mir zu Theil geworden ist,
sich durch Grausamkeit und Unmenschlichkeit vor den
Männern so sehr ausgezeichnet haben? "Muß ich es,
sagt ein Augenzeuge, dessen Nachrichten man, auch bei
einer von der seinigen sehr abweichenden Denkungsart,
dennoch mit Vergnügen lieset, a) "muß ich es zur Schan-
"de des weiblichen Geschlechtes sagen: die Weiber sind
"es, welche in allen stürmischen Auftritten der Revolu-
"tion immer zuerst Entsetzlichkeiten ersannen und aus-
"übten, oder die Männer zu frischen Qualen und Mord-
"thaten aufmunterten. In der auf den schrecklichen
"Tag folgenden Nacht, sollen sie sich auf den Leichna-
"men Preis gegeben, die Glieder der Getödteten gebra-
ten, und den Vorschlag, sie zu fressen, gemacht haben.
"Noch am Morgen des elften habe ich Weiber in den
"Leichnamen wühlen, und die leblosen Theile verstüm-
"meln gesehen. Diesen Hang zur Ausschweifung be-
"merkte man selbst in der gebildeten Klasse des Ge-
"schlechts." — Zur Ehre der Weiber muß man sagen,

a) Hr. Oelsner in Archenholz Minerva. 1792.
September. S. 522.

daß nur Frankreicherinnen fähig sind, dergleichen Greuelthaten zu begehen; Deutsche und Engländerinnen würden bei dem bloßen Gedanken an die Möglichkeit derselben, schon zurückschaudern!

Die Preßfreiheit war jetzt in Paris ganz unterdrückt. Es war Niemand erlaubt, auch nur ein Blatt drucken zu lassen, wenn dasselbe nicht in den erhabensten Ausdrücken von der Souverainetät des Pöbels und dem Verfahren der Jakobiner sowohl, als der Nationalversammlung, sprach. Zwei oder drei der talentvollsten und vernünftigsten Schriftsteller wurden ermordet, und die ganze Kraft der historischen Feder wurde den Händen eines Brissot, Condorcet, Gorsas, Marat, Prudhomme, Carra, und anderer Menschen dieses Gelichters, überlassen. a)

„Es hatte, sagt ein Augenzeuge, „seit dem 10ten August der neue Bürgerrath mit einem Despotismus die Stadt Paris beherrscht, den man durch die Zeitumstände entschuldigte, von dem aber selbst die Geschichtsbücher der Tyrannei fast nichts ähnliches aufweisen. Willkührliche Einkerkerungen, Versiegelungen der Papiere, militairische Untersuchungen der Häuser, Verletzung des Geheimnisses der Briefe, waren zu dieser Zeit etwas gewöhnliches, da man von nichts als Freiheit und Gleichheit schreien hörte. Die Nationalversammlung selbst fühlte das Empörende dieser Auftritte. Mehr als Ein mal wurden die Minister gehindert in der Ausfertigung ihrer Depeschen aufgehalten. Die Bürger fühlten es, und schwiegen; der

---

a) L'opinion publique se trouva donc livrée aux poisons périodiques de Gorsas, Carra, Brissot, Marat, Louvet, Robert, Condorcet etc. etc. et c'est par leur canal seul, que l'affaire du 10. Août avoit été présentée à l'Europe. Peltier. T. I. S. 276.

118

"Handel stockte; das Gewerbe wurde bloß durch die
"Lieferungen zur Armee noch erhalten." a)

Die leichtsinnigen Pariser nahmen an dem, was
in ihrer Stadt vorging, keinen Antheil, außer in demjenigen was sie persönlich betraf; das allgemeine Beste, das Glück oder das Unglück des gemeinen Wesens,
kümmerte sie nicht. Der Tagebuder Moore hat uns
einige interessante Züge zu dem Gemälde der Stadt
Paris während der fürchterlichsten Konvulsionen des
Staates aufbewahrt. "Die öffentlichen Spaziergänge,"
schreibt er am 13. August, "sind gedränge voll von Männern, Weibern und Kindern jedes Standes, die so froh
und sorglos aussehen, wie möglich. Wenn ein Fremder gerade nach Paris käme, ohne etwas von den neuen
Vorfällen gehört zu haben, und durch den Garten
der Thuillerien, über den Platz Ludwigs des xv.
und in die Elysäischen Felder spazierte; so würde
ihm das muntere Betragen, und die heitern Ge-
sichter der Leute, denen er begegnen würde, natürlicher weise auf den Gedanken bringen, dieser Tag sei
besonders der Volksfreude, der Zerstreuung und dem
Genusse gewidmet. Es könnte ihm unmöglich einfallen,
daß die Erde, welche er betrete, erst kärzlich mit erschlage-
nen Leichen bedeckt gewesen sei, und daß das Volk, dessen Lebhaftigkeit und Frohsinn ihm so sehr in die Augen
fallen würde, ein paar Tage vorher in der schrecklichsten Angst, Furcht und Besorgniß, zugebracht habe.
Am 19. August fand eben derselbe scharfsinnige Beobachter die Elysäischen Felder mit Leuten aus allen Ständen angefüllt. In einer unzählbaren Menge kleiner
Buden verkaufte man Erfrischungen; überall ertönte
Spiel und Gesang; hie und da tanzte man im freien

b) Minerva, Oktober 1792. S. 122.

Feldes; an andern Stellen wurden Pantomimen und Puppenspiele verschiedener Art aufgeführt. "Dennoch, ruft er aus, dennoch tanzen die Leute auf den Straßen, und singen Freiheitslieder, und achten des Despotismus nicht, der unter ihren Augen verfährt, und bedenken nicht, daß ihre Mitbürger täglich eingekerkert werden, ohne daß Jemand weiß warum, und daß auch sie morgen, mit eben so wenigem Rechte, eingekerkert werden können. &c)

Eben so merkwürdig, als dieser unbegreifliche Leichtsinn der Pariser, und ihr empörender Egoismus, sich um weiter nichts, als um ihre eigene Person zu bekümmern, war auch der Umstand, daß zur Zeit einer vollkommenen Anarchie, da die Gesetze nicht nur schwiegen, sondern den Bösewicht auf Kosten des ehrlichen Mannes beschützten, Mord, Straßenraub, nächtliche Einbrüche und Diebstähle, nicht viel häufiger vorfielen, als sonst bei der strengsten Polizei.

*) Moore T. 1. S. 130.

Neunzehnte Abtheilung.

Geschichte der Französischen Revolution, von der Entthronung und Einkerkerung des Königs bis zur gänzlichen Abschaffung der Monarchie.

Jakobinerpolitik. Hatte der Hof am zehnten August eine Verschwörung gemacht? Zeugnisse des Doktor Moore, des Engländers Fennel. Vertheidigung der Schweizerwache. Maulfer der Nationalversammlung. Plan der Jakobiner gegen La Fayette. Sonderbarer Zufall durch welchen dieser Plan vereitelt wurde. Es ist ein neues Schreiben an den Bürgerrath der Stadt Sedan. Sendung des Generals Dillon. Schreiben des Generals Dillon an den General Dumouriez. Antwort des Generals Dumouriez. Schreiben des Generals Dumouriez an seinen Freund Gensonné. Versuche der Generale La Fayette und Lewenek die Armee zu gewinnen. Diese Versuche sind vergeblich. Ankunft der Kommissarien der Nationalversammlung bei der Armee. Die Kommissarien werden gefangen genommen. Unzufriedenheit der Armee über diese Gefangennehmung. La Fayette wandert mit seinem ganzen Generalstabe aus. Er nimmt von seiner Armee schriftlich Abschied, so wie auch von dem Bürgerrathe zu Sedan. La Fayette wird, nebst den übrigen ihn begleitenden Offizieren von den Oesterreichern auf dem Lüticher Gebiete gefangen genommen. Schriftliche Protestation dieser Gefangenen, welche aber vergeblich war. Erklärung des Hrn. Darblan. Die gefangenen Kommissarien der Nationalversammlung werden frei gelassen. Das höllische Korps. Hr. Davernout erschießt sich. Betragen der Generale Luckner und Montesquiou; Betragen der übrigen Generale, vorzüglich Dillons und Dumouriez. Verhandlungen in der Nationalversammlung wegen La Fayette, wegen Dillon. Schreiben des Ministers Roland. Ein neues Blutgericht wird errichtet und die Guillotine permanent gemacht. Hinrichtungen des Dangerement, de la Porte, und de Rosoy. Lossprechung einiger Gefangenen. Fernere Gefangennehmungen. Beaumarchais kauft sich los. Straßen und Bezirke der Stadt Paris erhalten neue Nahmen. Fortschritte der vereinigten Armeen in Frankreich. Belagerung und Einnahme von Longwy. Bestürzung, welche die Nachricht dieser Eroberung zu Paris verursacht. Vorschlag des Hrn. Jean de Bry ein Korps von Königsmördern zu errichten. Betrachtungen über diesen Vorschlag. Reklamation der Nationalversammlung. Fernere Verhandlungen, die Einnahme von Longwy betreffend. Die Nationalversammlung verabschiedet alle Schweizerregimenter in Frankreichischen Diensten. Fernere Beschlüsse. Der Pariser Bürgerrath droht der Versammlung. Auswärtige Schriftsteller und Generale werden zu Frankreichischen Bürgern ernannt. Grausames Dekret gegen die Prie-

der Doktor verlangt eine allgemeine Haussuchung in allen Theilen Frankreichs. Die Jakobiner nehmen den Brutus feierlich in ihrem Schutzpatron an. Haussuchungen zu Paris. Allgemeiner Unwille gegen den Pariser Bürgerrath. Die Versammlung kassirt den Bürgerrath. Der Bürgerrath siegt über die Versammlung. Marats Frechheit. Volksfest zu Ehren der in den Thuillerien Getödteten. Fernere Fortschritte der vereinigten Armee. Belagerung und Einnahme von Verdun. Beaurepaires Heldentod. Beweise des in Frankreich noch vorhandenen Royalismus. Eindruck, den die Entthronung des Königs in den Provinzen machte. Eindruck den selbige auf das Ausland machte. In England, wo man den Engländischen Gesandten in Frankreich zurück berief; in Holland, dessen Gesandter ebenfalls zurück berufen wurde; in Spanien; zu Regensburg. Französische Gesandten die ihre Stellen niederlegen. Grausame Behandlung der königlichen Familie im Temple. Verschanzungen um Paris. Proklamation der Minister. Robespierre klagt Brissot und die Minister an. Proklamationen des Bürgerraths. Der Minister Danton setzt die Nationalversammlung sowohl, als seine Kollegen in Furcht. Greuelthaten der ersten Tage des Septembers. Lamotte. Sombreuil. Prinzessin Lamballe. Der Uhrmacher Barre. Hr. Bertrand. Der Minister Roland billigt die Mordthaten. Rolands Briefwechsel mit Sauterre. Züchtbock von Danion. Abscheuliche Proklamation des Pariser Bürgerraths. Die Kommissarien des Bürgerraths vor der Nationalversammlung. Mädchen, welches dem Volke entrissen wurde. Die Pariser Schriftsteller loben die Mordthaten. Ähnliche Scenen gehen in den Provinzen vor. Ermordung der Gefangenen von Orleans zu Versailles. Wahl der Deputirten zum Konvente. Rathhaus de St. Etienne. Marat. Chabot beschimpft Marat. Orleans Briefwechsel mit dem Pariser Bürgerrath. Orleans erhält den Nahmen Egalité. Diebstähle zu Paris. Einziehung der Krone zugehörigen Juwelen. Pethion. Robespierre antworten sich. Marais Angriff auf Pethion. Anstrengungen der Franzosen zur Vertheidigung ihres Reichs. Verhandlungen der zweiten Nationalversammlung. Versammlung der Nationalkonvention. Abschaffung der Monarchie und des Königthums. Fortschritte der vereinigten Armeen. Einnahme der Kulm. Waffenstillstand.

...epore duo manipulares imperium populi Romani transferendum, et transtulerunt.

So wie nach der Ermordung der Protestanten in der berüchtigten Bartholomäus-Nacht die Räthe Karls des Neunten den Admiral Coligny und die übrigen Ermordeten einer Verschwörung angeklagt hatten, um die an ihnen begangenen Mordthaten zu beschönigen: so klagten nunmehr auch die Jakobiner den Hof einer

Verschwörung an, um ihren Aufruhr und ihre Greuelthaten zu rechtfertigen. Wollte man ihnen glauben, so hätten die bestellten Todtmacher, die gedungenen Mörder, die losgelassenen Galerensklaven, die Chorknaben und die Fischweiber, Frankreich vom Untergange gerettet. Diesen Kunstgriff hatte die herrschende Partei in Frankreich seit der Revolution schon allzuoft angewandt; es konnte daher derselbe auf vernünftige und nachdenkende Personen nicht länger wirken. Als das Volk aufgewiegelt werden sollte, die Bastille zu zerstören, da gab man vor; daß der Hof die Stadt Paris mit glühenden Kugeln beschießen, und alle patriotischen Mitglieder der Nationalversammlung hinrichten lassen wolle. Nach den Greuelthaten des sechsten Oktobers 1789 wurde behauptet: der König hätte der Stadt Paris die Zufuhr des Getreides entziehen, und sich nach Metz flüchten wollen, und die Gardes du Corps hätten die Nationalkokarde mit Füßen getreten. Im Februar 1791 wurde ausgestreut: daß die im Schlosse versammelten, bewaffneten Edelleute, welche herbei geeilt waren um dem Könige das Leben zu retten, den König hätten ermorden, oder entführen wollen. Nach der zweiten Gefangennehmung des Königs, am 18ten April 1791, gab man vor, daß sich der König habe nach Compiegne flüchten wollen. — So auch diesmal. Der König sollte, dem Vorgeben der Jakobiner zufolge, ein Komplott gegen die Freiheit und gegen die Konstitution geschmiedet haben, welches durch die Bestürmung des königlichen Schlosses bereitelt worden wäre. Man versicherte sogar, daß man in der Tasche eines ermordeten Schweizers einen Brief gefunden habe, in welchem das ganze Geheimniß des Hofes entdeckt gewesen sei. Aehnliche Briefe hatte man auch, dem Vorgeben nach, in den Taschen eines Flesselles, Belsanee, Beau..... Roffus, Pascalis, und anderer, seit dem Anfange der Revolution unschuldigerweise Ermordeter, nach ihrem Tode entdeckt. Es war dieses die Verfahrungsart der Jakobiner, daß sie Personen, die ihnen im Wege standen, ermordeten, und dann ihnen untergeschobene Briefe in die Taschen steckten, welche als Aktenstücke galten, um den Mord zu rechtfertigen.

Wie unschuldig der König, und der Hof überhaupt an den Begebenheiten des zehnten Augusts war, habe ich oben bereits, aus den eigenen Worten der Jakobiner, hinlänglich bewiesen. Dazu will ich nunmehr noch das Zeugniß eines Augenzeugen, nämlich des Hrn. Doktor Moore, hinzufügen, welchem gewiß Niemand, der seine Schrift gelesen hat, die strengste Unparteilichkeit absprechen kann. Dieser vortreffliche Schriftsteller drückt sich an einigen Stellen sehr bestimmt hierüber aus. Diese Stellen will ich hier neben einander setzen, um zu zeigen, wie Moore nach und nach über diesen wichtigen Punkt zur Gewißheit kam. "Mir," sagt er am 12. August, a) "mir, einem Fremden, der eben zu Paris anlangt, ist es unmöglich zu wissen, ob man den König mit Recht oder mit Unrecht der Verrätherei beschuldigt: aber das sehe ich, daß es nothwendig ist, ihn derselben anzuklagen, um die gegenwärtigen Maasregeln vor den Augen des Publikums zu rechtfertigen." Am 22. August schreibt er: b) "was auch einzelne Hofleute wünschen, und in welcher Verbindung sie mit Frankreichs Feinden stehen mochten, des Königs Absicht am zehenten August war offenbar nur, sich zu vertheidigen. ..."

a) Moore Journal. T. 1. S. 34. der Deutschen Uebersetzung.
b) S. 95.

„Das jetzige allgemeine Geschrei, als habe der König an
„jenem Tage anschießen lassen, ist ganz ohne Grund.„ —
Ferner: a) „wenn die Rathgeber im Pallaste mehr Ei-
„nigkeit, Festigkeit und Entschlossenheit gehabt hätten,
„so würde der Plan der Anzettler der Empörung (der
„Jakobiner) vernichtet worden sein, und der Ausgang
„derselben wäre ganz anders, vielleicht gerade gegensei-
„tig, ausgefallen.„ — Ferner b) „das sanfte, nicht zum
„Ehrgeize gestimmte Gemüth des Königs, sein Betragen
„seit dem Antritte seiner Regierung, seine Frömmigkeit,
„überhaupt alles, was ich von kaltblütigen, auswär-
„tigen Beurtheilern, seit ich mich hier (zu Paris) auf-
„halte, von ihm gehört habe, überzeugt mich, daß es
„sein Wunsch und sein Entschluß war, der Konstitu-
„tion getreu zu bleiben, wofern man nur der Konsti-
„tution erlauben wollte, ihm getreu zu bleiben. . . .
„Man hat mir nie beweisen können, daß er je ver-
„sprochen, oder dahin gestrebt habe, die alte Regie-
„rungsform wieder herzustellen.„ — Ferner: c) „wenn
„ich alle erwiesenen Umstände, welche mir über die Vor-
„fälle des zehenten Augusts bekannt geworden sind, aufs
„neue durchgehe, so wird es mir sehr wahrscheinlich,
„daß man in den Thuillerien nur die Absicht hatte,
„sich zu vertheidigen. Die Katastrophe dieses Tages
„kommt bloß auf Rechnung des anmaßlichen neuen Pa-
„riser Bürgerraths, der Ermordung Mandats, und
„der Kühnheit der Marseiller und Bretagner Föderir-
„ten.„ — Ferner: d) „die den König einen Tyrannen
„nennen, der es auf Blutvergießen angelegt habe, kön-
„nen ihre Anklage nicht beweisen. . . . So entfernt
„war Ludwig der Sechzehnte das Blut seines Volkes

a) S. 104. b) S. 104. 105.
c) S. 125. d) S. 126.

125

„zu vergießen, daß man vielmehr mit Recht glauben
„kann, seine Abneigung gegen alle Maasregeln dieser
„Art sei die Ursache, warum selbe Feinde triumphi-
„ren, und warum er selbst unglücklich ist." — Endlich a) „im Ganzen genommen, ist es nicht minder
„ungereimt zu glauben, des Königs Parthei sei am
„zehnten August der angreifende Theil gewesen, als
„wenn man annehmen wollte, nicht die Föderirten und
„ihre Helfershelfer wären aus der Vorstadt St. An-
„toine zu dem Schlosse der Thuillerien marschiert, son-
„dern das Schloß sei auf die Vorstadt losgegangen,
„und habe die angegriffen."

Hiemit stimmt auch das Zeugniß eines andern Augenzeugen, des Engländers Fennel überein. „Mir
„ist es, b) sagt er, „von den glaubwürdigsten Zeugen
„versichert worden, daß es der König, seit seiner An-
„nahme der Konstitution, ein für allemal ausgeschlagen
„habe, eine Privatkorrespondenz mit den Prinzen, so-
„wohl mittelbar, als unmittelbar, zu unterhalten, und
„daß er sich nicht mehr als Ein mal, und zwar bei fol-
„gender Gelegenheit, darauf eingelassen habe. Die
„Prinzen wandten sich an ihn und baten um Unterstü-
„zung an Gelde; der König schlug es ihnen aber ab,
„und schrieb ihnen: da er es für gut befunden, die
„Konstitution zu genehmigen, und da er geschworen
„habe, dieselbe zu vertheidigen; so würde er sich nie
„irgend Etwas, worüber ihm sein Gewissen Vor-
„würfe machen könnte, zu Schulden kommen lassen,
„und das ihm von der Konstitution bewilligte Geld bloß
„zur Aufrechthaltung derselben anwenden."

Diese Zeugnisse unpartheiischer und fremder Augen-

a) S. 128.   b) Fennel review. S. 275.
der Deutschen Uebersetzung.

zeigen werden, oder Unbefangenheit die Unschuld des
Königs hinlänglich beweisen. Wollt ich, wie ich Willens war, hätte schreiben, von den glaubwürdigsten Personen mir mitgetheilte, Zeugnisse dieser Art anführen,
so würden noch mehrere. Seiten damit angefüllt werden können; ich habe mich aber vorsätzlich nur auf die
Zeugnisse der Engländer einschränken wollen, weil diese
mehr beweisend sind, als die Zeugnisse der Französischen Freunde des Königs, die man vielleicht für partheiisch zu halten geneigt sein möchte.

Der Widerstand der Schweizer war völlig gesetzmäßig: drei positive Gesetze der neuen Konstitution legten ihnen die Pflicht auf, sich bis auf den letzten Mann
zu wehren. Erstens: der Eid, den sie geschworen hatten, die Konstitution aufrecht zu erhalten, und die Nation und den König zu vertheidigen; zweitens: das
in der Konstitution enthaltene Gesetz, durch welches ü-
berhaupt die bewaffnete Macht verpflichtet wurde, Personen und Eigenthum gegen alle Angriffe zu beschützen;
drittens: das in der Konstitution enthaltene Gesetz,
vermöge welches jedem Soldaten befohlen war, seinen
Posten zu vertheidigen, und Gewalt mit Gewalt zu vertreiben. Dem Könige hatten die Schweizer noch überdieß, als seine Leibwache, geschworen: für seine Person bis auf den letzten Blutstropfen sich zu wehren;
und am Morgen vor der Schlacht hatten sie von den
Herren Pethion und Röderer sowohl, als von dem
Kommendanten der Pariser Bürgermiliz, dazu den ausdrücklichen Befehl erhalten. Diese tapferen Kinder der
Alpen sind dem zufolge ihrem Eide und ihrer Pflicht
getreu gestorben. Sanft ruhe ihre Asche!

Die Nationalversammlung sah ein, daß sie, durch
Absetzung und Einkerkerung ihres rechtmäßigen Ober-
herrn, des Königs von Frankreich sowohl, als durch

[...] der Familie dieses allen schma-
[...] Monarchen sich vor den Augen
[...] prahlerhaftigkeit gemacht hatte;
[...] dahersüchtig, ihre Treulosigkeit durch ein
Manifest rechtfertigen. Da keine gültigen Ent-
schuldigungen vorhanden waren, so mußten Sophiste-
reien und Scheingründe aufgesucht werden; daher ward
dem ersten Sophisten in der Versammlung, dem
[...] der aus Ehrsucht und Herrschsucht alles zu thun
im Stande war, dem Marktis von Condorcet,
[...] das Manifest aufzusetzen. Dieses merkwürdige Manifest, welches ein wichtiges Actenstück für die
[...] ist, lautet folgendermaßen:

„Auseinandersetzung der Gründe, welche
die Nationalversammlung bewogen haben, die Zusammenberufung einer Nationalkonvention zu veranstalten, und
die vollziehende Gewalt den Händen des
Königs zu entziehen."

Die Nationalversammlung ist der Nation, Europa und der Nachwelt, eine strenge Rechenschaft über
die Gründe schuldig, welche sie bewogen haben, ihre
[...] Beschlüsse zu fassen. Da sie auf Einer Seite
die Pflicht hatte, ihrem Eide getreu zu bleiben, auf
der andern, die Pflicht das Vaterland zu retten; so
[...] beide Pflichten zu gleicher Zeit erfüllen, und alles thun wollen, was das öffentliche Wohl verlangte,
ohne sich eine Gewalt anzumaßen, die ihr von dem
[...] nicht anvertraut war. Bei der Eröffnung ihrer
Sitzungen suchte eine Versammlung von Ausgewanderten auf den Gränzen, welche mit allen denjenigen in
Verbindung stand, die in den Abtheilungen und unter
den Linientruppen noch Feinde der Freiheit waren, nebst
fanatischen Priestern, welche abergläubige Gemüther in

Schrecken setzten, longgestheil Sabesbürger zu machen, daß die Konstitution das Gewissen pettigi?ill, daß die Ausübung des Gottesdienstes Schwachen und Gottlosen durch das Gesetz schutzrenis es werde. Auch wurde die Frankreichsche Kirche durch einer mächtigen Königen Geschäftens, Ueber---- droht. Diese hielten sich für berechnet pleyh bezwurund, in wie fern das Interesse ihres Despotismus----- lauben würde, frei zu sein, und stellbbert fic---- daß die Souveränetät des Volkes und die Unab-- gigkeit Frankreichs sich vor den ----- ihrer ----- bücken werde. Alles kündigte dem zufolge einen ----- gerkrieg und einen Religionskrieg an, dessen Gefa-- durch einen auswärtigen Krieg noch größer werden----- den. Die Nationalversammlung hielt dafür, daß----- die Ausgewanderten im Zaume halten, und die ----- higen Priester durch strenge Beschlüsse zur Ordnung ---- gen müßte: allein der König bediente sich gegen ---- Beschlüsse der aufschiebenden Verweigerung der Ge---- migung, welche ihm vermöge der Konstitution zusteh. Indessen waren jene Ausgewanderten) ----- ------- thätig im Nahmen des Königs. ----------- das, was sie sein rechtmäßiges Ansehen nannten, ------- zusetzen, ergriffen die ersten die Waffen, predigten--- andern Mord und Verrath. ----- ----------- waren die Brüder des Königs, seine Verwandten, ---- ne Höflinge, seine vormalige Leibwache: und die Vergleichung dieser Thatsache mit dem Betragen des Königs, zum Mißtrauen berechtigte, das ------- sogar zur Pflicht machte; so zeigte die Verweigerung der Genehmigung solcher Beschlüsse, die nicht aufge- schoben werden konnten ohne ganz vernichtet zu werden, deutlich, wie das, vermöge des Gesetzes aufschiebende, aber durch die Art sich desselben zu bedienen unbedingt

besondere. Auch dem Könige die uneingeschränkte und mißbräuchliche Nachtwache, alle Maaßregeln, welche der gesetzgebende Körper zur Erhaltung des Staats für nothwendig erachten möchte, unkräftig zu machen. Seit ise der Zeit, als das Volk, von einem Ende des Reiches zum andern, seine traurigen Besorgnisse, welche einen Sturm ankündigten, und der Verdacht gegen die vollziehende Gewalt, wurde auf eine nachdrückliche Weise laut. Die Nationalversammlung verlohr den Muth nicht. Fürsten, welche sich Bundesverwandte Frankreichs nannten, hatten den Ausgewanderten nicht etwa einen Zufluchtsort, sondern die Erlaubniß geschenkt, sich bewaffnen, ein Truppenkorps zu bilden, Soldaten auszuheben, und Vorrath zum Kriege anzuschaffen: endlich wurde der König durch eine feierliche Botschaft genöthigt, wegen dieser Verletzung des Völkerrechts ein Stillschweigen zu brechen, welches schon zu lange gedauert hatte. Er schien dem Wunsche der Nation nachzugeben. Kriegszurüstungen wurden befohlen; allein man bemerkte bald, daß die, durch ein schwaches, oder mit Rußland Ministerium geleiteteten, Unterhandlungen sich darauf einschränken würden, eitle Versprechungen zu erhalten, welche, da sie nicht vollzogen werden würden, entweder als eine Schlinge, oder als eine Beleidigung, angesehen werden müßten. Indessen wurde der Bund der Könige aufs Neue thätig; und an der Spitze des Bundes zeigte sich der Kaiser, der Schwager des Königes der Franzosen, welcher mit der Nation durch einen Vertrag verbunden war, der nur ihm Nutzen schaffte, da die, durch das Ministerium betrogene, konstituirende Versammlung beibehalten, und sogar, um ihn beizubehalten, die, damals gegründete, Hoffnung eines Bündnisses mit dem Hause Brandenburg aufgeopfert hatte. Die Nationalversammlung hielt dafür, daß es

wegen der Sicherheit Frankreichs nothwendig wäre, den
Kaiser zu der Erhöhung zu nöthigen, es sei denn Bundesgenosse, wer der Feind seyn wolle, und zu der Wahl
zwischen zweien einander widersprechenden Verträgen,
daren einer ihm versprochte Frankreich Hülfe zu leisten,
und der andere ihm die Nothwendigkeit auferlegtes anzugreifen: Verträge die mit einander nicht bestehen können, wofern man nicht die Absicht eingestehen wollte,
den König von der Nation abzusondern, und den Krieg
gegen das Frankreichische Volk als eine, einem Ihn,
verwandten bewilligte, Hülfe vorzustellen. Obschon,
war des Kaisers vermehrte das Mißtrauen, welches
aus diesem Zusammenflusse von Umständen so natürlich
entstand. Er wiederholte in derselben, gegen die Versammlung der Stellvertreter des Frankreichischen Volkes, gegen die, in unsern Städten vorhandenen Volks-
gesellschaften jene ungereimten Beschuldigungen, welche
die Ausgewanderten sowohl, als die Anhänger des Frankreichischen Ministertums, schon so oft haben in den Ge-
genrevolutionspressen drucken lassen. Er versicherte, daß
es sein Wunsch wäre, der Bundesgenosse des Königs zu
bleiben; und doch hatte er eben ein neues Bündniß gegen Frankreich, zu Gunsten der Gewalt des Königs der
Frankreicher, unterzeichnet. Diese Bündnisse, diese Verträge, diese Ränke der Ausgewanderten, welche dieselben im Nahmen des Königs ausgewirkt hatten, waren
von den Ministern vor den Stellvertretern des Volkes
verborgen gehalten worden. Keine öffentliche Mißbilligung dieser Ränke, keine Bemühung des Königs, diese Verschwörung der Monarchen zu verhindern, oder
zu vernichten, bewies den Frankreichischen Staatsbürgern und den Völkern Europens, daß der König sein
Interesse mit dem Interesse der Nation aufrichtig verbunden habe. Dieses anscheinende Einverständniß zwischen dem Kabinette der Thuillerien und dem Ka-

binette zu Wien fiel Jedermann auf. Die Nationalversammlung hielt dafür, daß sie das Betragen des Ministers der auswärtigen Angelegenheiten
strenge untersuchen müßte. Ein Anklagedekret war die
Folge dieser Untersuchung. Seine Kollegen verschwan-
den mit ihm, und der Staatsrath des Königs wurde
aus patriotischen Ministern zusammen gesetzt.

"Der Nachfolger Leopolds folgte der Politik seines
Vaters. Er wollte für die, im Elsaße besitzhabenden,
Fürsten Entschädigungen fordern, die mit der Frankreichischen Konstitution unverträglich, und der Unabhängigkeit der Nation entgegen waren. Er verlangte:
Frankreich solle gegen das Zutrauen des Volks von A-
vignon verrätherisch handeln, und die Rechte desselben verletzen. Er brachte endlich neue Klagen vor,
welche, wie er sagte, keine Unterhandlung zuließen,
ehe nicht die Macht der Waffen versucht worden wäre.
Der König schien einzusehn, daß diese Aufforderung
zum Kriege nicht geduldet werden könne, ohne eine
schmähliche Schwäche zu verrathen. Er schien endlich
einzusehen, wie treulos diese Sprache eines Feindes sei,
der nur darum an seinem Schicksale Theil zu nehmen
und sein Bündniß zu wünschen vorgab, um zwischen
ihn und das Volk den Saamen der Zwietracht auszu-
streuen, welcher unsere Kräfte schwächen, und die An-
wendung derselben aufhalten oder stören sollte. Zufolge der einstimmigen Meinung seines Staatsrathes schlug
er den Krieg vor; und der Krieg wurde beschlossen."

"Dadurch, daß er die Zusammenrottungen der Ausgewanderten beschützte; daß er ihnen erlaubte, unsere
Gränzen zu bedrohen; daß er Truppen zeigte, die bereit wären, sie, im ersten Falle eines glücklichen Erfolges, zu unterstützen; daß er einen Zufluchtsort ihnen
im Rücken bereit hielt; daß er bei dem drohenden Bun-

de hätte; dadurch nöthigte der König von Hungarn Frankreich zu kostspieligen Vertheidigungsanstalten: er schöpfte Frankreichs Finanzen; sprach den Fraken, in den Abtheilungen verhalten, aufrührerischen Muth ein; machte die Staatsbürger besorgt; und unterhielt auf diese Weise die Unruhen. Niemals haben thätigere Feindseligkeiten einen Krieg rechtmäßig gemacht. Denselben erklären hieß bloß sich zur Wehr setzen.

"Damals konnte die Nationalversammlung beurtheilen, wie sehr, ungeachtet so oft wiederholter Versprechungen, alle Anstalten zur Vertheidigung vernachläßigt worden wären. Dennoch fiel der Verdacht, das Mißtrauen, nur noch auf die Minister, auf die geheimen Rathgeber des Königs: allein man sah bald, daß die patriotischen Minister in ihren Arbeiten gehindert, und von den Anhängern des königlichen Ansehens, von denen, die sich einer Anhänglichkeit an die Person des Königs rühmten, mit Erbitterung angefallen wurden. Unsere Armeen plagte politische Zwietracht. Man stiftete Uneinigkeit zwischen den Anführern der Truppen, zwischen den Generalen und den Ministern. Man wollte aus jenen, zu der äußeren Vertheidigung des Frankreichschen Gebiets bestimmten, Armeen das Werkzeug einer Parthei machen, die es nicht verbarg, daß es ihre Absicht sei, ihren Willen dem Willen der Stellvertreter der Nation unterzuschieben. Die heimlichen Ränke der Priester, welche thätiger wurden als der Krieg ausbrach, erforderten schlechterdings ein Gesetz, um sie im Zaume zu halten. Dieses Gesetz wurde gegeben. Die Errichtung eines Lagers zwischen Paris und der Gränze war eine Veranstaltung, die sehr glücklich ausgesonnen war, weil sie sowohl zur äußern Vertheidigung, als auch dazu diente, die inneren Abtheilungen zu beruhigen, und den Unruhen zuvor zu kommen, welche aus Besorgniß hätten entstehen können. Die Errichtung eines solchen Lagers wurde zwar befohlen, aber die beiden Beschlüsse wurden verworfen, und die patriotischen Minister wurden verabschiedet.

"Die Konstitution hatte dem Könige eine Leibwache von 1,800 Mann bewilligt, und diese Leibwache legte auf eine freche Weise einen Unpatriotismus an den Tag, welcher die Staatsbürger theils unwillig machte, theils in Furcht setzte. Haß der Konstitution, und vorzüglich Haß der Freiheit und der Gleichheit, gaben Ansprüche unter dieselbe aufgenommen zu werden. Die Versammlung sah sich genöthigt, sie aufzuheben, um sowohl die Unruhen zu verhüten, welche diese Leibwache nothwendig bald veranlassen mußte, als die Komplotte der Gegenrevolution, von denen sich schon zu viele Spuren zeigten. Der Beschluß ward genehmigt: aber in einer Proklamation lobte der König eben Diejenigen, die er kurz vorher verabschiedet hatte; eben Diejenigen, die er als Männer erkannt hatte, welche mit Recht angeklagt wurden Feinde der Freiheit zu seyn."

"Die neuen Minister gaben Grund zum Mißtrauen; und da dieses Mißtrauen sich nun nicht länger auf sie einschränken konnte, so fiel dasselbe auf den König selbst. Die, auf die beiden Dekrete angewandte, Verweigerung der Genehmigung; auf Dekrete, welche durch die Zeitumstände nothwendig wurden: deren Vollziehung schnell geschehen, und mit den Zeitumständen aufhören mußte: diese Verweigerung ward von der öffentlichen Meinung als eine solche Auslegung der Konstitutionsakte angesehen, die der Freiheit, und sogar dem Geiste der Konstitution, zuwider wäre. Das Volk zu Paris befand sich in einer außerordentlichen Bewegung; eine unzählbare Menge Staatsbürger vereinigte sich, eine Bittschrift zu übergeben, um die Zurückberufung der patriotischen Minister zu verlangen, und die Zurücknehmung der Verweigerungsdekrete zu genehmigen, zu deren Gunsten sich die allgemeine Meinung laut erklärt hatte. Sie verlangten bewafnet vor der Nationalversammlung vorbei zu defiliren, nachdem vorher ihre Abgesandten ihre Bittschrift würden vorgelesen haben. Diese Erlaubniß, welche andere bewaffnete Korps bereits erhalten hatten, wurde ihnen bewilligt. Sie wünschten dieselbe Bittschrift dem Könige zu überreichen, und sie unter den durch das Gesetz bestimmten Formalitäten zu überreichen: allein zu der Zeit da die Rathsherren des Bürgerrathes ihnen anzukündigen kamen, daß ihre Abgesandten, welche anfänglich waren abgewiesen worden, endlich würden angenommen werden, öffnete sich das Thor, und die Menge stürzte in das Schloß hinein. Der Eifer des Maire von Paris, das Uebergewicht, welches seine Tugenden und sein Patriotismus ihm über die Staatsbürger geben, und die Gegenwart der Stellvertreter des Volkes, deren auf einander folgende Deputationen den König beständig umringten, verhinderten jede Unordnung. Wenige Zusammenrottungen, wenn sie eben so zahlreich waren, haben geringere Unordnung veranlaßt. Der König hatte das Zeichen der Freiheit auf sein Haupt gesetzt; er hatte den Staatsbürgern Gerechtigkeit wiederfahren lassen, indem er erklärte: er hielte sich mitten unter ihnen für völlig sicher. Der Tag der Föderation nahte heran. Staatsbürger aus allen Abtheilungen sollten nach Paris kommen, um daselbst die Aufrechthaltung jener Freiheit zu schwören, für welche sie an den Gränzen streiten wollten. Alles konnte noch gut gemacht werden; aber die Aristokraten sahen in den Vorfällen des zwanzigsten Junius weiter nichts, als eine günstige Gelegenheit, zwischen die Einwohner von Paris und die Einwohner der Abtheilungen Zwietracht zu streuen; so wie auch zwischen das Volk und die Armee; zwischen die verschiedenen Theile der Bügermiliz; zwischen die Staatsbürger, welche in ihren Wohnungen blieben, und diejenigen, welche die Vertheidigung des Staates vornahmen. Schon am folgenden Tage änderte der König seine Sprache; eine verleumderische Proklamation wurde in Menge unter den Armeen ausgetheilt; einer ihrer Generale kam, im Nahmen der seinigen, Rache zu fordern und die Schlachtopfer auszuzeichnen. Eine ziemlich große Anzahl von Aufsehern der Abtheilungen ließ, in unkonstitutionsmäßigen Beschlüssen, den Plan bemerken, den sie gemacht hatten, sich als eine Mittelmacht zwischen der Nationalversammlung und dem Könige aufzuwerfen. Die Friedensrichter fingen, sogar im Pallaste des Königs, einen verwirrten Prozeß an, in welchen man diejenigen Patrioten zu verwickeln hoffte, vor deren Wachsamkeit und Talenten man sich am meisten fürchtete. Schon hatte einer dieser Richter es versucht, in die Unverletzbarkeit der Stellvertreter des Volkes einen Eingriff zu thun; und alles kündigte einen fein angelegten Plan an, vermöge welches man in den Gerichtshöfen ein Mittel finden wollte, die königliche Gewalt willkührlich auszudehnen. Briefe des Ministers befahlen, Gewalt gegen die Föderirten zu gebrauchen, welche nach Paris kommen würden, um den Eid zu schwören für die Freiheit zu streiten; ja es bedurfte der ganzen Thätigkeit der Nationalversammlung, des ganzen Patriotismus der Armee, und des ganzen Eifers der aufgeklärten Staatsbürger, um die traurigen Wirkungen dieses desorganisirenden Planes zu verhüten, welcher den Bürgerkrieg anzünden konnte. Eine Aufwallung des Patriotismus hatte, in einer brüderlichen Vereinigung, die

136

Zuletzt erfolgt, welche sich nur an die Nationalversammlung gezeigt hatte, und hieraus konnte nicht ein Mittel zur Rettung entstehen. Die, auf Befehl des Königs und infolge einer Klage des Aufsehers der Zivilliste angefangenen Prozesse konnten aufhören. Der durch eine ungerechte Absetzung dafür bestrafte Prätor, daß er das Blut des Volkes geschont hatte, konnte von dem Könige wieder eingesetzt werden; und es war möglich, daß diese lange Reihe von Fehlern und Bosrätherein ganz auf jene treulosen Rathgeber, zurückfiel, denen ein allzu zutrauliches Volk schon seit langer Zeit die Gewohnheit hatte, die Verbrechen unserer Könige beizumessen.„

"Damals sah die Nationalversammlung ein, daß das öffentliche Wohl außerordentliche Maasregeln heische. Sie eröffnete eine Debatte über die Mittel das Vaterland zu retten; sie wählte eine Kommission, welcher aufgetragen wurde über diese Mittel nachzudenken und Anstalten zu denselben zu machen. Die Erklärung, daß das Vaterland in Gefahr sei, rief alle Staatsbürger zu der gemeinen Vertheidigung, alle öffentlichen Beamten an ihre Posten; und dennoch sah man, die, mitten unter den unaufhörlich wiederholten Klagen über die Unthätigkeit der Regierung, über die Nachlässigkeit oder die schlechte Anordnung der Kriegsrüstungen, über die unnützen oder gefährlichen Bewegungen der Armeen, deren anerkannter Zweck es war, die politischen Spekulationen eines Generals zu begünstigen; man sah, wie unbekannte oder verdächtige Minister schnell auf einander folgten, und, unter neuen Nahmen, dieselbe Unthätigkeit, mit denselben Grundsätzen, wiederum darboten.„

"Eine Erklärung des feindlichen Generals, welcher alle freie Menschen dem Tode widmete, den Feigherzi-

ger und Vorsicht über seinen schwächlichen Schutz
versprach, anstatt noch den Verdacht zu vergrößern. Der
Stab Frankreichs schien in derselben mit der Vertheidigung des Winds der Frankreicher beschäftigt. Sechs
und zwanzig Millionen Menschen rechnete er für nichts,
in Vergleichung mit einer privilegirten Familie; ihr
Blut sollte die Erde bedecken, um die kleinste Beleidigung zu rächen; und der König, statt seinen Unwillen
über ein Manifest zu zeigen, dessen Zweck es war ihm
das Zutrauen des Volkes zu rauben, schien nur ungerne, kalt und furchtsam zu mißbilligen."

"Wer könnte sich denn wundern, daß das Mißtrauen, gegen das höchste Oberhaupt der vollziehenden
Gewalt, den Staatsbürgern den Wunsch eingegeben hat,
die zur Vertheidigung des gemeinen Wesens bestimmten Truppen nicht länger unter der Aufsicht desjenigen Königs zu sehen, in dessen Nahmen Frankreich angegriffen wurde; nicht länger die Sorge die innere Ruhe zu erhalten demjenigen anvertraut zu sehen, dessen
Interesse allen Unruhen zum Vorwande diente? Zu diesen Beweggründen, welche ganz Frankreich gemein waren, kamen noch andere, welche besonders die
Einwohner von Paris betrafen. Sie sahen daß die
Familie der Koblenzer Verschwornen die gewöhnliche
Gesellschaft des Königs und seiner Familie ausmachten.
Schriftsteller, welche von der Zivilliste besoldet wurden,
suchten, durch niederträchtige Verleumdungen, die Pariser im übrigen Frankreich verhaßt, oder verdächtig zu
machen. Man wagte den Versuch, zwischen die armen
Staatsbürger und die reichen Zwietracht zu streuen;
durch treulose Ränke wurde die Bürgermiliz unruhig
gemacht; und man suchte unter derselben eine royalisti-
sche Parthei zu stiften. Ueberhaupt schienen sich die

Felype der Freiheit, welchen Paris und Rom zu vertheilen zu haben, und mit ihrer Zahl wuchs auch ihre Freyheit.

"Die Konstitution legte dem Könige auf, der Nationalversammlung von drohenden Gefahren Nachricht zu geben; dennoch bedurfte es langen Bittens, um von dem Ministerium die späte Kenntniß des Marsches der Preußischen Armee zu erhalten. Die Konstitution spricht gegen den König eine gesetzmäßige Absetzung aus, wenn er sich nicht auf eine feierliche Weise den, in seinem Nahmen gegen die Nation unternommenen, Angriffen widersetzen würde. Die ausgewanderten Prinzen hatten aber öffentlich im Nahmen des Königs Anlehen gemacht; sie hatten in seinem Nahmen auswärtige Truppen gekauft; sie hatten in seinem Nahmen Französische Regimenter angeworben; sie hatten ihm außer Frankreich eine Leibwache errichtet: diese Thatsachen waren seit länger als sechs Monaten bekannt, ohne daß der König, dessen öffentliche Erklärungen, dessen Beschwerden bei den auswärtigen Mächten, die Wirkung dieser Ränke würden verhindert haben, der Pflicht, welche die Konstitution ihm auflegte, ein Genüge gethan hätte."

"Zufolge dieser mächtigen Beweggründe forderten zahlreiche Bittschriften, die aus einer großen Anzahl von Abtheilungen ankamen, und der Wunsch mehrerer Sektionen der Stadt Paris, auf welchen der allgemeine, im Nahmen der ganzen Stadt ausgedrückte Wunsch folgte, die Absetzung des Königs, oder die Suspension der königlichen Gewalt. Nun konnte die Nationalversammlung es nicht länger abschlagen, diese große Frage zu untersuchen."

"Es war ihre Pflicht, nicht anders, als nach einer reiflichen und überlegten Untersuchung, zu entscheiden; nach einer feierlichen Debatte; nachdem sie alle

Meinungen würde gehört, und erwogen haben. Aber die Geduld des Volks war zu Ende. Es erschien auf Einmal, ganz zu Einem Zwecke und Einem Willen vereinigt. Es begab sich nach dem Mehrorte des Königs, und der König kam nach der Nationalversammlung, um daselbst einen Zufluchtsort zu suchen, weil ihm bekannt war, daß, vermöge der brüderlichen Einigkeit zwischen den Einwohnern von Paris und den Bewohnern der Abtheilungen, dieser Zufluchtsort heilig und unverletzbar seyn würde."

"Bürgersoldaten hatten den Auftrag erhalten, die Wohnung des Königs, welche der König so eben verlassen hatte, zu vertheidigen; allein man hatte Schweizersoldaten neben sie gestellt. Das Volk sah seit langer Zeit, mit Besorgniß und Verwunderung, Schweizerbataillone an der Bewachung des Königs Theil nehmen, trotz der Konstitution, welche ihm nicht erlaubt eine ausländische Wache zu haben. Schon seit langer Zeit war es leicht voraus zu sehen, daß diese unmittelbare Verletzung des Gesetzes, welche natürlicher Weise beständig in die Augen fiel, früher oder später großes Unglück veranlassen würde. Die Nationalversammlung hatte nichts versäumt um demselben zuvor zu kommen. Berichte, Debatten, Vorschläge, die von ihren Mitgliedern gethan, und an die Ausschüsse verwiesen wurden, hatten dem Könige schon seit mehreren Monaten die Nothwendigkeit gezeigt, von sich diese Männer zu entfernen, welche die Frankreicher an jedem andern Orte allezeit als Freunde und Brüder betrachten werden, welche sie aber nicht, trotz des Wunsches der Konstitution, bei dem konstitutionsmäßigen Könige sehen konnten, ohne Verdacht zu schöpfen, daß sie die Werkzeuge der Feinde der Freiheit geworden wären."

"Vermöge eines Beschlusses sollten sie sich entfer

nen: allein ihr Aufführer, von den Ministern unterstützt, verlangte eine Abänderung desselben, und die Nationalversammlung willigte darein. Ein Theil der Soldaten sollte in der Nähe von Paris bleiben, jedoch ohne irgend eine Art von Dienst, durch welchen die Besorgnisse erneuert werden könnten: und gegen den Wunsch der Nationalversammlung, gegen das Gesetz wurden sie am zehnten August zu einem Geschäfte gebraucht, von welchem alle Beweggründe der Menschlichkeit und der Klugheit sie hätten entfernt halten sollen. Sie erhielten den Befehl auf die bewaffneten Bürger Feuer zu geben, zu eben der Zeit da diese sie zum Frieden vermahnten, da unzweideutige Zeichen der Brüderlichkeit ankündigten, daß derselbe würde angenommen werden; zu der Zeit, da man eine Gesandschaft der Nationalversammlung sich mitten unter den Waffen herannähern sah, um Worte der Eintracht zu überbringen und das Gemetzel zu verhüten. Nichts konnte nun die Rache des Volkes aufhalten, welches eine neue Verrätherei erlitt, gerade zu der Zeit, da es sich über die Verrätherein beklagte, deren Opfer es seit so langer Zeit gewesen war."

"Mitten unter diesen Unglücksfällen leistete die betrübte, aber kaltblütige, Nationalversammlung den Eid, die Freiheit und Gleichheit aufrecht zu erhalten, oder an ihrem Posten zu sterben. Sie leistete den Eid Frankreich zu retten, und suchte die Mittel dazu auf. Nur Eines fand sie: nämlich zu dem höchsten Willen des Volkes ihre Zuflucht zu nehmen, und dasselbe zu ersuchen, daß es unmittelbar jenes unvergebliche Recht der Souverainetät ausüben möge, welches die Konstitution anerkannt hat, und welches durch dieselbe keiner Einschränkung hat unterworfen werden können. Das öffentliche Wohl erforderte, daß das Volk seinen Willen durch einen Nationalkonvention kund thue, welche aus Stellvertretern bestehe, die von ihm mit uneingeschränkter Vollmacht versehen wären; es erforderte ferner, daß die Glieder dieser Konvention in einer jeden Abtheilung Frankreichs auf eine gleichförmige, und nach einer regelmäßigen Methode eingerichtete, Weise gewählt würden. Allein die Nationalversammlung konnte die Gewalt des souverainen Volkes, von welchem sie allein die Gewalt hat, welche sie ausübt, nicht einschränken: sie mußte sich also damit begnügen, dasselbe im Nahmen des Vaterlandes zu beschwören, daß es die einfachen Regeln befolge, welche sie ihm vorschrieb. Sie hat in den, für die Wahlen vorgeschriebenen, Formalitäten keine Abänderung gemacht, weil die Einführung neuer Formalitäten, gesetzt auch daß dieselben vorzüglicher wären, Aufschub, vielleicht sogar Zwietracht, veranlaßt haben würde. Sie hat keine einzige von den zur Wahlfähigkeit nöthigen Bedingungen, keine Einschränkung des Rechts zu wählen, oder gewählt zu werden, die durch frühere Gesetze angegeben waren, beibehalten, weil diese Gesetze eben so viele Einschränkungen der Ausübung des Souverainetätsrechts sind, und daher nicht auf eine Nationalkonvention angewandt werden können, in welcher dieses Recht mit gänzlicher Unabhängigkeit ausgeübt werden muß. Der Unterschied zwischen den thätigen und nicht thätigen Staatsbürgern ist weggelassen, weil derselbe zugleich eine Einschränkung des Gesetzes ist. Die einzigen Bedingungen, welche erfodert werden, sind die, welche die Natur selbst vorschreibt, wie z. B. die Nothwendigkeit durch einen beständigen Aufenthalt dem Gebiete anzugehören, in welchem man das Recht der Staatsbürgerschaft ausübt; in dem Alter zu seyn, in welchem man, durch die Gesetze der Nation der man zugehört, für fähig gehalten wird seine persönlichen Rechte auszuüben; endlich, daß man die gänzliche Unabhängigkeit seines Willens beibehalten habe."

"Es gehört aber Zeit dazu, wenn Stellvertreter des Volkes zu versammeln. Ungeachtet die Nationalversammlung den Zeitpunkt der Arbeiten, die diese Zusammenberufung erfordert, beschleunigt hat, ungeachtet selben Zeitpunkt näher gerückt hat, da sie aufnehmen soll das Gewicht der öffentlichen Sache zu tragen, um auch den geheimsten Verdacht ehrgeiziger Absichten zu entfernen, würde dennoch ein Termin von vierzig Tagen das Vaterland noch großen Gefahren, und das Volk unruhigen Bewegungen ausgesetzt haben, wenn man dem Könige die Ausübung der Gewalt gelassen hätte, welche die Konstitution ihm übertragen hat. Die Suspension dieser Gewalt schien den Stellvertretern des Volks das einzige Mittel zur Rettung Frankreichs und der Freiheit zu seyn."

Die Versammlung hat ihre Gewalt nicht überschritten als sie diese nothwendige Suspension beschloß. Die Konstitution bevollmächtiget sie, dieselbe im Falle einer Abwesenheit des Königs zu beschließen, sofern der Zeitpunkt, da diese Abwesenheit eine gesetzmäße Abdankung nach sich zieht, noch nicht vorhanden seyn sollte; das heißt: wo ein eigentlicher Beschluß noch nicht statt findet, wo aber eine vorläufige Strenge offenbar nöthig ist; wo es ungereimt seyn würde, die Gewalt in Händen zu lassen, welche nicht länger einen freien und nützlichen Gebrauch von derselben zu machen im Stande sind. Nun vereinigen sich aber in dem gegenwärtigen Falle diese Bedingungen eben so klar, als in dem Falle, den die Konstitution selbst vorausgesehen hat; und da wir nach den Grundsätzen verfahren sind, welche sie vorschreibt, so sind wir ihr gehorsam gewesen, weit entfernt, daß wir einen, mit unserem Eide unverträglichen, Eingriff in dieselbe sollten gethan haben."

143

„Die Konstitution hat vorausgesehen, daß eine jede Verbindung von Gewalt gefährlich seyn würde, und Diejenigen, welche nur als Stellvertreter des Volkes seyn sollen, in Tyrannen desselben verwandeln können. Sie hat zugleich dafür gehalten, daß nur eine lange Ausübung dieser ausserordentlichen Gewalt Gelegenheit zu jener Gefahr geben könne, und sie hat, für alle Fälle, in denen sie diese Berechtigung erlaubt, welche sie übrigens so strenge verbietet, einen Termin von zwei Monaten bestimmt. Die Nationalversammlung, welche weit entfernt ist, diese Dauer verlängern zu wollen, hat dieselbe auf vierzig Tage herabgesetzt; und, statt die durch das Gesetz bestimmte Zeit, unter dem Vorwande der Nothwendigkeit, verlängern zu wollen, hat sie sich in noch engere Schranken zu fügen gesucht."

"Wenn die Gewalt die Gesetze zu genehmigen suspendirt ist, so hat die Konstitution befohlen, daß die Beschlüsse des gesetzgebenden Körpers an sich selbst gesetzliche Kraft und Ansehn haben sollten; und da Derjenige, welchem die Konstitution die Wahl der Minister beigelegt hatte, seinen Geschäften nicht länger vorstehen konnte, so war es nöthig, daß ein neues Gesetz diese Wahl jemand anders übertrüge. Die Versammlung hat sich selbst dieses Recht beigelegt, weil dasselbe nur solchen Wahlherren verliehen werden kann, die der ganzen Nation angehören, und weil gegenwärtig die Stellvertreter des Volks allein diesen Karakter haben. Allein sie hat zu vermeiden gesucht, daß man sie auch nur im Verdacht haben könne, als hätte sie, indem sie sich diese Macht beilegte, persönliche und ehrgeizige Absichten befriedigen wollen. Sie hat beschlossen, daß die Wahl mit lauter Stimme geschehn solle, daß jedes ihrer Mitglieder seinen Gewählten vor den Nationalstellvertretern nennen solle, so wie auch vor den zahlreichen Staatsbürgern, welche ihren Sitzungen beiwohnen. Sie hat gewollt, daß jedes ihrer Mitglieder seine Kollegen zu Richtern haben sollte, und das Publikum zu Zeugen, und daß er der ganzen Nation wegen seiner Wahl verantwortlich seyn sollte.„

"Frankreicher! lasset uns alle unsere Kräfte gegen die auswärtige Tyrannei vereinigen, die es waget, sechs und zwanzig Millionen freier Menschen mit ihrer Rache zu bedrohen. Innerhalb sechs Wochen wird eine, von allen Staatsbürgern anerkannte, Gewalt unsern Zwist entscheiden. Fluch demjenigen, welcher, während dieses kurzen Zeitraumes, persönlichen Empfindungen Gehör geben, und sich nicht ganz der gemeinen Vertheidigung aufopfern wollte, welcher nicht einsehen wollte, daß zu einer Zeit, da der oberste Wille des Volkes sich wird hören lassen, wir keine anderen Feinde mehr haben, als die zu Pillnitz Verschwornen und ihre Helfershelfer.„

"Während eines auswärtigen Krieges, während zahlreiche Armeen sich zu einem fürchterlichen Einfalle in Bereitschaft setzen, rufen wir die Staatsbürger auf, in einer ruhigen Versammlung über die Rechte der Freiheit zu debattiren. Was bei einem andern Volke verwegen seyn würde, hat uns dem Muthe und dem Patriotismus der Frankreicher angemessen geschienen; und gewiß werden wir nicht die Kränkung erfahren, uns geirrt zu haben, wenn wir Euch für würdig hatten über das Interesse der Freiheit ein jedes anderes Interesse zu vergessen, und jede andere Empfindung der Vaterlandsliebe aufzuopfern.„

"Staatsbürger! Euch kommt es zu, zu beurtheilen, ob Eure Stellvertreter zu Eurem Wohle die Gewalt ausgeübt haben, welche Ihr denselben anvertraut habt, ob sie Euren Wunsch erfüllt haben, als sie von dieser Gewalt einen Gebrauch machten, der weder von Euch noch von ihnen vorausgesehen werden konnte.

Wir,

"Wir haben unsere Pflicht gethan, als wir muthig das einzige Mittel zur Erhaltung der Freiheit ergriffen, welches sich unserer Vorstellung darbot. Bereit für die Freiheit auf dem Posten zu sterben, auf den Ihr uns gestellt habt, werden wir wenigstens, wenn wir denselben verlassen, den Trost mitnehmen, Ihr treu gedient zu haben."

"Was für ein Urtheil von unseren Mitgenossen, oder von der Nachwelt, über uns gefällt werden mag, so haben wir doch nicht das Urtheil unseres Gewissens zu fürchten; was für einer Gefahr wir auch ausgesetzt seyn mögen, so wird uns doch das Glück bleiben, Ströme Bürgerlichen Bluts erspart zu haben, welche bei einer anderen Aufführung geflossen seyn würden. Wenigstens werden wir den Gewissensbissen entgehn, und wir werden uns nicht verwerfen dürfen, ein Mittel gesehen zu haben das Vaterland zu retten, ohne wagen zu dürfen dasselbe zu ergreifen."

"Guadet, Präsident.
Goujon, Romme, Maran, Crestin, Arena, Lecointre, Pulravaur, Sekretaire."

So sprachen 180 Mitglieder der Nationalversammlung im Nahmen des gesetzgebenden Körpers; eine jakobinische Minderheit von 280 Mitgliedern, während die rechtschaffene, patriotische Mehrheit von 465 Mitgliedern, aus Abscheu vor den Verhandlungen dieser Minderheit und aus Furcht ermordet zu werden, die Sitzungen nicht besuchte und an den Debatten gar keinen Theil nahm.

Nachdem die Nationalversammlung auf diese Weise ihr Verfahren entschuldigt und sich bei der Nation gerechtfertigt hatte, war ihr ganzes Augenmerk auf die Armeen gerichtet, vorzüglich auf die Armee des Generals La Fayette, dessen großen Einfluß auf die unter seinen Befehlen stehenden Truppen die Jakobiner eben so sehr fürchteten, als sie seiner gänzlichen Mißbilligung alles dessen, was sie gethan, und zu thun erlaubt hatten, im voraus versichert seyn konnten. Dadurch, daß man Niemand erlaubte Paris zu verlassen, außer den Eilboten der Nationalversammlung, suchte man zu verhindern, daß die Nachricht von der Entthronung des Königs nicht eher nach der Armee käme, als die Kommissarien der Nationalversammlung; und daß La Fayette nicht Maaßregeln nehmen könnte, um sich der herrschenden Parthey entgegen zu setzen. Die drei Kommissarien der Versammlung, Kersaint, Antonelle und Peraldy, welche nach der Armee des Generals La Fayette gesandt wurden, hatten überdieß den Auftrag, sich seiner Person zu bemächtigen, und ihn gefangen nach Paris zu führen, woselbst man ihn, nach einem kurzen Prozesse, auf das Schaffot zu bringen gedächte. Der Plan würde gelungen seyn, und La Fayette würde nicht eher, als durch die Kommissarien, die wichtigen, zu Paris vorgefallenen Begebenheiten, erfahren haben, wenn nicht ein glücklicher Zufall, oder La Fayettes guter Genius, diesen Plan vereitelt, und ihn dem Tode entzogen hätte, aber leider! nur um ihn in eine lange, lange Gefangenschaft zu bringen. La Fayette erfuhr alles, was zu Paris vorgefallen war, eher als irgend ein anderer Mensch in seiner Armee davon unterrichtet werden konnte; er hatte also Zeit, seine Maasregeln zu nehmen. Die nähern Umstände dieser Begebenheit sind folgende:

La Fayette hatte, gerade um die Zeit, als der König zu Paris entthront wurde, seinen ersten General-Adjutanten, Hrn. Alexander Darblay, mit wichtigen Aufträgen nach Paris gesandt. Um eilf Uhr des Morgens kam Hr. Darblay in der Nähe von Paris an. Seine Schaise stand vor dem Posthause, frische Pferde waren vorgespannt, und er war eben im Begriffe seine

Reise fort zu setzen, als ein Grenadier der Bürgermiliz, welcher von Paris kam und ihn zufälliger Weise erkannte, ihm sagte, wie gefährlich es für ihn seyn würde, in dem gegenwärtigen Zeitpunkte nach Paris zu kommen.

H! Dårblay war sogleich, als er erfuhr was vorgefallen wäre, bereit zurück zu kehren. Er forderte Postpferde zu dieser Absicht; allein der Maire des Orts, nebst einigen Rathsherren, welche dem Grenadier zugehört hatten, weigerten sich ihn reisen zu lassen: und nur durch große Geschicklichkeit, Geschmeidigkeit und Geistesgegenwart gelang es ihm, die Erlaubniß zu seiner Rückreise zu erhalten. Er eilte so schnell als möglich zu La Fayette nach Sedan, und berichtete ihm alles, was er erfahren hatte. La Fayette stellte dem Bürgerrath zu Sedan vor, wie schändlich das Verfahren der Pariser Jakobiner wäre, und verlangte, daß die drei Kommissarien der Nationalversammlung gefangen genommen werden sollten, sobald sie anlangen würden. Der Bürgerrath versprach es, und La Fayette ging zu seiner Armee ab, a) wo er aus seinem Hauptquartier noch den folgenden Brief an den Bürgerrath der Stadt Sedan schrieb:

"Aus dem Hauptquartiere, am 13 August 1792."

"Es sollen Kommissarien der Nationalversammlung ankommen, um der Armee eine unkonstitutionsmäßige Lehre zu predigen. Für jeden rechtschaffenen Mann ist es klar, daß am zehnten August, am Tage der Suspension des Königs, der Nationalversammlung Gewalt angethan worden ist, und daß diejenigen Mitglieder derselben, welche eine solche Sendung übernommen haben, nichts anders, als Häupter oder Werkzeuge derjenigen

---

a) Moore Journal. T. 1. S. 152.

Unruhestifter seyn können, die die Rettungsversammlung sowohl, als den König, untersucht haben. Ich verlange, zufolge des Gesetzes welches den Kriegszustand betrifft, und auf meine einzige und persönliche Verantwortung, daß der Bürgerrath zu Sedan die Personen, welche sich für Kommissarien der Nationalversammlung ausgeben, zurück halten, sie an einen sichern Ort bringen, und der Wache eines Oberoffiziers anvertrauen möge, welcher, ebenfalls unter meiner einzigen und persönlichen Verantwortung, diesen Befehl vollziehen wird, und sich nicht weigern kann dieses zu thun, ohne auf der Stelle vor ein Kriegsgericht gebracht zu werden."

"Ich muß ferner die konstitutionsmäßigen Obrigkeiten der Abtheilungen, kraft derselben Gesetz, ersuchen, diese Maasregeln gut zu heißen; und ich werde dieselbe Bitte an den Gerichtshof des Distrikts von Sedan sowohl, als an die verschiedenen Abtheilungen gelangen lassen, in denen die Truppen stehn, welche mir anvertraut sind. Diese, bei dem Bürgerrathe niedergelegte, Schrift muß zum Beweise dienen, daß weder die Gemeinde von Sedan; noch die Bürgermiliz, welche das Gesetz meinen Befehlen unterwirft; noch die Truppen der Armee, es seien Freiwillige oder Linientruppen; noch Hr. Sicard, der Obriste des 43sten Regiments, den ich zu diesem Geschäfte bestimme; noch die verwaltenden Körperschaften, oder Gerichtshöfe, welche zu der Gefangennehmung der Kommissarien beitragen möchten, irgend einer Verantwortung unterworfen sind: und daß ich, der ich meinem Eide, den Grundsätzen der Erklärung der Rechte, und der durch den souverainen Willen der Nation beschlossenen, Konstitution getreu bleibe, daß ich allein es bin, der ich, wie ich das Recht dazu habe, alle Maasregeln ergreife, welche Widerstand gegen Unterdrückung, die erste Pflicht freier Seelen, beweisen können."

La Fayette."

Die bewaffnete Macht Frankreichs bestand damals aus 150,000 Mann, welche in drei Armeen vertheilt waren. Die Nordarmee wurde von dem General Luckner kommandirt; unter La Fayettes Befehlen stand die Ardennenarmee, deren Hauptquartier zu Sedan war; und an der Flandrischen Gränze kommandirte der Freund des Hrn. La Fayette, Arthur Dillon, welcher die Generale Dumouriez und Beurnonville unter seinen Befehlen hatte.

Sobald La Fayette von den Vorfällen zu Paris Nachricht erhielt, theilte er diese Nachricht, durch einen Eilbothen, seinem Freunde, dem Generale Dillon, mit. Dillon war sogleich entschlossen, sich mit La Fayette zu vereinigen, um sich den Jakobinern zu widersetzen. Er gab daher, am 13 August, seiner Armee den folgenden schriftlichen Befehl, welcher zweimal vorgelesen wurde:

"Befehl am 13. August 1792, im vierten Jahre der Freiheit."

"Aus dem Hauptquartiere des Lagers bei Pont für Sambre."

"Große und traurige Begebenheiten sind in der
"Stadt Paris vorgefallen. Der General Arthur Dil-
"lon, welcher auf der Nördlichen Gränze das Haupt-
"kommando führt, kann dieselben der Armee nicht mit-
"theilen, ehe er nicht auf eine offizielle und sichere Weise
"davon unterrichtet ist: allein man versichert, daß die
"Konstitution verletzt worden sei. Wer auch die Meinu-
"ngen seyn mögen, so sind sie allemal Feinde der Frank-
"reichischen Freiheit. Der General wiederholt, bei die-
"ser gefahrvollen Lage, den Eid: daß er für die Auf-
"rechthaltung und Unverletztheit der, von der konstitui-
"renden Nationalversammlung während der Jahre 1789,
1790 und 1791, beschlossenen, Konstitution den letzten

„Blutstropfen vergießen, und in allem der Nation, dem
„Gesetze und dem Könige, getreu seyn will."
„Der auf der Nördlichen Gränze das
Hauptkommando führende General-
lieutenant
Arthur Dillon."

Eine Abschrift dieses Befehls sandte der General
Dillon an die ihm untergebenen Generale Dümouriez
und Beurnonville. Dabei schrieb er an Dümouriez den
folgenden Brief:

„Im Hauptquartier Aymeries am
13. August 1792."

„Ich habe, mein lieber General, aber sehr unvoll-
ständig, die Begebenheiten erfahren, welche zu Paris
vorgefallen sind. Da ich mit keinen Komplotten etwas
zu thun habe, so kenne ich bloß die Konstitution und meinen Eid. Diesem werde ich niemals entgegen handeln.
Die äußeren Feinde zu bekämpfen war mein vorzüglichster Wunsch, und seitdem ich in diesem Lande das Kommando führe, habe ich kein Mittel vernachlässigt, um
über sie zu siegen. Nun zeigen sich die Dinge von einer
neuen Seite. Ich muß, wegen des Postens auf welchem
ich stehe, offenherzig meine wahren Gesinnungen zu erkennen geben. Ich ersuche Sie, in die Ordre, welche
morgen im Lager zu Maulde gegeben werden wird,
den Befehl einzurücken, den ich Ihnen hier beilege. Ich
erwarte dieses von der Folgsamkeit, die Sie mir versprochen haben; und, wenn es seyn muß, so befehle ich es
Ihnen ausdrücklich."

„Der auf der Gränze das Hauptkommando führende Generallieutenant
Arthur Dillon."

Dümouriez, welcher schon vorher einige male den
Befehlen seines Generals nicht gehorcht hätte, wenn er

dieselben mit seinen Planen und Absichten nicht übereinstimmend fand, gehorchte auch Neßnal nicht. An der Aufrechthaltung der Konstitution war ihm nichts gelegen; er sorgte bloß für seinen eigenen Vortheil; und er fand es demselben gemäß, mit den Jakobinern gut zu stehen, wenigstens nicht, ohne vorher von allen Umständen genau unterrichtet zu seyn, einen Schritt zu thun, den er nachher nicht zurück thun könnte. Er antwortete daher seinem Befehlshaber, dem General Dillon:

"Am 14. August 1792."

"Es thut mir sehr leid, mein lieber General, daß Sie einen so unvorsichtigen Befehl erlassen haben, und ich werde mich wohl hüten, denselben im Lager zu Maulde vollziehen zu lassen. Sie hätten offizielle Nachrichten, oder die Ankunft der Kommissarien abwarten, und besonders keine Erklärung thun sollen, die ein Verbrechen gegen die Souveränetät der Nation ist. Ich habe nicht Zeit Ihnen die Beweggründe ausführlich aus einander zu setzen; allein ich hoffe, daß Sie, bei genauerer Ueberlegung, es mir Dank wissen werden, nicht gehorcht zu haben, und daß Sie selbst in Ihrer Armee den Eindruck auslöschen werden, welchen ein so unüberlegter Befehl hat hervorbringen müssen. Ich sage Ihnen die Wahrheit, und bin Ihr Freund, wenn Ihr Patriotismus jede Probe aushält."

"Dumouriez."

An demselben Tage, am 14. August, schrieb Dumouriez an seinen Freund Gensonne, Mitglied der Nationalversammlung:

"Dillon hat sich selbst zu Grunde gerichtet, durch eine Erklärung des Royalismus, welche er in seinem Lager bei Pont sur Sambre mit der Ordre bekannt gemacht hat, und welche er mit befohlen hat in meinem Lager bekannt zu machen. Ich bin ihm förmlich ungehorsam gewesen und ich habe die hiezu gehörigen Aktenstücke, den Kommissarien der Versammlung übergeben lassen, welche bei der Armee angekommen sind. Morgen erwarte ich dieselben ins Lager.) Endlich hoffe ich der Sache der Souverainetät und der Freiheit des Frankreichischen Volkes große Dienste leisten zu können. Ich werde aus allen Kräften daran arbeiten, so wie auch an der Herstellung der Belgischen Freiheit."

Nachdem La Fayette die nöthigen Anstalten zur Gefangennehmung der Kommissarien der Nationalversammlung gemacht hatte, suchte er sich seiner Armee zu versichern. Er machte daher am 13. August in derselben den folgenden Befehl bekannt:

"Der General der Armee, welcher überzeugt ist, daß die Soldaten einer freien Nation zwar einem strengen Gehorsam unterworfen seyn müssen, aber nicht über das Interesse ihres Vaterlandes in einer knechtischen Unwissenheit bleiben dürfen, hat den Truppen, die unter seinen Befehlen stehen, versprochen, daß er ihnen niemals die Begebenheiten verschweigen wolle, an denen ihrem Patriotismus etwas gelegen seyn könnte. Mit einem tiefen Schmerz hat er die Unordnungen ersehen, welche in der Hauptstadt vorgefallen sind. Nachdem die Nationalversammlung am Mittwochen (am 8. August) mit einer Mehrheit von zwei Drittheil Stimmen, das gegen ihn verlangte Anklagedekret zurück gewiesen hat, ist sie beschimpft worden; ja einige ihrer Mitglieder haben sich sogar in Lebensgefahr befunden. Eben diejenigen, welche die Versammlung anfielen, haben sich am Donnerstag vergeblich bemüht die Absetzung des Königs zu erhalten. Am Freitage hat sich eine Menge bewaffneter Männer, mit den sogenannten Marseillern an ihrer Spitze, nach dem Schlosse begeben, woselbst die Bürgermiliz, nebst den

Schwatzern, die dasselbe vertheidigten, einen langen und
auf beiden Seiten mörderischen Kampf bestanden haben. Da sie aber der größeren Anzahl nachgeben mußten, sind sie beinahe alle ermordet worden. Dem Kommendanten der Pariser Bürgermiliz haben Mörder den
Kopf abgeschlagen; und mitten unter diesem Gemetzel
haben sich der König und seine Familie, so wie auch
die Aufsicht oder Abtheilung von Paris, in den Saal
der gesetzgebenden Versammlung geflüchtet, welche selbst
von einem aufrührischen Haufen ist umringt worden.
Während dieser Zeit ist die Suspension des Königs beschlossen worden. Dieß sind die Nachrichten, welche
der General der Armee erhalten hat, ob ihm gleich
dieselben noch nicht offiziell und unmittelbar zugekommen sind. Allein nach den Besorgnissen, die sich im
Lager verbreitet haben, und bei der Neugierde, welche
durch diese gräßlichen Gerüchte ist rege gemacht worden, hat er dafür gehalten, er dürfe es nicht länger
anstehen lassen, den Soldaten bekannt zu machen was
er selbst davon wisse. Auf diese Weise erregen die,
offenbar von unseren äußeren Feinden bezahlten, Unruhestifter Bewegungen in der Hauptstadt, locken raub-
gierige Bösewichter dahin, beflecken die Stadt durch
Mordthaten, bedrohen und mißhandeln die konstitutionsmäßigen Obrigkeiten, und suchen überall die Mittel
auf, diejenige Konstitution umzuwerfen, welche wir geschworen haben aufrecht zu erhalten: und das alles zu
der Zeit, da die Soldaten der Konstitution in Bereitschaft stehen für dieselbe zu kämpfen und umzukommen.
Wir aber, die wir in dieser Konstitution den Ausdruck
des freien Willens der Frankreichischen Nation erkannt
haben; die wir an dieselbe durch einen Eid gebunden
sind, welcher die heiligen Grundsätze der Freiheit und
Gleichheit enthält; so wie auch alle Mittel zur öffentli-

chen Wohlfahrt; wir dürfen durch keine Bemühung, welche die Feinde der Freiheit anwenden möchten um unseren Eifer zu schwächen, uns muthlos machen lassen, sondern im Gegentheil, als gute Staatsbürger und tapfere Soldaten, uns um die Konstitution vereinigen, und schwören, daß wir so lange wir leben darnach handeln, und bis zum Tode sie vertheidigen wollen."

Der General Leveneur, welcher unter den Befehlen des Hrn. La Fayette stand, versammelte die ihm untergebenen Soldaten und hielt folgende Anrede an sie: "Bürgersoldaten! Nun läßt sich weiter nichts mehr vor "Euch verbergen. Die Konstitution, welche Ihr aufrecht "zu erhalten geschworen habt, ist nicht mehr vorhanden. "Die Marseiller haben, nebst einem Haufen von Unruh"stiftern, das Schloß belagert; die Bürgermiliz hat, nebst "den Schweizern, einen kräftigen Widerstand gethan; da "es ihnen aber an Munition fehlte, so haben sie sich genö"thigt gesehen, sich zu ergeben. Der Hr. Daffry, seine "Adjutanten, und seine ganze Familie, sind ermordet wor"den. Der König, die Königinn und die ganze königliche "Familie, haben sich nach der Nationalversammlung ge"flüchtet. Die Unruhestifter haben sich, mit dem Schwer"te in der Einen, mit dem Feuerbrand in der andern "Hand, dahin begeben, und haben die Versammlung ge"zwungen die Suspension des Königs zu beschließen. "Dieß hat sie gethan, um ihm das Leben zu retten. Bür"ger! Ihr habt keine Stellvertreter mehr, denn die "Nationalversammlung ist eine Sklävinn. Eure Ar"meen sind ohne Oberhaupt; Pethion regiert; der grim"mige Danton und seine Trabanten herrschen..... Nun "wählet, Soldaten; wollt ihr den Erben der Krone wie"der auf den Thron setzen, oder wollt ihr Pethion zum "Könige haben?"

Diese Rede machte auf die Armee, welche es, wie

alle anderen Armeen, immer mit dem siegenden Theile hielt, nur wenig Eindruck. Die Soldaten riefen alle; "wir wollen bleiben wo wir sind; wir sind an unserem "Posten!".

Am folgenden Tage, am 14. August, langten die Kommissarien der Nationalversammlung zu Sedan an. Sie wurden alle drei, nebst ihrem Sekretair Clairval, in Verhaft genommen, und die Aufseher der Abtheilung der Ardennen sagten, in einer Schrift welche ausgetheilt und überall angeschlagen wurde: "alle, nach den "Grundsätzen der Konstitution geschriebene, Zeitschriften "haben aufhören müssen, weil die Unruhestifter in der "Hauptstadt fürchten daß ihre Bosheit entlarvt werden "möchte: sie hoffen der Rache zu entgehen, welche sie "verfolgt."

Am 14. August, ließ la Fayette, nach der Gefangennehmung der Kommissarien der Versammlung, gegen zwei Uhr Nachmittags, die ganze, unter seinen Befehlen stehende, Armee ausrücken. Es wurde derselben der, von ihm am vorigen Tage aufgesetzte und oben mitgetheilte, Befehl vorgelesen. Nachher schlugen die Offiziere den Soldaten vor, daß sie den Eid: der Nation und dem Könige getreu zu seyn, leisten möchten. Die Linientruppen schwiegen und die Freiwilligen weigerten sich schlechterdings diesen Eid zu leisten: so daß die Offiziere, sehr mißvergnügt ihren Zweck nicht erreicht zu haben, sich entfernten und sich in ihre Wohnungen zurück zogen.

Bald nachher bemerkte man, daß die Armee über die Gefangennehmung der Kommissarien unzufrieden wäre. Der Jakobinerklub zu Sedan wiegelte den Pöbel auf, versuchte die Kommissarien aus ihrem Gefängnisse zu befreien, und machte durch sein Geschrei gegen la Fayette großen Eindruck auf das Volk. Einige Anhänger der Jakobiner streuten sogar die falsche Nachricht aus: Dümorlez rücke mit seiner Armee gegen Sedan vor, um die Kommissarien zu befreien. La Fayette sah ein, daß es ihm unmöglich sein würde sein Vaterland zu retten, er entschloß sich daher dasselbe zu verlassen, um nicht in die Hände der Jakobiner zu fallen. Am 19. August reiste er, mit seinem ganzen Generalstabe, nach Bouillon, unter dem Vorwande, die Außenposten zu rekognosziren. Von Bouillon erließ er an die unter seinen Befehlen stehende Armee den folgenden Abschied:

"Nachdem ich zu zwei großen Revolutionen beigetragen hatte, freute ich mich auf meinem Landgute des glücklichen Erfolges meiner ununterbrochenen Bemühungen für die Sache des Volkes. Die Gefahren, in denen sich das Vaterland befand, entrissen mich meinem einsamen Aufenthalte. Begleitet von dem Beifallklatschen der Nation kam ich, um das Kommando der Armee zu übernehmen, welche der König mir anvertraut hatte; und die Nationalversammlung geruhte durch ihren Präsidenten mir sagen zu lassen: "sie wolle den gegen uns verbündeten "Feinden die Konstitution und La Fayetten entgegensetzen." Seit jener Zeit habt Ihr Gelegenheit genug gehabt, mich kennen zu lernen. Euer Zutrauen hat mir bewiesen, daß Ihr mein Betragen billiget; Eure Freundschaft entsprach der zärtlichen Anhänglichkeit, die ich Euch gewidmet habe. Da ich so glücklich war, mitten unter Soldaten die ich herzlich liebte diejenigen Grundsätze zu vertheidigen, denen mein ganzes Leben gewidmet gewesen ist, so wie auch die Konstitution, welche die souveraine Nation uns gegeben hat: so fand ich in diesem Kampfe einer freien Nation mit so vielen gegen sie vereinigten Bemühungen, alles, was meinen Gesinnungen ein Genüge thun und meinen Eifer aufmuntern konnte. Ihr werdet Euch noch erinnern, mit welcher Besorgniß ich befürchtete, daß eine unruhige Faktion, deren Bewegungen mit

mit den Bewegungen der äußeren Feinde überein zu stim‒
men schienen, und das entreißen möchte, was die Stärke
meiner Bitte ausmacht, nämlich Ehrfurcht für die Gese‒
tze, und Anhänglichkeit an eine Konstitution, welche mir
in einem so bedenklichen Zeitpunkte unser sicherster Ver‒
einigungspunkt zu seyn schien. Alle meine Schritte wa‒
ren Euch bekannt, und meine Meinung war auch die
Eure. Meine Offenherzigkeit brachte alle Feinde der
Konstitution mehr und mehr gegen mich auf: allein, un‒
geachtet ihrer Bemühungen und ihrer Drohungen, hat
die Nationalversammlung, mit einer Mehrheit von zwei
Drittheil Stimmen, die ungereimten Beschuldigungen
verworfen, die man gegen mich zusammen gerafft hatte.
Ihr habt die Gewaltthätigkeiten erfahren, welche der
Nationalversammlung gleich am folgenden Tage sind an‒
gethan worden, so wie auch die Gewaltthätigkeiten, wel‒
che am zehenten August gegen den König sind begangen
worden; und den Zustand, in welchem sich Paris befand,
als die Suspension des Königs beschlossen wurde, so wie
auch die Mordthaten und die Proskriptionen, welche,
nicht allein während des Kampfes bei den Thuillerien,
sondern noch an den folgenden Tagen, statt gefunden ha‒
ben. Ich berufe mich in dieser Rücksicht auf den Be‒
schluß der Aufseher der Abtheilung der Ardennen,
des Bürgerraths von Sedan, und auf die wenigen
ächten Nachrichten, welche man aus der Stadt Paris
gelassen hat, während alle Jakobinischen Blätter in gro‒
ßer Menge sind ausgetheilt worden. Es ist klar, das die
am zehenten August genommenen Maaßregeln der Kon‒
stitutionsakte entgegen waren, und daß dieselben der Na‒
tionalversammlung gewaltsamer Weise sind abgezwungen
worden. Diese Ueberzeugung leitet mein Betragen.
Die verwaltenden Körperschaften sowohl, als der Bür‒
gerrath, haben Euch ersucht den Bürgereid zu erneuern,

Diesen Eid hat die Konstitution festgesetzt, und sie befiehlt Euch dem Ansuchen der Zivilgerichte zu gehorchen. Mit Bedauern habe ich gesehen, daß ein Theil der Armee so weit von Erfüllung dieser Pflicht entfernt ist, daß ich ihr das Unrecht sich derselben zu weigern habe ersparen wollen. Die Mühe, welche man sich gegeben hat, meine Denkungsart bei Euch zu verleumden, hat mir einen Theil Eures Zutrauens geraubt. Andererseits haben mich diejenigen Kommissarien der Nationalversammlung, welche am zehenten August die Vollziehung der Beschlüsse übernommen haben, die der Versammlung gewaltsam sind abgenöthigt worden, mich meiner Befehlshaberstelle von Dünkirchen bis Maubeuge beraubt. Es war ihre Absicht mir auch diejenige Befehlshaberstelle zu nehmen, welche mich mit Euch verband, und die Beschuldigungen gegen mich zu wiederholen, über welche weder die Nationalversammlung, noch Geschworne, noch Richter, in dem Zustande, in welchen die Gewaltthätigkeiten sie versetzt hatten, unbefangen absprechen könnten."

"Unter solchen Umständen, und während die gegenwärtige Faktion vorzüglich gegen die Hauptanführer der Revolution, gegen die wahren Freunde der Konstitution aufgebracht ist, war ich nicht länger bestimmt an Eurer Spitze zu fechten, und ich durfte nicht länger hoffen eines nützlichen Todes zu sterben. Was blieb mir übrig? Einen General von Euch zu entfernen, welchem man Euch verbieten wollte zu gehorchen, und der Freiheit einen Vertheidiger zu erhalten, dessen Unbiegsamkeit ihm jetzt die Ehre der Verbannung verschaft hat. Ich entferne mich also; ich entferne mich mit einer schmerzhaften Empfindung, die ich wenigstens in den Busen derjenigen meiner Waffengefährten ergießen muß, denen ich noch werth bin. Vor meiner Abreise habe ich alle Maasregeln genommen um Euch sicher zu stellen: und ich will, weil

von meinem Vaterlande, in welchem eine Parthei herrscht
die mich verbannt, weit von den gegen daſſelbe verbündeten Feinden, die ich an Eurer Spitze zu bekämpfen hoffte,
in der Einſamkeit des Troſtes eines guten Gewiſſens mich
freuen, und kräftig wünſchen, daß die Frankreichiſche
Freiheit berolnß über alle die Faktionen ſiegen möge, welche dieſelbe zu unterjochen ſuchen."

"La Fayette."

An den Bürgerrath der Stadt Sedan ſchrieb La Fayette folgendermaßen:

"Bouillon am 19. Auguſt 1792."

"Könnte mein letzter Blutstropfe der Stadt Sedan
dienen, ſo hätte ſie ein Recht dieſes Opfer zu fordern,
und es würde mir weniger ſchwer fallen, als dasjenige,
welches ich heute bringe. Allein in einem Zeitpunkte, in
welchem ich voraus ſehe, aus Gründen die Ihnen nicht
entgehen werden, daß meine Gegenwart bei Ihnen innerhalb weniger Tagen nur dazu dienen würde Sie in
Gefahr zu ſetzen, muß ich der Stadt Sedan ein Unglück
erſparen, deſſen Schuld ich ſeyn würde; und ich halte
dafür, daß das beſte Mittel ihr Dienſte zu leiſten darin
beſtehe, einen Kopf von ihr zu entfernen, auf welchen alle
Feinde der Freiheit Jagd machen, welcher ſich niemals
unter irgend einen Despotismus bücken wird, und welcher, durchdrungen von Schmerz darüber daß er ſeinem
Vaterlande in dem gegenwärtigen Zeitpunkte von keinem
Nutzen ſeyn kann, ſich nur durch die Wünſche tröſtet, die
er thut, daß die große Sache der Freiheit und Gleichheit
(deren heiliger Nahme nur durch die Verbrechen einer
Faktion entheiligt ſeyn würde, wenn er entheiligt werden
könnte) wenigſtens nicht auf lange Zeit unterdrückt ſeyn
möge, und durch den Eid, den er einer wirklich patrioti-
ſchen Stadt wiederholt, daß er den Grundſätzen, welchen
er ſein ganzes Leben gefolgt iſt, getreu bleiben wolle."

"La Fayette"

Kaum hatte La Fayette, mit den ihn begleitenden Offizieren, das Oesterreichische Gebiet berührt, als er auch schon, am 19. August, bei einbrechender Nacht, von einem abgesonderten Piket unter den Befehlen des Hrn. Grafen von Harnoncourt, nahe bei Rochefort angehalten wurde. Die Nahmen der angehaltenen Offiziere waren folgende:

Der General de lla Fayette, Kommendant der Nord-Armee.

De la Tour Maubourg, Mitglied der ersten Nationalversammlung.

Alexander Lameth, Mitglied der ersten Nationalversammlung.

Laumoy, Feldmarschall.

Du Roure, Offizier.

A. Masson, Adjutant.

Sicard, Obrist des 43. Regimentes.

Bureau Puzy, Ingenieuroffizier, Mitglied der ersten Nationalversammlung.

Victor de la Tour Maubourg, Obrist des Jägerregiments.

Victor Spuylas, Bruder des getödteten Generals, Adjutant.

Langlois, Offizier.

Sionville, Offizier.

Alexander Romeuf, Rittmeister bei dem Dragonerregimente.

Phil. C. Dagram.

Louis Romeuf.

Curmer, Rittmeister unter dem Dragonerregimente.

Pillet, Kriegskommissair.

Lacolombe, Generaladjutant und Obrist.

Victor Romeuf, Rittmeister bei dem Dragonerregimente.

Karl

Karl — — — — — Maubourg, Offizier unter dem Jägerkorps.

Alexander Darblay, erster Adjutant des Generals La Fayette.

Soubeyran, Adjutant.

Ch. Cadignan, Obristlieutenant der Dragoner.

Es war die Absicht dieser Offiziere, durch das Lüticher Gebiet nach Holland, und wahrscheinlich von da nach Amerika zu gehen. Sie glaubten, daß sie ohne Gefahr hinter der Oesterreichischen Armee würden durchkommen können; allein, sie hatten sich geirrt: sie wurden, wie bereits ist gesagt worden, nach Rochefort gebracht, einem kleinen Städtchen in den Oesterreichischen Niederlanden, zwischen dem Bißthum Lüttich und dem Herzogthum Bouillon. Sie sandten den Herrn Büreau de Puzy, nach dem Generale, Grafen von Harnoncourt. Diesem sagte Herr Büreau de Puzy: sie wären Frankreichische Ausgewanderte, welche die Absicht hätten, mit ihren Bedienten und Pferden nach Holland zu reisen. Der Graf von Harnoncourt fragte: warum sie sich nicht nach der Armee der Prinzen begäben? Hr. Büreau de Puzy erwiederte: daß da ihre Gesinnungen, von den Gesinnungen der Frankreichischen Prinzen sowohl, als der meisten Frankreicher, die sich bei denselben befänden, verschieden wären, so wünschten sie lieber sich anderswohin, am liebsten aber nach Holland, zu begeben. Hr. von Harnoncourt erklärte: er habe keine Befehle wie er sich in einem solchen Falle verhalten müßte, er würde sie also, so lange bis seine Instruktionen angelangt seyn würden, als Kriegsgefangene nach Namur senden. La

Fayette und seine Gefährten machten dringende Vorstellungen, vorzüglich Hr. Lameth. Sie riefen das Völkerrecht an, und behaupteten: dieses erlaube nicht, Männer als Kriegsgefangene anzusehen, welche ohne irgend eine feindselige Absicht gekommen wären, die Waffen niedergelegt, und weiter nichts verlangt hätten, als die Erlaubniß zur Durchreise, um sich, als bloße Partikulars Personen, in ein neutrales Land zu begeben; übrigens wären sie auf dem Lütticher Gebiet angehalten worden, und nicht auf dem Oesterreichischen. Als diese Vorstellungen vergeblich waren, da stellten die gefangenen Frankreichischen Offiziere noch an demselben Abend die folgende schriftliche Erklärung aus: a)

Die unterzeichneten Frankreichischen Staatsbürger, welche durch einen unwiderstehlichen Zusammenfluß von außerordentlichen Umständen des Vergnügens beraubt worden sind, der Freiheit ihres Landes zu dienen, wie sie bisher ohne Aufhören gethan, haben sich nicht länger den Verletzungen der, durch den Willen der Nation daselbst errichteten, Konstitution widersetzen können, und erklären: daß sie nicht als feindliche Offiziere anzusehen sind, weil sie ihre Stellen in der Frankreichischen Armee niedergelegt haben, und noch weniger können sie jenem Theile ihrer Landsleute gleich geachtet werden, welche aus Interesse, Neigung, oder Gesinnungen die den ihrigen gerade entgegen gesetzt sind, sich mit den gegen Frankreich im Kriege begriffenen Mächten verbunden haben: sondern sie sind als Fremde zu betrachten, welche eine freie Durchreise verlangen, die das Völkerrecht ihnen zusichert, und deren sie sich bedienen werden, um

a) Gazette de Leyde. 1792. No. 70.

sich schnell auf ein Gebiet zu begeben, dessen Regierung gegenwärtig mit ihrem Vaterlande nicht im Kriege begriffen ist."

„Rochefort am 19. August."

„La Fayette."

(Hier folgen die Nahmen der übrigen Offiziere.)

Diese Erklärung und Berufung auf das allgemeine Völkerrecht that keine Wirkung; denn das Schicksal der gefangenen Offiziere wurde von der Oesterreichischen Regierung auf folgende Weise entschieden: Der General de la Fayette, Hr. de la Tour Maubourg, Hr. Alexander Lameth und Hr. Bureau de Puzy, wurden von Rochefort als Staatsgefangene, mit einer Begleitung von dreißig Husaren, nach der Zitadelle von Luxemburg gebracht. Den Herren Du Roure, Sicard, Langlois, Darblay, Dagrain, und Victor Romeuf, wurde erlaubt ihre Reise nach Holland fortzusetzen. Die übrigen blieben, bis auf weiteren Befehl, in der Zitadelle zu Namur.

Einige Nachrichten über diese Flucht der würdigen Offiziere, welche weder den Untergang der von ihnen beschwornen Konstitution billigen, noch den Jakobinern dienen wollten, hat uns einer derselben, Hr. Darblay, selbst bekannt gemacht. a) „Gesetzt auch," sagt er, „daß die angeblichen sträflichen Pläne Ludwigs des Sechs„zehnten bewiesen wären, so würde dennoch die Entdek„kung der Beweise, welche man gefunden haben will, „später seyn, als der Angriff auf das Schloß; und die

a) *Peltier* dernier tableau de Paris. T. 1. Appendix au No. II

„Ehre sowohl, als ein förmliches Dekret, machten es
„nichts desto weniger den Truppen, welche jenen Posten
„besetzt hielten, zur heiligen Pflicht, sich gegen jenen
„Angriff zu vertheidigen. Und dennoch waren, zufolge
„der jetzt in ganz Frankreich angenommenen Sprache,
„die getreuen, in den Thuillerien ermordeten, Schweizer
„Bösewichter; die Niederträchtigen, welche diese Schwei-
„zer verlassen haben, um sich zu den Angreifern zu schla-
„gen, sind brave Patrioten; und diejenigen unter den
„Mördern, welche umkamen, sind die einzigen Schlacht-
„opfer jenes gräßlichen Tages. Hr. de la Fayette und
„seine Gesellschafter konnten weder diese Meinung an-
„nehmen, noch diese Sprache billigen. Sie fanden
„sich zwischen dem, was sie für eine Entehrung ihrer
„selbst hielten, und der Gewißheit einer Zukunft, welche
„sie wohl vorher sahen. Ihr Entschluß ward bald ge-
„faßt. Aber bei ihrer Abreise verließen sie die Armee
„in einer so festen Position, daß der General Clairfait,
„als er von dem Herrn von Harnoncourt, dem
„Kommandanten von Rochefort, die Nachricht erhielt,
„zwar bis auf die Höhen von Stenay vorrückte, aber
„es nicht wagte dieselbe anzugreifen. Die Gesellschaf-
„ter des Hrn. La Fayette haben, weit entfernt die
„Kriegskasse mit sich zu nehmen, wie man niederträch-
„tig genug gewesen ist sie zu beschuldigen, in dieser Kasse
„wenigstens 1,200,000 Livres an baarem Gelde, und
„ungefähr eben so viel an Assignaten, zurück gelassen.
„Einige von ihnen, und ich gehöre unter diese Zahl, ha-
„ben sogar die 900 Livres zurück bezahlt, die man ihnen
„vorgestreckt hatte, um sich ein Feldgeräthe anzuschaffen,
„welches ihnen wenigstens 10,000 Livres kostete. Den-

„noch besaßen die meisten unter ihnen kaum so viel, daß
„sie ein Jahr leben konnten, auch haben sie keinen Bei-
„stand von irgend Jemand zu erwarten. Ich schäme
„mich nicht zu sagen, daß ich auch unter diese Zahl ge-
„höre; aber nichts desto weniger habe ich 4,800 Livres
„nach Longwy gesandt, welche die Herren Boyard
„und Guillemard daselbst mir geborgt hatten. Die
„Gesellschafter des Hrn. La Fayette haben sogar nicht
„einmal eine einzige von ihren Ordonnanzen mitnehmen
„wollen. Sie haben keine Schriften, keine Plane mit
„sich genommen; sie haben dieselben, sorgfältig nume-
„rirt, auf ihren Tischen liegen lassen. Den Oesterrei-
„chischen Offizieren hatte man die Sache anders vorge-
„stellt; allein diese fanden, als sie zu Nivelles die
„Papiere und das Geld der unglücklichen Gefangenen
„untersuchten, weiter nichts als den Beweis, wie nie-
„derträchtig diese Verleumdung sei. Nur wenige Men-
„schen sind würdig, diese vorgeblichen Verräther richtig
„zu beurtheilen, deren reines und großmüthiges Betra-
„gen lange Zeit dem Neide sowohl, als dem Hasse, ein
„Räthsel war. Beide glaubten dasselbe nicht anders
„erklären zu können, als dadurch, daß sie uns eines nie-
„derträchtigen und strafbaren Ehrgeizes beschuldigten."

„London am 15. Oktober 1792."

„Alexander Darblay."

Sobald La Fayette sich entfernt hatte, erhielten die
Kommissarien der Nationalversammlung, denen man
indessen noch drei andere, nämlich Isnard, Quinette
und Gaudin, nachgeschickt hatte, ihre Freiheit, und der
Bürgerrath zu Sedan bat unterthänigst um Verzeihung,

daß er so kühn gewesen wäre, sich an ihren unverletzbaren Personen zu vergreifen.

Unter der Armee des Generals La Fayette befand sich ein auserlesenes Korps von 4,000 Mann, welches Hr. de la Tour Maubourg kommandirte, und welches bestimmt war, die Leibwache des Königs auszumachen, wenn der König, dem Plane des Hrn. de la Fayette gemäß, nach dem Lager gekommen wäre. Dieses Korps nannte der Kommissair der Versammlung Isnard, als er bei der Armee ankam: das höllische Korps; und der Nahme blieb dem Korps noch lange Zeit nachher.

Wenige Tage nach der Flucht des Hrn. La Fayette suchte auch Hr. Daverhoult, Mitglied der Nationalversammlung, ein zu den Zeiten der Unruhen aus Holland nach Frankreich geflüchteter Patriot, Frankreich zu verlassen, weil ihm seine Rechtschaffenheit nicht erlaubte an den Verbrechen der Versammlung Theil zu nehmen. Er wollte dem Beispiele seines Freundes La Fayette folgen, und reiste mit einem einzigen Bedienten von Mezieres ab. An der Gränze hielten ihn die Bauern an, und erlaubten ihm nicht dieselbe zu überschreiten. In Verzweiflung zog er eine geladene Pistole aus der Tasche und schoß sich die Kugel durch den Kopf. Er blieb nicht auf der Stelle todt, sondern lebte noch mehrere Tage, unter großen Schmerzen.

Zu der in Lothringen stehenden Armee des Generals Luckner wurden die drei Kommissarien, La Porte, Lamarque und Brüat, gesandt. Luckner war gleich bereit den Eid zu schwören, den man von ihm verlangte, ohne sich darum zu bekümmern, ob dieser zweite

Eid mit seinem ersten, welchen er der Konstitution geschworen hatte, im Widerspruche stehe, oder nicht.

Zu der im Südlichen Frankreich stehenden Armee, deren Befehlshaber der General Montesquiou (vormals Mitglied der konstituirenden Nationalversammlung) war, kamen die drei Kommissarien, Gasparin, Rouyer und La Combe St. Michel. Man erwartete, daß sich Montesquiou weigern würde die Konstitution abzuschwören, weil er kurze Zeit vorher erklärt hatte, daß er und alle seine Offiziere bereit wären ihren Abschied zu nehmen, wenn man den König absetzte. Jetzt aber machte er nicht die mindeste Schwierigkeit den Eid zu leisten, der von ihm gefordert wurde.

Auch die Generale, die im Elsaß kommandirten, leisteten alle den neuen Eid; Biron und Custine waren die ersten, Kellermann und Ferriere folgten; Victor Broglio weigerte sich, und wurde von den Kommissarien abgesetzt, so wie auch der General Daiguillon, welcher das Kommando in Pruntrut hatte. Der alte General Dharambuse leistete den Eid.

Der General Arthur Dillon hatte nicht Muth und Rechtschaffenheit genug, dem Beispiele La Fayettes zu folgen. Sobald er fand, daß seine Armee den Jakobinern geneigt wäre, leistete er den Eid, und bat um Verzeihung, wegen des Befehls, den er an Dumouriez gesandt hatte, welchem aber Dumouriez, wie bereits erzählt worden ist, nicht gehorchte.

Unter allen Generalen schwor Dumouriez zuerst den neuen Eid; und die Nachricht erweckte, als sie nach Paris kam, daselbst unter den Jakobinern eine so große Freude, daß sie sogleich beschlossen diesen General zum

Oberbefehlshaber aller Truppen zu machen. Die drei Kommissarien der Versammlung, Bellegarde, Delmas und Dubois Desbais, welche bei seiner Armee ankamen, wurden von ihm auf die feierlichste Weise empfangen. Er ließ seine ganze Armee unter das Gewehr treten, und die Kommissarien durch ein Detaschement von funfzig Dragonern einholen, und eben so wieder zurück begleiten. Alle ihre Befehle nahm er mit der größten Unterwürfigkeit an, dafür ernannten sie ihn zum Oberbefehlshaber der Armee, und gaben dem General Dillon, der vorher über ihm gewesen war, jetzt eine Stelle unter ihm. Dümouriez ließ dem General Luckner das Kommando der Armee in Lothringen nehmen, und dasselbe dem Generale Kellermann übergeben, welcher ihm von dieser Zeit an gänzlich ergeben war. Auch dem Generale Beurnonville, den er ganz gewonnen hatte, gab er ein Unterkommando in seiner Armee. Auf diese Weise setzte sich der schlaue Dümouriez an die Spitze der ganzen Frankreichischen Macht. Um seine Plane besser zu verbergen nahm er aber den Titel eines Generalissimus der Frankreichischen Truppen nicht an. Er ließ diesen Titel dem Generale Luckner geben, setzte aber dagegen diesen alten kindischen Mann ganz außer Thätigkeit, indem er ihn von der Armee entfernte, und nach Chalons verwies, woselbst Luckner weiter nichts zu thun hatte, als die Korrespondenz nach Paris zu führen, die Armeen zu verproviantieren; Plane zu Lägern bei Soissons, Meaux und Paris, zu machen; und sich mit den, von Paris ankommenden, nicht zu bändigenden, Freiwilligen abzugeben. a)

a) On eut dit, que Dumouriez, en faisant de telles dispo-

Am 19 August hatte die Nationalversammlung erfahren, daß la Fayette ihre Kommissarien in Verhaft behalte. Zufolge dieser Nachricht wurde folgendes Dekret gegen La Fayette abgegeben:

I. „Es ist gegen La Fayette, den vormaligen General der Nordarmee, Grund zur Anklage vorhanden."

2. „Die Nationalversammlung befiehlt allen konstitutionsmäßigen Obrigkeiten sowohl, als allen Bürgern und Soldaten, sich durch alle nur möglichen Mittel des genannten La Fayette zu bemächtigen."

3. „Die Nationalversammlung verbietet der Nordarmee, den genannten La Fayette anzuerkennen, und ihm zu gehorchen. Sie befiehlt ferner den verwaltenden Körperschaften, den Bürgergerichten, und allen öffentlichen Beamten, ihm auf irgend eine Weise Beistand zu leisten, oder irgend eine seiner Forderungen zu bewilligen, so wie auch allen öffentlichen Zahlmeistern, irgend etwas für die genannte Armee anders, als zufolge eines Befehls des Generals Dümouriez, zu bezahlen, welcher an die Stelle des Hrn. La Fayette ernannt ist: und alles dieses bei Strafe für Mitschuldige der Rebellion gehalten zu werden."

Schon ein paar Tage vorher, am 17, hatte Herr Bazire vorgeschlagen: daß man La Fayette für einen Verräther des Vaterlandes erklären, ihn vogelfrei machen, und einen Preis auf seinen Kopf setzen sollte. Der Exkapuziner Chabot unterstützte nicht nur diesen Vor-

---

sitions, jouoit avec une des plus grandes époques de l'histoire des hommes; et traitoit l'invasion Prussienne comme une farce bouffonne, dont Luckner, par son age, son yvrognerie et sa balourdise, étoit l'arlequin. *Peltier* T. 2. p. 165.

schlag, sondern er setzte noch hinzu: man müßte alle Staatsbürger einladen, ihn zu verfolgen, und ihn zu jagen, wie man ein wildes Thier jage (inviter tous les citoyens à courir sus comme sur une bête sauvage). Dieser Vorschlag fand jedoch keinen Beifall.

Am 21. August kündigte der Kriegsminister Servan der Versammlung an, daß La Fayette, mit seinem ganzen Generalstabe, während der Nacht vom 19 auf den 20, ausgewandert wäre, und daß die zu Sedan in Verhaft genommenen Kommissarien sich jetzt wieder in Freiheit befänden. Diese Nachricht wurde mit dem größten Beifallklatschen aufgenommen.

Der Brief, welchen der General Arthur Dillon nach den Begebenheiten des zehnten Augusts an den General Dumouriez geschrieben hatte, machte ihn den Jakobinern sehr verdächtig. Am 18 August erklärte die Nationalversammlung: Dillon habe das Vertrauen der Nation verlohren; doch wurde, noch in derselben Sitzung, dieser Beschluß wieder zurückgenommen. Am 20 August ward Dillon abermals angeklagt, und die Versammlung erklärte: daß dieser General das Vertrauen der Nation verlohren habe. Indessen schrieben die, zu seiner Armee gekommenen, Kommissarien, welchen Dillon auf die niederträchtigste Weise schmeichelte: daß er seinen Fehler bereue, und baten die Versammlung, ihm zu verzeihen. Dennoch wurden am 23 August die beiden Generale Luckner und Dillon abgesetzt. Beiden aber vergab man nachher wieder, und Luckner kam, wie bereits ist bemerkt worden, nach Chalons, Dillon unter das Kommando des Generals Dumouriez.

Nicht bloß die Nationalversammlung ließ eine Zuschrift an die Frankreichische Nation ergehen, um die Greuelthaten des 10 August zu entschuldigen; jeder der neu gewählten Minister that ein gleiches. Unter diesen Schriften verdient vorzüglich die des Ministers Roland einige Aufmerksamkeit. Er sagt in derselben: a) „Im Jahre 1789 wurde der Despotismus vernichtet; aber das Jahr 1792 wird der Anfang des Reiches der Gleichheit. Ein stolzes und tapferes Volk hat bewiesen, daß es dieselbe einführen wolle und sie zu erhalten wisse. Sein Muth kündigt der ganzen Welt an, sie habe nichts zu befürchten, und man sei sicher, alles zu überwinden, wofern man nur entschlossen ist, sich aufzuopfern. Da ich aus meiner Einsamkeit abermals zu dem Departement der inneren Angelegenheiten berufen worden bin, so betrete ich aufs neue den Kampfplatz, ohne mir die Gefahren des Kampfes zu verhehlen. Das erste mal wurde ich zum Ministerium berufen ohne darnach gestrebt zu haben; ich bemühte mich, die Pflichten desselben furchtlos zu erfüllen, und ich sah mich desselben beraubt ohne daß es mir nahe gegangen wäre. Ich nehme nun wieder diese schwere Bürde über mich. Ein jeder Staatsbürger muß, mit einerlei Blick und mit einerlei Kaltblütigkeit, die großen Geschäfte, den Ruhm und den Tod betrachten, ohne ihnen entgegen zu gehen, aber auch ohne sich vor ihnen zu fürchten."

Am 16 August beschloß die Versammlung, daß zur Vertheidigung der Stadt Paris ein Lager von 40,000 Mann in der Nähe derselben errichtet werden sollte.

Am 17 beschloß die Versammlung, daß ein außerordentliches Blutgericht errichtet werden sollte, um alle

a) Le ministre de l'intérieur aux corps administratifs.

Personen, die sich an der Nation vergangen hätten, zu verurtheilen. Die acht Richter dieses Tribunals waren: Robespierre (der zum Presidenten gewählt wurde) Osselin, Matthieu, Pepin, Lavaux, Daubigny, Duball und Coffinhall. Zu Anklägern wurden Lullier und Real ernannt. Robespierre legte seine Presidentenstelle nieder, und es wurde an seiner Stelle ein anderer gewählt.

Sobald dieses schreckliche Gericht seine Sitzungen anfing, ließ Manuel auf dem Karusselplatze die Guillotine aufrichten, mit dem Befehle, daß dieses Mordsinstrument daselbst permanent bleiben solle.

Der Erste, welcher vor dieses Gericht geschleppt wurde, war ein gewisser Collenot Dangremont. Er hatte die Königinn, als sie noch Dauphine war, in der Frankreichischen Sprache unterrichtet, und nachher eine Frankreichische Sprachlehre geschrieben, welche er der konstituirenden Nationalversammlung vorlegte, die dieselbe gnädig aufnahm. Dieser Mensch ließ sich durch seinen Eifer der königlichen Familie zu dienen verleiten, in den Straßen von Paris herum zu gehen, die Müßiggänger um sich zu versammeln, zu Gunsten des Königs zu sprechen, und denjenigen, die ihm Gehör geben wollten, funfzig Sous täglich zu versprechen. Es ist höchst wahrscheinlich, daß er hierzu gar keinen Auftrag hatte, denn bei dem Verhöre fand sich, daß kaum zwanzig Personen seine Anerbietungen angenommen hätten. Indessen ward er angeklagt, auf Befehl des Hofes, ein Gegenrevolutionskorps von 1500 Mann besoldet zu haben, welches dazu bestimmt gewesen wäre, das Volk gegen die Nationalversammlung aufzuwiegeln.

Nach geendigtem Verhöre blieben die Geschwornen drei Stunden lang eingeschloßen. Als sie zurück kamen, wurden ihnen drei Fragen vorgelegt.

1. „Finden Sie erwiesen, daß am zehnten August „eine Verschwörung in den Thuillerien statt gefunden „habe, um einen Bürgerkrieg im Lande zu erregen?"

Die Geschwornen antworteten: Nein. Hierüber murrten alle Zuhörer.

2. „Finden Sie erwiesen, daß man in den Thuill„lerien die Absicht hatte, sich eine konstitutionswidrige „Gewalt anzumaßen?"

Antwort: Ja.

3. „Finden Sie erwiesen, daß der Gefangene sich „zu dieser Absicht habe gebrauchen laßen?"

Antwort: Ja.

Hierauf wurde Dangremont verurtheilt, geköpft zu werden. Als er den Gerichtssaal verließ, bemerkten einige Zuschauer: daß er die Uniform der Bürgermiliz trage, und daß er in dieser Tracht das Blutgerüst nicht besteigen könne. Er mußte also den Rock ausziehen. Nachher wurde er des Nachts, bei dem Scheine der Fackeln, auf dem Karuselplatze hingerichtet. Die Zuschauer klatschten und jauchzten als er seinen Kopf unter die Köpfmaschine legte; und noch lauter ward das Freudengeschrei, als der Scharfrichter sein abgeschlagenes Haupt empor hielt, und daßelbe dem Volke zeigte.

Am 23. August wurde Hr. Daffry, der Obriste des Schweizergarde-Regiments, vor das Blutgericht gebracht. Er ließ sich verleiten die Königinn zu beschuldigen, um sein Leben zu retten, und wurde von

den Geschwornen frei gesprochen. Einem achtzigjähri=
gen Greis, den der Hof mit Wohlthaten überhäuft
hatte, war es nur in Rücksicht seines hohen Alters zu
verzeihen, daß er durch eine Unwahrheit sein graues
Haupt der Kopfmaschine entzog.

Am 24. wurde Hr. de la Porte, vormaliger
Staatsrath und Intendant der Marine, seit der Re=
volution aber Aufseher und Schatzmeister der Zivilliste,
vor das genannte Tribunal gebracht. Er wurde be=
schuldigt, das Geld des Königs verwandt zu haben,
um eine große Menge Flugschriften und Pasquille
drucken zu lassen, die das Volk gegen die Nationalver=
sammlung aufhetzen, und eine Gegenrevolution veran=
lassen sollten. Auch gab man ihm Schuld, daß er den
verabschiedeten Gardes du Korps zu Koblenz im Nah=
men des Königs Geld übersandt hätte.

Hr. de la Porte leugnete diese Anklage mit
großer Kaltblütigkeit und Gegenwart des Geistes. We=
gen seiner allgemein bekannten Rechtschaffenheit und
Wohlthätigkeit konnten selbst unter den Zuhörern sich
einige der Thränen über das ihm bevorstehende traurige
Schicksal nicht enthalten.

Es wurde ihm ein Befehl vorgezeigt, den er unter=
schrieben hatte, vermöge welches die Hofmarschälle am
neunten August den Auftrag erhielten, für einige Offi=
ziere der Schweizerwache Bedürfnisse in das Schloß zu
schaffen, und Matrazen herbei zu schaffen. Diese Un=
terschrift erkannte er für die seinige.

Als er gefragt wurde: ob er die Gardes du Korps
zu Koblenz besoldet habe? und ob er den Brüdern des
Königs, oder andern Ausgewanderten, Gelder über=

macht habe? antwortete er: Nein. Ferner fragte man ihn: ob er mit den Gefangenen zu Orleans im Briefwechsel stünde? „Nein," sagte er, „ich kenne keinen der dortigen Staatsgefangenen, außer den Herrn Brissac und Delessart. Mit dem ersten bin ich auf Schulen gewesen, den zweiten kenne ich seitdem er Minister war. Briefe habe ich mit keinem von beiden gewechselt."

Die Geschwornen entfernten sich; zwei Stunden lang blieben sie aus, um sich zu berathschlagen; und als sie endlich zurückkamen, erklärten sie: der Gefangene sei überführt, unermeßliche Geldsummen ausgezahlt zu haben, um einen Bürgerkrieg zu erregen und den vormaligen Despotismus wieder herzustellen. Er wurde also verurtheilt, enthauptet zu werden.

Standhaft und unerschrocken hörte Hr. de la Porte dieses ungerechte Urtheil an. Sobald der Präsident mit seiner Anrede fertig war, wandte sich der Verurtheilte an die Zuhörer, und sagte laut: „Bürger, ich versichere heilig, daß ich unschuldig sterbe. „Möchte die Vergießung meines Bluts die Ruhe im „Reiche wieder herstellen; leider aber zweifle ich daran!" Eben so kaltblütig blieb er bis an sein Ende. Auf seinem Wege zum Blutgerüste näherte sich ihm eine arme Frau, die bloß von seinen Wohlthaten gelebt hatte, und vergoß bittere Thränen, als sie ihren Wohlthäter und Erhalter dem Tode zuführen sah. Sie wollte sich ihm nähern, um ihn noch Ein mal zu sehen; allein der Pöbel schlug sie auf der Stelle todt, und schrie dem Hrn. de la Porte, der sein Gesicht wegwandte, zu: „so sollen alle deine Anhänger umkommen!"

Die Würde und Bescheidenheit seines Betragens auf dem Blutgerüste rührte viele Zuschauer bis zu Thränen. Er hinterließ eine Frau und mehrere unerzogene Kinder.

Am 25. August kam die Reihe an Hrn. De Rosoy, Verfasser der Pariser Zeitung (Gazette de Paris) in welcher die Jakobiner oft hart mitgenommen worden waren. Er wurde beschuldigt, mit den Feinden Frankreichs in strafbarem Briefwechsel gestanden, und gegen die Revolution geschrieben, auch Antheil an den Begebenheiten des zehenten Augusts gehabt zu haben. Er leugnete, daß er mit dem zehenten August irgend etwas zu thun gehabt hätte, bewies seine Abwesenheit von Paris an jenem Tage, und vertheidigte sich mit großer Beredsamkeit. Dennoch wurde er zum Tode verurtheilt. Auch er blieb standhaft und unerschrocken bis ans Ende. Nach seiner Verurtheilung sagte er: „ein Freund des Königs, wie ich bin, verdient am Ludwigstage zu sterben."

Jetzt wurde mit den Hinrichtungen eine Zeit lang eingehalten, weil das Volk, welches an dieselben noch nicht gewohnt war, anfing zu murren, und man einen Aufstand befürchtete.

Der Friedensrichter, Hr. Dossonville, welcher beschuldigt wurde, Dangremont und dessen Helfershelfer, so oft sie vor ihn gebracht worden, in Schutz genommen, und an der sogenannten Verschwörung des Hofes Antheil gehabt zu haben, wurde losgesprochen, und das Volk klatschte den Richtern wegen dieser Lossprechung Beifall zu.

Hr. Dabancourt, der letzte Kriegsminister, wurde nach Orleans gesandt.

Der

Der Markis de Montmorin, Gouverneur von Fontainebleau und Bruder des vormaligen Ministers, wurde beschuldigt, Theil an der vorgeblichen Verschwörung des zehenten Augusts genommen zu haben. Auch ihn sprachen die Geschwornen einstimmig los. Hierüber erhob sich ein lautes Murren unter den Zuhörern, die seinen Tod verlangten. Der President des Tribunals gab sich Mühe den blutdürstigen Pöbel durch vernünftige Vorstellungen zu besänftigen. Aber alles war vergeblich. Nun befand sich das Tribunal in einer großen Verlegenheit. Hr. de Montmorin mußte losgelassen werden, weil er von aller Anklage frei gesprochen war, und doch durfte man nicht wagen ihn los zu lassen, wenn man nicht befürchten wollte, ihn von dem Pöbel ermorden zu sehen. Der President des Gerichtshofes sandte nach dem Justizminister Danton, und ließ fragen, was unter solchen Umständen zu thun sei? Danton antwortete: Der Gefangene sei ein böser Aristokrat, den man ja nicht los lassen dürfe. Hierauf wandte sich der President an die Zuhörer, und sagte: „Bürger! vielleicht befinden sich unter den Geschwornen, welche diesen Gefangenen losgesprochen haben, „einige Personen, die mit seiner Familie in Verbindung stehen, welches Einfluß auf ihr Urtheil gehabt „haben mag: in diesem Falle muß die Sache noch Einmal, und zwar von andern Geschwornen, untersucht „werden." Nun befahl der President, den Gefangenen in das Gefängniß zurück zu führen. Der Pöbel war aber so wüthend, daß man befürchten mußte, er werde von dem Pöbel auf dem Wege ermordet werden; daher entschloß sich der President, ihn selbst nach dem

Gefängnisse zu begleiten, und ihn durch sein obrigkeitliches Ansehn zu schützen. Auf der Straße hieb ein Bürgersoldat mit bloßem Säbel nach dem Gefangenen. Der Hieb würde den Presidenten getroffen, und ihn danieder gestreckt haben, wenn nicht ein anderer, dabei stehender Bürgersoldat denselben aufgehalten hätte.

Moore macht bei dieser Gelegenheit eine sehr richtige Bemerkung: a) "Ludwig der XIV und Ludwig der "XV," sagt er, "gaben keinen empörenderen Beweis von "ihrem Despotismus, als wenn sie dem gesetzmäßigen "Laufe der Gerechtigkeit mit ihrem Ansehen in den Weg "traten. Man beschwerte sich darüber, wenn sie sich "nur ins Mittel warfen, um einen Verbrecher zu schützen, "den das Gesetz verdammte: wie viel verhaßter würde "man ihre Gewalt gefunden haben, wenn sie sich derselben hätten bedienen wollen, um einen Unschuldigen zu "verdammen, den das Gesetz lossprach. — Und doch erlaubt sich dieses jetzt das Volk." Das souveraine Volk ist der grausamste unter allen Tyrannen, der eigensinnigste unter allen Despoten!

Auch der Bruder des Markis de Montmorin, der vormalige Staatsminister, wurde gefangen genommen. Dieser, der Graf de Montmorin, hatte sich seit dem zehenten August versteckt gehalten: anfänglich in dem Hause der Markise de Nesle, nachher bei einer armen Frau, einer Wäscherin der Vorstadt St. Antoine. Er blieb hier lange Zeit verborgen, bis er endlich dadurch entdeckt ward, daß die Magd der Wäscherinn einen Braten holte, und da sie gefragt wurde: was in ihrem Hause vorginge, da sie jetzt kostbarer lebten als gewöhnlich? zur Antwort gab: Hr. de Montmorin ist bei uns versteckt. Eine völlig ähnliche Geschichte erzählt

---

a) Moore Journal. S. 178. der Deutschen Uebersetzung.

Plutarch. Zur Zeit der Proskriptionen des Cajus Marius hatte sich der berühmte Redner Markus Antonius bei einem gemeinen Bürger versteckt. Der Bürger wollte seinen vornehmen Gast gut bewirthen, und sandte daher seinen Knecht zu einem benachbarten Weinschenken, um Wein zu holen. Der Knecht köstete den Wein, fand denselben schlecht, und verlangte bessern. Der Weinschenk fragte: was in seinem Hause vorginge, daß er nicht, wie gewöhnlich, den schlechten Wein, sondern bessern haben wolle? "Ey," gab der Knecht zur Antwort, "mein Herr bewirthet den Markus Antonius, welcher bei uns verborgen ist." — Auf diese Weise wurde Antonius verrathen, gerade so, wie Hr. de Montmorin!

Hr. Du Perron, Polizeiverwalter, und die Friedensrichter Buob und Bosquillon, wurden gefangen genommen, weil diese drei Männer, auf Befehl des Königs, die am zwanzigsten Junius im Schlosse der Thyllerien begangenen Frevelthaten untersucht hatten.

Der Notarius Guillaume wurde, nebst noch einem andern Notarius, gefangen genommen, weil sie Unterschriften von den Bürgern der Stadt Paris nach dem zwanzigsten Junius, auf die berühmte Vorstellung der zwanzig tausend, angenommen hatten.

Hr. Jouneau, Mitglied der zweiten Nationalversammlung, ward in das Gefängniß gebracht, weil er seinem Kollegen, dem Jakobiner Grangeneuve, Ohrfeigen gegeben hatte.

Auch der vormalige eifrige Jakobiner Chabroud, welcher den Herzog von Orleans und den Grafen von Mirabeau wegen des sechsten Oktobers 1789 vertheidigt hatte, war seinen Brüdern verdächtig geworden, und wurde nach dem Gefängnisse der Abtei gebracht.

Die drei Gebrüder Sanson, Scharfrichter der

Stadt Paris, wurden eingesteckt, weil man vorgab, sie hätten an der Verschwörung des Hofes Theil genommen, und versprochen die Patrioten aufzuhängen, wenn dieselbe glücklich ausfallen sollte. Da aber die Jakobiner einsahen, daß sie dieser Männer nothwendig bedürften, so wurden sie nach wenigen Tagen wieder losgelassen, um ihre Amtsgeschäfte zu besorgen.

Der drei und siebenzigjährige, als angenehmer Schriftsteller allgemein bekannte, Cazotte, wurde gefangen genommen, weil er den Jakobinern verdächtig war. Sein vortrefflicher, rechtschaffener und religiöser Karakter, konnte ihn eben so wenig, als sein hohes Alter, von einem Jakobinischen Verhaftbriefe retten. Er befand sich auf einem seiner Landhäuser zu Pierry in Champagne, mitten unter seiner Familie. Seine junge, schöne und tugendhafte Tochter, suchte ihm die letzten Tage seines Lebens durch die zärtlichste Sorgfalt angenehm zu machen. Am 18. August umzingelte ein Detaschement der Bürgermiliz das Landhaus dieses Greises, und der Vater sowohl, als die Tochter, wurden nach Epernay in das Gefängniß geschleppt. Von Epernay brachte man sie nach Paris, in die Kerker der Abtei.

Beaumarchais, der bisher immer mit den Jakobinern Freundschaft gepflogen hatte, damit sie ihm nichts zu leide thun möchten, ward ihnen jetzt auch verdächtig. Sein Haus wurde durchsucht, der Pöbel durchlief seine prächtigen Zimmer, trat seine schönen Gärten und geschmackvollen Blumenbeete mit Füßen, und zerstörte manche prächtige und üppige Partie im Garten sowohl, als in dem Hause, die man für allzu kostbar, und dem zufolge für aristokratisch hielt. Der kluge Beaumarchais verstand schon seit langer Zeit die schwere Kunst, sich in die Zeit zu schicken: so wie er vormals, unter der monarchischen Regierung, seinen Obern niederträchtig geschmeichelt hatte, so schmeichelte er jetzt, während der anarchischen Regierung, seinem neuen Souverain, dem Pöbel. Am Tage nachdem diese Haussuchung geschehen war, ließ er in alle Zeitungen eine Nachricht einrücken, worin er die Weisheit und Artigkeit des souverainen Pöbels nicht genug loben und bewundern konnte. Die Handwerkspursche, und die Fischweiber, und das übrige Gesindel, hätten, sagte er, in seinem üppigen Garten auch nicht Eine Rose abgebrochen, auch nicht Eine Tulpe geknickt: er hätte nichts verlohren, schlechterdings nichts, außer einen Kasten mit Papieren, an denen ihm sehr viel gelegen wäre, und die er wohl zurück zu haben wünschte. Indessen halfen alle diese schönen und glatten Worte dem Hrn. Beaumarchais zu nichts. Der Nationaltyger ließ sich nicht mit schönen Worten und ausgesuchten Redensarten, welche dem Hrn. Beaumarchais immer zu Gebote standen, besänftigen: Beaumarchais mußte nach dem Gefängnisse der Abtei wandern. Nun fand er die Umstände bedenklich. Er ließ Hrn. Manuel, den er schon lange kannte, zu sich ins Gefängniß kommen, und versprach ihm eine große Summe Geldes, wenn er ihn befreien wollte. Manuel nahm den Vorschlag an, und Beaumarchais ging frei nach Hause.

Der Graf von Lally Tolendal, Mitglied der ersten Nationalversammlung, fand ebenfalls Mittel, aus dem Gefängnisse zu entkommen.

Thierry, der getreue Kammerdiener des Königs, und Chantereine, der Aufseher über die Juwelen der Krone, waren dem Gemetzel am zehenten August glücklich entgangen, sie wurden aber entdeckt, und nach dem Gefängnisse gebracht.

Doch es würde zu viel Raum einnehmen, wenn die

Nahmen aller großen, berühmten und rechtschaffenen Männer, welche nach dem zehenten August eingekerkert wurden, hier genannt werden sollten. Ein Engländer, welcher sich damals zu Paris befand, und täglicher Augenzeuge der Begebenheiten war, sagt: "Jetzt erweckt "der geringste Umstand Verdacht, und der geringste Verdacht ist hinlänglich, um einen Verhaftbefehl zu veranlassen." a) Ferner sagt er: "Seit dem zehenten August "sind eine unglaubliche Menge Leute festgesetzt, und sitzen "noch im Gefängnisse. Wie ich höre, reicht eine geringfügige Veranlassung hin, um diese neuen Verhaftbriefe "(lettres de cachet) zu bewirken, mit deren Ausfertigung gewisse Mitglieder des Pariser Bürgerrathes sehr "freigebig sind." b)

Nach dem zehenten August wurde die innere Einrichtung der Stadt Paris ganz verändert. Die Stadt war bei der Eröffnung der Reichsstände, wie in den vorigen Bänden dieses Werkes ist bemerkt worden, in sechzig Distrikte abgetheilt, deren jeder seinen Nahmen von der darin gelegenen Kirche erhielt, weil in diesen Kirchen sich die Staatsbürger zur Wahl ihrer Stellvertreter bei den Reichsständen versammelt hatten. Vermöge eines Beschlusses der konstituirenden Nationalversammlung wurde die Stadt nachher in acht und vierzig Quartiere getheilt, die man nun nicht mehr Distrikte, sondern Sektionen, nannte, und die nun auch neue Nahmen erhielten. Nach dem zehenten August veränderten diese Sektionen abermals ihre Nahmen. Die eine nannte sich die Sektion der Marseiller, eine andere Sektion der Ohnehosen, eine dritte Sektion der Piken, u. s. w. Eben so oft änderten die leichtsinnigen Pariser

---

a) *Moore* Journal. T. 1. S. 183.
b) Ebendaselbst S. 128.

die Nahmen der Straßen und öffentlichen Plätze; oft zwei, drei male in kurzer Zeit. So wurde z. B. die Straße Chaussee Dantin, nach Mirabeaus Tode, Mirabeau-Straße genannt, und anderthalb Jahre nachher erhielt sie den Nahmen Straße des Montblanc. a)

Indessen machten die vereinigten Armeen in Frankreich weitere Fortschritte. Die ersten Tage nach dem Einmarsche in das Frankreichische Gebiet waren den Truppen sehr beschwerlich, wegen des anhaltenden Regens, der Kälte, des Hungers (indem es an Brod fehlte) und der schlechten, leimigen Wege über die Felder. Bei dem Einmarsche geschah einiger Unfug, welchem aber durch die strengen Befehle des Herzogs von Braunschweig bald Einhalt geschah. Das Preußische Lager wurde am 20. August an einem Gehölze bei der Festung Longwy aufgeschlagen; der Eine Flügel der Armee bezog das Lager bei Precour, der andere das Lager bei Courtry, eine halbe Stunde von Longwy, woselbst sich der General Clairfait, mit den Oesterreichischen Truppen, über Arlon und Auberge, mit der Preußischen Armee vereinigte. Der Himmel klärte sich auf, die Wolken verzogen sich, die Sonne schien, und das Wetter wurde heiter und warm.

Noch an demselben Tage, am 20., wurde die Festung Longwy berennt, und von allen Seiten eingeschlossen. Am folgenden Tage, am 21., ließ der König von Preus-

---

a) C'est ainsi que Mirabeau, après avoir donné en mourant son nom à *la Chaussée D'Antin*, qu'il habitoit, n'a pu le lui conserver un an; et la rue que son génie avoit conquise, fut reconquise pour le Général financier Montesquiou: elle fut nommé *la rue du Montblanc*. Peltier T. 2. S. 101.

sen den Kommendanten der Festung auffordern: allein dieser sandte eine abschlägliche Antwort zurück. Hierauf wurde, ohne Batterien zu bauen, ohne eine Parallele zu ziehen, ohne den Belagerern irgend eine Schutzwehr zu verschaffen, von einer auf freiem Felde errichteten Batterie, die Festung beschossen.

Der Preussische Obrist von Tempelhoff ließ nach zehen Uhr des Nachts die Batterien auffahren. Es war ausserordentlich finster und regnete stark. Um elf Uhr befahl der General von Clairfait, daß mit dem Bombardieren der Anfang sollte gemacht werden. Wegen der dichten Finsterniß konnte die Entfernung, in welcher sich die Batterien von der Stadt befanden, nicht richtig bestimmt werden. Man war der Stadt näher, als man zu seyn glaubte. Die Bomben thaten daher der Stadt keinen Schaden, sondern gingen alle über dieselbe weg. Als die Belagerten dieß bemerkten, antworteten sie nur schwach, und zuletzt gar nicht mehr.

Sobald am folgenden Tage, am 22. August, der Tag anbrach, befahl der General von Clairfait den Truppen, sich zurück zu ziehen, damit dieselben nicht, weil sie sich ohne alle Bedeckung auf dem freien Felde befanden, dem Kartätschenfeuer allzusehr ausgesetzt seyn möchten. Zwischen fünf und sechs Uhr des Morgens fing das Bombardement von neuem an. Es wurden ungefähr 280 Bomben in die Stadt geworfen, welche jetzt alle trafen, und große Verheerung anrichteten. Es fing an mehreren Orten an zu brennen, den Einwohnern ward bange, sie liefen zum Kommendanten und baten ihn, die Festung zu übergeben. Dieser willigte ein, und am 23. August wurde die Festung Longwy den vereinigten Kaiserlichen und Preussischen Truppen übergeben.

Die Besatzung, welche aus zwei Bataillonen Bürgersoldaten und einem Bataillon Linientruppen bestand, zog am 23. aus der Stadt. Die Preussischen Truppen fanden bei ihrem Einzuge die Festungswerker in sehr schlechtem Zustande. Auf dem Walle, der beinahe gar keine Brustwehr hatte, standen die Soldaten sowohl, als das Geschütz, beinahe ganz unbedeckt, und an mehreren Orten war die Contrescarpe eingefallen.

In der Stadt wurde von den Befehlshabern der vereinigten Armeen alles wieder auf den Fuß gestellt, wie es im Jahre 1788 gewesen war. Der Bürgermiliz nahm man die Gewehre weg, und dankte sie nachher ab. Der Graf von Provence besuchte den König von Preussen zu Longwy, und wurde von den Einwohnern mit einem lauten Freudengeschrei aufgenommen. Den großen Vorrath von Kriegsmunition, welcher in der Stadt gefunden wurde, theilten die Oesterreicher und Preussen unter sich; jedoch so, daß alle Kanonen und Mörser den Preussen blieben.

Bei Longwy blieb die vereinigte Armee bis zum 28. stehen, ohne weiter vorzurücken. Man erwartete die Korps des Landgrafen von Hessen-Kassel und des Fürsten von Hohenlohe.

Die Nachricht von dem Verluste der Festung Longwy verursachte zu Paris große Bestürzung. Am 26. August erhielt die Nationalversammlung den ersten Bericht davon. Sogleich stand der Jakobiner Hr. Jean de Bry auf, und hielt eine heftige Rede. Frankreich, sagte er, wäre von einer Verbündung despotischer Fürsten angegriffen; es stünde allein; es wäre ohne alle Bundesgenossen; es befände sich dem zufolge in einer außerordentlichen, bedenklichen Lage, welche auch außerordentliche Mittel erfordere. Er schlug daher vor: daß, auf Befehl der Versammlung, ein Korps von 1,200 Mann errichtet werden sollte, deren Geschäft darin bestehen müßte, den Anführern der feindlichen Heere, vorzüglich den

Königen und Fürsten, auf den Leib zu rücken, und diesel:
ben zu ermorden. Dieß Korps sollte das Korps der
Tyrannenmörder genannt, seine Mitglieder sollten
unter die vier Frankreichischen Armeen vertheilt, und
jedem dieser Mörder sollte ein Gehalt von zwei tausend
Livres ausgesetzt werden.

Dieser schändliche Vorschlag wurde von der Ver:
sammlung mit enthusiastischem Beifallklatschen aufge:
nommen. Mehrere Mitglieder erklärten sogar, daß sie,
sobald die Sitzungen der Versammlung ein Ende haben
würden, die Ehre haben wollten, sich bei diesem Korps
einschreiben zu lassen, und unter demselben zu dienen.
Nur Vergniaud widersetzte sich: "Ich will nicht un:
tersuchen," sprach er, "ob dieser Vorschlag gut ist; daß
er es ist, wissen wir alle. Ich will auch nicht untersu:
chen, ob es uns zukomme, die Mühe über uns zu neh:
men, die Völker von Tyrannen zu befreien, von denen
sie unterdrückt werden. Aber haben wir nicht Repressalien
zu fürchten? Wird man nicht ein Korps von Gene:
ralsmördern gegen uns errichten, wenn wir ein Korps
von Tyrannenmördern errichten? Euer Beschluß wird
die Folge haben, daß Eure eigenen Generale zuerst er:
mordet werden."

Dieser Einwurf schien wichtig zu seyn: die Ver:
sammlung nahm daher den bereits gefaßten Beschluß
wieder zurück, und verwies den Vorschlag des Herrn
Jean de Bry an einen Ausschuß zur näheren Unter:
suchung.

Es ist empörend, und beweist den höchsten Grad
der Verdorbenheit der Sitten, daß der Versammlung
der Gesetzgeber Frankreichs ein solcher Vorschlag, den
Mord gesetzmäßig zu machen, vorgelegt werden durfte;
noch empörender aber ist es, daß dieser schändliche Vor:
schlag mit dem größten Beifalle aufgenommen wurde,

und ohne den Einwurf eines einzigen Mitgliedes zum Gesetz erhoben worden wäre.

Wie ganz anders handelten, in einem ähnlichen Falle, die Römer, mit denen sich die Frankreicher von ihren Schmeichlern so gerne vergleichen lassen. Als die Römer Krieg mit dem Könige Pyrrhus führten, da bot der Arzt des Pyrrhus dem Römischen Feldherrn an, daß er, gegen eine Belohnung, den König vergiften wolle. Sogleich schrieben diese Feldherren den folgenden Brief:

"Cajus Fabricius und Quintus Aemilius,
"die beiden Römischen Konsuls, entbieten dem
"Könige Pyrrhus ihren Gruß."

"Es scheint Du verstehst Dich schlecht auf Freun»
"de sowohl, als auf Feinde. Dieses wirst Du selbst zu»
"geben, wenn Du den Brief gelesen haben wirst, wel»
"chen man uns geschrieben hat: denn Du wirst aus
"demselben ersehen, daß Du mit rechtschaffenen und
"wohldenkenden Leuten Krieg führest, und daß Du
"treulosen Bösewichtern dein ganzes Zutrauen schenkest.
"Nicht etwa bloß aus Liebe zu Dir geben wir diese
"Nachricht, sondern aus Liebe zu uns selbst, damit nicht
"Dein Tod Gelegenheit gebe uns zu verleumden; und da»
"mit man nicht glauben möge, wir hätten zu der Ver»
"rätherei unsere Zuflucht genommen, weil wir es für
"unmöglich gehalten hätten, den gegenwärtigen Krieg
"durch unsern Muth glücklich zu Ende zu bringen."

So handelten die Römer: nunmehr lasset uns se»
hen, wie die Engländer handeln.

Als der Admiral Rodney im Jahre 1780 bei St. Vincent mit der Spanischen Flotte focht und dieselbe gänzlich schlug; da strich der Spanische Admiral, Don Juan de Langara, nicht eher die Flagge, als bis sein Schiff, der Phönix, gänzlich zusammen» geschossen war. Der Engländische Schiffskapitain, vor welchem er strich, der Kapitain Macbride, welcher das Schiff le Bienfaisant kommandirte, hielt es für unrecht, auch in ein feindliches Schiff eine ansteckende Krankheit überzubringen, die auf seinem Schiffe herrschte. Er ließ also sagen: es wäre eine bösartige Blatternkrankheit am Borde seines Schiffes, und er erböte sich, die Spanischen Kriegsgefangenen am Borde des Phönix zu lassen, um sie nicht, wenn er dieselben zu sich herüber nähme, der Ansteckung auszusetzen. Er verlasse sich, setzte er hinzu, auf das Ehrenwort des Admirals, daß derselbe diese Erlaubniß auf keine unrechtmäßige Weise zu mißbrauchen gesonnen sei. Der Vorschlag ward mit Freude und Dankbarkeit angenommen, und die Bedingungen wurden pünktlich erfüllt. a)

So führen gesittete Nationen Krieg! Von einem Kriege, durch feige Meuchelmörder geführt, hat die wiedergebohrne Frankreichische Nation das erste Beispiel gegeben. — Der Feind muß überwunden, und zu schaden außer Stand gesetzt, aber er darf nicht durch Banditen heimtückisch aus dem Wege geschafft werden.

Die Versammlung beschloß: daß ein jeder Einwohner einer belagerten Stadt, der von Uebergabe sprechen würde, mit dem Tode bestraft werden sollte.

Nachher ließ die Versammlung die folgende Proklamation bekannt machen:

"An diejenigen Frankreicher, welche die
"Abtheilung von Paris, und die benach-
"barten Abtheilungen bewohnen."

"Bürger. Die Festung Longwy ist übergeben, oder ausgeliefert worden. Die Feinde rücken vor. Viel-

---

a) Ramsay history of the American Revolution. T. 2. p. 206.

leicht hoffen sie überall Verräther zu finden; allein sie irren sich. Unsere Armeen sind voller Unwillen über diese Niederlage, und ihr Muth wird nur noch größer. Bürger, Ihr seyd nicht weniger unwillig; das Vaterland ruft Euch. Brechet auf! Die Nationalversammlung ersucht die Abtheilung von Paris, und die benachbarten Abtheilungen, sogleich 30,000 bewaffnete und ausgerüstete Männer zu liefern.

Am folgenden Tage (27. August) übersandte der Kriegsminister Servan der Versammlung die Abschrift eines Briefes, welchen er an den General Luckner wegen der Einnahme von Longwy geschrieben hatte Dieser Brief lautete folgendermaßen:

„Ich bin eben so aufgebracht, als Sie, Herr Marschall, über die Feigherzigen, oder Verräther, welche den Feinden Longwy übergeben haben. Wie ist es möglich, daß eine Besatzung von 2,300 Mann, in einer guten, mit Allem versehenen, Festung die Waffen hat niederlegen können, ohne eine Belagerung zu erwarten, ohne in ihren Verschanzungen eine Bresche zu sehen? Dieß sind keine, von dem Geiste der Freiheit belebte, Frankreicher; es sind Niederträchtige. Ich denke, Herr Marschall, Sie werden nicht gesäumt haben, ein Kriegsgericht niederzusetzen, um die Schuldigen zu verurtheilen. Diese müssen das Leben schmählich verlieren, welches sie ehrenvoll vertheidigen, oder ruhmvoll zum Besten ihres Vaterlandes einbüßen konnten. Frankreich muß zu gleicher Zeit ihre Strafe und ihr Verbrechen erfahren. Diese Strafe muß den Feigen Muth einflößen, und dem Frankreichischen Namen Genugthuung verschaffen." "Servan."

Die Einwohner von Saarlouis schrieben an die Versammlung: „Die Feinde sind nur noch Eine Stunde von unserer Stadt entfernt. In wenig Tagen werden wir den Donner ihrer Kanonen hören, und bald erwarten wir belagert zu werden. Aber unsere Besatzung sowohl, als die Einwohner unserer Stadt, sind soweit davon entfernt, den Bewohnern von Longwy nachahmen zu wollen, daß wir entschlossen sind, uns lieber in Stücke hacken zu lassen, als die Stadt zu übergeben."

Dieser Brief wurde von der Versammlung mit dem lautesten Beifallklatschen aufgenommen. Moore, welcher bei dieser Gelegenheit in der Versammlung gegenwärtig war, machte eine sehr richtige Bemerkung: "Man muß gestehen," sagt er, daß dieses Volk eine „glückliche Gabe hat, die Dinge in einem vortheilhaften „Lichte zu sehen, da es sich über den wirklichen Ver„lust einer Stadt trösten läßt, wenn eine andere ver„spricht, sich besser zu vertheidigen." a)

Am 29. August erschienen einige Soldaten der Besatzung von Longwy vor den Schranken der Versammlung, um zu berichten, daß sich diese Festung genöthigt gesehen hätte, sich zu übergeben. Dabei beschwerten sie sich über ihre Offiziere sowohl, als über die vereinigten Armeen, und sagten: sie wären in großer Gefahr gewesen, von den Deutschen niedergesäbelt zu werden, ungeachtet der Kapitulation, vermöge welcher man ihnen alle kriegerische Ehrenbezeugungen versprochen hätte.

a) Moore Journal T. I. p. 148.

„Recht so!" riefen ihnen einige Mitglieder zu, „Ihr verdienet so behandelt zu werden."

„Was," erwiederten die Soldaten, „was vermochte eine Besatzung von zwei tausend Mann gegen sechzig tausend?„

„Sterben! Sterben!" riefen einstimmig die Mitglieder der Versammlung.

Am 31. August beschloß die Versammlung in Rücksicht auf Longwy folgendes:

1. „Sobald die Stadt Longwy wieder in der Gewalt der Frankreichischen Nation seyn wird, so sollen alle Häuser, ausgenommen die der Nation zugehörigen Gebäude, geschleift und zerstört werden."

2. „Die Einwohner von Longwy sind von jetzt an auf zehen Jahre lang des Rechts eines Frankreichischen Staatsbürgers beraubt."

3. „Der Kommendant einer jeden Stadt, die belagert und bombardirt wird, ist berechtigt, das Haus eines jeden Staatsbürgers niederreißen zu lassen, der den Vorschlag thun möchte, die Stadt zu übergeben, um dem Bombardement zu entgehen."

Die Nationalversammlung, welche einsah, daß die schändliche und grausame Art, mit welcher die tapfere Schweizerwache, auf ihren Befehl, oder wenigstens mit ihrer Einwilligung, war behandelt worden, die Helvetischen Staaten höchst unwillig machen würde, statt alles anzuwenden, um das gute Vernehmen mit den Helvetischen Staaten wieder herzustellen, hielt es für besser, mit denselben ganz außer aller Verbindung zu seyn. Auf Brissots Vorschlag erfolgte daher, am 20. August, das folgende Dekret:

1. „Die Regimenter, der Schweizer und ihrer Bundesgenossen, welche sich gegenwärtig im Dienste Frankreichs befinden, sollen aufhören in diesem Dienste zu seyn."

2. „Der vollziehenden Gewalt wird aufgetragen, im Nahmen der Frankreichischen Nation, den Helvetischen Kantonen ihre Erkenntlichkeit, für die von ihnen in den Frankreichischen Armeen geleisteten Dienste, zu bezeugen."

3. „Da die Nationalversammlung den Schweizern einen Beweis ihrer Achtung geben will, so beschließt sie, daß diejenigen Schweizer, welche bisher der Frankreichischen Nation gedient haben, und welche in Frankreichische Regimenter, oder Legionen, eintreten wollen, aller der Rechte theilhaftig seyn sollen, welche den Frankreichischen Staatsbürgern bewilligt werden."

4. „Der vollziehenden Gewalt wird aufgetragen, den Helvetischen Kantonen die Gesinnungen Frankreichs kund zu thun, und mit denselben alle Verbindungen der Freundschaft, der Brüderschaft, der Handlung und der guten Nachbarschaft, zu unterhalten, so wie es dem Vertrage vom 28. Mai 1777 angemessen ist."

Die Versammlung beschloß am 22. August: daß die Kolonien ebenfalls Stellvertreter bei der Nationalkonvention haben sollten: und zwar: der Frankreichische Theil von St. Domingue, 18; die Insel Guadeloupe, 4; Martinique, 3; Ste. Lucie, 1; Tabago, 1; das Frankreichische Guyana, 1; die Insel Bourbon in Ostindien, 2; Isle de France, 2; und die übrigen Niederlassungen jenseits des Vorgebirges der guten Hoffnung, 2.

Ferner

Ferner wurde beschlossen: daß von dem prächtigen, Ludwig dem Vierzehnten zu Ehren errichteten, steinernen Triumphbogen, das Thor St. Denis genannt, alle Sinnbilder und Aufschriften sollten weggenommen, und statt derselben die Erklärung der Menschenrechte daran angeschlagen werden.

Am 23. August erschien eine Gesandtschaft des Pariser Bürgerrathes, begleitet von einigen Föderirten, vor den Schranken der Nationalversammlung. Diese Kerle verlangten: daß die zu Orleans sitzenden Staatsgefangenen sobald als möglich nach Paris gebracht, und daselbst abgethan werden sollten. Sie drohten zugleich der Versammlung, daß sie das Volk aufwiegeln wollten, wenn diese Bitte nicht sogleich gewährt würde. "Wird das Schwert des Gesetzes," sagte der Redner, "noch länger zurück gehalten, so will es das Volk in seine eigene Hand nehmen, und selbst Gerechtigkeit handhaben: das Volk läßt nicht mit sich scherzen; und wenn man es noch länger anstehen lassen will, die Gefangenen zu bestrafen, so wird dasselbe sich selbst Recht zu verschaffen wissen."

Diese drohende Sprache des Pariser Bürgerrathes bewirkte doch soviel, daß zwei Tage nachher, am 25., Gensonne, im Nahmen der außerordentlichen Kommission, einen Bericht über den Gerichtshof zu Orleans, und über die Ursachen seiner Saumseligkeit, abstatten mußte, worauf die Versammlung einen Beschluß abfaßte, vermöge welches die Prozedur beschleunigt werden sollte.

Die Güter der Herren la Fayette, Lameth, u. s. w. wurden zum Besten des Nationalschatzes eingezogen.

Am 26. wurde, auf den Vorschlag der außerordentlichen Kommission, der folgende Beschluß gefaßt:

"Da die Nationalversammlung in Erwägung zieht, daß diejenigen Männer, welche, durch ihre Schriften und durch ihren Muth der Sache der Freiheit gedient, und der Befreiung der Völker vorgearbeitet haben, von einer Nation, welche durch ihre Kenntnisse und ihren Muth frei geworden ist, nicht als Ausländer angesehen werden können; in Erwägung, daß ein fünfjähriger Aufenthalt in Frankreich hinreicht, um einem Ausländer das Recht eines Frankreichischen Staatsbürgers zu erwerben, und daß auf dieses Recht Diejenigen einen weit größeren Anspruch haben, welche, was für ein Land sie auch bewohnen mögen, ihre Arme und ihre Nachtwachen dazu anwenden, die Sache der Völker gegen den Despotismus der Könige zu vertheidigen, Vorurtheile von der Erde zu verbannen, und die Schranken der menschlichen Kenntnisse weiter hinaus zu rücken; in Erwägung, daß, obgleich es nicht erlaubt ist zu hoffen, die Menschen dereinst in den Augen des Gesetzes, so wie in den Augen der Natur, nur Eine Familie, nur Eine Verbindung ausmachen zu sehen, die Freunde der Freiheit und der allgemeinen Brüderschaft dennoch einer Nation, welche feierlich jeder Eroberung entsagt, und ihren Wunsch mit allen Völkern Brüderschaft zu stiften kund gethan hat, nichts desto weniger theuer seyn müssen; in Erwägung endlich, daß, zu der Zeit, in welcher eine Nationalkonvention das Schicksal Frankreichs bestimmen, und vielleicht das Schicksal des Menschengeschlechts vorbereiten wird, es einem großmüthigen und freien Volke zukommt, jede Erfahrung herbei zu rufen, und das Recht, zu dieser großen Handlung der Vernunft mitzuwirken, solchen Männern zu übertragen, welche, durch ihre Kenntnisse, ihre Schriften und ihren Muth, sich desselben so vorzüglich würdig gezeigt haben: In Erwägung dieser Gründe erklärt die Versammlung, daß sie das Recht Frankreichischer Staatsbürger den folgenden Männern zugestehe:

Joseph Priestley (Geistlicher und Naturforscher in England).

Thomas Payne (ein Amerikaner, Damenschneider und Verfasser vieler aufrührischer Schriften).

Bendham (ein Engländischer Rechtsgelehrter).

Wilberforce (Mitglied des Großbrittannischen Parlaments, und beredter Vertheidiger der Neger).

Clarkson (ein Engländer und Vertheidiger der Neger).

Mackintosch (Doktor der Arzneiwissenschaft zu London, und Burkes berühmter Gegner).

David Williams (ein Engländer, dessen Verdienste unbekannt sind).

Gorani (ein Italiener, vormals Graf, nachher Frankreichischer Bürger, jetzt wieder Graf).

Anacharsis Cloots (der verrückte Redner des Menschengeschlechts).

Campe (Edukationsrath zu Braunschweig).

Kornelius Paw (berühmter Schriftsteller, und Kanonikus zu Xanten).

Pestalozzi (ein Schweizerischer Schriftsteller).

Washington (der Präsident des Kongresses der vereinigten Nordamerikanischen Staaten).

Hamilton (ein Schottländer, nachmaliger Präsident der berüchtigten Brittischen Konventicul).

Matthison (der bekannte Deutsche Dichter).

Klopstock (der bekannte Dichter).

Kosziusko (General der Pohlnischen Insurgenten).

Schiller (Professor der Geschichte zu Jena).

An demselben Tage, am 26. August, gab die Versammlung ein unmenschliches Dekret gegen die Priester, dessen wesentliche Verfügungen folgende sind:

1. "Alle Geistliche, welche dem, durch das Gesetz vom 26. Dezember 1790 und vom 17. April 1791 vorgeschriebenen, Eide unterworfen sind, und denselben nicht geleistet haben, oder welche diesen Eid zwar geleistet, aber ihn nachher zurück genommen, und bei dieser Zurücknehmung beharret haben, sollen gehalten seyn, innerhalb acht Tagen den Bezirk sowohl, als die Abtheilung, in welcher sie sich aufhalten, zu verlassen, und innerhalb vierzehn Tagen das Königreich zu meiden. Diese Zeitbestimmungen werden von dem Tage der Bekanntmachung des gegenwärtigen Dekretes an gerechnet."

2. "Dem zufolge soll sich ein jeder von ihnen vor dem Direktorium oder dem Bürgerrathe des Bezirkes, in welchem er sich aufhält, stellen, und daselbst erklären, in welches fremde Land er sich begeben wolle. Dann soll ihm sogleich ein Paß gegeben werden, in welchem seine Erklärung, eine Beschreibung seiner Person, der Weg den er zu nehmen gehalten seyn soll, und die Zeit, in welcher er außer dem Königreiche seyn muß, enthalten seyn wird."

3. "Nach dem verflossenen Zeitraume von vierzehn Tagen, welcher oben vorgeschrieben worden ist, sollen diejenigen Priester, welche den Eid nicht geleistet, und den obigen Verfügungen nicht gehorcht haben, nach dem Frankreichischen Antheile von Guyana gebracht werden. a) Die Aufseher der Bezirke sol-

---

a) Also in ein wildes, unangebautes Land des südlichen Amerika, wo es an Wohnungen, Lebensmitteln, und überhaupt an allen zum Leben nothwendigen Bedürf-

len sie gefangen nehmen, und, von Brigade zu Brigade, bis zum nächsten von denjenigen Seehäfen bringen lassen, die ihnen von dem vollziehenden Staatsrathe werden angezeiget werden. Auch soll der Staatsrath Befehl ertheilen, die, zu der Transportirung der genannten Geistlichen nöthigen, Schiffe so schnell als möglich auszurüsten."

4. "Ein jeder Geistlicher, der in dem Königreiche bleiben würde, nachdem er sich erklärt daß er dasselbe verlassen wolle und einen Paß erhalten hat, oder ein jeder, der zurückkommen würde, nachdem er das Königreich verlassen hat, soll zu einer zehenjährigen Gefängnißstrafe verdammt werden."

5. "Die Aufseher der Bezirke sollen gehalten seyn, dem Minister der Innern Angelegenheiten, durch die Aufseher der Abtheilungen, alle vierzehen Tage ein Verzeichniß derjenigen Geistlichen ihres Bezirkes zu übersenden, welche das Königreich verlassen haben oder transportirt worden sind; und der Minister der Innern Angelegenheiten soll gehalten seyn, diese Verzeichnisse der Nationalversammlung mitzutheilen."

Am 28 August erschien der Justizminister Danton vor der Versammlung. Er hielt eine Rede im Nahmen des vollziehenden Staatsrathes. Es sei, sagte er, eine sehr übertriebene Furcht, wenn man glaube, nunmehr den Feind schon in dem Inneren des Reiches zu sehen, weil Longwy weggenommen sei. Hätten die Kommissarien der Versammlung den Planen des Staatsrathes nicht entgegen gearbeitet, so würde Kellermanns Armee sich schon mit der des Dümouriez vereinigt haben. Diese beiden Armeen wären bereit, über

nissen gänzlich mangelt. Eine solche Verbannung ist schlimmer als der Tod: aber so verfährt der atheistische Fanatismus!

ben Feind herzufallen, sobald sich derselbe im Innern Frankreichs würde blicken lassen. Nun komme es nur noch darauf an, daß man zu Paris eine genaue Haussuchung anstelle, um zu erfahren, ob nicht vielleicht irgendwo bei verdächtigen Leuten Waffen versteckt wären.

Die Versammlung nahm den Vorschlag mit großem Beifalle auf, und beschloß:

1. "Alle Bürgergerichte sollen berechtigt seyn, Hausuntersuchungen anzustellen, um Waffen zu entdecken, so wie auch ein Verzeichniß der unnützen, und zum Kriege tauglichen, Pferde aufzunehmen."

2. "Alle Bürgergerichte sind berechtigt, verdächtigen Personen die Waffen wegzunehmen, und diese Waffen den Vertheidigern des Vaterlandes zu geben."

3. "Jede Verbindung zwischen Paris und den übrigen Abtheilungen soll völlig wieder hergestellt werden."

4. "Die Versammlung trägt sechs aus ihrer Mitte genommenen Kommissarien auf, sich in diejenigen Abtheilungen zu verfügen, welche Paris zunächst umgeben, um die Werbung der Bürger zu beschleunigen."

Ferner wurde beschlossen, daß derjenige Theil des sogenannten rothen Buchs, welcher Ludwig den XV betraf, und welcher, wie oben ist gemeldet worden, von der konstituirenden Versammlung, aus Achtung für den König, versiegelt gelassen worden war, entsiegelt und gedruckt werden solle.

Um das Volk aufzuwiegeln und dasselbe in seinem Königshasse immer mehr zu bestärken, ließen die Häupter der Jakobiner Abgüsse von Gyps eines Brustbildes des Brutus in großer Menge verkaufen und austheilen. Das Original, von welchem diese Abgüsse genommen wurden, hatte der König aus Rom kommen

laſſen, als der Mahler David von ihm den Auftrag
erhielt, die Hinrichtung der Söhne dieſes alten Barbaren vorzuſtellen. a). Brutus ſah in dieſem Bruſt-
bilde wild und grauſam aus, und trug einen langen
und dicken Bart.

Abgüſſe dieſes Brutus wurden in allen Häuſern,
beinahe in allen Zimmern, aufgeſtellt. Einen der erſten Abgüſſe überbrachte Manuel am 27 Auguſt nach
dem Jakobinerklubbe, und hielt dabei folgende Rede:
„Hier, hier muß der Fall aller Könige, der Fall Lud-
„wigs des Letzten, zubereitet werden: hier muß daher
„auch das Bildniß dieſes großen Mannes aufgeſtellt
„werden, welcher zuerſt laut den Wunſch geäußert hat,
„die Erde von Königen zu reinigen. Meine Herren,
„ſehet den Brutus an: er wird Euch beſtändig daran
„erinnern, daß Ihr, um gute Staatsbürger zu ſeyn,
„jederzeit bereit ſeyn müſſet, alles, was Euch am
„theuerſten iſt, ſelbſt Eure Kinder, für das Wohl des
„Vaterlandes hin zu geben. Bedenket nur, daß wenn
„ſich jetzt auch nur Ein Brutus in der Nationalver-
„ſammlung findet, Frankreich gerettet iſt, weil es
„dann keine Könige mehr haben wird. Wir müſſen
„alſo alle ſchwören, und ich ſelbſt leiſte dieſen Eid zu-
„erſt: daß, in welcher Lage ich mich auch befinden
„mag, alle meine Bemühungen jederzeit den wichtigen
„Zweck haben werden, die Erde von der Peſt, Königs-
„thum genannt, zu reinigen."

Kaum hatte Manuel dieſe Worte geſprochen, als
alle Hände in die Höhe fuhren, und alle Jakobiner
laut und vernehmlich den folgenden Eid leiſteten: „Ich
„verſpreche vor Gott und meinem Vaterlande, daß
„ich, in welcher Lage ich mich auch befinden mag, alle
„meine Kräfte anwenden werde, um die Erde von dem
„Königthume zu reinigen."

a) *Peltier* dernier tableau de Paris T. 2. S. 98.

Hierauf wurde Brutus zum Schutzpatron des Klubbs erkläret, und beschlossen, allen verbündeten Jakobinergesellschaften denselben Eid vorzuschreiben.

Am 28 August ward, auf Dantons Vorschlag, der oben angeführte Beschluß gefaßt, daß alle Häuser durchsucht werden sollten, um verdächtige Personen und versteckte Waffen in denselben zu entdecken und wegzuführen. Sobald Danton der Nationalversammlung diesen Beschluß abgenöthigt hatte, übersandte er denselben seinem Freunde Robespierre, welcher damals in dem Pariser Gemeinderathe den Vorsitz führte. Robespierre nahm diese Nachricht mit großer Freude auf, und schritt sogleich zur Vollziehung dieser schrecklichen Maasregel, welche ganz Paris in Bestürzung setzte, alle Gefängnisse anfüllte, und allen Wohldenkenden und Rechtschaffenen gefährlich wurde. Noch an demselben Tage, an welchem die Versammlung den Beschluß gefaßt hatte (am 28 August) wurden gegen vier Uhr des Abends die Thore der Stadt Paris verschlossen, es ward der Generalmarsch geschlagen, und allen Einwohnern der Stadt angekündigt, daß sie sich um sechs Uhr des Abends in ihren Wohnungen befinden müßten. In den Straßen zog bewaffnete Mannschaft hin und her, damit Niemand entwischen könne.

Die auf diesen Tag folgende Nacht, in welcher die Haussuchungen vorgenommen wurden, war über alle Beschreibung schrecklich. Die ungeheure Stadt Paris, auf deren Straßen es unaufhörlich von Menschen wimmelte, wo Kutschen, und Miethwagen, und Sänften, und Fuhrwerke aller Art, sich unaufhörlich begegneten, unaufhörlich sich kreuzten, und durch ihr Hin und Herrollen das betäubte Ohr unaufhörlich erschütterten; diese ungeheure Stadt war jetzt plötzlich, an einem der schönsten Sommerabende, menschenleer und in eine Todtenstille versetzt. a) Man sah, außer den wachthabenden Soldaten und den Streifwachen, keinen Menschen in den Straßen; man hörte kaum den Laut einer menschlichen Stimme. Alle Kramläden waren verschlossen, und jeder erwartete zitternd, in seiner Wohnung, was Robespierre mit seinen Spießgesellen über ihn verhängen würde. Wer von den Streifwachen nach acht Uhr in den Straßen angetroffen ward, der wurde von ihnen angehalten und gemißhandelt. Eine Menge furchtsamer Personen, Edelleute, welche befürchteten, daß man sie für verdächtig halten möchte, und Geistliche, welche von der blutdürstigen Wuth der Jakobiner gegen sie tausend Beweise hatten, versteckten sich in Häusern, Gärten und Scheunen, so gut sie konnten, so gut die Kürze der Zeit und die Gelegenheit des Ortes es zuließ. Der Bruder legte sich zu seiner Schwester ins Bette, weil er vermuthete, daß man ihn dort gewiß nicht suchen werde; der fromme Geistliche brachte die Nacht in der Wohnung eines Freudenmädchens zu, aus eben dem Grunde. Unter den Dächern, auf den Böden, in Kloaken, Kaminen und Abtritten versteckten sich die unglücklichen Pariser, um der Wuth ihrer Mitbürger zu entgehen. Einige ließen sich in verborgene Schränke verschließen; andere krochen in enge Oeffnungen der Mauern, und ließen nachher die Oeffnung mit Brettern zunageln; andere verbargen sich im Bette zwischen zwei Matrazen; noch andere nahmen in leere Fässer ihre Zuflucht, nicht ohne Angst und Furcht daß sie dennoch entdeckt werden möchten. b) Die Jakobiner fanden bei diesen Haus-

a) *Peltier* dernier tableau de Paris. T. 2. S. 226. *Moore* Journal T. I. S. 161. 166 der deutschen Uebersetzung.
b) *Peltier* S. 227. 228.

suchungen wenig versteckte Waffen, aber mehr als drei tausend Personen wurden von ihnen, als verdächtig, nach den Sektionen, und von da größtentheils nach den Gefängnissen gebracht; auch wurden von den Trabanten des Pariser Bürgerrathes aus vielen Häusern der Reichen und Vornehmen große Schätze an Geld und Geldeswerth mitgenommen und gestohlen.

Die Tyrannei, mit welcher der Pariser Bürgerrath über Paris herrschte, die Gewaltthätigkeiten welche er täglich verübte, und die Frechheit mit welcher sich derselbe sogar die Dekrete der Nationalversammlung und die Befehle des Ministers Roland zu vollziehen weigerte, erweckten endlich gegen ihn einen allgemeinen Unwillen, welcher noch mehr zunahm, als man bei dem Bürgerrathe ein Bestreben bemerkte, unabhängig von der Nationalversammlung zu herrschen, und zwar über ganz Frankreich zu herrschen; denn der Bürgerrath der Stadt Paris sandte, eben so gut als die Nationalversammlung, eigenmächtig Kommissarien nach allen Theilen Frankreichs, mit unumschränkten Vollmachten zu plündern und einzukerkern. Die Pariser Schriftsteller, die von dem Bürgerrathe sehr gedrückt wurden (indem der Verkauf aller Schriften, welche Grundsätze enthielten, die mit den blutdürstigen Gesinnungen eines Marat, Robespierre und Danton, nicht übereinstimmten, verboten war) diese Schriftsteller erhoben zuerst ihre Stimmen gegen die Tyrannei desselben. Girey Dupré, Verfasser eines Journals, welches vormals Brissot geschrieben hatte, des Patriote François, schrieb gegen Robespierre und seine Spießgesellen in einem heftigen Tone. Der Bürgerrath zitirte ihn vor seine Schranken, um Abbitte zu thun. Allein der junge Schriftsteller weigerte sich zu erscheinen, und verwies in einem langen Briefe

dem Bürgerrathe das Gesetzwidrige seines Verfahrens. Nunmehr sandte Robespierre seine Trabanten den Girey Dupre in Verhaft zu nehmen. Dieser gehorchte nicht, sondern verließ sein Haus und beklagte sich bei der Nationalversammlung am 30 August über den Bürgerrath. Dazu kamen, an demselben Tage, noch andere Klagen, von einigen Sektionen der Stadt Paris, von mehreren Mitgliedern der Versammlung, und von Roland, dem Minister der innern Angelegenheiten. Die Herren Gensonne, Vergniaud and Choudieu, sprachen in sehr starken Ausdrücken gegen den Bürgerrath. Der Letztere sagte: "Der Bür-
"gerrath zerstört alle Einrichtungen; er hindert Alles,
"was geschehen soll. Schon haben mehrere Sektionen
"der Stadt Paris über sein Daseyn, welches nicht gesetz-
"mäßig ist, Beschwerden geführt: denn er besteht bloß
"aus Kommissarien, welche den Auftrag hatten, wegen
"der Begebenheiten des zehnten Augusts einige Maasre-
"geln zu nehmen. Diese Kommissarien haben sich nun
"selbst eigenmächtig in einen Bürgerrath verwandelt; sie
"haben den Maire (Pethion) suspendirt; sie geben tyran-
"nische Befehle, und suchen Alles in Verwirrung zu
"stürzen."

Zufolge dieser Klage beschloß die Nationalversammlung: daß der, seit dem 10 August versammelte, vorläufige Bürgerrath kassirt seyn solle: daß innerhalb vier und zwanzig Stunden ein neuer, ebenfalls vorläufiger, aber nur aus 120 (nicht wie der jetzige aus 288) Personen bestehender Bürgerrath gewählt werden solle; daß der Maire, der Prokurator der Gemeinde, nebst einigen andern Mitgliedern des vor dem 10 August sitzenden Bürgerrathes, ihre Stellen solange wieder antreten sollten, bis der neue Bürgerrath gewählt seyn würde; und daß die bewaffnete Macht der Stadt Paris von Niemand, als von dem Maire, abhängig seyn sollte. Sobald die Nationalversammlung diesen Beschluß gefaßt hatte (am 30 August um zehen Uhr Vormittags) wurde derselbe sogleich nach dem Rathhause gesandt, woselbst der Bürgerrath unter dem Vorsitze des Robespierre versammelt war. Robespierre widersetzte sich der Nationalversammlung, weigerte sich dem Beschlusse derselben zu gehorchen, und wurde in dieser Weigerung von den übrigen Mitgliedern des Bürgerrathes unterstützt. Er erklärte geradezu, daß der Bürgerrath seine Kräfte gegen die Nationalversammlung versuchen müßte; denn er sah voraus, daß die Mitglieder der Nationalversammlung, deren Schwäche und Feigherzigkeit ihm bekannt war, nachgeben würden, sobald sie Widerstand sähen.

Am folgenden Tage (am 31 August) fand man an den Ecken aller Straßen der Stadt Paris große gedruckte Blätter angeschlagen, die mit dem Nahmen Marat unterzeichnet waren, und worin das Volk aufgefordert wurde, den Befehlen der Nationalversammlung nicht zu gehorchen, und die Herren Brissot, Guadet, Condorcet u. s. w. zu züchtigen, das heißt umzubringen. Pethion, welcher, als Maire, das Dekret der Versammlung hätte vollziehen sollen, fürchtete sich vor den Dolchen der Spießgesellen des Robespierre. Er erschien vor den Schranken der Versammlung; entschuldigte den Bürgerrath sowohl, als alle empörenden Handlungen desselben; bat um Gnade und um Zurücknahme des abgegebenen Dekretes; und appellirte von der Versammlung an das Volk. Gleich nachher erschien ein anderes Mitglied des Bürgerrathes, der berüchtigte Tallien, vor den Schranken, hielt dem Bürgerrathe eine Lobrede, und machte der Versammlung bekannt, wie derselbe beschlossen habe, dem Dekrete der Versammlung nicht zu gehorchen, sondern seine Sitzungen auch fernerhin, so wie bisher, fort zu halten. Zugleich kündigte man an: daß sich eine große Menge Volks vor dem Saale befände, welches gekommen wäre um die Bitte des Gemeinderathes zu unterstützen. Die erschrockne Nationalversammlung nahm ihren Beschluß zurück, und verwies die Sache aufs Neue an den Ausschuß der ein und zwanzig zur nähern Untersuchung. — Auf diese Weise siegte die Rotte des Robespierre und Marat über die feigherzigen Stellvertreter der Nation! Gegen den Willen der Nationalversammlung blieb der Pariser Bürgerrath im Besitze der Gewalt, deren er sich angemaßt hatte.

Nach diesem Siege gieng Marat in seiner Frechheit so weit, daß er in seinen Blättern öffentlich die Nothwendigkeit predigte, einem Manne, den er bald Diktator, bald Tribun zu nennen vorschlug, die ganze Gewalt der Regierung zu übertragen, vorzüglich aber die Gewalt, die Köpfe der Feinde des Vaterlandes nach Gutdünken abzuschlagen. "Wie! meine Mitbürger," schrieb er, "vierzehn Jahrhunderte lang habt Ihr unter dem Joche der Könige, der verworfensten und verachtungswürdigsten Menschen, gelebt; und nun wollet Ihr Euch nicht auf acht Tage lang der Herrschaft des tugendhaftesten Mannes unterwerfen, damit er Eure Rache leite?" — Der Mann welchen Marat an die Spitze von Frankreich zu stellen wünschte, war sein Busenfreund Robespierre.

Der Bürgerrath suchte indessen auf alle Weise sich der Gunst des Pöbels zu versichern, weil von dem Beistande des Pöbels seine ganze Macht abhing. Er ließ am 27 August ein Fest, zu Ehren der, am zehenten August bei den Thuillerien gefallenen, Patrioten feiren. Zwischen fünf und sechs Uhr des Abends ging der Bürgerrath, in Begleitung einer unzählbaren Menge Volkes, von dem Rathhause nach den Thuillerien. Voraus wurde ein schwarzes Panner getragen, auf welchem mit weißen Buchstaben geschrieben stand: "Von dem dank= "baren Vaterlande den abgeschiedenen Sei= "stern der in Vertheidigung der Freiheit Gefallenen gewidmet." Dann folgte, von schwarz= gekleideten Männern und Weibern getragen, auf einer Bahre, die, den Jakobinern so verhaßte, Bittschrift vom 17 Julius 1792. a) Nachher erschien ein, von Och= sen langsam gezogener, Trauerwagen, um welchen eine Menge Weihrauchs verbrannt wurde. Der Wagen war mit den Föderirten und Marseillern umgeben, die bloße Schwerter trugen, welche mit Eichenlaub umwunden waren. Einer dieser Föderirten hielt ein Panner, auf welchem geschrieben stand: "Schwester, Mütter, Gat= "tinnen, weinet über den Verlust Derjenigen, die durch "Verräther sind gemordet worden: wir, wir schwören, "sie zu rächen." Nachher folgten die Bildsäulen des Gesetzes, der Freiheit; des Brutus wie er seinen Sohn hinrichten ließ; und Wilhelm Tells, wie er, auf Befehl des Landvogts Geißler, seinem Sohne den Apfel vom Kopfe schoß. Vor dem Schlosse der Thuillerien war, über dem großen Bassin, eine, mit Inschriften gezierte, Pyramide errichtet. Um neun Uhr des Abends, bei an= brechender Nacht, kam der Zug in den Thuillerien an, ging rund um die Pyramide herum, legte am Fuße der= selben Bürgerkronen und Lorbeerkränze nieder, und hörte in feierlicher Stille einer, von dem berühmten Gossec komponirten, Todtenmusik zu. Mit einer Rede, welche der Schauspieldichter Chenier an das Volk hielt, wurde die Feierlichkeit beschlossen.

Nach der Einnahme von Longwy, dessen Einwoh= ner den Grafen von Provence mit den lautesten

a) Man sehe den achten Band.

Freudensbezeugungen aufgenommen hatten, setzte die vereinigte Armee unter den Befehlen des Herzogs von Braunschweig ihren Marsch weiter fort. Am 28 August besetzte sie den kleinen Ort Etain, am 29 marschierte sie in drei Kolonnen bei Pillon vorbei, und am 30 stand sie vor Verdün. Die Hitze war sehr stark, und die Soldaten wurden durch die beiden starken Märsche von Longwy nach Verdün sehr entkräftet. Aus der Festung wurde auf die vereinigten Truppen geschossen, jedoch ohne Erfolg. Am 31 wurden Batterien aufgeworfen, und Anstalten zu einem Bombardement getroffen, nachdem der Kommendant die Uebergabe verweigert hatte, mit den Worten: daß er eher umkommen, als die Festung übergeben wollte. Das Lager wurde an einer Anhöhe, St. Michel genannt, eine halbe Stunde von Verdün aufgeschlagen, so daß die Anhöhe zwischen der Stadt und dem Lager lag, und man aus dem Lager die Stadt nicht sehen konnte. Die ungewöhnliche Hitze, der Mangel an gutem Wasser, die starken Märsche und andre Ursachen, veranlaßten unter der vereinigten Armee eine epidemische Ruhr, welche sich sehr schnell verbreitete, von welcher nur wenige befreit blieben, und an welcher viele starben. Die Gegend wo das Preußische Lager stand, war sehr romantisch. An dem rechten Flügel desselben schlängelte die Maas sich vorbei, und rings herum standen Weinberge, deren unreife Trauben die Soldaten in Menge genossen, wodurch die Krankheit, an welcher sie bereits litten, noch zunahm. Es kam die Nachricht in das Preußische Lager: Luckner wäre im Anmarsche, um Verdün zu entsetzen; allein Luckner kam nicht, sondern zog sich wieder nach Metz zurück.

Von den Bomben und Granaten, welche in die Stadt fielen, zündeten einige. Am folgenden Morgen, am 1 September, ließ der Herzog von Braunschweig mit dem Feuern einhalten und sandte einen Major in die Stadt, um dieselbe aufs Neue zur Uebergabe aufzufordern. Die furchtsamen Bürger waren geneigt dazu, und als der Major zurück ritt, riefen einige derselben von den Wällen: "Hoch lebe der König!"

Hierauf versammelte sich in der Stadt der Bürgerrath auf dem Rathhause, und beschloß, den Kommendanten zu bitten, daß er kapituliren und die Stadt den Preußen übergeben möge. Beaurepaire, der Kommendant, eilte, sobald er von dieser Berathschlagung Nachricht erhielt, nach dem Rathhaus, und suchte den versammelten Bürgerrath zu überreden, daß er von seinem Vorhaben abstehen, und eine Belagerung aushalten möchte. Der Bürgerrath blieb unbeweglich auf seiner Meinung, und fest entschlossen, die Stadt den Preußen zu übergeben. Als Beaurepaire sah, daß alle seine Vorstellungen fruchtlos blieben, zog er eine Pistole aus der Tasche, und erschoß sich in Gegenwart des versammelten Bürgerrathes. Jetzt wurde die Stadt durch Kapitulation übergeben. Mit fliegenden Fahnen und klingendem Spiele zog die Besatzung aus, und die Preußen rückten ein. Die Ruhr nahm indessen unter den Truppen der vereinigten Armeen mehr und mehr überhand.

An eben dem Tage, am ersten September, nahm das Korps des Generals Clairfait die Stadt Stenay in Besitz.

In den eroberten Städten wurden alle, seit der Revolution gemachte, Einrichtungen aufgehoben, und die ganze Regierungsform wieder auf den Fuß gesetzt, wie dieselbe im Jahr 1788, vor der Revolution, gewesen war. Ein großer Theil der Einwohner war zwar hiemit sehr unzufrieden: allein sie mußten der

Gewalt

Gewalt nachgeben. Indeß gieng der heimliche Groll doch zuweilen in Thätlichkeiten über; so wurde, z. B. zu Verdün, ein Preußischer Officier des Nachts von einem patriotischen Meuchelmörder auf der Straße erschossen.

Es ist indessen doch nicht zu leugnen, daß ein großer Theil der Nation, der Unruhen müde, die Herstellung der Dinge auf den alten Fuß sehnlichst wünschte und verlangte. Eine Menge Thatsachen beweisen dieß. Da man aber an der Aechtheit derselben zweifeln möchte, so will ich, statt aller Beweise, zwei Aktenstücke hier einrücken, welche hinlänglich sind, um die Wahrheit meiner Behauptung außer Zweifel zu setzen.

Die Gemeinde zu Audün le Tiche, dem ersten Orte, durch welchen das Korps der ausgewanderten Frankreicher in Frankreich eindrang, sandte den Französischen Prinzen eine Gesandtschaft ihrer angesehensten Einwohner entgegen, welche die Prinzen mit Jauchzen, mit dem Geschrei: "Hoch lebe der König! "Hoch lebe der Graf von Provence! Hoch lebe der "Graf von Artois!" empfieng, und nachher die folgende, von allen angesehenen Einwohnern unterzeichnete, Bittschrift überreichte: a)

"An Ihre Königliche Hoheiten, die Französischen Prinzen."

"Prinzen."

"Sie sehn zu Ihren Füßen die Deputation der Gemeinde von Audün le Tiche, welche kommt, um Ihnen ihr lebhaftes Vergnügen über die Ehre auszu-

a) Correspondance originale des Emigrés, T. I. p. 362.

drücken, die Sie ihr dadurch erweisen, daß Sie diesen Ort gewählt haben, um Ihre Rückkunft nach Frankreich zu bewerkstelligen. Möge dieses Glück, Prinzen, der genannten Gemeinde den süßen Trost verschaffen, Ihren Hoheiten die ehrfurchtsvollste Huldigung der aufrichtigsten Ergebenheit an den tugendhaftesten Monarchen darzubringen, so wie auch ihrer gänzlichen Unterwürfigkeit unter alle Gesetze, die Seine Majestät künftig geben möchte."

"Diese Gemeinde, deren Sitten eben so rein sind als ihre Gesinnungen, hat sich niemals verleugnet. Wenn sie sich zuweilen vergessen hat; wenn sie sich widerspänstig bezeigt, und Grundsätze angenommen hat, die ihrem Gewissen und ihrer Rechtschaffenheit widerstritten: so muß ihr heutiges Stillschweigen ihr zu Gunsten sprechen, und Ihnen ein Beweis der lebhaftesten Reue über den begangenen Fehler seyn."

"Wenn diese aufrichtige Reue, verbunden mit dem wirklichen Vorsatze der Besserung, Ihre weiche Seele rühren kann: so will unser Kirchspiel von der Gewogenheit des Königs und Ew. Königl. Hoheiten, welche sie verehrt und liebt, eine Verzeihung erbitten, deren Andenken ihr jederzeit eine Erinnerung an ihren vorigen Fehler seyn wird. Eine so großmüthige Verzeihung, Prinzen, wird diesem Dorfe, wenn es dieselbe erhält, einen Schutz zusichern, dessen es um so viel mehr bedarf, da es durch die Bewegungen dieses ungerechten Krieges zum Theil zerstört ist, und welchen es ganz allein dem Ruhme zu verdanken haben wird, den sich zwei Helden, zwei großdenkende Prinzen, erwerben werden, für den glücklichen Fortgang deren Waffen die Einwohner ohne Aufhören den Höchsten anrufen wollen, damit er sie mit seinen Segnungen überschütte."

Eben so war auch die ganze Stadt Longwy gesinnt. Die Einwohner derselben bezeugten nicht nur durch lauten Jubel ihr Vergnügen über die Ankunft der Prinzen innerhalb ihren Mauern, sondern sie überreichten auch freiwillig dem älteren Bruder des Königs die folgende Bittschrift:

"Seiner Königl. Hoheit, Monsieur, dem
Bruder des Königs."

"Die angesehenen Einwohner der Stadt Longwy wissen die Großmuth des Anführers der vereinigten Armeen Ihrer Majestäten des Kaisers und des Königs von Preußen zu schätzen; sie haben erfahren, was für schändliche Anschläge kürzlich gegen den Thron sind gemacht worden; ihnen ist bekannt, daß die Genehmigung, welche der König mehreren Dekreten der Nationalversammlung ertheilt hat, erzwungen worden ist; ihr Gewissen sagt ihnen, daß sie sich nichts vorzuwerfen haben; und sie nehmen sich die Freiheit Ew. Königl. Hoheit ihr wahres Glaubensbekenntniß vorzulegen."

"Seit dem Anfange dieser stürmischen Revolution haben sie es mit keiner Faktion gehalten. Sind sie, durch Gewalt und Ueberraschung, zuweilen verführt worden: so haben sie doch aus allen Kräften Gewaltthätigkeit und Aufruhr verhindert. Der schönste Beweis, den sie davon geben können, besteht darin, daß in dem ganzen Bezirke ihrer Gerichtsbarkeit niemals jene traurigen und schrecklichen Vorfälle sich ereignet haben, durch welche andere Provinzen zu der Zeit sind betrübt worden, als außerordentliches Unglück die Prinzen, und mit ihnen die Kraft des Staates, das Vaterland zu verlassen nöthigte; als aufrührische Schriften, die überall ausgestreut wurden; einen un-

glücklichen Einfluß auf die Meinung hatten; als die
innerliche Zwietracht durch eine Parthei genähret wur,
de, die um so viel gefährlicher war, weil sie den gro,
ßen Haufen gegen die Rechtschaffenen und Tugend,
haften bewaffnet hätte: da blieben die Einwohner der
Stadt Longwy und der umliegenden Gegend beständig
den Grundsätzen der Eintracht, der Unterwürfigkeit
und der wahren Monarchie, ergeben. Indessen ist es
wahr, daß zuweilen einige Drohungen, einige Ge,
waltthätigkeiten ihnen Stillschweigen auferlegt haben:
allein seit heute fangen sie erst an, der wahren Frei,
heit zu genießen, da sie über alle die außerordentlichen
und unerhörten Begebenheiten ernsthaft nachdenken,
welche Verbrechen, Mordthaten und Mordbrennereien,
zu Paris sowohl, als in dem größten Theile von
Frankreich, veranlaßt haben. Sie sind überzeugt, daß
Frankreich ohne die königliche Gewalt in ihrer größten
Ausdehnung, in gänzlicher Souverainetät, nicht beste,
hen kann; sie sind ferner überzeugt, daß Ludwig der
Sechszehnte, unser erhabener Souverain, der beste und
verleumdetste unter allen Königen ist; sie sind gegen die
Unruhestifter aufgebracht, welche ein abscheuliches Ma,
jestätsverbrechen begingen, als sie sich seiner Person be,
mächtigten, und ihn der Wuth des Pöbels bloß stellten."

"Sie versprechen feierlich Sr. Königl. Hoheit, daß
die Stadt Longwy, nebst der umliegenden Gegend, je,
derzeit Ludwig den Sechszehnten, König von Frankreich
und Navarra, als ihren alleinigen und einigen Oberher,
ren ansehen, und sich seinem Willen gänzlich unterwer,
fen will. 2) Flehet sie Se. Königl. Hoheit an, ihr bei
Sr. Maj. zum Beschützer dienen zu wollen, und Ihm
zu versichern, daß sie an den Thätlichkeiten und an den
Greueln aller Art, deren Kannibalen sich schämen wür,
den, keinen Antheil nimmt. 3) Da sich die Nachricht

verbreitet, Ludwig der Sechszehnte werde grausamer
Weise in einem Thurme des Tempels, so wie vermals
der König Johann in England, gefangen gehalten: so
untersuchen die Unterschriebenen, im Nahmen der ganzen
umliegenden Gegend, auf das dringendste und inbrün=
stigste, Se. Königl. Hoheit, die Regentschaft von Frank=
reich anzutreten; sich von dem Volke und den Armeen in
dieser Eigenschaft anerkennen zu lassen; und einen
Staatsrath von verständigen, aufgeklärten und tugend=
haften Männern, welche fähig sind Ordnung und Wohl=
fahrt im Staate wieder herzustellen, um sich zu versam=
meln. Dieß ist ihr herzlicher Wunsch. Diesem Beispie=
le werden, ohne Zweifel, die übrigen Städte des König=
reiches nachfolgen. Hoch lebe Ludwig der Sechszehnte,
unser gute König! Hoch lebe der Vater der Frankrei=
cher!" a)

"Longwy am 29. August 1792.

(Hier folgen die Unterschriften.)

Man kann nicht annehmen, daß die Einwohner
von Longwy aus Zwang, oder aus Furcht vor den Emi=
grirten, diese Bittschrift überreicht hätten. Nichts we=
niger wie das. Longwy war von der Preußischen Ar=
mee eingenommen, es stand unter Preußischem Schutze,
und die Emigrirten hätten sich nicht unterstehen dürfen,
die mindeste Gewaltthätigkeit an den Einwohnern zu ver=
üben: es bleibt also gewiß, daß die wahren Gesinnungen
der Einwohner in der vorstehenden Bittschrift enthalten
waren, und daß es damals ganze Städte und Dörfer in
Frankreich gab, die mit der Revolution unzufrieden wa=
ren und die vorige Regierung wieder zurück wünschten.
Man erkläre diese sonderbare Erscheinung wie man auch
will, wegleugnen läßt sie sich wenigstens nicht.

a) Corréspondance originale des Emigrés. T. I. p. 254.

Die Nachricht von den schrecklichen Begebenheiten welche zu Paris am 10. August vorgefallen waren, wurden von den Frankreichischen Provinzen mit sehr verschiedenen Empfindungen aufgenommen. Achtzehn bis zwanzig Abtheilungen Frankreichs billigten alles, was vorgefallen war, und sandten der Nationalversammlung Glückwünschungsschreiben darüber zu; die übrigen schwiegen theils stille, theils mißbilligten sie laut' das grausame Verfahren gegen die königliche Familie; z. B. die Abtheilungen der Ardennen; des Aisne; der Somme; der unteren Seine; des Unterrheins, wo der Maire Dietrich zu Strasburg den größten Einfluß hatte; und des Oberrheins. Die Abtheilung des Oberrheins erließ eine Zuschrift an ihre Mitbürger, in welcher es hieß: "Bürger. Das Vaterland ist in "der größten Gefahr; aber Ludwig der Sechszehnte ist "gut und gerecht; er wird daher das öffentliche Zutrauen "wieder erhalten. Wir wollen der Konstitution unabän"derlich ergeben bleiben; wir wollen das Königthum auf"recht erhalten, und die Nationalversammlung nebst "dem konstitutionsmäßigen Könige vertheidigen. Der "Feind ist vor unseren Thoren; behaltet Kaltblütigkeit "und Muth, und vereinigt Euch um uns."

In ganz Europa erweckte die Nachricht von der Einkerkerung der königlichen Familie und der Ermordung ihrer getreuen Diener, Bestürzung und Abscheu. Zufolge dieser Nachricht versammelte sich zu London am 17. August ein außerordentlicher Staatsrath. Die Herren Pitt, Dundas, Lord Hawkesbury und der Herzog von Richmond, wohnten der Versammlung bei. Nach geendigter Sitzung dieses Staatsrathes ging ein Eilbothe nach Paris an den Engländischen Gesandten, Lord Gower, ab, welcher dem Gesandten den Befehl überbrachte, Paris sogleich zu verlassen, und nach London zurück zu kehren. Das, von dem Eilbothen dem Lord Gower überbrachte, Schreiben war folgenden Inhalts:

"Schreiben des Hrn. Staats-Sekretairs Dundas an den Grafen Gower, Engländischen Gesandten in Frankreich."

"Whitehall am 17. August 1792."

"Mylord."

"In der Abwesenheit des Lords Grenville habe ich Ihre letzte Depesche erhalten, und dieselbe dem Könige vorgelegt. Nachdem der König erfahren hatte, wie weit die Unruhen in Paris gegangen wären, und was für klägliche Folgen dieselben gehabt hätten, ist Se. Maj. höchst betrübt geworden, theils wegen der Zuneigung, welche der König von jeher für die Personen Ihrer Allerchristlichsten Majestäten gehabt hat, und wegen des Antheils, den Er immer an dem Wohlsein derselben genommen hat; theils wegen Seines Wunsches, daß ein Reich, mit welchem Er in gutem Vernehmen steht, ruhig und glücklich bleiben möge."

"Da es scheint, daß, in der gegenwärtigen Lage der Dinge, die Vollziehung der ausübenden Gewalt den Händen Sr. Allerchristl. Maj. ist entzogen worden, und daß die Beglaubigungsbriefe, deren sich Ew. Excellenz bisher bedient haben, nun nicht länger gültig seyn können: so hat Se. Maj. dafür gehalten, daß Sie nicht länger zu Paris bleiben sollen, sowohl aus dem angeführten Grunde, als auch deßwegen, weil dieser Schritt dem Könige, den Grundsätzen der Neutralität, die Er bis jetzt beobachtet hat, am angemessensten zu seyn scheint. Der Wille des Königs ist also, daß Sie jene Stadt verlassen, und nach England zurück kehren sollen, sobald Sie Sich die nöthigen Pässe werden verschaffen können."

"In allen Unterredungen, die Sie vor Ihrer Abreise noch haben möchten, werden Sie Sorge tragen, Sich auf eine Weise auszudrücken, die den Gesinnungen gemäß sei, welche Ihnen hier mitgetheilt werden; und überhaupt werden Sie bei jeder Gelegenheit erklären: "daß, obgleich der König die Absicht hat, den "Grundsätzen der Neutralität, in allem was die Einrichtung der inneren Regierung Frankreichs betrifft, "getreu zu bleiben, Er dennoch von diesen Grundsätzen nicht abzugehen glaubt, wenn Er auf alle nur "mögliche Weise seine Besorgniß für die persönliche "Lage Ihrer Allerchristlichsten Majestäten und der königlichen Familie ausdrückt." Der König erwartet mit dem lebhaftesten Verlangen, daß Seine Hoffnungen in dieser Rücksicht nicht werden getäuscht werden; daß jene Personen keine Gewaltthätigkeit zu befürchten haben, welche unstreitig in allen Ländern Europens den allgemeinen Unwillen rege machen müßte."

"Ich habe die Ehre zu seyn, u. s. w."
"Heinrich Dundas."

Der Engländische Gesandte theilte diese Note dem Minister der auswärtigen Angelegenheiten, Lebrün, mit, und erhielt die folgende Antwort:

"Note, in Antwort auf die, von dem Hrn. Grafen von Gower, Engländischem Gesandten, geschehene Mittheilung."

"Der unterzeichnete Minister der auswärtigen Angelegenheiten hat ohne Verzug dem vorläufigen vollziehenden Staatsrathe den Brief mitgetheilt, welchen Se. Excellenz, der Hr. Graf von Gower, Gesandter Sr. Großbritt. Maj. ihm zugesandt hat.

"Der Staatsrath hat mit Bedauern gesehen, daß
das Brittische Kabinett sich entschließt einen Minister
zurück zu berufen, dessen Hiersein für die günstigen
Gesinnungen einer freien und großmüthigen Nation
bürgte, und der niemals etwas anders, als freund-
schaftliche Worte und wohlwollende Gesinnungen auszudrücken den Auftrag erhalten hatte. Gäbe es etwas,
was dieses Bedauern vermindern könnte, so wäre es
die erneuerte Versicherung der Neutralität, welche
England der Frankreichischen Nation gibt."

"Diese Versicherung scheint das Resultat der
weislich überlegten und von Sr. Großbritt. Maj.
förmlich ausgedrückten, Absicht zu seyn: "sich in die
"innere Einrichtung der Frankreichischen Geschäffte
"nicht zu mischen." Eine solche Erklärung darf man
wohl von einem aufgeklärten und stolzen Volke erwarten, welches zuerst den Grundsatz, daß die Nation
der Souverain sei, anerkannt und festgesetzt hat; welches die Herrschaft der Gesetze, das heißt den Ausdruck des allgemeinen Willens, an die Stelle der Launen des besonderen Willens gesetzt, und das Beispiel
gegeben hat, die Könige selbst diesem heilsamen Joche
zu unterwerfen; welches überhaupt dafür gehalten
hat, daß die Freiheit, welcher es so viel Ruhm und
Wohlfahrt verdankt, durch lang anhaltende gewaltsa-
me Bewegungen und durch heftige Stürme nicht zu
theuer erkauft sei."

"Dieser Grundsatz, von der unveräußerlichen
Souverainetät des Volkes, wird sich jetzt auf eine
glänzende Weise in der Nationalkonvention zeigen, deren Zusammenberufung der gesetzgebende Körper beschlossen hat, und welche alle Partheien und alles besondere Interesse in seine Schranken zurückweisen
wird. Die Frankreichische Nation hat Ursache zu hof-

fen, daß das Brittische Kabinett in diesem entscheidenden Zeitpunkte die Gerechtigkeit, die Mäßigung, und die Unpartheilichkeit, welche dasselbe bisher gezeigt hat, nicht verleugnen werde."

"In dieser völligen Zuversicht, die sich auf Thatsachen gründet, erneuert der Unterzeichnete Sr. Exzellenz, dem Grafen von Gower, im Nahmen des vorläufigen Staatsrathes, die Versicherung, welche er die Ehre gehabt hat Ihm mündlich zu ertheilen: daß die Handlungsverbindungen sowohl, als überhaupt alle Geschäffte, von Seiten der Frankreichischen Regierung, mit derselben Genauigkeit und derselben Aufrichtigkeit wie vorher werden unterhalten werden. Der Staatsrath erwartet, daß die Brittische Regierung völlig eben so verfahren werde, und daß also nichts das gute Vernehmen, welches zwischen beiden Völkern herrscht, stören werde."

"Der Minister der auswärtigen Angelegenheiten."

"Lebrün."

Am 27. August verließ der Großbrittannische Gesandte mit seiner Familie Paris.

Der Holländische Gesandte, Hr. Lestevenon de Berkenrode, wurde ebenfalls zurück berufen, und verließ Paris bald nachdem der Großbrittannliche Gesandte diese Stadt verlassen hatte.

Zu Regensburg hatte die Annahme des Frankreichischen Gesandten, Hrn. Caillard, Schwierigkeit gefunden, weil, wie bereits oben ist erzählt worden, a) sein Beglaubigungsschreiben nicht in der gehörigen Form abgefaßt war. Er erhielt hierauf ein zweites Beglaubigungsschreiben von Paris, welches

a) Man sehe den achten Band.

die hergebrachte Form hatte. Da aber verschiedene Umstände die Annehmung dieses Schreibens verhinderten, und die Begebenheiten des zehenten Augusts vorfielen, ehe dasselbe noch hatte übergeben werden können: so war nunmehr, nach der Bestürzung und dem Abscheu, welche die Nachrichten von jenen schrecklichen Begebenheiten zu Regensburg, so wie überall, verbreiteten, eine Anerkennung des Frankreichischen Gesandten gar nicht mehr möglich; man erklärte ihm vielmehr von Seiten des Reichstags, daß er Regensburg verlassen müsse, welches auch bald nachher geschah.

Der Spanische Gesandte zu Paris, der Ritter d'Yriarte, trat am 24. August seine Rückreise nach Spanien an.

Zu Koppenhagen überreichte der Gesandte des Königs von Frankreich, Hr. de Vibraye, am 24. August, als an dem Tage, an welchem die Nachricht von den zu Paris vorgefallenen Greueln zu Koppenhagen ankam, dem Königl. Dänischen Ministerium die folgende Erklärung:

„Da der Unterzeichnete erfahren hat, daß die Königliche Gewalt durch den gesetzgebenden Körper ist suspendirt worden; so hat er, in Erwägung, daß er seine Stelle und seine Beglaubigungsschreiben von dem Könige, als erblichem Stellvertreter der Nation, erhalten hat, und in Erwägung, daß er der Nation, dem Gesetze und dem Könige, den Eid geleistet hat; die Ehre, Sr. Excellenz, dem Hrn. Grafen von Haxthausen, zu erklären, daß er glaubt, so lange die genannte Suspension dauern wird, keine Geschäffte als Frankreichischer Minister verrichten zu können."

„Koppenhagen am 24. August 1792."

„Vibraye."

Auf eine ähnliche Weise erklärte sich auch der Frankreichische Gesandte bei dem Schwäbischen Kreise, Hr. de Maisonneuve.

In der Schweiz war man über die schändliche Ermordung der rechtschaffnen und tapfern Schweizergarde durch den Pariser Pöbel und die Galeerensklaven von Marseille, im höchsten Grade aufgebracht. Vorzüglich groß war der Unwille und der Durst nach Rache im Kanton Bern, wo beinahe jede angesehene Familie einen zu Paris ermordeten Verwandten betrauerte.

Die königliche Familie wurde indessen in dem Gefängnisse des Tempels auf die grausamste Weise behandelt. Der sogenannte Tempel ist ein altes, großes, Gothisches Gebäude, welches vormals den Tempelherren gehörte, und wovon ein Theil vor der Revolution zu einer Wohnung für den Prinzen Conty eingerichtet gewesen war. In einem der Thürme dieses Gothischen Schlosses wurde jetzt die königliche Familie von dem Pariser Bürgerrathe gefangen gehalten und auf das strengste bewacht. Alle getreuen Diener des Königs wurden von ihm entfernt; einige Mitglieder des Bürgerrathes waren unaufhörlich in seinem Zimmer; Niemand erhielt Erlaubniß mit ihm zu sprechen; und alles, was ihm überbracht wurde, mußte durch ein Mitglied des Bürgerrathes überbracht werden. Alle Posten im Schlosse des Tempels und in der Nähe desselben wurden doppelt besetzt, und auf Befehl des Bürgerrathes wurden rund um den Tempel Festungswerke angelegt, Schanzen aufgeworfen, Graben gemacht, und Pallisaden gesteckt. Der König sah den Arbeitern zu. Er war so überzeugt, daß er aus diesem Gefängnisse bald auf das Schafot würde geführt werden, daß er zu wiederholten malen die unnöthigen

Ausgaben beklagte, welche diese Arbeiten erforderten, indem er, wie er sagte, nur kurze Zeit in diesem Gefängnisse bleiben würde. Er brachte die Zeit theils mit Lesen hin, theils mit dem Unterrichte, den er seinem Sohne, dem Dauphin, in der Geographie gab. Die Arbeiter sangen, um ihn zu kränken, Schmählieder auf den unglücklichen König und auf seine bedaurenswürdige Gemahlinn. Wenn er die Personen, welche zu seiner Wache bestimmt waren, etwas fragte, so erhielt er keine Antwort.

Die kleinste Gefälligkeit gegen die unglücklichen Gefangenen, erweckte Argwohn und Mißvergnügen bei den unmenschlichen Mitgliedern des Bürgerrathes. Einst warfen der Dauphin und die Kronprinzessinn sich im Garten einen Ball zu. Der König und die Königinn waren gegenwärtig. Der Ball flog so hoch auf die Mauer, daß die Kinder denselben nicht abreichen konnten. Ein wachehabendes Mitglied des Bürgerrathes, welches sich im Garten befand, lief dienstfertig herbei, und holte dem Prinzen den Ball herunter. Er wurde von seinen Mitbrüdern sehr darüber getadelt a).

In dem Gefängnisse selbst wurde die königliche Familie eben so grausam behandelt. Die Königinn ward mager und kränklich; der König mußte, wegen einer Krankheit, die ihm sein Gram zugezogen hatte, mehrere Tage das Bette hüten. Er verlangte einen Arzt, konnte aber seine Hüter nicht bewegen ihm einen zu senden. Eben so wenig konnte er, oder die Königinn, auch nach dem dringendsten Bitten, reine Wäsche erhalten. Der Venetianische Gesandte wollte, als er erfuhr daß die königliche Familie daran Mangel leide, Wäsche nach dem Gefängnisse senden, allein die Jakobiner drohten

---

a) Moore Journal. T. 1. S. 135. der deutschen Uebers.

ihm mit dem Laternenpfahle, wofern er sich unterstünde es zu thun. Um den König verächtlich zu machen, erdichteten die Jakobiner die gröbsten Unwahrheiten. Zu der Zeit, da er aus Gram in eine Krankheit verfallen war, schrieb Condorcet in seiner Zeitung: der König sei unbekümmert, er esse und trinke mit dem besten Appetit und übersetze den Horaz. Man erlaubte dem Könige nicht, mit der Königinn, oder mit seinen Kindern, anders, als in Gegenwart eines Mitgliedes des Bürgerrathes, zu sprechen. Ging der König mit seiner Gemahlinn spazieren, so ging der Wächter zwischen ihnen; wenn sie aßen, so setzte er sich zwischen sie. Des Nachts schlief jeder Gefangener allein in einem besonderen Zimmer. In jedem dieser Schlafzimmer hielten sich die ganze Nacht über vier Soldaten auf, welche man alle halbe Stunden abwechselte, damit sie nicht verführt würden. So oft die neue Wache kam, welche die alte ablösete, mußte sie erst wissen, ob auch der König und die Königinn noch vorhanden wären. Der Offizier rief daher, so wie er in das Zimmer trat: Herr Ludwig sind Sie in Ihrem Bette?" Bei der Königinn: "Madame Antoinette sind Sie in Ihrem Bette?" Diese Frage ward so lange wiederholt, bis dieselbe mit "Ja" beantwortet wurde. Das Essen, welches der königlichen Familie gebracht wurde, war sehr schlecht, und oft ganz ungenießbar. Sie erhielten keinen andern Wein, als den auch die Wache trank. Nach wiederholter Bitte um reine Wäsche, ließ endlich der Bürgerrath für den König und die Königinn sechs Hemder von grober Leinwand machen: auch versah man den König mit einem groben Ueberrocke, so wie er von den Bürgersoldaten getragen wurde. Die Bürgersoldaten, welche in den königlichen Gefängnissen die Wache hatten, aßen, tranken, sprachen, rauchten Taback und lärmten, als ob Niemand außer ihnen vorhanden wäre.

Ehe der Großbrittannische Gesandte, der Graf von Gower, Paris verließ, bat er um Erlaubniß von dem Könige Abschied nehmen zu dürfen. Man hielt es für unpolitisch, ihm diese Erlaubniß nicht zu bewilligen. Der Gesandte fuhr daher, mit Lady Sutherland, nach dem Gefängnisse des Tempels. Die Zusammenkunft war rührend. Der König weinte, seufzte, rang die Hände und sah gen Himmel: denn wegen seiner Wächter war ihm nicht vergönnt, seine Empfindungen in Worte auszudrücken. Lord Gower fand das Gefängniß sowohl, als alles in demselben vorhandene Geräthe, äußerst schlecht und schmuzig. Lady Sutherland hatte unvermerkt etwas reine Wäsche mitgebracht, welche sie der Königinn überreichte.

Zu allen diesen Kränkungen und Mißhandlungen der königlichen Familie, kam nun noch die schrecklichste von allen. Die treue Freundinn der Königinn, die Prinzessinn von Lamballe, welche freiwillig die Monarchinn in das Gefängniß begleitet hatte, wurde von ihr gerissen: und zwar geschah dieß, mit ausgesuchter Grausamkeit, mitten in der Nacht. Am 18 August kam, um zwei Uhr des Morgens, ein Trupp von Bürgersoldaten, weckte die königliche Familie aus dem Schlafe, und kündigte diesen erhabenen Gefangenen an: er hätte Befehl von dem Bürgerrathe, die Prinzessinn von Lamballe; Madame de Tourzel, die Gouvernantinn des Dauphin; die Tochter dieser Dame, und die vier Kammerfrauen der Königinn, die Damen Thibault, St. Brice, Basile und Navarre, wegzuführen. Sobald dieser Befehl den Gefangenen bekannt wurde, entstand ein unbeschreiblich rührender Auftritt. Die Königinn, die Prinzessinn Elisabeth, die Kronprinzessinn

und der Dauphin, brachen in ein lautes Jammergeschrei
aus, und nahmen von ihren treuen Freunden den zärt:
lichsten Abschied, mit unwillkührlicher Ahndung, daß
sie sich in diesem Leben nicht wieder sehen würden. Selbst
die Kerle, welche sich dazu gebrauchen ließen, den grau:
samen Befehl des Bürgerraths zu vollziehen, wurden
gerührt durch eine so zärtliche Anhänglichkeit, wie die,
welche zwischen der Königinn und der Prinzessinn von
Lamballe sich bei dieser Trennung zeigte. Diese Prinzes:
sinn, deren Schönheit und Liebenswürdigkeit ganz Pa:
ris bewunderte, wurde jetzt nach dem unreinlichsten und
ekelhaftesten Gefängnisse, nach dem Hotel de la
Force, gebracht.

"Es ist empörend," sagt Moore, Leute dieses
"Standes und Geschlechts so herab zu würdigen, und
"so grausam zu behandeln, deren größtes Verbrechen in
"der Anhänglichkeit an ihre Wohlthäter bestand." a)

Von dieser Zeit an befand sich die königliche Familie
gänzlich in den Händen ihrer Feinde. Auch nicht Eine
Person war um sie, die sie gekannt hätte, auf die sie sich
hätte verlassen können, oder die nicht mit Robespier:
re, Pethion, Danton und Manuel, einverstan:
den gewesen wäre.

Die Wuth, mit welcher man die königliche Familie
verfolgte, überstieg alle Gränzen. Vor der National:
versammlung wurde am 19 August eine Bittschrift vor:
gelesen, welche folgende Ausdrücke enthielt: "Alle Ge:
"meinschaft zwischen Ludwig dem XVI und seinem Weibe
"muß aufhören. Frankreich wird gerettet seyn, sobald
"diese Medicis der Seele des neuen Karls des Neunten
"ihre Wuth nicht länger einhaucht." b).

Die

a) Moore Journal T. 1. S. 84.
b) Moore Journal T. 1. S. 82.

Die folgende merkwürdige und zuverläßige Anek=
dote beweiset leider! nur zu sehr, wie grausam und
unmenschlich der König von seinem Feinde, dem nie=
derträchtigen Pethion, behandelt wurde.

Ein Einwohner von Paris hatte am 31 August ein
Geschäft bei dem Maire Pethion. Während der Un=
terredung wurde dem Maire ein Brief überreicht, den
er las, nachläßig auf den Tisch warf, und dem über=
bringenden Bedienten sagte: "Schon gut." Darauf
sprach er wieder über die vorige Angelegenheit, und
als er bemerkte, daß der Pariser von ungefähr seine
Augen auf den Brief warf, welcher offen auf dem Tische
lag, sagte Pethion: "Sie können ihn immer lesen."
Der König hatte eigenhändig den Brief geschrieben,
welcher buchstäblich lautete wie folgt:

"Dem Könige würde es sehr angenehm seyn,
wenn Herr Pethion den vor fünf Tagen an ihn
geschriebenen Brief beantworten wollte. Dieß
ist der letzte Tag im Monate, und der König
hat kein Geld erhalten, seine Ausgaben zu be=
streiten. Der König wird dem Hrn. Pethion
sehr verbunden seyn, wenn er ihn wissen lassen
will, wie viel er bekommen soll, und heute
noch antwortet."

"Ludwig." a)

Am 29 August stand ein Mitglied der National=
versammlung auf, und rief seinen Mitbrüdern zu:
"Glaubet mir, noch jetzt wacht eine Verschwörung zu
"Paris, deren kleinste Spur zu verfolgen Eure Pflicht
"ist. Die Wachsamkeit der Hüter des Tempels ist
"eingeschläfert. Die dortigen Gefangenen haben Mit=
"tel gefunden, mit den Verräthern zu Koblenz im

---

a) Moore Journal T. 2. S. 241.

"Briefwechsel zu stehen. Ist es nicht genug, daß je-
"nes grausame, jenes qualerfindende Weib, in seinem
"Kerker noch auf Mittel sinne, sich im Blute der
"Frankreicher zu baden? Ist es nicht genug, daß sie
"noch Athem holt? Soll sie auch das Vermögen haben,
"Netze gegen die Revolution aufzustellen? Benehmet
"ihr jedes Mittel ein Verständniß mit unseren Feinden
"zu unterhalten, und Ludwig der XVI. seiner schwer-
"fälligen Nichtigkeit überlassen, habe keinen anderen
"Umgang, als Schmach und Gewissensbisse! —
Diese niederträchtige Rede wurde von den Gallerien
mit lautem Beifallklatschen aufgenommen. a)

Die Fortschritte der vereinigten Armeen erweckte
indessen zu Paris große Bestürzung. Man fürchtete
den Herzog von Braunschweig nächstens vor den Thoren der Hauptstadt zu sehen, und es ward daher, um
das Volk zu beruhigen, der sonderbare Plan gemacht,
Paris zu befestigen, und Verschanzungen rund um diese ungeheure Stadt aufzuführen. Die Aufsicht über
diese Arbeiten wurde dem Hrn. de Belair aufgetragen, welcher vormals Offizier unter der Legion Mail-
lebois in Holland gewesen war. Mehrere Tage lang
arbeitete ganz Paris in der Ebene von St. Denis an
diesen Verschanzungen.

Panis, Robespierre, Marat, Tallien,
nebst den übrigen Mitgliedern des Bürgerrathes und
dem Minister der Gerechtigkeitspflege Danton, machten den Plan, alle in den Gefängnissen vorhandenen
Personen (deren Anzahl wegen der vorher gegangenen
Haussuchungen sehr groß war) ermorden zu lassen und
sich ihres Vermögens zu bemächtigen. Am 27 August
ließ sich Danton die Nahmensverzeichnisse aller, in

---

a) Moore Journal T. I. S. 158.

den Gefängnissen vorhandenen, Personen übergeben. Am 30 August begab sich Manuel nach dem Kloster der Karmeliten in der Straße Vaugirard, und besuchte die in diesem Kloster gefangen sitzenden Priester. Sie stellten vor, wie unbequem ihr Gefängniß sei, und baten inständigst, daß man sie, dem Dekrete der Nationalversammlung gemäß, bald außer Landes bringen möge. Manuel antwortete ganz kaltblütig: "Ich gebe Euch mein Ehrenwort, daß innerhalb acht Tagen Euer Schicksal entschieden seyn wird."

Am ersten September schrieb der Minister Roland einen Brief an alle Bürgergerichte Frankreichs, worin er heftig auf den gefangenen König schimpfte, das Schloß der Thuillerien eine neue Bastille nannte, und eine Lobrede auf die am zehenten August von dem Pariser Pöbel begangenen Greuel hielt. Zugleich erließen alle Minister gemeinschaftlich eine Proklamation an die Frankreichische Nation, in welcher sie sagten:

"Bürger. Es würde unnütz seyn, es Euch zu "verhelen, es würde Feigherzigkeit verrathen, sich "darüber zu wundern, und niemals kann es bei Frank= "reichern Furcht erwecken: die Gefahr nimmt zu, un= "sere Feinde setzen sich in Bereitschaft, ihre letzten wü= "thenden Streiche zu versetzen. Sie sind im Besitze "von Longwy; sie bedrohen Thionville, Metz "und Verdun; sie wollen sich einen Weg nach Paris "bahnen; und sie können hieher kommen. Welcher "unter Euch ergrimmt nicht bei diesem Gedanken, und "erhebt sich stolz mit einer gerechten Zuversicht auf sei= "ne Kräfte? Bürger! keine Nation auf der Welt er= "hielt ihre Freiheit ohne Kampf. Ihr habt Verräther "unter Euch. Ohne sie würde der Kampf bald vorbei "seyn: aber Eure thätige Aufsicht wird gewiß ihre Plane "vernichten. Seid einig und ruhig; überlegt kaltblü=

"tig, was Ihr für Mittel zu Eurer Vertheidigung
"habt; bedient Euch dieser Mittel mit Muth; dann
"ist Euch der Sieg gewiß."

"Roland, Servan, Claviere, Danton,
Monge, Lebrun."

Indessen verbreitete sich am ersten September
zu Paris das Gerücht, daß Verdün eingeschlossen
sei, und daß es sich nicht lange werde halten können.
Die Anhänger des Robespierre zerstreuten sich über
ganz Paris, und behaupteten, die Parthei Brissots
und die Minister Roland, Claviere und Lebrün,
wären mit dem Herzoge von Braunschweig einverstanden. Am Abende dieses Tages hielt Robespierre in
der Versammlung des Bürgerrathes eine Rede, worin
er sagte: "Wagt es denn Niemand, die Verräther zu
"nennen! Wohlan, ich will sie nennen, zum Besten
"des Volkes! Ich klage den Freiheitmordenden Brissot an, ich klage die Girondisten an, und die schändliche Kommission der Ein und zwanziger der Nationalversammlung. Ich klage sie an, Frankreich an
"Braunschweig verkauft, und die Belohnung für diese
"Niederträchtigkeit bereits erhalten zu haben. Er versprach diese Anklage am folgenden Tage zu beweisen.

In der Nacht des ersten Septembers versammelte
sich ein Ausschuß schändlicher Bösewichter, Mitglieder
des Pariser Bürgerrathes, bei dem Justizminister
Danton. Dieser Ausschuß machte den Plan zur Ermordung aller Gefangenen und bestimmte die Ausführung auf den folgenden Tag.

Am zweiten September erließ der versammelte Bürgerrath die folgende Proklamation:

"Bürger. Der Feind ist vor den Thoren von
Paris. Verdün, welches ihn aufhält, kann sich nicht

länger als acht Tage halten. Die Bürger, welche diese Stadt vertheidigen, haben geschworen, eher zu sterben, als sich zu ergeben; das heißt: sie machen mit ihren Körpern einen Wall vor Euch. Es ist Eure Pflicht, Ihnen zu Hülfe zu eilen. Bürger! marschirt sogleich mit Euren Fahnen; vereinigt Euch im Märzfelde; es müsse augenblicklich eine Armee von 60,000 Mann sich bilden. Lasset uns eilen, unter den Streichen des Feindes unser Leben zu verlieren, oder ihn unter unseren Streichen auszurotten."

Bald nachher erschien von dem Bürgerrathe die zweite Proklamation:

"Zu den Waffen, Bürger! zu den Waffen! Der Feind ist vor unseren Thoren."

"Da der Prokurator der Gemeinde die dringende Gefahr des Vaterlandes, die Verrätherei, welche uns bedroht, angekündigt hat, so wie auch den gänzlichen Mangel an Vertheidigungsmitteln der Stadt Verdun, welche jetzt der Feind belagert, und welche vielleicht innerhalb acht Tagen in seiner Gewalt seyn wird: so beschließt der Gemeinderath, daß:

1. "Die Thore sollen sogleich geschlossen werden."

2. "Daß alle Pferde, welche denen, die sich nach der Gränze begeben, Dienste leisten können, sogleich sollen in Verwahrung genommen werden."

3. "Daß alle Staatsbürger sich bereit halten sollen, bei dem ersten Signale zu marschiren."

4. "Daß alle Staatsbürger, welche, wegen Alters oder Krankheit, jetzt nicht marschiren können, ihre Waffen in ihren Sektionen niederlegen sollen, damit man mit denselben die ärmeren Bürger bewaffnen könne, welche bereit sind nach der Gränze zu eilen."

5. "Alle Verdächtigen sowohl, als diejenigen, die sich aus Feigherzigkeit weigern möchten zu marschieren, sollen entwaffnet werden."

6. „Vier und zwanzig Kommissarien sollen sich sogleich nach den Armeen begeben, um denselben diesen Beschluß anzukündigen, so wie auch in den benachbarten Abtheilungen, um die Bürger zu ersuchen, daß sie sich mit ihren Pariser Brüdern vereinigen, und gemeinschaftlich mit denselben gegen den Feind marschiren mögen."

7. „Der Militairausschuß soll ununterbrochen sitzen. Er soll sich auf dem Rathhause, in dem Saale, welcher vormals der Saal der Königinn genannt wurde, versammeln."

8. „Die Lärmkanone soll sogleich abgefeuert werden; der Generalmarsch soll sogleich in allen Sektionen geschlagen werden, um den Bürgern die Gefahr des Vaterlandes anzukündigen."

9. „Die Nationalversammlung sowohl, als die vorläufige vollziehende Gewalt, sollen von diesem Beschlusse Nachricht erhalten."

10. „Die Mitglieder des Bürgerrathes sollen sich sogleich nach ihren Sektionen begeben, daselbst die Verfügungen des gegenwärtigen Beschlusses ankündigen, ihren Mitbürgern die dem Vaterlande drohende Gefahr kräftig schildern, so wie auch die Verräthereien, welche uns umgeben und bedrohen. Sie sollen kräftig schildern, daß die Freiheit bedroht wird, daß das Französische Gebiet verletzt wird. Sie sollen vorstellen, daß alle Bemühungen unserer Feinde die Zurückbringung unter die schändlichste Sklaverei zum Zwecke haben, und daß wir, ehe wir dieses dulden, uns lieber unter den Trümmern unseres Vaterlandes begraben, und unsere

Städte nicht eher übergeben müssen, als bis dieselben in Aschenhaufen verwandelt sind.

11. „Der gegenwärtige Beschluß soll auf der Stelle gedruckt, bekannt gemacht, und angeschlagen werden."

„Huguenin, Präsident."
„Tallien, Sekretair".

Durch diesen Beschluß, und die Verfügungen, welche derselbe enthielt, wollte der Bürgerrath erst die ganze Stadt sowohl, als die Nationalversammlung und den vollziehenden Staatsrath, in Schrecken setzen, um die verabredeten Mordthaten desto leichter ausführen zu können. Manuel war dabei vorzüglich thätig, so wie auch der Maire Pethion.

Die Sitzung der Nationalversammlung an diesem wichtigen Tage fing damit an, daß sie ihr, vor einigen Tagen gegen den Bürgerrath abgegebenes, Dekret zurück nahm, und diesen Bürgerrath für rechtmäßig erkannte und bestätigte. Hierauf erschienen zwei Abgesandte eben dieses Bürgerrathes vor den Schranken, und berichteten: daß derselbe für gut gefunden habe, die Sturmglocken läuten und die Lärmkanonen abfeuern zu lassen; und daß alle Einwohner der Stadt Paris ersucht würden, sich auf dem Märzfelde zu versammeln, um gegen den Feind zu ziehen.

Dieser Beschluß wurde von der Versammlung, die sich aus Furcht allen Verordnungen des Bürgerraths unterwerfen mußte, mit lautem Beifallklatschen aufgenommen, und Vergniaud hielt eine Rede, durch welche er mit dem ganzen Feuer seiner Beredsamkeit die

Bürger zu bewegen suchte, dem Beschlusse des Bürgerrathes zu gehorchen.

Nunmehr erschien der Justizminister Danton, er, der die Befehle zur Ermordung einiger tausend unschuldiger Personen bereits ertheilt hatte. „Es ist," sprach er, „ein großes Vergnügen, für Minister die von dem Volke gewählt sind, wenn sie den Stellvertretern desselben ankündigen können, daß das Vaterland gerettet werden wird. Das ganze Reich wird dazu eben sowohl als die Hauptstadt beitragen. Verdün ist nicht erobert: seine Einwohner haben geschworen, denjenigen umzubringen, der von Uebergebung der Stadt sprechen würde. Alle Bürger müssen sich gegen den Feind auf den Weg machen. Die Pikenmänner allein sind hinreichend um die Hauptstadt zu vertheidigen. Ein jeder Bürger, der sich weigert zu marschiren, oder seine Flinte abzugeben, werde mit dem Tode bestraft. Der Mensch gehört dem Vaterlande, ehe er sich selbst gehört. Kläret das Volk auf. Es müsse wissen, daß die Sturmglocke, welche geläutet werden wird, kein Zeichen des Schreckens, sondern eine unumgänglich nothwendige Einladung ist, die Trabanten der Despoten zu vertilgen." — So sprach Danton. Er verlangte ferner, daß herumgehende Kommissarien sogleich ernannt werden sollten, um die Absichten der vollziehenden Gewalt zu befördern, und gemeinschaftlich mit derselben für das Beste des Vaterlandes zu arbeiten. Die Versammlung nahm diese Rede mit großem Beifallklatschen auf, und verwandelte alle Vorschläge des Justizministers in Dekrete. Es wurde dem zufolge Todesstrafe darauf gesetzt, wenn sich Jemand weigern würde, nach der Grenze zu marschren, oder seine Flinte abzugeben, falls dieselbe zum Besten des Vaterlandes von ihm gefordert werden sollte. Ferner wurde die Todesstrafe darauf gesetzt, wenn sich Jemand den Unternehmungen der vollziehenden Gewalt widersetzen sollte.

Um Ein Uhr Nachmittags kam der Justizminister Danton mit diesen Dekreten nach Hause. Sogleich versammelten sich bei ihm die übrigen Minister. Danton schlug die Personen vor, welche zu herumgehenden Kommissarien der vollziehenden Gewalt gewählt werden sollten. Es waren größtentheils Mitglieder des Pariser Bürgerrathes, anerkannte Bösewichter. Seine Kollegen billigten zwar diese Wahl nicht, sie waren aber so sehr in Furcht vor Danton und seinem Anhange, daß sie es nicht wagten, Einwendungen zu machen, oder ihm zu widersprechen. Alles was Danton verschlug, wurde angenommen. Dantons beide Sekretaire, Camille Desmoulins und Fabre d'Eglantine, waren ebenfalls äußerst thätig.

Um zwei Uhr Nachmittags wurden die Thore der Stadt geschlossen, a) die Lärmkanonen wurden abgefeuert, die Sturmglocke geläutet, und der Generalmarsch durch alle Straßen der Stadt geschlagen. Alle Leute zu Pferde, alle Wagen, alle Kabriolette und alle Miethwagen wurden angehalten. Die Pferde nahm man weg, und die Wagen ließ man in den Straßen stehen.

An den Thoren wurden mehrere Wagen angehal-

a) Ich bediene mich des Ausdrucks Thore der Stadt um der Deutlichkeit willen. Paris hat eigentlich keine Thore, sondern Schlagbäume (barières), deren Zahl, wenn ich nicht irre, zwei und funfzig ist.

ten, welche Priester enthielten, die zufolge des Beschlusses der Nationalversammlung, der ihnen, bei Strafe der Verbannung nach Guiana, befahl das Königreich zu verlassen, sich von Paris entfernen wollten. Man führte sie alle nach dem Gefängnisse der Abtei zurück. Hier kamen sie gegen drei Uhr Nachmittags an, und wurden von dem versammelten Pöbel ermordet, sobald sie aus dem Wagen gestiegen waren. Das Morden dauerte ungefähr eine Stunde lang, ohne daß sich von den konstitutionsmäßigen Obrigkeiten, die alle das von unterrichtet wurden, auch nur Eine geregt hätte, um demselben Einhalt zu thun.

Von der Abtei begab sich der Pöbel nach dem benachbarten Karmeliterkloster, in welchem ebenfalls Priester gefangen saßen. Ihre Zahl war 185. Die wachehabenden Bürgersoldaten setzten dem eindringenden Pöbel nicht den mindesten Widerstand entgegen. Die Priester wurden alle umgebracht, bis auf acht oder neun, die sich versteckten, und sich retteten, nachdem die Mörder sich entfernt hatten. Der geheime Ausschuß des Pariser Bürgerrathes hatte seine Anstalten so gut getroffen, daß die Grube, in welche die Leichname dieser ermordeten Priester hingeworfen wurden, bereits seit einigen Tagen im voraus verfertigt war. a)

Die in dem Seminarium zu St. Firmin gefan-

---

a) Le sort de ces malheureux prêtres avoit été si bien determiné depuis plusieurs jours, que la fossoyeur de la paroisse St. Sulpice avoit reçu d'avance un assignat de cent écus, pour préparer à Montrouge la fosse qui devoit recevoir leurs cadavres. Effectivement ils y furent déposés le lendemain matin. Peltier dernier tableau T. 2. p. 267.

genen Priester, 98 an der Zahl, wurden ebenfalls ermordet.

Nachdem die Priester ermordet waren, begab sich ein andrer Haufe des Pöbels, angeführt von den besoldeten Mördern und von einigen Mitgliedern des Bürgerrathes, nach dem Gefängnisse der Abtei St. Germain, um auch die übrigen, daselbst verwahrten, Gefangenen abzuthun. Vor dem Gefängnisse wurde in der Straße ein Tisch hingepflanzt, an welchem bei dem Scheine einiger Fackeln (denn die Nacht war jetzt angebrochen) der bekannte Maillard, dessen Thaten am 5. Oktober 1789 oben bereits erzählt worden sind, a) den Vorsitz führte. Er saß an dem Tische in Gesellschaft einiger Mitglieder des Bürgerrathes, theilte den Mördern Befehle aus, richtete einige Fragen an die Gefangenen, und sprach denselben das Urtheil. Dabei folgte er den Vorschriften, die er von Danton schriftlich erhalten hatte; denn der Justizminister hatte ihm ein Verzeichniß aller, in den Gefängnissen vorhandenen, Gefangenen gegeben, mit dem beigefügten Zeichen, welche unter ihnen ermordet, und welche frei gelassen werden sollten. Maillard trug einen grauen Rock, das Schwert an der Seite, und eine dreifarbige Schärpe, zum Zeichen seines obrigkeitlichen Amtes. Auf dem Tische, vor welchem er saß, waren Papiere, Tabackspfeifen, Brandtweinflaschen und Gläser, durch einander. Den Tisch umringten zehen bis zwölf Mörder, im Hemde, mit aufgerollten Aermeln, mit weißen Schürzen, und mit bloßen Säbeln in der Hand.

a) Man sehe den zweiten Band.

Von den Füßen bis zum Kopfe waren diese Kerle mit Menschenblut besprützt.

Wenn ein Gefangener vorgeführt wurde, so hielten ihn drei dieser Kerle fest. Der Präsident Maillard fragte nach seinem Nahmen; suchte denselben, bei dem Scheine der Fackeln, in dem Verzeichnisse, welches er in der Hand hielt, auf; bemerkte ob der Gefangene zum Tode bestimmt sei, oder nicht; und rief, im ersten Falle: „Lasset ihn los!" (Elargissez.) Dieses Wort war das, mit den Mördern verabredete, Todesurtheil. Sobald dasselbe ausgesprochen war, fielen sie über den Unglücklichen her und hieben ihn in Stücken. Während der Hinrichtung herrschte eine feierliche Stille. Man hörte nichts, als das Jammergeschrei der Sterbenden, und die Säbelhiebe auf den Kopf. Sobald der Mensch todt war, erhoben die Mörder ein schreckliches, die Seele erschütterndes Jubelgeschrei: „Hoch lebe die Nation!" a)

„Die Nation bei dergleichen Gelegenheiten anrufen, „heißt dieselbe beschimpfen. Wenn ich nicht überzeugt „wäre, daß die Mehrheit derselben die Thaten solcher „Bösewichter verabscheue und sich vor ihrer Anrufung „entsetze: so würde ich meine Stimme mit der Meinung

---

a) Il est de toute impossibilité d'exprimer l'horreur du profond et sombre silence, qui regnoit pendant ces exécutions. Il n'étoit interrompu que par les cris de ceux qu'on immoloit, et par les coups de sabre qu'on leur donnoit sur la tête. Aussitôt qu'ils étoient terrassé, il s'élevoit un murmure, renforcé par des cris de vive la nation, mille fois plus effrayans pour nous que l'horreur du silence. Jourgniac St. Méard agonie de trente-huit heures. p. 20.

"derjenigen vereinigen, welche sie von der Oberfläche der
"Erde vertilgt zu sehen wünschen." a)

Geld, Uhren und andre Kostbarkeiten, welche die Gefangenen bei sich hatten, mußten abgeliefert werden, und wurden den Mördern zur Beute.

Der vormalige Minister de Montmorin, der getreue Kammerdiener des Königs Thierry, und viele Schweizeroffiziere, befanden sich unter den Gefangenen in der Abtei, und wurden ermordet.

Indessen hielt die Nationalversammlung ihre Sitzung. Sie wehrte dem Morden nicht; sie sandte zwar einige Kommissarien aus ihrer Mitte nach den Gefängnissen, fuhr aber nachher in ihren Berathschlagungen über die Finanzen fort, und hob um eilf Uhr des Nachts ihre Sitzung auf, während die Mörder die ganze Nacht durch ihr gräßliches Geschäft trieben. Auch die Gefangenen in den übrigen Gefängnissen von Paris, im Hotel de la Force, bei den Bernhardinern, in der Salpetriere, im Chatelet, im Palais de la Justice und in Bicetre sind ermordet worden. Diese Greuelthaten dauerten sechs Tage lang, vom zweiten bis zum siebenten September.

Es würde dem Geschichtschreiber zu schwer fallen eine genaue und umständliche Erzählung aller dieser Greuelthaten aufzusetzen, und den Leser würde eine solche Erzählung empören; es sei daher erlaubt, statt derselben, einige merkwürdige und zuverlässige Anekdoten auszuheben, welche den Karakter der handelnden Personen schildern; und damit Niemand an der Menschheit verzweifle, so will ich die wenigen großen und edeln Zü-

a) Moore Journal T. 2. S. 147.

ge, welche die Geschichte jener schrecklichen Tage uns liefert, sorgfältig aufsuchen und aufbehalten, um in die Wunden, die ich dem Herzen des Menschenfreundes schlagen muß, doch etwas Balsam zu gießen.

„Ein Gefängniß sollte der allerheiligste Zufluchtsort „seyn. Die Entweihung desselben ist ruchloser und „boshafter, als die Entweihung der Kirche und des Al„tars; denn das Gefängniß enthält Menschen, die ei„nes Verbrechens wegen angeklagt worden, bis ihre „Schuld oder Unschuld dargethan werden kann. Wäh„rend dieser Untersuchung stehen sie unter der Obhut der „Regierung und unter dem Schutze des Staates. Hier „besonders hatte man mehr als gewöhnlichen Grund, „vorauszusetzen, daß sich unter den Gefangenen viele „unschuldige Personen befinden würden, weil sie in Eile „und Verwirrung auf geringfügigen Verdacht und aus „Privatfeindschaft, gefangen genommen wurden — „dennoch sind alle Gefangene ohne Unterschied niederge„metzelt worden." a)

Unter den wenigen Gefangenen, welche der Wuth ihrer Mörder entgingen, befand sich auch Hr. de Cazotte. Dieser Greis, vormals Generalkommissair des Seewesens und ein berühmter Schriftsteller, war, wie bereits oben bemerkt worden ist, auf seinem Landgute bei Epernay gefangen genommen, und, nebst seiner Tochter, nach Paris in das Gefängniß der Abtei geführt worden. Mit der größten Geduld ertrug er sein Unglück. Er war nicht nur gelassen, sondern aufgeräumt und lustig, und fiel dadurch seinen Mitgefangenen lästig, die den Tod nicht mit so heiterem Blicke an

---

a) Moore Journal T. 1. S. 220.

zusehen vermochten, als dieser Rechtschaffene. Er bewies seinen Mitgefangenen, aus der Offenbarung Johannis, daß der Gerechte leiden müsse, und aus der Geschichte Kains und Abels, daß die Niederlage des Gerechten glückseliger sey, als der Sieg des Ungerechten. a)

Am zweiten September mußte auch Hr. Cazotte vor dem Präsidenten der Mörderbande Maillard erscheinen. Vorher waren alle Gefangenen, die man vor dieses schreckliche Blutgericht geführt hatte, ohne Mitleiden ermordet worden, und auch ihm war dasselbe Schicksal bestimmt. Cazotte wurde vorgeführt; Maillard fragte nach seinem Nahmen; untersuchte das Verzeichniß; fand kein Zeichen der Gnade seinem Nahmen beigefügt; und überlieferte ihn also den Mördern. In diesem Augenblicke sprang die Tochter des Verurtheilten, Elisabeth Cazotte, herbei. Sie warf sich ihrem Vater um den Hals, und rief: „Erbarmen! Erbarmen! Ihr sollt meinen Vater nicht umbringen, ehe ihr nicht mich umgebracht habt!" Ihre Jugend, ihre Schönheit rührte die Tygerherzen der Mörder, die schon aufgehobenen Schwerter fielen zurück, und der zuschauende Pöbel schrie: „Gnade! Gnade!" — und die Mörder ließen ihr Schlachtopfer los. Elisabeth sprang auf, umarmte die bluttriefenden Unmenschen, und

a) La gaieté un peu folle de ce vieillard, sa façon de parler orientale, fit diversion à notre ennui. Il cherchoit très sérieusement à nous persuader par l'histoire de Cain et d'Abel, que nous étions bien plus heureux que ceux qui jouissoient de la liberté. Il paroissoit très fâché, que nous eussions l'air de n'en rien croire. Il vouloit absolument nous faire convenir, que notre situation n'étoit qu'une émanation de l'apocalypse etc. Jourgniae St. Méard agonie de trente-huit heures. p. 16.

führte, unter dem Jubelgeschrei des Pöbels, ihren alten Vater hinweg. a) Das Volk rief dem Greise zu: „Wer sind Deine Feinde! Nenne sie, damit wir ihnen ihr Recht anthun!" — „Ach" erwiederte der Greis lächeld, „wie solte ich Feinde haben, ich habe niemals irgend Jemand etwas zu Leide gethan." An dem Arme seiner Tochter kehrte er zu seiner Familie zurück.

Wie gerne wollte ich, diese Geschichte hätte hier ein Ende, sagt Moore, und ich sage es mit ihm.

Cazotte war also gerettet: sobald aber Pethion dieses erfuhr, ließ er ihn sogleich wieder in Verhaft nehmen. Cazotte hatte, in einigen Briefen an Herrn la Porte, die in den Thuillerien gefunden wurden, den Karakter des Hrn. Pethion so geschildert, wie derselbe war. Um sich wegen dieser Beleidigung zu rächen, wollte Pethion den Greis ermorden lassen, und er wurde aufgebracht, daß dieser Plan durch die Menschlichkeit der Mörder mißlungen war. Neun Tage lang blieb Cazotte in Freiheit. Am zwölften September wurde er, zufolge eines Verhaftbefehles, der von Pethion, Panis und Sergent, unterschrieben war, wieder gefangen genommen, und nach dem Gefängnisse der Conciergerie gebracht. Seine Tochter folgte ihm nach; allein an der Thüre des Gefängnisses ward ihr der Eingang verweigert, und sie wurde auf eine grobe und beleidigende Art zurückgestoßen. Sie lief nach dem versammelten Bürgerrathe, und erhielt durch Jammern und Flehen die Erlaubniß sich zu ihrem Vater einsperren

---

a) Moore Journal. T. 1. p. 310. Peltier dernier tableau. T. 2. p. 305.

sperren lassen zu dürfen. Bald nachher wurde der Greis vor das Blutgericht gezogen und als ein Verschwörer angeklagt. In seinem Verhöre antwortete er mit der größten Gelassenheit auf alle ihm vorgelegten Fragen. Er vertheidigte sich damit, daß er nicht zum zweitens mal wegen derselben Anklage dürfe gerichtet werden, indem er schon einmal vor Richtern gestanden, die von dem oberherrlichen Volke gewählt gewesen wären, die ihn losgesprochen und freigelassen hätten; man könne ihm nicht zum zweitenmale den Prozeß machen, ohne der Souverainetät des Volkes Hohn zu sprechen, die doch so allgemein anerkannt werde. Auf diese Einwendung nahmen die Richter keine Rücksicht: sie verurtheilten den alten unglücklichen Mann, den Kopf zu verlieren, und gaben ihm drei Stunden Zeit, sich zum Tode vorzubereiten.

Cazotte wandte diese drei Stunden an, um ruhig zu schlafen. Zwei von den Richtern, die ihn zum Tode verurtheilt hatten, gingen einige Zeit nachher bei ihm vorbei, und als sie ihn so ruhig schlafen sahen, sagte der Eine: „Schlafe, schlafe nur; bald wirst Du ewig schlafen."

Elisabeth Cazotte war indessen unermüdet, ihren Vater zum zweitenmale zu retten. Sie versammelte einen Haufen Weiber, die bei den Richtern ihre Bitten unterstützen sollten. Allein die Trabanten Pethions und Robespierres kamen, ergriffen sie, und schleppten sie nach dem Gefängnisse; auch wurde sie nicht eher wieder losgelassen, als nachdem ihr Vater ermordet war.

Ehe er zu dem Richtplatze geführt wurde, verlangte Cazotte Dinte und Feder. Er schrieb: "Meine Frau

„und meine Kinder, beweinet mich nicht und vergesset „mich nicht; hütet Euch vor jeder Sünde gegen Gott." Dieß war sein Testament.

„Wie fühllos müssen die Herzen seyn, welche durch „die Zähren einer tugendhaften Tochter nicht gerührt „werden? welche einen hinfälligen, unschuldigen Greis, „verurtheilen können, die Quaalen des Todes zum zwei„tenmale zu leiden?" a)

Mit unerschüttertem Muthe ging er zum Richtplatze. Er ließ sich die Silberlocken abschneiden, legte dieselben sorgfältig zusammen, und bat, daß man sie seiner Tochter überreichen möge. Nur die Vorstellung ihres Grams schmerzte ihn, denn er bestellte diese Botschaft mit stammelnder Zunge. Dann kehrte er sich zum Scharfrichter, blickte denselben unerschrocken an, und befahl ihm seine Schuldigkeit zu thun. —

Ein anderer verdienter und rechtschaffener Greis, Hr. de Sombreuil, Gouverneur der Invaliden, der sich unter den Gefangenen der Abtei befand, wurde ebenfalls durch seine Tochter gerettet, die ihm in das Gefängniß freiwillig gefolgt war. Als er vor den Tisch geführt ward, an welchem Maillard, umgeben von Mördern, saß, da weinte und schluchzte seine Tochter so laut, und bat so flehentlich um das Leben ihres Vaters, daß endlich Maillard sagte: „Er sei unschuldig „oder strafbar, ich glaube daß es des Volkes unwürdig „ist, seine Hände in das Blut dieses Greises zu tau„chen." Es ertönte bei diesen Worten ein allgemeines und lautes Freudengeschrei, und das Mädchen umarmte,

---

a) Moore Journal T. 2. p. 311.

mit lautem Entzücken, ihren zitternden vom Tode gerretteten Vater.

In dem Gefängnisse de la Force kamen eine große Menge Menschen um, unter denen die liebenswürdige Prinzessinn de Lamballe sich befand, deren trauriges Schicksal jeden, der nicht alles Gefühl von Menschlichkeit ganz verlohren hat, rühren muß.

Am ersten Tage des Mordens (am zweiten September) und während der darauf folgenden Nacht hatte man die Prinzessinn verschont. Vier und zwanzig Stunden lang hatte sie bereits das Zetergeschrei derjenigen gehört, die man umbrachte, in der Erwartung daß die Reihe auch an sie kommen würde. Am Morgen des dritten Septembers erlag endlich die Natur dem Kummer und der Angst. Sie warf sich auf ein Bette, welches in ihrem Gefängnisse stand. Sie schlief ein. Gegen acht Uhr des Morgens wurde sie durch einige Soldaten aufgeweckt, die ihr ankündigten, sie würde sogleich nach dem Gefängnisse der Abtei gebracht werden. „Muß ich einmal im Gefängnisse seyn," gab sie zur Antwort, „so bin ich hier so gut als anderswo." — Sie ahndete nicht, daß der Ausdruck: nach der Abtei bringen, so viel hieß, als hinrichten. Der Präsident des Volksgerichtes bei dem Gefängnisse de la Force sagte: bringt ihn nach der Abtei, so wie Maillard sagte: lasset ihn los.

Sie weigerte sich aufzustehen; sie befände sich, sagte sie, nicht wohl, und wünsche im Bette zu bleiben; auch bat sie dringend, sie ruhig zu lassen. a) Hierauf.

---

a) Moore Jonrnal T. I. p. 205. Peltier dernier tableau. T. 2. S. 338.

sagte man ihr: sie müsse aufstehen und vor Gericht erscheinen. Nun ersuchte sie die Soldaten, sich ein wenig bei Seite zu begeben, damit sie sich anziehen könne. Es ward bewilligt. Sie warf geschwind einige Kleider um, rief dann einen Bürgersoldaten herbei, und ließ sich von ihm am Arme vor die beiden Mitglieder des Bürgerrathes führen, welche auf der Straße vor dem Gefängnisse, von Mördern umgeben, die Befehle Dantons vollzogen. Diese beiden Magistratspersonen hießen **Hebert** und **Lhuillier**.

Als die Prinzessinn hier erschien; als sie die bluttriefenden Mörder sah; als sie die gezückten Schwerter erblickte; als sie das entsetzliche Geschrei einiger Unschuldigen hörte, die man umbrachte: da fiel sie zu wiederhohlten malen in Ohnmacht. Ihre Kammerfrau, **Madame Navarre**, brachte sie nach vieler Mühe wieder zu sich. Dann fing das folgende Verhör an, welches ein Augenzeuge aufgeschrieben, und nachher bekannt gemacht hat. a)

Fr. Wer sind Sie?

Antw. Marie Louise, Prinzessinn von Savoyen.

Fr. Was bedienen Sie?

Antw. Ich bin Oberaufseherinn des Hofstaates der Königinn.

Fr. Hatten Sie Kenntniß von der Verschwörung des Hofes am 10. August?

Antw. Ich weiß nicht ob am 10. August eine Verschwörung vorhanden war; aber ich weiß wohl, daß mir nichts davon bekannt geworden ist.

Fr. Schwören Sie der Freiheit und Gleichheit

a) Peltier dernier tableau. T. 2. p. 339.

treu zu bleiben; und den König, die Königinn und das Königthum, zu hassen?

Antw. Das Erste will ich gern schwören; das Letzte kann ich nicht schwören, denn mein Herz widerspricht einem solchem Eide. — Hier raunte einer der Umstehenden der Prinzessinn ins Ohr: „schwören Sie: wenn Sie nicht schwören, so sind Sie des Todes!" Die Prinzessinn gab keine Antwort. Sie hob ihre beiden Hände in die Höhe, und that einen Schritt vorwärts. Der President rief: „**Bringt Madame nach der Abtei!**"

Jetzt ergriffen sie zwei Kerle, hielten sie fest, und führten sie über geschlachtete Menschen hinweg. Ein dritter kam dazu, versetzte ihr mit einer Keule einen Streich auf den Kopf, und durchbohrte ihren Körper, nachdem sie umgesunken war, mit Säbeln und Piken. Dann wurde sie nackend ausgezogen, auf die abscheulichste Weise verstümmelt, ihr Kopf auf eine Pike gesteckt, und der verstümmelte Körper durch die Straßen von Paris geschleift. Ein Augenzeuge mag, statt meiner, diese Abscheulichkeiten beschreiben: „Ihr Kopf, dessen Angesicht der Tod und die Rührung der Zuschauer veredelten, wurde auf einer Pike, die zur Hälfte von den glänzendsten blonden Locken bedeckt war, durch die Straßen geführt. Ihr verstümmelter Leichnam folgte auf einer Bahre. Ich begegnete dem gräßlichen Zuge am Eingange der Straße Chabains. Ein Ungeheuer ging voran, das Herz der Ermordeten in der Hand, und die Gedärme derselben um den Arm gewunden. Das Scheusal ist damit unter die Fenster des Herzogs von Penthievre gegangen, dessen Schwiegertochter die Unglückliche war; und beinahe wage ich nicht weiter zu erzählen — weil man, was ich sagen muß, für die schwarze Ausschweifung einer rasenden Imagination halten könnte — allein die Wahrheit verpflichtet mich, der Delikatesse meiner Leser Gewalt anzuthun. Ungeachtet ich schon durch viele Beispiele die Verworfenheit der menschlichen Natur (in Frankreich) kannte: so weigerte ich mich doch folgendes Faktum zu glauben, bis es mir Hr. Lasource, bekanntes und patriotisches Mitglied der Nationalversammlung, in Gegenwart mehrerer Personen, bestätigt hat. Das oben erwähnte Ungeheuer hat sich vor dem Aufsichtsausschuße gestellt, und erklärt: daß er es sei, welcher der Prinzessinn Lamballe den Kopf abgeschlagen, daß er ihr Herz zur Schau getragen, und nachher gefressen habe. „Ich hatte,“ setzte er hinzu, „den ganzen Tag nichts zu mir genommen; „dieses leckere Gericht hat mich aber aufrecht gehalten. „Hier ist mein Abendessen.“ Mit diesen Worten zog er eine Hand und die Schaamtheile der Bedaurenswürdigen aus der Tasche. Als ihn Baziere darüber mit Zorn zur Thüre hinaus stieß, wunderte sich der Bösewicht, keinen Dank und keine Belohnung zu bekommen.“ a) — Leider! erhellt hieraus, daß diese schrecklichen Mordthaten mit kaltem Blute, und in Hoffnung einer dafür zu erhaltenden Belohnung, sind begangen worden, und also nicht einmal durch die Raserei irgend einer Leidenschaft, durch welche diese Bösewichter ihrer Vernunft beraubt worden wären, entschuldigt werden können!

Allgemein bekannt war die vertraute Freundschaft

a) Archenholz Minerva. 1792. Oktober S. 50.

der Königinn und der Prinzessinn Lamballe. Jedermann wußte, daß diese unglückliche Prinzessinn, nachdem sie schon in Savoyen war, freiwillig nach Frankreich zurück kehrte, um das harte Schicksal ihrer Freundinn zu theilen: ein Zug, der beiden Freundinnen zur Ehre gereicht, indem er den guten Karakter Beider beweist; denn böse Menschen lieben nicht so, und werden nicht so geliebt.

Eben diese großmüthige Freundschaft für die Königinn war die einzige Ursache, warum die Prinzessinn ermordet wurde; diese Freundschaft gab Gelegenheit die königliche Familie auf die ausgesuchteste Art zu peinigen. Der Kopf der unglücklichen Prinzessinn wurde nach dem Tempel getragen, und den königlichen Gefangenen gezeigt. Die Kommissarien des Gemeinderaths und eine Deputation der Nationalversammlung waren mit einander einverstanden, nicht bloß die königliche Würde, sondern die Menschlichkeit selbst auf eine so schreckliche Weise zu beleidigen. Erst ließ man die Flinten der Soldaten, welche im Tempel die Wache hatten, untersuchen, um sich zu überzeugen daß diese Flinten nicht scharf geladen wären, und daß diese Soldaten dem eindringenden Pöbel keinen Widerstand thun könnten. Von allen Flinten der Wache wurden die Bajonette abgeschraubt; dann wurde über das Thor des Tempels in die Queer ein dreifarbiges Band gespannt, woran ein Papier befestigt war, auf welchem geschrieben stand: "Bürger. Ihr, die Ihr Liebe zur Ordnung
"mit einer gerechten Rache zu vereinigen
"wißt, habt Achtung für diesen Schlag=
"baum: er ist zu unserer Aufsicht, zu un=

„serer Verantwortlichkeit nöthig." Der Pöbel, welcher das blutige Haupt der Prinzessinn frohlockend begleitete, erschien vor dem Tempel, und wurde durch das Band und die Inschrift abgehalten einzudringen, nur verlangten Einige eingelassen zu werden, um den Kopf der königlichen Familie zu zeigen. Man ließ sie ein. Die beiden Kommissarien des Bürgerrathes, Chardier und Guichard, befahlen der königlichen Familie an das Fenster zu treten. Der schreckliche Anblick verursachte dem Könige ein unwillkührliches Zittern; die Königinn sank in Ohnmacht; die Prinzessinn Elisabeth stürzte vor Schrecken zu Boden.

Daß der bluttriefende Pöbel sich durch ein vorgespanntes dreifarbiges Band abhalten ließ, mit Gewalt in den Tempel einzudringen, beweiset, wie leicht es gewesen seyn würde, die Mordthaten überhaupt zu verhindern, wenn Jemand dieselben hätte verhindern wollen; es beweiset, was für ein verächtliches Werkzeug, ohne eigener Kraft oder Willen, der Pariser Pöbel in den Händen der Demagogen war. „Das in Bewegung „gebrachte Volk," sagt Peltier eben so schön, als richtig, „mordet oder verschont, trinkt Blut oder spricht „von Menschlichkeit, flucht oder gehorcht, lacht oder „weint, mißhandelt oder betet an, wie ihm vorgeschrieben wird; gleich einer Marionette macht es diese oder „jene Bewegung, je nachdem dieser oder jener Faden „angezogen wird."

Aus dem Tempel wurde der verstümmelte Leichnam der Prinzessinn nach dem Palais Royal gebracht, dessen Besitzer, der Herzog von Orleans, nahe mit ihr verwandt war, bei ihrem Tode erbte, und daher, wie man behauptet, ihre Ermordung befohlen hatte. Man hielt den Kopf vor den Fenstern des Herzogs, der sich eben zu Tische setzen wollte, empor. Er blieb gleichgültig bei dem Anblicke, und zeigte weder Freude noch Betrübniß. Während des Essens sprach er kein Wort.

"Der weite Hof des Gebäudes der Abtei," sagt ein Augenzeuge, a) "war mit Leichen bedeckt. Man stand, so zu sagen, in Blut, und die Leichen schwammen in den Blutlachen. Hier sah man einen Barbaren, dessen Hände von Blut trieften, und dessen teuflischer Blick nach neuen Opfern geizte; dort Weiber, welche frohlockend die Vorübergehenden zum Schauspiele herbei riefen. Auf keinem Gesichte war Mitleid gemahlt... Das Ohngefähr führte mich an der Maison de la Force vorbei. Ich erblickte einen Kerl, welcher, so wie ein Gefangener mit den Worten: "In die Abtei!" heraus gestoßen wurde: mit einem fürchterlichen Prügel den Unglücklichen auf den Kopf schlug. Die übrigen stießen alsdann mit Schwert und Spieß in den unglücklichen Körper. Ich sah, wie ein Freigesprochener auf einem Haufen von Leichen knien, und rufen mußte: "es lebe die Nation!" Ich sah auf den Gesichtern die Heiterkeit der Freude gemahlt, und zitternd floh ich davon. Die Furcht, mein Gesicht möchte meine Empfindungen verrathen, gab mir Kraft so schnell als möglich hinweg zu eilen, wenn gleich beynahe alle meine Glieder wie gelähmt waren. Das Unglück aber ließ mich einem Haufen begegnen, der den Kopf der Madame Lamballe trug. Ein gut gekleideter Herr in einer Kutsche, der vorüber fuhr, wurde angehalten, mußte den Kopf küssen, und rufen: "es lebe die Nation!"

a) Archenholz Minerva. 1792. Oktober. S. 124. 125.

"Die verschiedenen, bei den Gefängnissen versam-
"melten, Blutgerichte," erzählt ein anderer Augenzeuge, a) "sandten sich Deputationen, zu sehen ob die
"Arbeit gut von statten gehe; ob viel zu thun, ob die
"Aktion im Gange sei; dieß sind ihre Ausdrücke gewesen.
"In der Abtei wurden die Verurtheilten mit einer Keule
"todt geschlagen; an andern Orten brachte man sie mit
"eisernen Stangen und Säbeln um. Ein Mann, der
"sich mit blutigen Armen und Strümpfen in den Straßen
"zeigte, hat sich gerühmt, fünf und sechzigen den Bauch
"aufgerissen, ohne Einen verfehlt zu haben. . . . Ich
"mag nicht beschreiben, wie die Wütheriche in den Einge-
"weiden der Lebenden gewühlt, wie sie den Mord ab-
"wechselnd gemacht, und sich in der Wollust des Blut-
"vergießens gleichsam gewälzt haben. Einer meiner Be-
"kannten sah einen Priester, der sich durch das Gedränge
"aus der Kirche herausgearbeitet hatte, eine Zahnpike
"(Pike mit Widerhaken) in den Magen senken. Ich
"selbst habe anderswo eine Ansicht des grausenden
"Schauspiels gehabt. . . . . Den folgenden Tag bin
"ich einer Mördertruppe in der Gegend des Pontneuf
"begegnet. Es läßt sich nichts abscheulicheres denken.
"Sie hatten sich im Weine und Blut ersäuft, und
"dürsteten nach neuem Trunke. Die Brücken lagen
"voller Kadaver, und die scheuslichste Neugier des Pö-
"bels besichtigte sie." b)

In dem Gefängnisse zu Bicetre, außer der
Stadt, saßen vier bis fünf tausend Personen gefangen.
Dieses Gefängniß ist ein ungeheures Gebäude, oder
vielmehr eine Reihe von Gebäuden, eine kleine Stadt.
Hier daurte das Gemetzel am längsten, hier war das

a) Archenholz Minerva. 1792. Oktober. S. 51. 54.
b) Archenholz Minerva. 1792. Oktober. S. 51. 54.

selbe am gräßlichsten; hier wurden Gefangene und Kranke (denn das Gebäude war zugleich ein Hospital) ohne Unterschied umgebracht. Das Morden dauerte acht Tage und acht Nächte ununterbrochen fort. Als die Mörder sahen, daß es mit Flinten, Pistolen und Säbeln, zu langsam ging, und daß die Gefangenen sich wehrten, da schossen sie mit Kartätschen unter den Haufen. Zwei Sektionen der Stadt Paris liehen ihre Kanonen dazu. Die Gefangenen vertheidigten sich aber so hartnäckig und so gut, daß sie wohl die Oberhand gewonnen haben möchten, wenn nicht noch mehr Kanonen wären herbei geführt worden. Zuletzt flüchtete sich eine kleine Anzahl Gefangener in die Keller und in die unterirrdischen Gewölbe des weitläuftigen Gebäudes. Hier wurden sie alle ersäuft, indem man durch die Kellerlöcher solange Wasser hinein fließen ließ, bis die Keller voll waren. Pethion kam dazu, sprach mit den Mördern, ersuchte sie dem Morden Einhalt zu thun, und bat, die wenigen noch übrigen Gefangenen zu verschonen. Die Mörder wiesen den Maire auf eine harte Weise ab. Nun stieg Pethion wieder in seinen Wagen, und sagte im Weggehen die schrecklichen Worte; "Wohlan, meine Kinder, so macht daß Ihr fertig werdet."

Ein Schriftsteller, Nahmens Duplaine be St. Albine, der in der Abtei gefangen saß, rettete sich durch seine außerordentliche Gegenwart des Geistes. Als die Thüre des Kerkers, in welchem er nebst anderen Gefangenen sich befand, eingesprengt wurde, kam er, mit einem Messer in der Hand, bis an den eindringenden Haufen des Volks. Schnell wandte er sich jetzt um, eilte in das Gefängniß zurück, von dem Pöbel begleitet, stieß einem unglücklichen gefangenen Priester das Messer in die Brust, drängte sich nachher durch den Haufen der Mörder, der ihn für ihres Gleichen hielt, durch, eilte

nach seiner Wohnung, und fiel ohnmächtig nieder als
er in dieselbe eintrat.

Sobald die versammelten Bürger der Sektion du
Contract social erfuhren, daß die Gefangenen er,
mordet würden, sandten sie drei mal nach einander
eine Deputation nach dem Gefängnisse der Abtei, um
zwei Bürger aus ihrer Sektion zurück zu fordern, die
sich in jenem Gefängnisse befanden. Keine dieser De,
putationen konnte durch den versammelten Pöbel bis
zur Abtei durchdringen. Nun stand ein Uhrmacher,
Nahmens Barre, auf, und sagte: Wenn man eine
vierte Deputation absenden und ihn dazu ernennen
wolle, so hoffe er glücklicher zu seyn. Man ernannte
drei Deputirte, deren Einer Hr. Barre war. Als
sie ankamen und das schreckliche Gemetzel in der Nähe
sahen, liefen die andern beiden Deputirten aus Schrek,
ken weg, und ließen Hrn. Barre allein. Ueber ver,
stümmelte Glieder und bis an die Knöchel im Blute
watend, schritt er langsam vorwärts. Als er vor der
Thüre des Gefängnisses ankam, ergriffen ihn zwei von
den Mördern beim Kragen, und brüllten ihn an:
"Kerl! was willst Du hier? Bist Du deines Lebens
"satt?" — "Ich komme," erwiderte er, "um zwei
"Bürger meiner Sektion zurück zu fordern." — "Wo
"ist Deine Vollmacht?" — "Hier." — "Nun so
"tritt herein. Lügst Du, so werden wir Dich schon
"zu finden wissen."

Hr. Barre trat herein. Andere Mörder richte,
ten dieselben Fragen an ihn, die er auf dieselbe Weise
beantwortete. Einige dieser Kerle tranken, andere
rauchten Tabak, noch andere lagen betrunken herum
und schliefen. Zwei oder drei Fakeln erleuchteten die,
sen Ort der Greuel. Der Präsident saß vor einem
Tische, auf welchem Papiere, Gläser, Flaschen, Ta,

bakspfeifen und blutige Schwerter, durch einander lagen. Hr. Barre trug sein Anliegen vor, und zeigte dem Presidenten seine Vollmacht, während ihm zwei Mörder beim Kragen hielten. "Wir wollen sehen," sagte der President, "ob Diejenigen, welche du forderst, noch da sind." Mit diesen Worten durchlief er sein Verzeichniß, und rief dann aus: "Ja, sie sind noch da: aber," indem er sich an Hrn. Barre wandte, "warum sind sie hier?" — "Wegen eines kleinen Zwistes, der keine Folgen gehabt hat." — "Ist das gewiß?" — "Ja, gewiß." — "Stehst Du mit Deinem Kopfe dafür?" — "Ja." — "Wohlan, so unterschreibe dieses Papier. Findet sich jetzt nur der leiseste Verdacht daß sie Aristokraten sind, so springt Dein Kopf." — Mit diesen Worten schlug der President die Nahmen der Gefangenen in einem Buche nach, und rief aus: "Er hat Recht! Er hat nicht gelogen! "Man hole die beiden Männer!" Sie wurden gebracht, und der President sagte zu Hrn. Barre: "Hier sind sie; gehe weg und nimm sie mit." Barre nahm jeden derselben an einen seiner Arme, drückte sie an sich, und bat um eine Wache bis auf die Straße. Der President befahl zweien Kerlen vor ihm her zu gehen, und den Todschlägern zu sagen, daß sie ihn vorbei lassen möchten. Die beiden Kerle ergriffen ihn beim Kragen, und rissen ihn schnell mit sich fort. Als er eben über die Thüre des Gefangenhauses in die Straße treten wollte, fiel ein Jüngling von neunzehn bis zwanzig Jahren vor ihm auf die Kniee, und schrie mit flehender Stimme: "Retten Sie auch mich, Herr, retten Sie mich auch!" Hr. Barre hatte keine Zeit zu antworten; so schnell schleppten ihn seine beiden Begleiter mit sich hinweg, während andere über den Jüngling herfielen, denselben in die Straße zogen, und ihm den Kopf abhackten. Hr. Barre wollte nun weggehen, hielt aber immer noch seine beiden geretteten Gefangenen fest. Ein Haufe der Mörder trat ihm in den Weg, umringte ihn, und Einer derselben sagte, indem er ihm den Unglücklichen zeigte, welcher eben erst niedergemacht worden war, und dessen Körper noch zuckte: "Willst Du ein Aristokratenherz sehen?" Indem der Kerl dieses sprach, schlitzte er mit seinem Säbel den Körper auf, riß das blutige Herz heraus, und zeigte es Hrn. Barre. Darauf nahm er einem seiner Kameraden ein Glas aus der Hand, drückte das Blut aus dem Herzen in dasselbe, und trank etwas davon. Hr. Barre konnte nicht unterscheiden, ob vorher Wein, Wasser, Brandtwein, oder ein anderes Getränk in dem Glase gewesen war, weil das Glas, wegen des inwendig und auswendig daran klebenden Blutes, ganz undurchsichtig war. Nachdem der Kannibale getrunken hatte, überreichte er das Glas dem Hrn. Barre, mit den Worten: "Thu Bescheid." Er mußte sich stellen, als kostete er das gräßliche Getränk. Darauf rief der Mörder: "Du bist ein braver Kerl. Gäbe es noch viele "Menschen wie Du bist in den Sektionen, so wären "funfzig arme Teufel, die ich heute umgebracht habe, "beim Leben geblieben!" Hr. Barre ging jetzt nach Hause mit seinen beiden geretteten Gefangenen; er verfiel aber in eine Krankheit, die mehrere Tage anhielt. a)

Hr. Cahier de Gerville, der vormalige Minister, saß in der Abtei gefangen, er wurde aber ebenfalls gerettet. Ein Kerl, der herein trat, sah ihn an, und sagte: "Was machst Du hier; Du siehst ja recht

---

a) Peltier dernier tableau de Paris. T. 2. S. 298.

"ruhig aus?" — "Man hat mich in Verdacht, ich
"bin aber unschuldig," antwortete der Exminister.
"Ist das, so will ich dich retten," versetzte der Kerl,
der auch Wort hielt.

Noch eine Anekdote, die Moore erzählt, und
die in der Geschichte aufbewahrt zu werden verdient. a)

Ein Maltheserritter, Hr. Bertrand, Bruder
des vormaligen Seeministers, Bertrand de Mol-
leville, wurde bald nach dem zehenten August ver-
haftet, und in das Gefängniß der Abtei gebracht. Am
dritten September führte man ihn vor den schrecklichen
Gerichtshof, welcher in diesem Gefängnisse errichtet
war. Er besaß große Kaltblütigkeit und Seelenstärke,
welche Eigenschaften ihm jetzt in seiner Bedrängniß
wohl zu statten kamen. Ohne Gesicht oder Stimme
zu verändern, antwortete er unerschrocken auf die ihm
vorgelegten Fragen: "er könne sich," sagte er, "kei-
"ne Ursache denken, warum er in Verhaft genommen
"sei; seine Verhaftnehmer hätten selbst keine angege-
"ben; auch sei in der Folge Niemand gegen ihn aufge-
"treten; und er sei überzeugt, daß man ihn aus Irr-
"thum in Verhaft genommen habe."

Eine so unerschrockene, kaltblütige Erklärung,
wirkte auf seine Richter. Da sie nun keinen Beweis
und keine Anklage gegen ihn vorbringen konnten, so
befahlen sie, ihn in Freiheit zu setzen.

Zwei bluttriefende Kerle, welche gebraucht wurden
um die Gefangenen abzuschlachten, und schon auf das
Zeichen gelauert hatten, dem Hrn. Bertrand den To-
desstoß zu versetzen, schienen sich über den ungewöhn-
lichen Befehl zwar zu wundern, aber nicht zu ärgern.
Sie begleiteten ihn durch den Hof der Abtei, und

a) Moore Journal, T. 2. S. 172.

fragten ihn unter Weges, ob er einen Verwandten habe, nach dessen Hause er sich zu begeben wünsche? "Eine Stiefschwester," sagte er, "die ich sogleich "aufsuchen will." — "Die wird sich wundern und "freuen, Dich zu erblicken," erwiederten die Kerle. "Ja "wohl, wird sie das," versetzte Hr. Bertrand. Nun fragte einer der Mörder den andern: "Würde es Dich "nicht ergötzen, bei der Zusammenkunft gegenwärtig "zu seyn?" — "Freilich," sagte der Andere. Beide waren also entschlossen, Hrn. Bertrand nach Hause zu begleiten, und Zeugen seiner Zusammenkunft mit seiner Schwester zu seyn. Diesen Beschluß kündigten sie Hrn. Bertrand an. Er war darüber erstaunt und zugleich verlegen. Er suchte seinen Begleitern, die er gern sobald als möglich los seyn wollte, ihr Vorhaben auszureden. "Meine Schwester," sprach er, "ist ein "zartes Frauenzimmer. Sie könnte über Eure Ge= "genwart, besonders zu einer so unschicklichen Stunde, "erschrecken. Warum wollt Ihr Euch die unnöthige "Mühe machen, mich nach Hause zu begleiten?" — "Wir wollen im Vorzimmer warten," erwiederten sie, "bis Du der Dame berichtet hast, daß wir im Hause "sind, damit sie nicht erschrecke. Es macht uns keine "Mühe Dich zu begleiten, es gereicht uns vielmehr zu "großem Vergnügen. Wir wünschen uns von unserer "langen Arbeit ein wenig zu erholen, und hoffen, Du "werdest uns die Freude nicht versagen, bei Deiner "Zusammenkunft mit Deinen Freunden gegenwärtig "zu seyn." — Hr. Bertrand hielt es der Klugheit ge= mäß, solchen Bittenden nicht länger zu widerstehen: er willigte daher in ihr Verlangen ein. Sie gingen mit ihm an das Haus. Ein Bedienter erkannte seine Stim= me und öffnete dasselbe. Durch diesen Bedienten ließ er der Dame sagen, er sei wieder da und befände sich wohl.

Hier=

457

Hierauf gieng er selbst zu ihr, und berichtete ihr, was für eine seltsame Grille die Leute hätten, die in einem andern Zimmer wärteten. Sobald die Dame seine Ankunft erfuhr, stand sie auf, und kleidete sich schleunig an. Alle Hausgenossen thaten dasselbe, und drängten sich freudig um ihn her. Die beiden Männer wurden herein gelassen und waren Zeugen der allgemeinen Fröhlichkeit; auch bewiesen sie sich darüber sehr vergnügt und gerührt. Hr. Bertrand bot ihnen Geld an. Sie nahmen es aber nicht, sondern erklärten: die Erlaubniß, ihn begleiten zu dürfen, sei die einzige Belohnung, die sie verlangt hätten. So blieben sie noch eine Zeitlang, wünschten beim Weggehen der Dame alles Glück, dankten Hrn. Bertrand für das Vergnügen, das er ihnen gemacht habe, einer so erfreulichen Zusammenkunft beiwohnen zu dürfen, und begaben sich dann wieder an ihre Arbeit bei dem Gefängnisse.

Die Mordthaten dauerten vom zweiten bis zum siebenten September, fünf Tage lang, fort, ohne daß irgend Jemand versucht hätte denselben Einhalt zu thun; weder der Maire Pethion, noch der Pariser Bürgerrath, noch der Minister der innern Angelegenheiten Roland, noch der Justizminister Danton, noch der Kommendant der Bürgermiliz Santerre, noch die Nationalversammlung, that dem Morden Einhalt. Am dritten September, zu der Zeit da die Mordthaten ununterbrochen vor sich gingen, schrieb der Minister Roland an die Nationalversammlung einen längern Brief, in welchem er diese Greuel nicht nur entschuldigte, sondern sogar billigte, wie folgende Stellen beweisen:

"Es ist der Natur der Dinge und des menschlichen
"Herzens gemäß, daß ein errungener Sieg (er hatte
"kurz vorher von dem Siege des Volks über den Kö-

Neunter Th.   R

"nig gesprochen) daß ein errungener Sieg einige
"Ausschweifungen nach sich zieht. Wenn das
"Meer durch ein heftiges Gewitter beunruhigt wird,
"so tobt es noch lange nachdem der Sturm vorüber
"ist." a)

"Ueber die Begebenheiten des gestrigen Tages
"muß man vielleicht einen Schleier werfen. Ich weiß,
"daß das Volk mit seiner Rache eine Art von Ge=
"rechtigkeit verbindet. Es wählt nicht alles zum
"Schlachtopfer, was sich seiner Wuth darstellt. Es
"richtet dieselbe auf Diejenigen, von denen es glaubt,
"daß das Schwert der Gesetze sie allzulange verschont
"habe, und von denen die Gefahr der Zeitumstände ihm
"sagt, daß sie ohne Verzug geschlachtet werden müssen.
"Ich weiß aber auch, daß es Bösewichtern und Verrä=
"thern leicht wird, dieses Aufbrausen zu mißbrau=
"chen, und daß man demselben Einhalt thun muß.
"Ich weiß, daß wir ganz Frankreich die Erklärung schul=
"dig sind: die vollziehende Gewalt habe diese Aus=
"schweifungen weder voraus sehen, noch verhindern
"können." b)

    a) Il est dans la nature des choses et dans celle du coeur
       humain, que la victoire entraine quelques excès. La
       mer agitée par un violent orage, mugit encore long-
       tems après la tempête.

    a) Hier fut un jour, sur des évenements, duquel il faut
       peut-être laisser un voile. Je sais que le peuple dans
       sa vengeance y porte une sorte de justice. Il ne prend
       pas pour victime tout ce, qui se présente à sa fureur: il
       la dirige sur ceux qu'il croit avoir été trop longtemps
       épargnés par le glaive de la loi, et que le péril des cir-
       constances lui persuade devoir être immolés sans délai.
       Mais je sais, qu'il est facile à des scélérats, à des traî-
       tres, d'abuser de cette effervescence, et qu'il faut l'ar-

Roland versichert hier, die vollziehende Gewalt habe die Mordthaten nicht verhindern können: aber er sagt nicht, was leider! nur allzuwahr ist, daß die vollziehende Gewalt, oder er, dessen Departement es war, gar keinen Schritt gethan hat, um demselben Einhalt zu thun. Warum forderte Roland nicht die bewaffnete Macht auf? warum schrieb er nicht eher, als am vierten September an den Kommendanten Santerre? Die Korrespondenz des Ministers mit dem Kommendanten und Bierbrauer Santerre verdient einen Platz in der Geschichte. Sie lautet wie folgt:

"Schreiben des Hrn. Roland, Ministers der innern Angelegenheiten, an Hrn. Santerre, am 4 September des vierten Jahres der Freiheit."

"Im Nahmen der Nation und auf Befehl der Nationalversammlung und der vollziehenden Gewalt, trage ich Ihnen auf, mein Herr, alle Truppen, welche das Gesetz Ihren Händen anvertraut hat, in Bewegung zu setzen, um zu verhindern, daß die Sicherheit der Personen und des Eigenthums nicht verletzt werde. Für alle Verbrechen, die an irgend einem Staatsbürger in der Stadt Paris begangen werden möchten, müssen Sie verantwortlich seyn. Ich übersende Ihnen ein Exemplar des Gesetzes, welches Ihnen die Aufsicht und die Sicherheit befiehlt, die ich anempfehle, und ich benachrichtige die Nationalversammlung sowohl, als den Maire von Paris, von den Befehlen, die ich Ihnen ertheile."

séter. Je sais, que nous devons à la France entière la déclaration: que le pouvoir exécutif n'a pû prévoir ni empécher ces excès.

R 2

Santerres Antwort.

"Herr Minister. Diesen Augenblick erhalte ich Ihren Brief. Er fordert mich, im Nahmen des Gesetzes, auf, über die Sicherheit der Staatsbürger zu wachen. Sie reißen die Wunden wieder auf, an denen mein Herz leidet, da ich jeden Augenblick die Verletzung eben dieser Gesetze sowohl, als die Ausschweifungen erfahre, denen man sich überlassen hat. Ich habe die Ehre Ihnen vorzustellen, daß, sobald ich erfuhr, das Volk wäre bei den Gefängnissen, ich den Kommandanten der Bataillone die gemessesten Befehle gab, in zahlreichen Patrouillen zu streifen, so wie auch dem Kommendanten des Tempels, und anderen, die sich in der Nähe der Wohnung des Königs und des Hotels de la Force befinden, denen ich jenes Gefängniß empfahl, welches noch nicht angegriffen war. Ich will meine Kräfte bei der Bürgermiliz verdoppeln, und ich schwöre Ihnen, daß, wenn dieselbe unthätig bleibt, mein eigener Körper dem ersten Staatsbürger, den man zu beleidigen versuchen möchte, zum Schilde dienen soll."

Dennoch dauerten die Ermordungen noch bis zum siebenten fort.

Ueber das Betragen des Ministers Danton an jenen schrecklichen Tagen erzählt Brissot die folgende Anekdote. Brissot kam, weil ihm bange war, am Morgen des vierten Septembers zu dem Minister. Er fand denselben mit Fabre d'Eglantine allein, und beklagte sich bei ihm, nicht sowohl über die Mordthaten selbst, als vielmehr über die Ungerechtigkeit, mit der man dabei verfahre, und über die Möglichkeit Unschuldige hinrichten zu lassen. "Wie könnt Ihr," rief Brissot, "verhindern daß nicht Unschuldige ermordet "werden?" — "Nicht Einer, nicht ein Unschuldiger "wird hingerichtet," erwiederte Danton. — "Wer bürgt Euch dafür?„ fragte Brissot. "Ey," versetzte der Minister, „ich habe mir die Verzeichnisse der "Gefangenen geben lassen, und diejenigen sind ausgestrichen worden, die losgelassen werden konnten!„ — Ein deutlicher Beweis, daß die Mordthaten zufolge eines vorher verabredeten Plans geschahen, und daß Danton einer der Urheber dieses Planes war.

Der Bürgerrath der Stadt Paris, weit entfernt dem Morden Einhalt thun zu wollen, welches er selbst veranstaltet hatte, erließ an alle Bürgerräthe Frankreichs die folgende abscheuliche Proklamation, welche am dritten September, während der Zeit da die Ermordungen fortdauerten, durch Eilbothen nach allen Theilen des Königreiches versandt wurde:

"Brüder und Freunde:„

"Da ein schreckliches, von dem Hofe veranstaltetes, Komplott, alle Patrioten des Frankreichischen Reiches zu ermorden, ein Komplott an welchem eine große Anzahl Mitglieder der Nationalversammlung Theil genommen hatte, am neunten des verwichenen Monats die Gemeinde der Stadt Paris in die grausame Nothwendigkeit versetzt hat, die Macht des Volkes wieder in ihre Hände zu nehmen, um die Nation zu retten: so hat sie seither nichts verabsäumt sich um das Vaterland verdient zu machen; ein ehrenvolles Zeugniß welches ihr so eben die Nationalversammlung selbst gegeben hat. Seither (sollte man es glauben!) sind neue, nicht weniger scheusliche, Komplotte im Finstern veranstaltet worden. Diese brachen in eben dem Zeitpunkte aus, als die Nationalversammlung vergaß, daß sie erklärt hatte, der Bürgerrath der Stadt Paris hätte das Vaterland gerettet, und sich bemühte, denselben, zur Belohnung für seinen dreynenden Bürgersinn, abzusetzen. Das, bei dieser Nachricht von allen Seiten erhobene, laute Geschrei hat der Nationalversammlung zu verstehen gegeben, wie dringend nothwendig es für sie sei, sich mit dem Volke zu vereinigen, und, durch Widerrufung des Dekrets der Absetzung, dem Bürgerrathe die Gewalt wieder zu geben, die ihm vom Volke übertragen worden war."

"Der Bürgerrath, welcher stolz darauf ist, des Zutrauens der Nation in seinem ganzen Umfange zu genießen, wird sich jederzeit bemühen, dieses Zutrauen mehr und mehr zu verdienen. Da er sich in dem Mittelpunkte aller Verschwörungen befindet, und entschlossen ist, sich für das gemeine Beste aufzuopfern; so wird er sich nicht eher rühmen, seine Pflichten gänzlich erfüllt zu haben, ehe er nicht Euren Beifall, welcher der Gegenstand aller seiner Wünsche ist, wird erhalten haben. Dieses Beifalls kann er aber nicht anders versichert seyn, als wenn alle Abtheilungen Frankreichs die von ihm zur Rettung des gemeinen Wesens ergriffenen Maasregeln werden gebilligt haben."

"Da er sich zu den Grundsätzen der vollkommensten Gleichheit bekennt; da er nach keinem anderen Vorzuge strebt, als darnach, sich zuerst vor die Bresche zu stellen: so wird er ohne Verzug sich der am wenigsten zahlreichen Gemeinde des Reiches gleich stellen, sobald das Vaterland nichts mehr von den Horden der grimmigen Trabanten zu befürchten haben wird, die jetzt gegen die Hauptstadt anrücken."

"Der Bürgerrath der Stadt Paris eilt, seine Brüder in allen Abtheilungen Frankreichs zu benachrichtigen, daß ein Theil der grimmigen Verschwornen, die in den Gefängnissen aufbewahrt wurden, durch das Volk ist umgebracht worden. Diese Handlung der Gerechtigkeit hat demselben dringend nothwendig geschienen, um, durch den Schrecken, jene Legionen von Verräthern die in seinen Mauren versteckt sind, zu der Zeit im Zaume zu halten, da es gegen den Feind marschieren sollte. Unstreitig wird die ganze Nation, nach der langen Folge von Verräthereien, durch welche sie an den Rand des Verderbens gebracht worden ist, diese, für das gemeine Beste so nothwendige, Maasregel eiligst ergreifen, und alle Frankreicher werden, so wie die Pariser, ausrufen: "wir marschieren gegen "den Feind; wir wollen aber nicht diese Mordbrenner "hinter uns lassen, die unsere Weiber und Kinder er"morden könnten!„

"Brüder und Freunde. Wir erwarten, daß ein Theil von Euch uns zu Hülfe kommen, und uns helfen werde, die unzählbaren Legionen der Trabanten jener Despoten zurück zu treiben, die sich zum Untergange der Frankreicher verschworen haben. Wir wollen gemeinschaftlich das Vaterland retten, und uns selbst den Ruhm verschaffen, dasselbe dem Untergange entrissen zu haben.„

"Paris am 3. September 1792.„

"Pierre Duplain, Panis, Sergent,
"Lenfant, Jourdeuil, Marat der
"Volksfreund, de Forgues, Leclerc,
"Dufort, Cally — von dem Bürgerra"the gewählt, und in dem Hause des Maire
"versammelt.„

"N. S. Unsere Brüder werden ersucht, diesen Brief drucken zu lassen, um denselben allen Bürgergerichten in ihrem Bezirke mitzutheilen.„ a)

---

a) La chronique du mois Novembre 1792. S. 77.

Das ist ein höllischer Brief, sagt Moore; und er wird noch abscheulicher, wenn man bedenkt, daß ihn obrigkeitliche Personen, nach reiflichem Erwägen, abfassen durften. a) Die Moral dieses Ausschreibens ist handgreiflich genug. Sie heißt: "wer sein Vater»
"land werth hält, wer Weib und Kinder lieb hat,
"der drehe allen Gefangenen bald möglichst den Hals
"um!„

Der Bürgerrath der Stadt Paris war sogar frech genug, eine Gesandtschaft von dreien seiner Mitglieder, Tallien, Truchon und Guiraud, an die Nationalversammlung zu senden, und derselben von dem was geschehen war Bericht abzustatten.

Truchon sagte: die Gefängnisse wären geleert; die Gefangenen wären ermordet; er habe sich nach dem Gefängnisse de la Force begeben, und daselbst, so wie zu Ste. Pelagie alle diejenigen, die wegen Schulden gefangen gesessen hätten, in Freiheit gesetzt. Die übrigen hätte er den Mördern zurück gelassen. "Als ich,„ setzte er hinzu, "nach dem Rathhause zu»
"rück kam, fiel mir ein, daß ich in dem Gefängnisse
"de la Force den Theil, in welchem die Weiber ver»
"wahrt wurden, nicht besucht hatte. Ich begab mich
"daher sogleich noch einmal dahin, und ließ vier und
"zwanzig Weiber los.„ Dem zufolge war es, nach seinem eigenen Geständnisse, dieser Bösewicht, der Kommissair Truchon, Mitglied des Pariser Bürger» rathes, welcher die Prinzessinn Lamballe, und die übri» gen Gefangenen im Gefängnisse de la Force, den Händen der Mörder überließ.

Tallien sagte: er hätte sich nach dem Gefäng» nisse der Abtei begeben, und die Gefangenen zu ret»

―――――
a) Moore Journal. T. 2. S. 29.

ten versucht; allein die Kommissarien hätten alles mögliche gethan, um diese Unordnungen zu verhindern, sie hätten aber der, einigermaßen gerechten, Rache des Volkes keinen Einhalt thun können. — So sprachen obrigkeitliche Personen! Unmenschliche Mordthaten, vor denen die Natur zurückbebt, nannten sie Unordnungen, eine gerechte Rache des Volkes!

Die Zahl der Ermordeten läßt sich nicht bestimmt angeben; indessen behaupteten die Mitglieder des Barfüßer-Klubs, die es am besten wissen könnten, es wären sieben tausend Personen geschlachtet worden. a)

Um die Mordthaten zu rechtfertigen, erzählte man dem Volke folgendes Mährchen:

Es sei eine abscheuliche Verschwörung, eine Abrede zwischen dem Herzoge von Braunschweig und einigen Pariser Verräthern gewesen: sobald die neuen Rekruten ausgehoben wären, und die an die Gränzen bestimmten Soldaten Paris verlassen hätten, sollten eben diese Verräther, die sich lange als Vaterlandsfreunde verlarvt hätten, das Kommando über ein beträchtliches Korps übernehmen, welches in der Stadt und den umliegenden Gegenden vertheilt wäre, und längst im Solde des Hofes gestanden hätte, ungeachtet es so versteckt wäre. Diese versteckten Anführer sollten, an der Spitze ihrer versteckten Krieger, die Gefängnisse aufbrechen und die Gefangenen bewaffnen, dann zum Tempel ziehen, die königliche Familie in Freiheit setzen, und den König proklamiren; alle Patrioten aber, die in Paris geblieben wären sowohl, als die Weiber und Kinder derjenigen, die es verlassen

a) Archenholz Minerva. 1792. Oktober. S. 78 in der Note.

haben würden um die Feinde des Vaterlandes zu bekämpfen, zum Tode verurtheilen. — Dieses lächerliche Mährchen verbreitete man unter das Volk, um die Mordthaten zu rechtfertigen, welche in den Gefängnissen verübt wurden; um den Pöbel aufzuhetzen, an denselben Theil zu nehmen; und um jeden Widerstand abzuschrecken. a)

Die eigentliche Absicht Derjenigen, die diese Mordthaten veranstalteten, war, theils Schrecken zu verbreiten, um unumschränkt herrschen zu können, theils sich große Reichthümer durch das Plündern der Häuser der Gemordeten und Entflohenen zu verschaffen.

Empörender noch als die Mordthaten selbst, waren die Lobsprüche, welche die Pariser Schriftsteller denselben ertheilten. Alle (sogar die Frankreichische Nationalzeitung, welche der Minister Lebrün schrieb, oder unter seiner Aufschrift schreiben ließ) nannten diese Greuelthaten ein schreckliches, aber nothwendiges Beispiel der Gerechtigkeit des Volkes. "Man "ermordete die Unschuld, und sagte nur nachher, das "Volk thue dergleichen in guter Absicht, aber aus Irr"thum. Viele Zeitschriften warfen einen Mantel über "die größten Greuelthaten, und nannten dieselben eine "Uebertreibung der Vaterlandsliebe. Niemand wagte "es, zu tadeln. Niemals wurde ein Tyrann so sehr "gefürchtet und geschmeichelt, als das souveraine "Volk." b)

Gorsas lobte die Mordthaten in seinem Journal auf eine schändliche Weise. Er schrieb: "diese Mord"thaten sind nicht nur gerecht, sie sind auch nothwen-

---

a) Moore Journal T. 1. S. 202.
b) Moore S. 261.

folg., a) Ein andermal sagte er hinzu: "das Volk "betrüge sich nicht in seiner Rache; mögen sie um "kommen!„ b)

Gorsas sowohl, als andere Patrioten, sprachen in der Folge ganz verschieden von diesen Greuelthaten, da sie erfuhren, daß sie selbst auf der Liste gestanden hätten. "Ich habe Leute gesehen,„ sagt der Korrespondent des Hrn. von Archenholz, "die am "Sonntage die Exekutionen für recht und billig hielten, und am Dienstage erfuhren, auf der Proskriptionsliste gestanden zu haben. So gefährlich ist es, "sich von den Grundsätzen der strengen Gerechtigkeit "auch nur um ein Haar breit zu entfernen!„

Das Schreiben, welches der Bürgerrath der Stadt Paris an die übrigen Bürgergerichte des Königreiches gesandt hatte, um sie aufzumuntern, sich ihrer Gefangenen auf eine ähnliche Weise zu entledigen, blieb nicht ohne Wirkung.

Der Kriegsminister Servan berichtete der Versammlung: zwei Wagen mit Waffen beladen, und für die Armee bestimmt, wären durch Charleville, unter Aufsicht eines Artillerieoffiziers, geführt worden; der Pöbel habe sich in den Kopf gesetzt, diese Waffen würden dem Feinde zugeführt, er habe die Wagen angehalten und den Offizier ermordet.

Zu Sedan fielen ähnliche Mordthaten vor. Zu Rheims und zu Meaux wurden die Gefangenen umgebracht. Zu St. Amand saßte der Pöbel gegen den Sohn des Postmeisters Verdacht, als habe er dem Feinde Nachrichten zugetragen; er wurde ermor-

a) Ces massacres sont non seulement justes, ils sont encore nécessaires.
b) Le peuple ne se trompe point dans sa vengeance: qu'ils périssent!

det und sein Leichnam durch die Straßen der Stadt geschleift. Zu Lyon zog der Pöbel nach dem Schlosse Pierre en Cise, wo die Gefangenen verwahrt wurden. Ungeachtet der Bitten und Vorstellungen einiger rechtschaffenen Magistratspersonen, wurden alle Gefangenen todt geschlagen, und ihre Köpfe auf Piken in der Stadt Lyon herum getragen. Auch diejenigen Gefangenen, welche in der Stadt selbst verwahrt waren, vorzüglich die Priester, wurden alle umgebracht.

Wie wenig Abscheu man in Frankreich vor dem Morden hatte, davon zeugt eine Anekdote, die Moore erzählt, und die sehr karakteristisch ist. Ein Fischhöker zu Clermont gerieth mit einigen Bretagnern in Streit. Er war unvorsichtig genug, Schimpfreden auszustoßen, die das ganze Kommando angriffen. Die Bretagner drohten ihm mit dem Tode und machten Anstalten die Drohung zu vollziehen, als sich eine Magistratsperson des Fischhökers annahm und den Bretagnern zurief: "Halten Sie ein, meine Herren! Was Teufel! so bringt man keinen Menschen um!" Die Magistratsperson versprach den Bretagnern Genugthuung; und sie ließen es sich gefallen, daß der Mann, welcher sie beleidigt hatte, auf die Stadtwache gebracht werde, damit man sein Vergehen gesetzmäßig untersuche und bestrafe. Der wachthabende Offizier ließ den Gefangenen, aus Nachläßigkeit oder aus Vorsatz, entwischen. Hierüber wurden die Bretagner so aufgebracht, daß sie den Offizier umzubringen drohten. Dieser versteckte sich. Da sie nun an ihm keine Rache nehmen konnten, so wollten sie die Stadt in Brand stecken, wofern man nicht entweder den Gefangenen, oder den wachthabenden Offizier, aufsände und bestrafe. Der Magistrat sandte zwan-

269

ig. Mann zu Pferde ab, um den Fischköfer in der ganzen Provinz aufzusuchen. Man sand ihn zehen Stunden weit von Clermont, und brachte ihn gefangen zurück. Seine Wache glaubte, er würde höchstens eine kleine Geldbuße erlegen, und den Beleidigten abbitten müssen: allein die Bretagner überwältigten die Wache, als dieselbe in Clermont herein kam, und schlugen dem Gefangenen den Kopf ab — Ein Bürger von Clermont erzählte diese Geschichte dem Hrn. Moore, und viele andere Bürger hörten zu. "Es ist abscheulich„ sagte Einer; "Entsetzlich!„ ein anderer. "Es ist nun ein Mensch weniger in der Welt„ sagte ein dritter — und nahm eine Prise Taback.

Zu Orleans wurden nicht nur mehrere Personen umgebracht, sondern der Pöbel plünderte die Häuser, nahm weg was ihm gefiel, und verbrannte das übrige mitten in den Straßen, ohne daß irgend Jemand es gewagt hätte dem Unfuge Einhalt zu thun. "Funfzig entschloßene Bewaffnete„ sagt ein Augenzeuge, a) "hätten ohne Schwierigkeit das Gesindel aus einander getrieben, welches die Häuser mit aller möglichen Muße ausräumte, und die Möbeln zerschmettert auf dem Platze Marlois in einen Scheiterhaufen zusammen trug und anzündete. Es läßt sich kein wilderes Gemälde denken. Ich glaubte mich auf die Küste von Neuseeland versetzt. Um die Flammen, welche der Wind ungestüm durch einander blies, wurde unter Gesang und Flaschengeklirre getanzt, während vier Unglückliche, über Diebstahl ertappt, im Feuer umkamen. Man hatte die Mordlust gehabt, einen zwölfjährigen Knaben hinein zu werfen, der sich

a) Irchenholz Minerva. 1792. Oktober. S. 104. 105.

gelüsten lassen, ein halbes Dutzend Lichter zu stehlen."

So herrschte Raub und Mord von Einem Ende des unglücklichen Frankreichs zum andern!

Nach so vielen Greuelthaten, von denen sich das Auge des Menschenfreundes mit Unwillen weg wendet, zeigte endlich noch eine Begebenheit, gräßlicher in ihren Umständen als alle übrigen, die Grausamkeit und Verworfenheit des Frankreichischen Pöbels in ihrem ganzen Umfange.

Auf Befehl der Jakobiner waren zwei hundert Marseiller nach Orleans gereiset, um die daselbst vorhandenen Staatsgefangenen wegzuführen, und dieselben auf dem Wege zu ermorden. Vergeblich befahl die Nationalversammlung daß diese Gefangenen nach Saumur gebracht werden sollten: sie wurden nach Versailles geführt.

Am vierten September befahlen die Marseiller, unter Anführung zweier Jakobiner, Bourdon und Fournier (dessen oben schon erwähnt worden ist) sieben offene, mit Stroh belegte, Wagen vor das Staatsgefängniß zu Orleans bringen. Auf diese Wagen setzte man die Gefangenen, acht auf jeden Wagen. Alles, was sie bei sich hatten, mußte im Gefängnisse zurück gelassen werden, und wurde von den Marseillern geplündert. Diese, ungefähr 1,500 an der Zahl, begleiteten die Wagen, und fuhren um sechs Uhr des Morgens von Orleans ab.

Sechsthalb Tage dauerte die Reise; die Nächte mußten die Gefangenen in Ställen auf Stroh zubringen. Am 9. September kamen sie zu Versailles an. Bei dem großen Gitterthore der Stadt befanden sich sieben Mitglieder des Versailler Bürgerrathes, mit ihren dreifarbigen Schärpen. Diese versprachen die

Wagen nach dem Gefängnisse zu begleiten, und die Gefangenen vor Gewaltthätigkeiten zu beschützen.

Allein die Mörder, welche die Gefangenen umbringen sollten, waren bereits am Abende vorher in Posthäusen von Paris gekommen, und lauerten auf ihre Schlachtopfer. Sobald die Wagen über den großen Platz zu Versailles fuhren, sprangen diese Kerle, siebenzig an der Zahl, die eben in dem Gasthofe der kleinen Ställe ihre Mahlzeit verzehrten, vom Tische auf, ließen die Mahlzeit im Stiche, fielen den Pferden des ersten Wagens in den Zaum, und riefen: "Köpfe ab! Köpfe ab!„ Die Marseiller, welche die Gefangenen begleiteten, blieben unthätig; die Mörder fielen über die Gefangenen her, und ermordeten sieben und vierzig Personen. Sechs Gefangene retteten sich und entgingen ihrer Wuth. In Zeit von Einer Stunde war das Morden vorbei; die Körper wurden verstümmelt; mit den Köpfen spielten die Kinder, und die Schaamtheile wurden von den Weibern zur Schau getragen. Man suchte den Leichnam des Herzogs de Brissac, schnitt ihm den Kopf und eine Hand ab. Ein Mann stand dabei und rauchte sein Pfeifchen, mit entblößtem Degen, auf dessen Spitze eine Menschenhand steckte. Ein anderer Kerl ging ruhig zwischen den Leichnamen herum, und trug den ganzen Arm eines anderen Gefangenen auf seinem Degen gespießt. Hernach wurde ein Karren herbei geführt, auf welchen man so viele abgeschlachtete Leichname warf, als die Pferde nur fortschleppen konnten. Ein Junge von vierzehn Jahren stand auf dem Karren, fing die Leichname auf, wie sie ihm zugeworfen wurden, und verpackte dieselben auf die füglichste Weise, mit so gleichgültigem Betragen, als wären sie Meßgut. Ein Bube, welcher ihm die Leichen zureichte, und wahrscheinlich bei dem Morden mit geholfen hatte, lobte des Burschen Thätigkeit gegen die Zuschauer: "ach!„ sagte er, "das gute Kind; wie es so dreist ist!„ — So erzählt ein Augenzeuge. a)

Die Mörder fragten sich unter einander: "wie viel hat Dir der heutige Tag eingebracht?„ — "Fünfzig, hundert, zwei hundert Livres,„ war die Antwort.

Die wenigen Gefangenen, denen es gelang, sich zu retten, befanden sich in dem letzten Wagen. Die Mörder waren der Arbeit müde, als sie bis zu ihnen kamen, und ließen sie gehen.

Unter den Ermordeten befand sich:

Der Herzog de Brissac, Generalkommandant der konstitutionsmäßigen Leibwache des Königs, ein sehr rechtschaffener Mann. Er wehrte sich gegen die Mörder, entwaffnete einen derselben, verwundete zwei oder drei, parirte noch die Hiebe, nachdem er schon verstümmelt war, und lag erst dann unter, als ihm die Füße abgehackt waren. Ferner kamen um:

Der vormalige Minister Delessart; der vormalige Kriegsminister Dabancourt; der Bischof von Mende, ein achtzigjähriger rechtschaffener Greis; Etienne de la Riviere, welcher zu Anfang der Revolution Hrn. Berthier nach Paris geholt hatte, und nachher, wegen seiner Anklage der Herren Chabot, Merlin und Bazire, nach Orleans gesandt worden war.

Der rechtschaffene Herzog de la Rochefaucault wurde auf seinem Gute zu Gisors in den Armen seiner Gemahlinn ermordet.

Während der Zeit, da diese und ähnliche Schandthaten ganz Frankreich mit Schrecken und Abscheu erfüllten,

a) Moore Journal T. 1. S. 256.

fällten, wurden die Deputirten zur bevorstehenden Nationalkonvention gewählt. In alle Provinzen sandte die Nationalversammlung sowohl, als der Pariser Bürgerrath, Kommissarien, welche die Wahlen so leiten mußten, daß keine andere, als heftige Republikaner zu Mitgliedern der Konvention gewählt werden könnten. Die Wahlen waren keinesweges frei; denn eine jede Widersetzlichkeit irgend eines Wählenden, gegen die Ernennung eines von den Jakobinern vorgeschlagenen Mannes, erweckte den Verdacht des Aristokratismus, und ein solcher Verdacht setzte denjenigen, auf den er fiel, in Lebensgefahr. Die Rechtschaffenen und Wohldenkenden blieben aus diesem Grunde von den Wahlen weg, und überließen dieselben den Jakobinern und dem Pöbel.

Die neugewählten Deputirten suchten sich auch dadurch bei dem Volke beliebt zu machen und zu empfehlen, daß sie laut erklärten, wie sie republikanische Grundsätze hätten. Als Rabaut de St. Etienne gewählt war, warf man ihm die Rede vor, die er einst in der konstituirenden Versammlung gehalten hatte, in welcher er sich sehr heftig gegen die republikanische Regierungsform erklärte. Aufgebracht über dieses Gerücht, erklärte Rabaut, in einem Briefe an die Nationalversammlung, welcher er seine Wahl berichtete, er hege einen entschiedenen Haß gegen das Königthum sowohl, als gegen alle Könige ohne Ausnahme.

Zu Paris nahmen die Wahlen am zweiten September ihren Anfang. Der erste, welcher gewählt wurde, war Robespierre. Er selbst gab seine Stimme dem Pethion, welcher auch gewählt ward. Nachher erhielten die Urheber der Mordthaten, Panis (ein Schwager Santerres), Sergent, der Fleischer Legendre, der verrückte Anacharsis Cloots, Thomas Payne, die Urheber der Mordthaten zu Avignon, Robespierres jüngerer Bruder, Merlin, Manuel, Marat, und sogar der Herzog von Orleans, Stellen in der Nationalkonvention.

Marat war bei dem Volke sehr in Gunst, ungeachtet, wie Moore bemerkt, sein einziger Kunstgriff darin bestand, eine Hälfte des Volkes aufzufordern, die andere abzuschlachten. Der Ex-Kapuziner Chabot hielt in der Wahlversammlung eine Lobrede auf Marat. "Man nennt," sagte er, "Marat blutgierig, und man beweiset es dadurch, daß er an den Mordthaten Theil nahm, die in den Gefängnissen sind vorgenommen worden. Hierin aber betrug er sich dem Geiste der Revolution gemäß; denn es war der Natur zuwider, daß wir, als die tapfersten Patrioten nach der Gränze zogen, hier den Dolchen der Gefangenen ausgesetzt bleiben sollten, denen man Waffen und Freiheit versprach, um uns zu ermorden. Man nennt ihn blutgierig, weil er mehr als Ein mal das Blut der Aristokraten und selbst der verdorbenen Mitglieder der Nationalversammlung, forderte. Aber es ist ja weltkundig, daß die Aristokraten von jeher alle Ohnehosen haben umbringen wollen, und es noch wollen. Da es nun aber in der Welt neun und neunzig Ohnehosen gegen Einen Aristokraten gibt; so ist es klar, daß der Mann nicht blutgierig ist, welcher verlangt, daß man Einen tödte, um neun und neunzigen das Leben zu retten. Er ist auch kein Mordbrenner; denn er hat vorgeschlagen, man solle alles Haab und Gut der Aristokraten unter die Ohnehosen vertheilen: folglich kann man ihm nicht Schuld geben, daß er dasselbe habe verbrennen wollen."

Auch Robespierre hielt in der Wahlversammlung eine Rede über die nothwendigsten Eigenschaften eines Mitgliedes der Konvention, und deutete endlich auf Marat und Legendre, als auf Männer, die besonders verdienten, in Betrachtung gezogen zu werden. Beide wurden also gewählt.

Die Erwählung des Herzogs von Orleans fand mehr Schwierigkeit, weil die Wahlherren den Nahmen Orleans mit einer republikanischen Denkungsart nicht zu vereinigen wußten. Orleans Freunde riethen ihm daher, sich erst umtaufen zu lassen. Er schrieb dem zufolge an den Presidenten des Pariser Bürgerrathes den folgenden Brief:

"Paris am 14. September 1795, im vierten Jahre der Freiheit und im ersten der Gleichheit."

"Mein Herr,"

"Das Wahlkorps, dessen Mitglied ich bin, war sehr erstaunt, daß die Sektion de la Bütte des Moulins mich in das Verzeichniß seiner Mitglieder unter dem Nahmen Orleans eingeschrieben hatte, da ich doch, seit dem Dekrete der konstituirenden Nationalversammlung, diesen Namen niemals unterzeichnet habe. Es schien den Wunsch zu äußern, daß ich meinen Familiennahmen annehmen solle. Schon seit langer Zeit hat mich meine Liebe zur Gleichheit abgehalten, den Nahmen eines Fränkreichischen Prinzen anzunehmen; ich würde also diesen Wunsch befolgen, wenn ich einen Familiennahmen hätte. Allein ich kenne keinen; ich bin daher sehr in Verlegenheit, wie ich das Verlangen meiner Mitbürger erfüllen, und ein Mittel finden soll, mich und meine Kinder kenntlich zu machen. Ich glaube nicht, daß ich mich an irgend Jemand anders wenden kann, um aus dieser Verlegenheit zu kommen, als an den Bürgerrath derjenigen Stadt, deren Bürger ich bin. Ich hoffe also, mein Herr, daß Sie demselben in meinem Nahmen dieses Begehren vorlegen werden. Meine Dankbarkeit würde sehr groß seyn, wenn er mich würdigen wollte, mir zu befehlen, was ich in dieser Angelegenheit thun solle. Ich bitte Sie gleichfalls, dem Hause, welches ich bewohne, einen Nahmen zu geben, der von demjenigen verschieden ist, den es jetzt trägt.„

”Ich bin mit vieler Bruderliebe,„

”Mein Herr,„

”Ihr Mitbürger„

”L. Ph. Joseph.„

Dieser sonderbare Brief wurde sehr gut aufgenommen, und der Herzog erhielt von dem Bürgerrathe die folgende Antwort:

”Der Bürgerrath hat in der Darlegung Eurer bürgerlichen Denkungsart einen neuen Beweis Eurer Freiheitsliebe gesehen. Er glaubt den Eifer belohnen zu müssen, mit welchem Ihr, von den ersten Tagen der Revolution an, und sogar schon vorher, für die Sache des Volkes gearbeitet habt. Dem zufolge meint er Euch mit dem schönen Nahmen Egalite (Gleichheit) zieren zu können. Die Stellvertreter der Gemeinde schmeicheln sich, daß niemals weder Ihr, noch Eure Kinder, Euch in den Fall setzen werdet, einen so schönen Nahmen zu verlieren. Er legt Euch große Pflichten auf. Ohne Zweifel werdet Ihr dieselben erfüllen, und nachdem die Frankreichische Nation mit Grund und Recht die Familie der Bourbons verbannt, wird sie mit Vergnügen bei dem Gedanken verweilen, daß ein Glied dieser Familie Bürger war, und seine Familie erzog, dereinst eifrige Vertheidiger der Freiheit und Gleichheit zu seyn.„

”Beschluß des Bürgerrathes der Stadt Paris am 15. September 1792.„

1. „Ludwig Philipp Joseph und seine Nachkommen sollen von nun an den Familiennahmen Egalité tragen."

2. „Der jetzt unter dem Nahmen Palais Royal bekannte Garten, soll Revolutionsgarten heißen."

3. „Ludwig Philipp Joseph Egalité ist berechtigt, in gerichtlichen Akten, sowohl als in Notarakten, auf gegenwärtigen Beschluß sich zu berufen."

4. „Der gegenwärtige Beschluß soll gedruckt und angeschlagen werden."

Nach dem zweiten September wurde die Ruhe zu Paris nicht wieder vollkommen hergestellt. Diese stellten sich in obrigkeitlichen Schärpen, auf die Straßen, griffen die Vorübergehenden bei hellem Tage an, nahmen ihnen silberne Schnallen, Uhren und Geld weg, unter dem Vorwande, das Weggenommene als Kriegsbeisteuer in die Sektionen zu bringen. Den Weibern wurden goldene Ketten und Ohrringe mit Gewalt abgerissen.

Andere Kerle begaben sich in die umliegenden Gegenden, gaben vor, sie wären Kommissarien des Pariser Bürgerrathes, erbrachen die Häuser der Ausgewanderten, rissen die obrigkeitlichen Siegel weg, und ließen das Silberzeug sowohl, als andre Kostbarkeiten, hinwegtragen, ohne daß Jemand hätte erfahren können, wo es hingebracht wurde.

In Paris selbst waren weder Personen noch Eigenthum sicher. Zu jeder Stunde des Nachts brachen die Trabanten des Robespierre, Danton und Marat, in die Häuser, und schleppten die Einwohner derselben in die Gefängnisse, ohne den mindesten Grund eines solchen Verfahrens anzugeben, und ohne denen, die sie gefangen nahmen, zu sagen, was sie zu gewarten hätten.

Sogar die Wohnungen der Todten blieben nicht verschont. In der Kirche St. Roch wurden die Gewölbe aufgerissen, die Särge herausgeworfen, und das Blei derselben abgerissen, um zu Kugeln verbraucht zu werden. Dieser Frevel bestrafte sich aber selbst. Einige von den Ohnehosen, die sich mit dieser Arbeit beschäftigten, verfielen durch den Geruch der Leichname in eine tödliche Krankheit, deren Ansteckung sich weiter verbreitete; daher sich die Nationalversammlung genöthigt sah, zu befehlen, daß die geöffneten Gräber sogleich wieder zugeworfen werden sollten.

Der Minister Roland schrieb am 14. September einen sehr derben Brief an den Maire Pethion, in welchem er dem Maire vorwarf, daß seine Unthätigkeit an den täglich vorfallenden Unordnungen schuld sei. Damals war auch wirklich die Unsicherheit zu Paris so groß, daß es niemand wagte, selbst bei hellem Tage, über die Straße zu gehen, ohne ein paar geladene Pistolen in der Tasche zu haben.

Der größte und frechste Diebstahl wurde am 16. September begangen. Eine Bande Räuber, wahrscheinlich mit dem Bürgerrathe einverstanden, brach an dem Orte ein, wo die Juwelen der Krone verwahrt wurden, und leerte alles aus. Der Betrag des Diebstahls wurde auf 25 Millionen Livres berechnet.

Nach der Flucht des Königs, im Junius 1791,

hatte, die konstituirende Versammlung ein Verzeichniß der, der Krone zugehörigen Juwelen und Diamanten verfertigen laſſen. Dieſes Verzeichniß, nebſt dem von den Herren Bion, Chriſtin und Delatre, darüber abgeſtatteten Berichte, iſt in zwei Bänden unter dem folgenden Titel gedruckt worden:

 Inventaire des Diamans de la Couronne, Perles, pierreries, pierres gravés, et autres monuments des arts et des sciences, existants au gardemeuble. Inventaire fait en conformité des decrets de l'assemblée nationale, par ses commissaires MM. Bion, Christin et Delâtre, Députés à l'assemblée nationale. Imprimé par ordre de l'assemblée nationale. Paris 1791. 8.

Das Verzeichniß enthält eine vollſtändige Beſchreibung aller dieſer Koſtbarkeiten, nebſt Angabe ihres Werthes. Es iſt beinahe unmöglich, einen kurzen Begriff von dem Reichthume einer ſo koſtbaren Sammlung zu geben. Die ganze Zahl der Demanten betrug 9547 einzelne Stücke. Es waren im Jahre 1791 an Demanten 3,576 Stücke mehr vorhanden, als im Jahre 1774, da der König den Thron beſtieg. Die neu hinzu gekommenen waren meiſt kleine Demanten, welche für Rockknöpfe und für den Degengriff des Königs angeſchafft wurden. Dagegen fehlten einige große Demanten, die im Jahre 1774 vorhanden waren: es betrug daher der Werth aller im Jahre 1791 vorhandenen Demanten zuſammen genommen 127,906 Livres weniger, als der Werth der im Jahre 1774 vorhanden geweſenen, ungeachtet die Zahl der ersteren um so viel größer war. Jedoch ersetzte der vermehrte Werth der Fassung die Summe, welche an dem Werthe der Demanten selbst abging. Die der Krone zugehörigen Perlen machten 513 Stück aus. Von diesen waren 480 nicht gefaßt; und 23 befanden sich in einigen, zu dem Schmucke der Königinn gehörigen Ohrgehängen. An Rubinen waren 230 Stück vorhanden, von denen 145 nicht gefaßt, und 85 in dem Achselbande, dem goldnen Vließe und dem Ordenskreuze des Königs, eingesetzt waren. Topasen fanden sich 71, wovon nur drei gefaßt, und in das Ordenskreuz des Königs eingesetzt waren. Schmaragden waren 150 da, von welchen nur 17 gefaßt, und in eine Uhrkette des Königs eingesetzt sich fanden. Ferner ergab sich, daß 134 Sapphiren, drei Orientalische Amethysten, und 8 Syrische Granaten vorhanden wären. Einer der Demanten, der sogenannte Regent, welcher 146 Karat wog, wurde auf zwölf Millionen Livres an Werth geschätzt. Einige andere Demanten, waren Ein, zwei, drei mal hundert tausend Livres werth. Alle Demanten zusammen genommen, betrugen an Werth 16,730,403 Livres. Die schönste Perle wurde auf 200,000 Livres geschätzt, und die schlechteste auf 300 Livres. Der ganze Werth der Perlen betrug 996,700 Livres. Der schönste Rubin war 50,000 Livres werth, und der schlechteste 50 Livres; der schönste Topas 6000 Livres, und der schlechteste 150; der schönste Schmaragd 6000 Livres, und der schlechteste 150; der schönste Sapphir 100,000 Livres, der zweite 6000 Livres, der dritte 3000 Livres, und der schlechteste 120 Livres; der schönste Amethyst 6000

Livres, und der schlechteste 100 Livres. Der ganze Werth der gefärbten Edelsteine betrug zusammen 360,604 Livres. Außer den oben angeführten Demanten waren noch mehrere andere, in dem, zum Gebrauche des Königs bestimmten, Schmucke gefaßt; und diese betrugen an Werthe: 5,834,490 Livres. Der ganze Werth aller Demanten, Perlen, gefärbten Edelsteinen, nebst den Demanten des königlichen Schmuckes, betrug: 23,992,197 Livres. Unter den Bildsäulen von Bronze, befand sich eine von Heinrich dem Vierten, 16 Zoll hoch und 600 Livres werth. Ferner waren dabei, zwei Gruppen von Michael Angelo, Juno auf einem Pfau, und Jupiter auf einem Adler, beide auf 15,000 Livres geschätzt; ein, zu Ehren Ludwigs des XV. zu Nancy im Jahre 1755 verfertigtes, Denkmal, 15,000 Livres an Werth. Alle Bilder von Bronze zusammen genommen waren 160,420 Livres werth. Unter den Bildern von Marmor war das schönste 10,000 Livres werth. Bronzene und marmorne Bilder betrugen, nebst den Gemählden, nicht mehr als 382,882 Livres, alles zusammen genommen.

In diesen Tagen geriethen auch die beiden Herzensfreunde, Pethion und Robespierre, mit einander im Streit, und wurden unversöhnliche Feinde. Die eigentliche Ursache dieser so schnell entstandenen Feindschaft ist nicht genau bekannt geworden, aber die Wirkungen derselben waren sichtbar und auffallend. Pethion näherte sich allmählich der Parthei Brissots, oder der sogenannten Girondisten. Er vermahnte zur Ruhe, zur Einigkeit, und klagte endlich sogar vor dem Bürgerrathe Marat an, daß er entweder ein Narr, oder ein Schurke sei. Marat nahm dieß sehr übel. Gleich am folgenden Tage ließ er an allen Ecken der Straßen einen gedruckten Zettel anschlagen, der die Ueberschrift hatte: „An Meister Hieronymus Pethion." Er warf Hrn. Pethion vor: wie er ungeachtet der vielen Zeit, welche die Geschäfte seiner Stelle eines Maire erforderten, dennoch einen großen Theil des Tages auf die Frisur seines beständig schön frisirten Kopfes verwende. Marat sagte: Pethion sey feigherzig und furchtsam, und tauge höchstens zu einem Schulmeister, einem Distrikteinnehmer, oder einem Friedensrichter. Sobald Pethion von Marat angegriffen wurde, verlor er seine vorher, so große, Popularität, denn Marat war ein noch größerer Liebling des Pöbels und der niedern Volksklassen, als Pethion: von dem Gesindel wurde Marat beinahe angebetet.

Während Frankreich von einem Ende bis zum andern mit Schandthaten aller Art befleckt wurde, sah man zu gleicher Zeit die größten Anstrengungen zur Vertheidigung der Freiheit. Alle Heerstraßen waren mit jungen Leuten bedeckt, die nach den Grenzen zogen, um ihr Vaterland gegen seine auswärtigen Feinde zu vertheidigen. Einige Kirchen, in denen geworben und eingeschrieben wurde, sahen wie Zeughäuser aus; in andern Kirchen saßen Weiber, welche Hemder und Kamaschen für die Soldaten näheten, und an dem Feldgeräthe arbeiteten. Man konnte nicht umhin, den Geist des Edelmuths und der Vaterlandsliebe zu bewundern, der die ganze Nation beseelte. „Wessen Kopf," sagt Moore sehr richtig, „nicht von Vorurtheilen verfinstert, oder durch Eigensinn verkehrt ist, der wird diedem allgemeinen Eifer Gerechtigkeit widerfahren lassen, mit welchem die Franzosen die Unabhängigkeit ihrer Nation behaupten. Man kann diesen Geist nicht nur bewundern, und dennoch die zu Paris verübten Verbrechen und die wilden Demagogen verabscheuen, welche Ehre und Ruhe ihres Vaterlandes dem Ehrgeize und der Rache aufopfern: man muß sogar eine Seele haben, die durch gute Bildung, Aufrichtigkeit und Gefühl genug erhalten hat, jenen zu ehren, um diese mit dem gehörigen Entsetzen zu betrachten."

Die Vertheidiger des Vaterlandes, welche nach den Gränzen marschirten, begingen auf ihrem Wege große Ausschweifungen; sie plünderten und mordeten an mehreren Orten ihre eigenen Landsleute. Mannszucht und militairische Unterwürfigkeit fand sich gar nicht unter ihnen.

Die letzten Verhandlungen der Nationalversammlung, ehe dieselbe aus einander ging, waren nicht wichtig.

Am 4. September las Guadet der Versammlung eine Zuschrift an das Frankreichische Volk vor, welche auch angenommen wurde. Das Ende dieser Zuschrift lautete so: "Die Stellvertreter des Volkes schwören, jeder für sich, den Königen und dem Königthume Haß, und wollen beide bis an ihren letzten Athemzug bekämpfen." Als die Zuschrift vorgelesen wurde, standen bei dieser Stelle alle Mitglieder der Versammlung auf, und riefen: "Ja, wir schwören es; keinen König mehr!" a)

Am 8. September kam der Maire Pethion vor

a) Moore Journal T. I. p. 206.

die Schranken, und schlug vor, daß die Sitzungen der Nationalkonvention in dem Pallaste der Thuillerien gehalten werden sollten. „Lange genug," sagte Pethion, „lange genug haben die Könige Palläste gehabt; endlich ist es Zeit, daß das Volk auch einen habe." Die Versammlung nahm diesen Vorschlag sehr gut auf, und am 14. September wurde, auf Brissats Vorschlag, beschlossen: daß der Minister Roland in den Thuillerien einen schicklichen Saal für die Nationalkonvention sollte zubereiten lassen. Es wurde dazu eine Summe von 300,000 Livres bewilligt.

Am 21. September verlangte Hr. François de Neufchateau, daß, sobald die Versammlung erfahren würde, die Nationalkonvention wäre versammelt, sie mit ihren Arbeiten sogleich aufhören solle; daß sie sich nach dem Orte hinbegeben solle, wo sich die Konvention versammelt haben würde; daß sie die versammelten Mitglieder der Konvention feierlich abholen, nach dem Versammlungssaale bringen, und ihnen zur Ehrenwache dienen solle. Die Nationalversammlung nahm alle diese Vorschläge an, und sandte den Herrn François de Neufchateau nach der Nationalkonvention.

Indessen erschienen zwölf Abgesandte der Konvention. Der Redner dieser Gesandtschaft, Hr. Gregaire, sprach: „Bürger. Die Nationalkonvention ist versammelt. Wir sind von ihr abgesandt, um Euch anzukündigen, daß sie hieher kommen, und ihre Sitzungen anfangen werde."

Jetzt erklärte die Nationalversammlung, daß ihre

Arbeiten geschlossen wären, und begab sich in corpore nach der Nationalkonvention.

Diese hatte sich indessen in dem Schlosse der Thuillerien versammelt. Als die Nationalversammlung in den Saal eingetreten war, redete Hr. Francois de Neufchateau die Konvention mit folgenden Worten an.

„Stellvertreter der Nation. Die gesetzgebende Versammlung hat ihre Geschäfte niedergelegt, und sie bemüht sich, dem ganzen Reiche zuerst das Beispiel der Unterwürfigkeit unter diejenigen Gesetze zu geben, die Ihr erlassen werdet. Sie wünscht sich Glück dazu, die Zügel der Regierung Euren Händen übergeben zu haben. Sie hat beschlossen, daß ihr erstes Geschäft als bloße Bürger darin bestehen solle, der Nationalkonvention zur Wache zu dienen, und derselben ehrfurchtsvolle Huldigungen darzubringen, um allen Frankreichern durch ihr Beispiel zu zeigen, wie man sich vor der Majestät des Volks verbeugen müsse, welches Ihr vorstellet. Wir wünschen uns Glück dazu, daß nach unserem Aufrufe alle Urversammlungen des Reiches dem Ansuchen nachgekommen sind, welches wir an sie gethan haben. Sie haben, dadurch, daß sie Euch ernannten, die außerordentlichen Maasregeln gebilligt, welche das Wohl von vier und zwanzig Millionen Menschen gegen die Treulosigkeit eines einzigen erforderte. Alle Gründe zur Zwietracht müssen aufhören. Die ganze Nation hat jetzt ihre Stellvertreter, und Ihr werdet eine Konstitution auf den Grundlagen der Freiheit und der Gleichheit aufführen. Der Zweck Eurer Bemühungen wird seyn, den Frankreichern Freiheit, Gesetze und den Frieden zu verschaffen; Freiheit, ohne welche die Frankreicher nicht mehr leben können; Gesetze, die festeste Grundlage der Freiheit; Frieden, den einzigen Zweck des Krieges. Freiheit, Gesetze, Friede: diese drei Worte wurden von den Griechen über das Thor ihres Tempels zu Delphos gesetzt. Ihr werdet dieselben dem ganzen Boden Frankreichs aufdrücken. Ihr werdet vorzüglich zwischen allen Theilen des Reiches die Einheit der Regierung erhalten, deren Mittelpunkt und zusammenhaltendes Band Ihr seyd. Auf diese Weise werdet Ihr die Gegenwünsche Eurer Mitbürger Euch zuziehen."

Die Nationalkonvention, von welcher 371 Mitglieder (ungefähr die Hälfte) versammelt waren, wählte Pethion zu ihrem Presidenten, und die Herren Condorcet, Brissot, Vergniaud, Lasource, Rabaut und Camus zu ihren Sekretairen.

Hierauf ging die Konvention aus den Thuillerien nach dem Saale, wo die Nationalversammlung ihre Sitzungen gehalten hatte, durch eine unzählbare Volksmenge. Ein Kommando der Bürgermiliz stand unter den Waffen, und während des Zugs wurden die Trommeln geschlagen und die Trompeten geblasen.

Manuel hielt hierauf eine Rede, welche den versteckten Plan Pethions, statt Ludwigs des XVI, den er gestürzt hatte, selbst König zu werden, allzufrüh verrieth, und dadurch die Ausführung desselben verhinderte. Er sagte: er betrachte die hier versammelten Stellvertreter des Volkes als eine Versammlung von Philosophen, die damit beschäftigt wären, das Glück der Welt zu gründen; daher verlangte er, daß der President der Versammlung (Pethion) den er einen

287

Präsidenten von Frankreich nannte (so wie
Washington Präsident der vereinigten Staaten ist)
er verlangte, sage ich, daß dieser Präsident von Frankreich in dem Nationalpallaste der Thuillerien wohnen
sollte; daß alle Staatsbürger gehalten seyn sollten,
in seiner Gegenwart zu stehen, und unbedeckt zu
seyn; und daß der Präsident von einer Leibwache
umgeben seyn sollte.

Sehr viele Mitglieder der Konvention standen auf,
um gegen diesen Vorschlag zu sprechen; vorzüglich setzte
sich aber Chabot dagegen. Er fand, daß ein solches äußeres Gepränge, solche königliche Pracht, sich
für eine freie Staatsverfassung nicht schicke, welche sich
auf Gleichheit gründe, und deren Stellvertreter keine
andere Hoheit kennen müßten, als die, daß man sie
unter den Ohnehosen, von denen sie zu Stellvertretern
gewählt wären, beständig antreffe, und von denselben
nicht unterscheiden könne. Demzufolge wurde Manuels
Vorschlag verworfen.

Danton (welcher seine Stelle als Justizminister
niedergelegt hatte, um als Mitglied der Konvention
aufzutreten) schlug vor, daß die Konvention beschließen
solle, es sei keine andere Konstitution gültig, als eine
solche, die von dem Volke in den Urversammlungen
durch Mehrheit der Stimmen gebilligt werden würde,
und daß das Eigenthum der Staatsbürger unter dem
Schutze des Gesetzes seyn sollte. Zufolge dieses Vor-
schlags faßte die Konvention den folgenden Beschluß:

„Die Nationalkonvention erklärt, daß es keine
Konstitution geben könne, als eine solche, die von dem
Volke genehmigt ist; sie erklärt, daß die Sicherheit der

Personen und des Eigenthums sich unter dem Schutze der Nation befindet; daß diejenigen Gesetze, die nicht abgeschaft sind, so wie die nicht aufgehobenen Obrigkeiten, vorläufig beibehalten werden sollen, und daß die jetzt bestehenden öffentlichen Auflagen so wie vorher sollen gehoben werden."

Nun stand Collot Dherbois (vormals ein Schauspieler) auf, und sprach: es giebt eine Erklärung, welche die Versammlung keinen Augenblick länger aufschieben darf, wenn sie dem Wunsche der Nation gemäß handeln will, ich meine die Abschaffung des Königthums. Viele Mitglieder standen auf, um diesen Vorschlag, der ihrer aller Denkungsart so gemäß war, zu unterstützen. Der Bischof Gregoire sprach vorzüglich heftig gegen das Königthum. „Das Wort König," sagte er, „ist immer noch ein Talisman, dessen Zauberkraft große Verwirrung anrichtet: dem zufolge muß das Königthum abgeschaft werden. Was die Ungeheure in der physischen Welt sind, das sind die Könige in der moralischen. Ein jeder Hof ist eine Werkstätte der Verführung und eine Schmiede der Verbrechen und Lasterthaten."

Alle Mitglieder der Konvention sowohl, als die Zuschauer auf den Gallerien, begleiteten diese Rede mit dem lärmendsten Beifallklatschen. Doch stand einer der heftigsten Jakobiner und Königsfeinde, Bazire, auf, und meinte: man müsse doch einen so wichtigen Beschluß, als die Abschaffung des Königthums sei, nicht im Enthusiasmus fassen, sondern denselben vorher kaltblütig untersuchen, und seine Folgen bedenken. Diese Bemerkung des Herrn Bazire wurde mit Zischen und Murren aufgenommen. Bazire vertheidigte sich gegen

gen den Verdacht des Royalismus. „Ich bin," rief er,
„eben so wenig ein Freund des Königthums, als irgend
„einer unter Euch. Ich wünsche bloß, daß man den
„Vorschlag reiflicher untersuche, kaltblütig beurtheile,
„und erst nach einiger Zeit entscheide: dann wird das
„Volk mit dem Beschlusse desto zufriedener seyn, und
„demselben desto länger gehorchen."

Bazire wurde nicht gehört. Die Mitglieder des
Konvention standen alle auf, und riefen einstimmig,
von demselben Enthusiasmus beseelt:

„Das Königthum ist in Frankreich
abgeschafft."

Es wurde festgesetzt, daß dieser Beschluß am folgenden Tage in den Straßen von Paris ausgerufen,
und durch Eilbothen nach allen Abtheilungen Frankreichs
sowohl, als nach den Armeen, gebracht werden sollte.

Nachdem dieses große Werk gethan war, wurde
die erste Sitzung der Konvention aufgehoben, und die
Mitglieder derselben gingen aus einander.

Während dieser Zeit war die vereinigte Armee in
Frankreich weiter vorgerückt. Die Truppen, welche
die Belagerung der Festung Thionville übernommen hatten, vereinigten sich mit der großen Armee,
und dagegen wurde die Belagerung der genannten Festung von dem Korps des Generals Erbach übernommen, welcher, zufolge eines erhaltenen Befehls,
zu Speier, wo er bisher gestanden hatte, nur eine
schwache Bedeckung zurückließ, und mit dem übrigen
Theile seines Korps vorwärts marschirte.

Die Belagerung von Thionville, an welcher
das Emigrantenkorps vorzüglich thätigen Antheil nahm,

Neunter Th.

hatte keinen guten Fortgang. Hartnäckig vertheidigte der Frankreichische General Felix Wimpfen die Festung, und that mit seiner Besatzung öftere Ausfälle, wodurch die Oesterreicher und Emigranten viele Mannschaft verlohren. In einem dieser Gefechte wurde dem Fürsten von Waldeck der linke Arm weggeschossen; und bald nachher ward die Belagerung dieser Festung ganz aufgehoben.

Die Hessischen Truppen rückten von Thionville gegen Sedan zu. Der General Clairfait erhielt Befehl, mit seinem Korps, welches in der Gegend von Sedan stand, vorzurücken, Sedan nicht zu belagern, sondern sich mit der Preußischen Hauptarmee zu vereinigen; die Frankreichischen Prinzen hatten ihr Hauptquartier bei Kettenhofen, zwei Stunden von Thionville; und zwischen Thionville und Metz, in dem, von den Frankreichern verlassenen, festen Lager bei Richemont stand ein starkes Preußisches Korps.

Die Hauptarmee brach den eilften September, unter Anführung des Königs von Preußen und des Herzogs von Braunschweig, in vier Kolonnen von Verdun auf. Sie marschirte in dem stärksten Regen, durch tiefen Koth, über die Dörfer Holnville und Malarcourt vorwärts. Der Regen war kalt, und die Truppen krank und niedergeschlagen. Am zwölften ging der Marsch über Montfaucon und Romagne. An diesem Tage wurden nicht mehr als drei Stunden Wegs zurückgelegt. Der Regen hielt an, die Armee mußte auf der Erde, im Kothe, die Nächte zubringen; Kälte und Hunger vermehrten die bereits eingerissenen Krankheiten.

Der General Dümouriez hatte durch den Eifer, den er in Leistung des neuen, nach dem zehnten August vorgeschriebenen, Eides gezeigt hatte, sich das Zutrauen der Nationalversammlung in einem so hohen Grade erworben, daß er den Oberbefehl über die ganze Frankreichische Armee erhielt. Der General Dillon diente jetzt unter ihm, und der alte General Luckner wurde nach Chalons beordert, wo er die Aufsicht über die Rekruten hatte, welche aus dem ganzen Reiche dorthin gesandt wurden. Diese sollte Luckner kleiden, bewaffnen, und dahin senden, wo man ihrer bedurfte. Ueber die Armee in Lothringen erhielt, auf Empfehlung des Generals Dümouriez, der General Kellermann das Kommando.

Dem Generale Dümouriez blieb, nachdem er in die Gränzfestungen die nöthige Besatzung gelegt hatte, nur eine kleine Armee von ohngefähr 17,000 Mann übrig. Diese Armee stand zwischen Sedan und Stenay in einem unnützen Lager. a) Dümouriez sollte mit derselben der vereinigten Armee, deren Stärke auf 90,000 Mann berechnet wurde, die ferneren Fortschritte in Frankreich verwehren. Das Unternehmen schien nicht nur dreist, sondern unmöglich auszuführen. Allein Dümouriez Ehrgeiz, sein Zutrauen auf sich selbst und auf seine militärischen Kenntnisse, seine Kunst den Enthusiasmus seiner Landsleute beständig zu unterhalten, und sein persönlicher Muth, bewogen ihn, alle Schwierigkeiten nicht zu achten, und den Versuch zu wagen, ob er nicht durch Vertheidigung der Posten

---

a) *Poltier* dernier tableau T. 4. S. 165. Moore Journal T. 2. S. 47.

und durch Vermeidung einer Schlacht, die feindliche Armee so lange aufhalten könnte, bis die Armeen der Generale Beurnonville und Kellermann, jene von 19,000, diese von 20,000 Mann, sich mit der seinigen würden vereinigt haben, während ihm Luckner von Chalons beständig neue Rekruten zusandte. a)

Dillon hatte den Befehl über den Vortrab der Armee, welcher aus fünf Bataillonen Fußvolk und vierzehn Schwadronen leichter Reiterei bestand. Mit diesem Vortrabe rückte Dillon gegen Stenay vor. Er war eben mit tausend Reitern, früher als der Rest seiner Armee, daselbst angekommen, und traf Maasregeln zur Vertheidigung des Platzes, als der Vortrab der Oesterreichischen Armee, vier tausend Mann stark, und mit einigen Feldstücken versehen, erschien. Ohne Geschütz und ohne Fußvolk konnte Dillon den Ort unmöglich vertheidigen: er zog sich daher aus der Stadt heraus, setzte über die Maas, stellte sich mit seinen Leuten an das gegen über stehende Ufer des Flusses, und übersandte seinem nachrückenden Fußvolke den Befehl, sich in das Lager zu Mouzon zurück zu ziehen. Er selbst folgte nach. Auf seinem Rückzuge griff die Oesterreichische Reiterei ihn an; sie wurde aber mit großem Verluste zurück geschlagen, und Dillon kam mit seinen Truppen zu Mouzon an. b)

Dumouriez folgte ihm bald. Er kam am ersten September nach Mouzon, und zog von da nach

a) Moore Journal T. 2. S. 48.
b) Compte rendu au ministre de la guerre par le Lieutenant-général A. Dillon, S. 12.

Beaumont in Argonne, wo er ein, von Dillon für ihn abgestecktes Lager fand.

Dillon wurde nunmehr von Dumouriez mit 6000 Mann abgesandt, um den wichtigen Posten Blesme nahe bei dem Orte Grandes Jlettes, im Argonner Walde zu vertheidigen, und dadurch der vereinigten Armee den Weg nach Paris zu versperren. Zu Blesme vereinigte sich mit Dillon der General Galbaud, welcher von Dumouriez nach Verdun war gesandt worden, um diese Festung zu entsetzen, dieselbe aber bei seiner Ankunft bereits in den Händen der Deutschen fand.

Der Posten Blesme war demzufolge besetzt, und dadurch der vereinigten Armee der gerade Weg auf Paris, wohin sie zielte, abgeschnitten. Einen andern wichtigen Posten in dem Argonner Walde, den Posten zu Grand Pre, besetzte Dumouriez selbst. Er kam daselbst am dritten September an; Dillon konnte, wegen der schlechten Wege und wegen der Vorsicht welche die Nähe der feindlichen Armee erforderte, nicht eher als am fünften September Nachmittags zu Blesme ankommen, und sich mit Galbaud vereinigen. Wäre die Deutsche Armee gleich nach der Einnahme von Verdun weiter vorgerückt, so hätte dieselbe vielleicht sich dieser Pässe zuerst bemächtigen, und ihren Marsch nach Paris ungestört fortsetzen können. Dillon hatte, nach seiner Vereinigung mit Galbaud, eine Armee von ungefähr 8000 Mann unter sich; allein diese Arme befand sich in den schlechtesten Umständen. Sie litt, wie er selbst gesteht, a) Mangel an allem.

Von Grand Pre sandte Dumouriez den General Miranda mit zwei tausend Reitern ab, um eine erwartete Zufuhr zu decken. Miranda griff ein feindliches

a) Ebendaselbst S. 5.

Korps, welches diese Zufuhr abzuschneiden suchte, an, schlug dasselbe, und brachte die Zufuhr glücklich nach dem Lager des Generals Dumouriez.

Dieser General erließ an die Einwohner der Gegend, in welcher er sich aufhielt, die folgende Proklamation: a)

"Bürger. Der Feind macht Fortschritte auf dem Gebiete der freien Männer, weil Ihr nicht die Vorsicht gebraucht, Euer Korn dreschen zu lassen und dasselbe weiter zu führen, damit es unter dem Schutze der Frankreichischen Truppen sei. Bringet in das Lager Eurer Brüder Fourage und Stroh, welches Euch von Euren Landsleuten, die Achtung für Euer Eigenthum haben, baar bezahlt werden soll. Sonst werden alle Eure Lebensmittel von den Trabanten der Despoten verzehrt werden, und ihre Pferde werden sich von Eurer Fourage nähren, ohne daß Ihr die mindeste Bezahlung erhalten werdet. So aber gebt Ihr selbst Euern grausamten Feinden Mittel an die Hand, unter Euch zu leben, Euch auf alle Weise mißhandeln, und Euch wieder zu Sklaven machen zu können. Bürger. Ich fordere Euch im Nahmen des Vaterlandes und der Freiheit auf, Euer Getreide und Eure Fourage in unsere Lager bringen zu lassen. Eure Bürgerräthe mögen ein Verzeichniß über das halten, was Ihr bringen werdet. Ich fordere Euch gleichfalls auf, Euer Vieh und Eure Pferde hinter unser Lager zu bringen. Sonst sehe ich, um des Wohls des Vaterlandes willen, mich genöthigt, Euern Partikularvortheil nicht zu achten, so mit Euch zu verfahren, wie unsere barbarischen Feinde, zu souragieren und aus Euern Dörfern alles wegnehmen zu lassen, damit jene nichts finden, wovon sie leben können. Ihr vorzüglich, Ihr Bezirke von Sedan, Mezieres, Grand Pre, Vonzieres

---

a) Fastes de la République Françoise. T. 1. S. 113.

und Ste. Menehould; ich ersuche Euch, Eure steilen Berge und Eure dicken Wälder Euch zu Nutz zu machen, und mir zu helfen, den Feind zu verhindern in dieselben einzudringen. Dem zufolge kündige ich Euch an, daß, wofern die Preußen, oder die Oesterreicher, vorrücken, um durch die engen Pässe, welche ich mit aller Macht besetzt halte, durchzudringen, ich in allen Kirchspielen, vor und hinter den Wäldern von Argonne und Mazarin, die Sturmglocke werde läuten lassen. Bei diesem schrecklichen Geläute müssen alle unter Euch, die Feuergewehre haben, sich vor ihrem Kirchspiele, an der Gränze des Waldes von Cheveuse nach Passavent, versammeln. Die übrigen müssen sich mit Schaufeln, Hacken und Beilen versehen, das Holz an dem Ausgange des Waldes abhauen, und Verhacke machen, um dem Feinde den Durchgang zu verwehren. Durch diese kluge und muthvolle Maasregel werdet Ihr Eure Freiheit erhalten, und uns helfen Diejenigen todt zu schlagen, die Euch dieselbe rauben wollen. Ich fordere, im Nahmen des Gesetzes und im Nahmen des Vaterlandes, alle Verwalter der Abtheilungen und der Bezirke, so wie auch alle Bürgerräthe, bei ihrer Verantwortlichkeit auf, die nöthigen Befehle zu geben, damit die verschiedenen Gegenstände dieser Proklamation vollzogen werden. Wer derselben Hindernisse in den Weg legt, soll bei der Nationalversammlung als ein Verräther und Meineidiger angeklagt werden. Da aber diese Maasregel zu langsam seyn würde; so erkläre ich, daß ich, wofern ich dazu gezwungen werde, alle militairischen Mittel, die ich in Händen habe, anwenden werde, um dasjenige vollziehen zu lassen, was ich zum Besten des Vaterlandes für nöthig erachte."

Der berühmte und kriegskundige Anführer der vereinigten Arme entschloß sich über Grand Pré vor zubringen. Hier hatte der General Dümouriez so lange vergeblich den Feind erwartet, daß er endlich auf den Gedanken fiel, der Herzog von Braunschweig wolle den Posten bei Grand Pre ganz vermeiden, und linker Hand, über Bar le Duc, nach Chalons marschieren. Er schrieb daher an Dillon, befahl ihm zwei tausend Mann zur Besetzung des Postens zurück zu lassen, aber mit allen übrigen Truppen nach Ste. Menehould aufzubrechen, woselbst er zu ihm stoßen wollte, um mit ihm gemeinschaftlich den Nachtrab der Deutschen anzugreifen, Ste. Menehould zu besetzen, und nachher der vereinigten Armee auf ihrem Marsche nach Chalons zu folgen.

Als aber Dümouriez bemerkte, daß er sich geirrt hätte, und daß der Marsch der Deutschen nach Grand Pre gerichtet wäre, da schrieb er am 12 September von Grand Pre abermals an Dillon, und bat um Verstärkung. Dillon sandte ihm drei tausend Mann zu.

Am 12 und 13 September wurde Dümouriez angegriffen, und litt einigen Verlust; behauptete aber seinen Posten. Auf die Nachricht von diesem Angriffe, zog sich Kellermann mit 20,000 Mann nach St. Dizier, um Chalon und Paris zu decken. a)

Der Herzog von Braunschweig gab seinen Plan nicht auf, bei Grand Pre durchzubrechen. Er bestimmte dazu den folgenden Tag, den 14ten. An diesem Tage griff er den General Dümouriez an. Während der Schlacht erhielt Dümouriez ein Billet von dem General Chazot, worin dieser berichtete, daß er der Uebermacht habe weichen müssen, daß er den Posten la Croix aux Bois verlasse und sich nach Vouzier zurück zie-

a) Lettre du ministre de la guerre au président de l'assemblée nationale du 14 Septembre.

he. a) Dumouriez vertheidigte sich noch eine Zeit lang, tödtete der Deutschen Armee viele tapfere Soldaten, unter denen sich der Fürst de Ligne befand, und nahm einen Sekretair des Königs von Preußen mit Depeschen gefangen. Endlich aber sah er sich genöthigt, den Posten zu Grand Pre zu verlassen, und sich in das Lager zu Ste. Menehould zurück zu ziehen. Die Preußische Reiterei drang bei seinem Rückzuge so sehr in seine Truppen ein, daß diese ganz in Unordnung geriethen und eiligst nach Ste. Menehould entflohen, auch auf ihrem Wege überall, wo sie nur durchkamen, Muthlosigkeit verbreiteten, indem sie riefen, alles sei verlohren, und ein Jeder solle sich retten so gut er könne. Hätte die Deutsche Armee diese Unordnung benutzt, oder benutzen können: so würde die Armee des Generals Dumouriez gänzlich geschlagen und völlig zerstreut worden seyn. b)

In der darauf folgenden Nacht zwischen dem 14. und 15. September verließ Dumouriez den Posten bei Grand Pre, zog sich nach Ste. Menehould, und verschanzte sich daselbst. Die Flüchtlinge der Armee des Generals Dumouriez hatte schon am vorigen Tage der General Dillon zu Ste. Menehould angehalten, und ihnen auf die umliegenden Dörfer Reiterei nachgeschickt, um sie zu verhindern, bis Chalons zu laufen,

a) Billet de M. Chazot au général Dumouriez du 14 Septembre à 11 heures du matin.

b) L'ennemi n'a pas paru. Il s'est borné à recueillir ce qui a été abandonné par les nôtres, qui ont vu, qu'elles peuvent être les suites d'une terreur panique. Il n'y a pas eu d'action, mais une fuite de 10,000 hommes devant 1,500. Si l'ennemi eût poussé sa pointe, il auroit pu dissoudre toute l'armée. Lettre du Dumouriez au ministre de la guerre.

woselbst ihre Ankunft auf die, sich unter dem Generale Luckner versammelnden, Rekruten die schlimmste Wirkung hätte hervorbringen müssen.

Dumouriez bestrafte die Flüchtlinge auf das allerstrengste. a) Er jagte dieselben mit Schande von seiner Armee, nachdem er ihnen hatte die Uniform ausziehen und die Hände auf den Rücken binden lassen.

Hierauf ließ er einen Aufruf, eine Zuschrift, an seine Soldaten ergehen, worin er sagte: "Kriegsgefährten. Vereiniget Euch unter meiner Fahne, mit der gänzlichen Zuversicht welche Kinder ihrem Vater schuldig sind: dann nehme ich es mit allen Herrschern des Nordens, mit allen Durchlauchten, mit allen gefärbten Ordensbändern und allen Frankreichischen irrenden Rittern auf, welche sich noch mit eiteln Nahmen brüsten, deren wir sie beraubt haben. Wenn sie nach Paris wollen, so sollen sie hinkommen: sie sollen im Triumphe dahin ziehen, nämlich im Gefolge unseres Triumphes."

Am 17. September stieß der General Beurnonville mit 13,000 Mann zu der Armee des Generals Dumouriez. Kellermann, der sich ebenfalls mit ihm vereinigen sollte, wurde noch erwartet. Es war die Absicht des Herzogs von Braunschweig den General Kellermann anzugreifen, ehe er zu Dumouriez stoßen könnte: allein Kellermann kam, durch übertriebene Märsche, schon am 19. gegen Abend auf den Anhöhen bei Valmy an, und vereinigte sich mit der Armee des Generals Dumouriez, der durch diese Vereinigung nunmehr

a) J'ai déjà commencé les exécutions. J'en ferai de terribles. Je vais vous envoyer les bataillons, qui ont abandonné leurs canons .... J'ai fait chasser tous ceux qui ont perdu leurs fusils. Ebendaselbst.

stärker wurde als die ihm gegen über stehende Armee der Deutschen.

Durch die Eroberung des Passes bei Grand Pre war der vereinigten Armee der Weg durch den Argonner Wald offen. Zu Clermont blieb ein, größtentheils aus Hessen bestehendes, Observationskorps, um den General Dillon zu beobachten und im Respekt zu halten, damit dieser der Armee nicht die Zufuhr abschneiden möchte.

Nach der Eroberung des Postens bei Grand Pre hatte Dümouriez, der sich in einer sehr schlimmen Lage befand, den Oberbefehlshaber der vereinigten Armee durch triegerische Unterhandlungen so lange aufgehalten, bis Beurnonville und Kellermann mit ihm vereinigt waren, und er sich stark genug fand, der Deutschen Armee die Spitze zu bieten. Er hatte viel versprochen, und nichts gehalten. Als die Befehlshaber der vereinigten Truppen sahen, daß seine Handlungen seinen Worten nicht entsprachen, rückten dieselben weiter fort, über St. George, St. Jouin, Grand Pre und Terme. Die Armee passirte den Fluß Aire auf Pontons, und schlug am 18. September ihr Lager auf den Anhöhen auf, welche die Frankreicher verlassen hatten. Am 19. kam die Armee, nach einem übertriebenen Marsche, durch tiefen Koth, über Sechour, Renvair und Maison de Champagne, vor dem Feinde an, der eine so feste Position in dem Argonner Walde genommen hatte, daß es nicht möglich war, ihn in der Fronte anzugreifen, und schwer ihn zu tournieren. Mit dem rechten Flügel stand Kellermann zu la Cote Chyron, mit dem linken seiner Infanterie bei der Windmühle von Valmy. Der Abhang des Berges, auf welchem die Windmühle stand, war mit der Reiterei besetzt. Die Armee des Genes rals Dumouriez stand mit dem rechten Flügel an der Aisne, und mit Kellermanns Armee in genauer Verbindung.

Während der Nacht vom 19. auf den 20., erfuhr Kellermann, daß die Deutschen vorrückten, und daß er am nächsten Morgen angegriffen werden sollte. Er gab sich daher alle Mühe, durch Enthusiasmus den Muth seiner Soldaten anzufeuern. Mit einigen seiner Offizieren gieng er durch die Reihen und sprach ihnen zu. Die Soldaten antworten mit dem lauten Ausrufe: "Hoch lebe die Nation!„

Am 20. September fing die Kanonade an. Die Frankreicher waren auf den Anhöhen sehr vortheilhaft postirt, die Preußen standen in der Ebene, und manövrirten mit der ihnen eigenen Geschicklichkeit. Alles aber war vergeblich. Die Frankreichische Artillerie that Wunder, und überall war Dumouriez bei den Batterien in Person zugegen. Auch Kellermann bewies außerordentliche Tapferkeit. Sein Pferd wurde unter ihm erschossen und er selbst war in großer Lebensgefahr. Die Anhöhe, welche vorzüglich von den Deutschen angegriffen wurde, hieß la Lüne. Die Infanterie kam gar nicht zum Gefechte. Es war eine bloße Kanonade, welche mehrere Stunden anhielt. Die Preußische Armee blieb die Nacht über auf dem Platze, und Kellermann machte am Abend, im Angesichte dieser Armee, ein sehr geschicktes Manöver, indem er, ohne angegriffen zu werden, seine Stellung veränderte und noch vortheilhafter sich lagerte a).

Während des Gefechts setzte sich der König von Preußen der größten Gefahr aus. Er ritt durch die Reihen, munterte seine Soldaten auf, und sprach ihnen

a) Observations sur la campagne de 1792, par Gobert, Adjutant-général.

Muth ein. Der Oesterreichische General Clairfait kam mit seinen Truppen nicht eher an, als nachdem die Kanonade schon vorbei war.

Der Verlust war beiderseits nicht sehr beträchtlich. Regen und Hunger waren gefährlichere Feinde für die Preussische Armee, als die Kanonenkugeln der Frankreicher. a)

a) Ueber die Kanonade von Valmy, welche, wegen ihrer Folgen, unter die wichtigsten Begebenheiten dieses Krieges gerechnet werden muß, hängt noch der Schleier des Geheimnisses in einem hohen Grade. Man begreift es nicht, warum die Preussen nicht gesiegt haben, und wenn man die Preuss'chen offiziellen Berichte über diese Kanonade lieset, so wird der ganze Vorfall noch weit unbegreiflicher. In diesen Berichten heißt es: "Die Preussische Armee zeigte am 20. was Kriegs-"zucht mit Tapferkeit verbunden vermag. Ihre Be-"wegungen geschahen in derselben Ordnung, und mit "derselben Ruhe, wie bei den Musterungen in Frie-"denszeiten; und während drei ganzer Stunden blieb "Alles ruhig in einer Linie, dem heftigsten Artillerie-"feuer ausgesetzt, ohne daß nur ein Soldat daran ge-"dacht hätte, seinen Platz zu verlassen. Vom ersten "Generale bis zum letzten Soldaten brannten alle "vor Verlangen, gegen den Feind geführt zu werden; "und wir würden den glorreichsten Sieg da-"von getragen haben, wenn überwiegende "Beweggründe den König nicht abgehal-"ten hätten, eine Schlacht zu liefern." Ich will diese wichtige Stelle im Originale hersetzen: L'armée Prusienne montre le 20 ce que peut la discipline militaire reünie à la valeur. Ses mouvemens se firent avec le même ordre, la même tranquilité, qu'aux manoeuvres en tems de paix; et durant trois heures tout resta tranquillement en ligne, dans le feu d'artillerie le plus vif, sans qu'un seul homme pensa seulement à

Zu eben der Zeit, da die Preussische Armee den General Kellermann angriff, machten die zu Clermont gebliebenen 20,000 Mann von der vereinigten Armee einen Angriff auf das Lager des Generals Dillon zu Blesme. Auch diese wurden zurückgeschlagen, und Dillon behauptete seinen Posten.

Die Krankheiten, welche jetzt in der Preussischen Armee herrschten, verbunden mit dem anhaltenden Regen und dem Mangel an Lebensmitteln, machten alle weitern Versuche gegen Paris vorzudringen unmöglich. Die Bauern in der ganzen benachbarten Gegend verhinderten die Zufuhr aus ihren Dörfern in das Preussische Lager, während sie den General Dümouriez mit allen Bedürfnissen des Lebens im Ueberflusse versorgten. Ferner kundschafteten sie eine jede Bewegung der Preussen aus, und brachten ihrem Generale Nachricht davon, da hingegen der Herzog von Braunschweig keine Kundschafter finden konnte. Alles Ungemach war auf Seiten der vereinigten Armeen; die Frankreichischen Truppen empfanden wenig oder nichts davon.

Unter solchen Umständen, (wozu noch einige andere Gründe kamen, die für jetzt noch Geheimniß sind und bleiben müssen) zeigte der Oberbefehlshaber der vereinigten Armee, daß er wirklich ein großer Mann, nicht bloß ein großer Feldherr sei. Es ward ihm eben so leicht, bei veränderter Lage der Dinge, einen wohl

quitter son rang. Du premier Général jusqu'au dernier soldat tous brulérent du desir le plus ardent d'être menés à l'ennemi; et nous eussions remporté le triomphe le plus glorieux, si des motifs prépondérants n'eussent retenu le Roi de se déterminer à livrer bataille. Rélation des mouvemens des armées combinées en France du quartier-général de Hans le 24. Septembre 1792, dans la Gazette de Leyde. 1792. No. 87.

überdachten Plan aufzugeben, als denselben zu entwerfen. Nur kleine Seelen sind hartnäckig, und suchen mit Gewalt durchzudringen, da wo das Durchbringen unmöglich ist: große Geister, und unter diese gehört der Herzog von Braunschweig, kennen keinen Eigensinn. Sie beugen ihren Nacken unter das Joch des unerbittlichen Schicksals, welchem zu widerstreben Unsinn seyn würde. Der Rückzug des Herzogs von Braunschweig aus Frankreich, dessen Geschichte wir jetzt erzählen wollen, bewies aufs Neue seine großen militairischen Talente, welche vorher schon von ganz Europa bewundert worden waren.

Der Herzog sah, daß er von den ausgewanderten Frankreichern betrogen war; daß die Stimmung des Volkes ganz anders war, als man ihm vorgespiegelt hatte; daß die Frankreichischen Soldaten die Freiheit und Unabhängigkeit ihres Landes vertheidigten, und weder Verräther noch Ueberläufer unter sich hatten; daß das ganze Land feindselig gegen ihn gesinnt war, und ihm auf alle Weise zu schaden suchte, statt seine Plane zu begünstigen: er fand sich in einer unfruchtbaren Gegend, wo nicht einmal Wasser war; er sah daß seine Truppen an allem Mangel litten, daß es an Zufuhr gänzlich fehlte, daß ansteckende Krankheiten unter seiner Armee wütheten, daß Wetter und Wege seine schönsten Plane vereitelten; er sah mit Einem Worte, daß weiter vorzurücken eben so unbesonnen als unpolitisch seyn würde — er kehrte daher zurück, und bewirkte seinen Rückzug mit bewundernswürdiger Geschicklichkeit.

Erst bot er einen Waffenstillstand an, welchen der König von Preussen noch um so viel mehr wünschte, da jetzt die Nachricht im Lager ankam, daß die Nationalkonvention das Königthum abgeschafft. Die königliche

Familie enger eingeschlossen, und Frankreich für eine Republik erklärt hätte. Der Waffenstillstand wurde von dem General Dümouriez angenommen.

Unter den Mitteln, deren man sich in Frankreich bediente, um den Soldaten Muth und Liebe zum Vaterlande einzuflößen, waren besonders auch, Musik und Lieder. Eines dieser Lieder hat vorzüglich, da es jederzeit zur Zeit des Angriffes bei den Frankreichischen Armeen gesungen wurde, so große Wirkungen hervor gebracht, und die Frankreichischen Truppen mit so wildem Muthe erfüllt, daß es der Nachwelt aufbehalten zu werden verdient, und dem zufolge in dieser Geschichte nicht übergangen werden darf. Es ist der sogenannte Marseiller Marsch, den wir hier einrücken wollen.

Hymne des Marseillois.

Allons, enfans de la patrie!
Le jour de gloire est arrivé,
Contre nous de la tyrannie
L'étendard sanglant est levé.
Entendez-vous, dans ces campagnes,
Mugir ces féroces soldats?
Ils viennent jusque dans vos bras,
Egorger vos fils, vos compagnes!...
Aux armes, Citoyens! formez vos bataillons;
Marchez... qu'un sang impur abreuve vos sillons!

Que veut cette horde d'esclaves,
De traitres, de rois conjurés?
Pour qui ces ignobles entraves,
Ces fers dès long-temps préparés?
François! pour vous! ah! quel outrage!
Quels transports il doit exciter?

C'est

C'est vous qu'on ose méditer
De rendre à l'antique esclavage!...
Aux armes, Citoyens! formez vos bataillons:
Marchez... qu'un sang impur abreuve vos sillons!

Quoi! des cohortes étrangères
Feroient la loi dans nos foyers!
Quoi! ces phalanges mercenaires
Terrasseroient nos fiers guerriers!
Grand-Dieu!... par des mains enchaînées
Nos fronts sous le joug, se ploîroient!
De vils despotes deviendroient
Les maîtres de nos destinées!...
Aux armes, Citoyens! formez vos bataillons:
Marchez... qu'un sang impur abreuve vos sillons!

Tremblez, tyrans! et vous, perfides,
L'opprobre de tous les partis,
Tremblez!... vos projets parricides
Vont enfin recevoir leur prix.
Tout est soldat, pour vous combattre
S'ils tombent, nos jeunes héros,
La France en produit de nouveaux
Contre vous tout prêts à se battre!...
Aux armes, Citoyens! formez vos bataillons:
Marchez... qu'un sang impur abreuve vos sillons!

François, en guerriers magnanimes,
Portes ou retenez vos coups;
Epargnez ces tristes victimes
A regret s'armant contre vous:
Mais le despote sanguinaire!
Mais les complices de Bouillé,
Tous ces tigres, qui, sans pitié,
Déchirent le sein de leur mère!...
Aux armes, Citoyens! formez vos bataillons:
Marchez... qu'un sang impur abreuve vos sillons!

.Amour sacré de la Patrie !
Conduis, soutiens nos bras vengeurs !
Liberté, Liberté chérie !
Combats avec tes défenseurs.
Sous nos drapeaux que la victoire
Accoure à tes mâles accens !
Que tes ennemis expirans
Voient ton triomphe et notre gloire !
Aux armes, Citoyens ! formez vos bataillons ;
Marchez... qu'un sang impur abreuve vos sillons !

    Par le Citoyen ROUGEZ, capit. du génie.

Zwanzigste Abtheilung.

Geschichte der Französischen Revolution von der Abschaffung der Monarchie bis zu dem Einfalle der Frankreicher in die Oesterreichischen Niederlande.

Unterhandlungen während des Waffenstillstandes. Schrift des Generals Dümouriez an den König von Preussen. Fernere Unterhandlungen. Manifest des Herzogs von Braunschweig. Briefwechsel des Generals Dümouriez mit dem Hrn. von Manstein. Rückzug der Preussischen Armee. Die Kommissärien der Nationalkonvention. Lob, welches diese Kommissärien den Hessen ertheilen. Briefwechsel des Generals Dillon mit dem Landgrafen von Hessen-Kassel. Debatten in der Konvention über diesen Briefwechsel. Dümouriez stolzes, eigennühiges und ungehorsames Betragen. Er geht ohne Erlaubnis nach Paris. Rede des Generals Dümouriez vor der Nationalkonvention. Uebergabe der Stadt und Festung Verdün an die Frankreicher. Uebergabe der Festung Longwy. Betrachtungen. Kriegerische Thaten der Frankreichischen Ausgewanderten. Unglückliches Schicksal dieser Ausgewanderten. Mißlungener Versuch des Herzogs von Sachsen-Teschen, Lille durch ein Bombardement einzunehmen. Cüstine bemächtigt sich der Magazine zu Speier, und der Stadt Worms. Ausgeschriebene Brandschatzungen. Cüstines Schreiben an den Grafen von Oberndorf. Der Preussische Feldwebel Riel mit zwei Mann treibt den General Cüstine, nebst seiner ganzen Armee, über Worms und Speier bis nach Landau zurück. Cüstine rückt wieder vor. Er sendet Böhmer und Stamm als Spionen nach Maynz. Cüstine erhält durch Verräther die genauesten Nachrichten von Maynz. Wedekind und Eikenmayer sind die Hauptverräther. Cüstine fordert die Festung auf, und der Gouverneur derselben, der Freyherr von Gymnich, übergibt sie, ohne Widerstand zu thun. Tapferes und edles Betragen des Kaiserl. Königl. Hauptmanns Andujat. Cüstines Prahlerei, Habsucht und militairische Fehler. Einnahme der Stadt Frankfurt durch die Frankreicher. Brandschatzung und ungegründete Beschuldigungen des Generals Cüstine. Vortrag des Ministers Lebrün gegen den

König von Sardinien. Der General Montesquiou wird von der Konvention abgesetzt, er erobert aber indessen Savoyen. Fernere Debatten in der Konvention über den General Montesquiou, und fernere siegreiche Fortschritte dieses Generals. Debatten über die Frage: ob Savoyen mit Frankreich vereinigt werden solle, oder nicht? Der General Montesquiou dankt ab, seine Abdankung wird aber nicht angenommen. Einnahme der Grafschaft Nizza durch den General Anselme. Freudenfest zu Paris über diese Siege. Schreiben des Königs von Sardinien an die Helvetischen Staaten und an den Kanton Bern. Antwort der Helvetischen Staaten. Note des Kaiserlichen Hofes an die Italienischen Höfe, Sardinien betreffend. Mangel an Mannszucht unter der Frankreichischen Armee. Beweise davon zu Cambral und zu Rhetel. Marats Unverschämtheit und freche Vertheidigung des Mordes. Schilderung Marats. Schreiben des Generals Luckner an die Nationalkonvention. Neutralität der Schweiz. Zuschrift der Nationalkonvention an die vereinigten Helvetischen Staaten. Unglückliche Lage der königlichen Familie. Kampf zwischen den Girondisten und Maratisten.

Was der eigentliche Gegenstand der Unterhandlungen während des Waffenstillstandes war, dieß ist bisher noch nicht bekannt geworden. Die Frankreicher behaupteten, man hätte Preussischer Seits dem Generale Dumouriez Vorschläge gethan, die Souverainetät der Nation anzuerkennen, und man hätte eingestanden, daß der Zustand der Dinge vor dem Jahre 1789. mit dem Wohl des Volkes unverträglich gewesen wäre. a) Als der General Dumouriez die ihm von

a) Les propositions du Roi de Prusse étoient remarquables, en ce qu'elles contenoient une reconnoissance précise de l'autorité nationale, et de la qualité de Représentant de la nation dans les rélations extérieures, qui avoit été précédemment attachée à l'existence du Roi constitutionnel. Un autre aveu, non moins remarquable, étoit, que l'ancien ordre de choses, détruit par la volonté de la nation depuis 1789, entoit contraire

Preußischer Seits gemachten Vorschläge nach Paris sandte, erhielt er von dem vorläufigen vollziehenden Staatsrathe die Antwort: "er solle keine Vorschläge "anhören, so lange nicht die Armeen der Despoten das "Land der Freiheit würden verlassen haben." b)

Die eigentliche Geschichte des Waffenstillstandes, so weit wir dieselbe bis jetzt kennen, ist folgende: bei der Kanonade am 20. September wurde der Kabinetssekretair des Königs von Preussen, Lombard, von einer Streifparthei der Frankreicher gefangen. Der General Dúmouriez sandte hierauf am 22. seinen Adjutanten Westermann mit einem Trompeter nach dem Preussischen Lager. Westermann, welcher einen Brief mitbrachte, worin Dúmouriez vorschlug, den Sekretair Lombard gegen Hrn. George, Mitglied der konstituirenden Versammlung, der zu Verdün gefangen saß, auszuwechseln, wurde vor den König von Preussen geführt, bei dem sich damals der Kronprinz und der Herzog von Braunschweig befanden. Es ward viel über das unglückliche Schicksal Ludwigs des Sechszehnten und seiner Familie gesprochen; nachher kehrte Westermann wieder nach dem Frankreichischen Lager zurück.

Von Königl. Preussischer Seite machte hierauf der Generaladjutant des Königs, Obrist von Manstein, einen Besuch in Dúmouriez Lager. Es ward ein Waffenstillstand geschlossen, und Dúmouriez übersandte dem Könige von Preussen die folgende Schrift:

 au bonheur du peuple. Mémoire du ministre des affaires étrangères Le Brun, le 1. Octobre.

 a) Le Pouvoir éxécutif avoit donné ordre aux Généraux: „de n'écouter aucunes propositions, avant que les armées des despotes n'eussent préalablement évacué la terre de la liberté." Ebendaselbst.

"Die Frankreichische Nation hat ihr Schicksal unabänderlich festgesetzt; und die Wahrheit dieser Behauptung kann von den auswärtigen Mächten nicht geleugnet werden. Man kann nicht sagen, es sei bloß ein Werk der Nationalversammlung, deren Gewalt eingeschränkt war; deren Beschlüsse bestätigt werden mußten, wenn sie gesetzliche Kraft erhalten sollten; deren Gewalt streitig gemacht wurde; der man Usurpation vorwerfen konnte; und die klug genug gewesen ist, die ganze Nation aufzurufen, und von den 83 Abtheilungen selbst das Ende ihrer Existenz sowohl, als ihre Ersetzung durch Stellvertreter, die mit voller Gewalt und mit der ganzen Souverainetät des Frankreichischen Volkes bekleidet wären, zu verlangen: eine Stellvertretung, welche selbst durch die Konstitution, unter dem Nahmen Nationalkonvention, für rechtmäßig erklärt wird."

"Diese Versammlung hat, durch eine willkührliche Bewegung hingerissen, welche sich auf gleiche Weise in allen Theilen des Reiches zeigt, die Abschaffung des Königthums beschlossen. Der Beschluß wird überall jauchzend aufgenommen, weil man ihn überall ungeduldig erwartete. Ueberall gibt derselbe neue Kraft; und es würde jetzt unmöglich seyn, die Nation dahin zu bringen, daß sie den Thron wieder aufrichten sollte, welchen die Verbrechen, die ihn umgaben, umgestürzt haben. Man muß daher nothwendig Frankreich als eine Republik betrachten, weil die ganze Nation die Abschaffung der Monarchie erklärt hat. Diese Republik muß man entweder anerkennen, oder sie bekämpfen. Die gegen Frankreich bewaffneten Mächte hatten gar kein Recht, sich in die Debatten der versammelten Nation, die Gestalt ihrer Regierungsform betreffend, zu mischen. Keine Macht hat das Recht, einer so großen Nation Gesetze vorzuschreiben. Auch haben sie die Parthei ergriffen, das Recht des Stärkern anzuwenden. Was ist aber daraus erfolgt? Die Nation entrüstet sich nur noch mehr; sie setzt der Gewalt Gewalt entgegen; und wahrlich die Vortheile, welche die zahlreichen Truppen des Königs von Preussen und seiner Bundesgenossen erhalten haben, sind von sehr geringer Bedeutung. Der Widerstand, den Er antrifft, und der zunimmt so wie Er weiter vorrückt, ist allzugroß, als daß Ihm derselbe nicht beweisen sollte, daß die Eroberung Frankreichs, welche man Ihm als sehr leicht geschildert hatte, ganz unmöglich ist. Wie groß auch zwischen dem verehrungswürdigen Monarchen, Den man irre geführt hat, und der Frankreichischen Nation, der Unterschied in den Grundsätzen seyn mag; so kann doch weder Er, noch Seine Generale, diese Nation sowohl, als die Armeen welche Ihm widerstehen, länger für einen Haufen von Rebellen ansehen. Rebellen sind jene unsinnigen Edelleute, welche, nachdem sie so lange unter dem Nahmen der Monarchen das Volk gedrückt hatten, nachdem sie selbst den Thron erschüttert hatten, endlich das Unglück Ludwigs des XVI dadurch auf den höchsten Gipfel gebracht haben, daß sie gegen ihr eigenes Vaterland die Waffen ergriffen, daß sie Europa mit ihren Lügen und ihren Verleumdungen erfüllten, und daß sie, durch ihr eben so thörichtes als sträfliches Betragen, die gefährlichsten Feinde Ludwigs des XVI und ihres Vaterlandes geworden sind. Ich selbst habe Ludwig den XVI mehr als Ein mal über ihre Verbrechen und ihre Schimären seufzen gehört."

"Ich rufe den König von Preussen sowohl, als seine ganze Armee, zum Richter über diese gefährlichen Rebellen auf. Werden sie geschätzt, oder sind sie verachtet? Ich verlange keine Antwort auf diese Frage, weil mir dieselbe im Voraus bekannt ist. Dennoch duldet man diese Menschen bey der Preußischen Armee; und sie machen, mit einer kleinen Anzahl Oesterreicher, die eben so barbarisch sind als sie, den Vortrab derselben aus."

"Lasset uns von diesen Oesterreichern sprechen. Seit dem schädlichen Vertrage des Jahres 1756 war Frankreich, nachdem es seine natürlichen Bundesgenossen aufgegeben hatte, die Beute des gierigen Wiener Hofes geworden. Alle unsere Schätze dienten bloß dazu, den Geiz der Oesterreicher zu befriedigen. Seit dem Anfange unserer Revolution, seit der Eröffnung der Reichsstände unter dem Nahmen von National-Versammlungen, nahmen die Intrigen des Wiener-Hofes zu; man suchte die Nation über ihr wahres Interesse irre zu führen, und einen unglücklichen, mit schlechten Räthen umgebenen, König zu betriegen, und ihn endlich zum Meineidigen zu machen. Dem Wiener-Hofe hat Ludwig der XVI seine Absetzung zu verdanken. Was hat dieser Hof gethan, dessen krumme Politik allzusehr ist, als daß derselbe ein offenes und muthvolles Betragen annehmen sollte? Er hat die Frankreicher als Ungeheure vorgestellt, während er selbst, nebst den strafbaren Ausgewanderten, Aufwiegler und Verschworne besoldete, und unter allen nur möglichen Gestalten die schrecklichste Zwietracht unterhielt. Diese Macht, welche ihren Bundesgenossen fürchterlicher ist als ihren Feinden, hat uns einen mächtigen Krieg gegen einen König zugezogen, den wir hochschätzen; gegen eine Nation welche wir lieben, und welche uns liebt. Eine solche Umkehrung aller politischen und moralischen Grundsätze kann nicht von Dauer seyn. Der König von Preussen wird dereinst alle Verbrechen Oesterreichs erfahren, von denen wir die Beweise in Händen haben; dann wird Er Oesterreich unserer Rache überliefern. Ich kann der ganzen Welt erklären, daß unsere Armeen, welche gegen die Truppen die auf unser Gebiet eindringen, vereinigt sind, sich nicht entschließen können, die Preußen als ihre Feinde anzusehen, oder den König von Preußen für das Werkzeug der Treulosigkeit und der Rachsucht der Oesterreicher und der Ausgewanderten zu halten. Sie haben einen weit edlern Begriff von dieser muthvollen Nation, und von einem Könige, den sie für einen gerechten und rechtschaffenen Mann halten."

"Der König, sagt man, könne seine Bundesgenossen nicht verlassen. Sind diese Seiner würdig? Hätte ein Mann, der mit Räubern in Gesellschaft getreten wäre, das Recht, zu sagen: er könne mit dieser Gesellschaft nicht brechen? — Der König, sagt man, kann seinen Bund nicht brechen. Worauf beruht dieser Bund? Auf Treulosigkeiten und auf Eroberungsplanen. — Dieß sind die Grundsätze, nach welchen der König und die Frankreichische Nation mit einander raisonniren müssen, wenn sie einander verstehen wollen. Die Preußen lieben das Königthum, weil sie seit den Zeiten des großen Kurfürsten gute Könige gehabt haben, und weil der König, der sie jetzt anführt, unstreitig ihrer Liebe würdig ist. Die Frankreicher haben das Königthum abgeschafft, weil sie seit dem unsterblichen Heinrich dem Vierten unaufhörlich schwache, oder stolze, oder feigherzige, durch Beischläferinnen, Beichtväter, unverschämte oder unwissende Minister, niederträchtige oder räuberische Höflinge, beherrschte Könige gehabt haben, welche über das schönste Reich des Erdbodens alle nur möglichen Plagen brachten. Der König von Preußen hat ein zu aufrichtiges Gemüth, um nicht von diesen Wahrheiten gerührt zu werden. Ich stelle Ihm dieselben um Seines Ruhmes willen, vorzüglich aber, wegen des Vortheils beider großmüthiger Nationen vor, die Er mit Einem Worte glücklich oder unglücklich machen kann: denn da ich gewiß bin, daß ich seinen Waffen widerstehen kann, da ich gewiß bin, daß keine Macht im Stande seyn wird, Frankreich zu erobern; so erschrecke ich, wenn ich an das entsetzliche Unglück denke, unsere Ebenen mit den Leichnamen zweier achtungswürdiger Völker bedeckt zu sehen, wegen einer eiteln Schimäre von Point d'Honneur, deren sich der König dereinst selbst schämen würde, wenn Er sehen müßte, daß seine Armee sowohl, als sein Schatz, einem Systeme der Treulosigkeit und des Ehrgeizes aufgeopfert worden wären, welches Ihn gar nichts angeht, und wobei man Ihn zum Besten hat."

"So sehr die Frankreichische Nation, seitdem sie republikanisch geworden, heftig, und aller nur möglichen Anstrengungen gegen ihre Feinde fähig ist; so zuvorkommend und großmüthig ist sie gegen ihre Freunde. Sie ist nicht fähig ihr Haupt vor bewaffneten Männern zu bücken; aber sie würde einem großmüthigen Bundesgenossen allen nur möglichen Beistand leisten, und sogar für ihn ihr Blut verspritzen. Gab es jemals eine Zeit, da man auf die Gewogenheit einer Nation rechnen konnte; so ist es die, in welcher der allgemeine Wille die unabänderlichen Grundsätze einer Regierungsform festsetzt; es ist die, in welcher die Verträge nicht mehr der verschmitzten Politik der Minister und der Höflinge unterworfen sind. Willigt der König von Preußen ein, mit der Frankreichischen Nation zu unterhandeln, so wird er einen großmüthigen, mächtigen und standhaften Bundesgenossen erhalten. Ist aber der Wahn des Point d'Honneur größer als seine Tugenden, als seine Menschlichkeit, als sein wahres Interesse: so wird er Feinde finden, die Seiner würdig sind, die Ihn zwar ungerne, aber aufs äußerste bekämpfen werden, und die unaufhörlich durch Rächer werden ersetzt werden, deren Anzahl täglich zunimmt, und die keine menschliche Kraft zu verhindern vermag, frei zu leben oder zu sterben.„

„Ist es möglich, daß der König von Preußen, gegen alle Regeln der wahren Politik, der ewigen Gerechtigkeit und der Menschlichkeit, einwillige, der Vollzieher des Willens des treulosen Wiener Hofes zu seyn; daß Er seine tapfere Armée sowohl, als seine Schätze, dem Ehrgeize jenes Hofes aufopfere, welcher, in einem Kriege der eigentlich ihn angeht, sein genug ist, seine Bundesgenossen mit hinein zu ziehen, und nur ein schwaches Kontingent zu stellen, da er doch allein, wenn er tapfer und großmüthig wäre, die ganze Last desselben tragen sollte? Der König von Preußen kann jetzt die schönste Rolle spielen, die ein König je zu spielen vermag. Ihm allein ist das Glück günstig gewesen; er hat zwei Städte weggenommen: dieses Glück verdankt Er aber bloß der Verrätherei und der Feigherzigkeit. Seitdem hat Er freie und muthvolle Männer angetroffen, denen Er seine Achtung nicht hat versagen können. Er wird deren noch mehr antreffen; denn die Armee, welche seinen Marsch aufhält, wächst täglich an. Sie ist edel gesinnt und von Einem Geiste belebt. Sie ist von Verräthern und von Feigherzigen gereinigt, wegen deren man hat glauben mögen, daß die Eroberung Frankreichs eine leichte Sache sei. Bald wird sie angreifen, statt sich zu vertheidigen, wofern nicht eine billige Unterhandlung zwischen dem Könige nebst seiner Armee, die wir schätzen, und den Oesterreichern und den Ausgewanderten, die wir verachten, einen Unterschied macht. Es ist Zeit, daß eine gerade und offenherzige Erklärung unserem Zwiste entweder ein Ende mache, oder denselben fester mache, damit wir unsere wahren Feinde kennen lernen. Wir wollen sie nuthig bekämpfen; wir befinden uns auf unserem Boden; wir haben die in unserem Lande begangenen Ausschweifungen zu rächen; und man muß sich wohl einprägen, daß ein Krieg gegen Republikaner, die stolz auf ihre Freiheit sind, ei. blutiger Krieg ist, welcher sich nur mit der gänzlichen Vertilgung der Unterdrücker oder der Unterdrückten endigen kann. Dieser schreckliche Gedanke muß das Herz eines gerechten und menschlichen Königs rühren. Er muß bedenken, daß Er, weit entfernt durch seine Waffen Ludwig den XVI und seine Familie zu beschützen, ihr trauriges Schicksal nur um so viel mehr erschwert, je länger Er unser Feind bleibt. Ich für mich hoffe, daß der König, dessen Tugenden ich hochschätze, und der mir Beweise der Achtung hat geben lassen, die mir zur Ehre gereichen, diese Note, welche Menschlichkeit und Liebe zum Vaterlande mich schreiben heißen, mit Aufmerksamkeit zu lesen geruhen we.de. Er wird die Eilfertigkeit und den inkorrekten Styl dieser Wahrheiten einem alten Soldaten zu gut halten, der sich weit mehr mit den militairischen Operationen beschäftigt, welche das Schicksal dieses Krieges entscheiden müssen.„

"Der Oberbefehlshaber der Nordarmee,
Dumouriez.

Während des Waffenstillstandes wurden verschiedene Unterhandlungen gepflogen, deren Gegenstand nicht bekannt geworden ist. Nur soviel wissen wir, daß eine Auswechslung der Kriegsgefangenen verabredet wurde. Die Franzosen weigerten sich schlechterdings, die Ausgewanderten in das Kartel mit einzuschließen. Anfänglich bestand der Herzog von Braunschweig darauf, bald aber gab er nach — und so wurden dann die unglücklichen Frankreichischen Ausgewanderten, jene Edelleute für welche man zu kämpfen schien, der Wuth der Ohnehosen ganz überlassen, und die von ihnen gemach-

ten Gefangenen nicht einmal ausgewechselt. In einer Konferenz, welche zwischen dem Herzoge von Braunschweig, dem Markis von Lucchesini und dem Frankreichischen Obristlieutenant Thouvenot statt fand, hat der Herzog von Braunschweig, wenn man Frankreichischen Berichten Glauben beimessen darf, sich folgendermaßen geäußert: "Unsere Nationen sind "nicht dazu gemacht, Feinde zu seyn. Ließe sich nicht "vielleicht ein Mittel finden, die Sachen in der Güte "beizulegen? Wir sind in Ihrem Lande, und es wird "durch die von dem Kriege unzertrennlichen Plagen "verheert. Wir wissen, daß wir kein Recht haben "eine Nation zu verhindern, daß sie sich Gesetze gebe, "und ihre eigene innere Regierungsform festsetze. Auch "verlangen wir dieses nicht. Uns ist bloß an dem "Schicksale des Königs gelegen. Versichern Sie uns, "daß derselbe, in der neuen Ordnung der Dinge eine "Stelle, unter irgend einer Benennung, erhalten soll: "dann wird Se. Maj. der König von Preußen in seine "Staaten zurück kehren, und Ihr Bundesgenosse wer=
"den." a) Der Obristlieutenant Thouvenot erwie=

a) Une conférence à cette occasion eut lieu entre le Duc de Brunsvic, le Marquis de Lucchesini, Ministre du Roi de Prusse, et le Lieutenant-Colonel Adjutant-Général Thouvenot, qui avoit été chargé de régler l'échange des prisonniers. Dans cette conférence le Duc de Brunsvic s'exprima à peu près en ces termes: ,,Nos nations ne sont pas faites pour être ennemies. Ne pourroit-on pas imaginer quelque moyen d'accomoder les choses à l'amiable? Nous sommes dans vôtre pays; il est désolé par les malheurs inévitables de la guerre. Nous savons, que nous n'avons aucun droit d'empêcher une nation de se donner des loix et de tracer son propre Gouvernement intérieur. Aussi ne le voulons-nous pas. Nous nous intéressons seulement au sort du Roi. Assurez-nous, que dans le nouvel ordre des choses il lui sera assigné une place quelconque,

bette: "Der Wille der Frankreichischen Republik wür„de keinem äußeren Einflusse weichen, und die Stell„vertreter der Nation, denen die Ehre sowohl, als „der Ruhm derselben, vorzüglich wären anvertraut wor„den, würden jederzeit darauf bestehen, die, durch die „allgemeine Meinung genehmigten, Dekrete aufrecht „zu erhalten." Der Herzog von Braunschweig versicherte: er würde dem Generale Dümourlez eine Schrift hierüber zusenden.

Der Waffenstillstand hatte jetzt sechs Tage, vom 22 bis zum 28 September, gedauert, und der Herzog von Braunschweig hatte nunmehr seinen Zweck erreicht, und sein schweres Geschütz sowohl, als sein Gepäcke, aus dem Lager bei La Lüne nach Grandpre abführen lassen, woselbst es sicher war. Sobald der Herzog erfuhr, daß alles in Sicherheit wäre; sobald seine Brodwagen, die er seit fünf Tagen erwartete, angekommen waren, suchte er den Unterhandlungen und dem Waffenstillstande (während welches man so vertraut mit einander umgegangen war, daß sogar der Kronprinz von Preußen in Dümouriez Lager gespeist hatte) ein Ende zu machen. Er übersandte in dieser Absicht durch den Hrn. von Maustein dem Generale Dümourlez das folgende Manifest:

"Als Ihre Majestäten, der Kaiser und der König von Preußen, mir das Kommando der Armee anvertrauten, welche die beiden verbündeten Souverains nach Frankreich haben marschieren lassen, und durch mich Ihre Gesinnungen bekannt machen ließen, welche in den beiden Deklarationen vom 25 und 27 Jullus 1792 enthalten sind, da waren Ihre Maj. weit entfernt,

fous quelque dénomination que ce soit; et S. M. le Roi de Prusse retournera dans ses propres états, et deviendra votre allié." Ebendaselbst.

die Möglichkeit der schrecklichen Auftritte voraus zu setzen, welche vor der Gefangennehmung Ihrer Maj. des Königs und der Königinn von Frankreich und der Königlichen Familie vorher gingen, und mit denen dieselbe begleitet gewesen ist. Verbrechen dieser Art, von denen die Geschichte selbst der am wenigsten kultivirtesten Nationen beinahe kein Beispiel hat, waren indessen noch nicht das Ziel, zu welchem eine freche Rotte, der es gelang das Pariser-Volk zu einem blinden Werkzeuge ihres Willens zu machen, in ihrem sträflichen Ehrgeize zu gelangen strebte. Die Absetzung des Königs von allen den Geschäften, welche ihm selbst durch jene Konstitution vorbehalten waren, die man so lange als den Wunsch der ganzen Nation angepriesen hat, war das letzte Verbrechen der Nationalversammlung, die über Frankreich die beiden schrecklichen Plagen des Krieges und der Anarchie gebracht hat. Nur noch Ein Schritt blieb übrig, um diese Plagen fortdauernd zu machen; und der Schwindelgeist, der traurige Vorbote des Umsturzes der Staaten, hat auch Diejenigen mit sich fortgerissen, die sich als die Abgeordneten der Nation angeben, um die Rechte und das Wohl derselben auf festere Grundlagen zu gründen. Das erste Dekret, welches sie in ihrer Versammlung abgegeben haben, war die Abschaffung des Königthums in Frankreich. Durch ohne Grund geschehene Bestimmung hat sich eine kleine Anzahl von Mitgliedern, unter denen sogar viele Ausländer sind, das Recht angemaßt, sich der Meinung von vierzehn Generationen entgegen zu setzen, welche während der vierzehn Jahrhunderte, in denen Frankreich eine Monarchie war, gelebt haben. Dieser Schritt, über welchen bloß die Feinde Frankreichs sich freuen sollten, wenn sie voraus setzen könnten, daß seine Wirkung dauerhaft seyn würde, ist dem festen Entschlusse ganz entgegen, den Ihre Majj. der Kaiser und der König von Preußen genommen haben, und von welchem diese beiden verbündeten Souverains niemals abgehen werden, nämlich entweder Sr. Allerchristl. Maj. Freiheit, Sicherheit, und die Königliche Würde wieder zu verschaffen, oder eine gerechte und auffallende Rache an denen zu nehmen, die es wagen sollten, noch länger Eingriffe zu thun.„

"Aus obigen Gründen erklärt der Unterzeichnete der ganzen Frankreichischen Nation überhaupt, und jedem Mitgliede derselben insbesondere, daß Ihre Majj. der Kaiser und der König von Preußen, zwar dem Grundsatze, sich in die innere Regierung Frankreichs nicht mischen zu wollen, unabänderlich ergeben bleiben, aber eben so fest darauf bestehen, zu fordern, daß Se. Allerchristl. Maj. sowohl, als die ganze Königliche Familie, von denen, die sich unterstehen sie gefangen zu halten, sogleich in Freiheit gesetzt werden sollen. Ihre Majj. bestehen ferner darauf, daß die Königliche Würde in Frankreich ohne Aufschub, in der Person Ludwigs des XVI. und seiner Nachfolger, wieder hergestellt werde, und daß dafür gesorgt werde, diese Würde künftig vor Beleidigungen, wie die sind denen sie jetzt ausgesetzt gewesen ist, sicher zu stellen. Wenn die Frankreichische Nation ihr wahres Interesse nicht ganz aus den Augen verlohren hat, wenn sie in ihren Beschlüssen frei ist, und wenn sie wünscht, den Plagen des Krieges, durch welchen so viele Provinzen allen Uebeln, die mit dem Marsche der Armeen begleitet sind, ausgesetzt werden, ein baldiges Ende zu machen: so wird sie keinen Augenblick anstehen, sich zu Gunsten der Forderungen zu erklären, von denen man nicht abgehen wird, die ich im Nahmen Ihrer Majj. des Kaisers und des Königs von Preußen an sie richte, und deren Nichtbewilligung diesem, vor kurzem noch so blühenden, Königreiche unfehlbar neues, und noch schrecklicheres Unglück zuziehen würde. Der Entschluß, den die Frankreichische Nation zufolge dieser Erklärung ergreifen wird, muß entweder die traurigen Wirkungen eines Unglückbringenden Krieges weiter ausdehnen und fortdaurend machen, indem durch Abschaffung des Königthums das Mittel die vormaligen Verhältnisse zwischen Frankreich und den Europäischen Souverains zu erhalten, und wieder herzustellen nicht mehr vorhanden ist; oder er wird den Weg zu Unterhandlungen wegen Herstellung des Friedens, der Ordnung und der Ruhe bahnen, welche Diejenigen, die sich den Titel **Bevollmächtigte der Frankreichschen Nation** geben, das größte Interesse haben, so schnell als möglich diesem Königreiche wieder zu geben."

"Im Hauptquartier zu Hans am 28. September 1792."

Karl Wilhelm Ferdinand,
Herzog zu Braunschweig-Lüneburg."

Dieses Manifest übersandte der Hr. von Manstein dem Generale Dümouriez mit folgendem Briefe:

"Mein Herr.

"Ich habe den Auftrag, Ihnen das Original der beiliegenden Erklärung zu übersenden, welche Se. Durchl. der regierende Herzog von Braunschweig sich in dem Falle befindet, im Nahmen Ihrer Majj. des Kaisers und des Königs von Preußen an die Frankreichische Nation ergehen zu lassen. Die Wichtigkeit sowohl als die Authenticität dieser Schrift erfordern, mein General, daß sie dieselbe so bald als möglich zur Kenntniß derjenigen Nation bringen, an welche sie gerichtet ist. Was für Wege und was für Personen Sie auch wählen mögen, um dieselbe bald bekannt zu machen, so wird sie unsererseits durch den Druck bekannt gemacht werden; und man wird der Frankreichischen Nation Nachricht geben, daß das Original dieser Erklärung Ihnen heute durch mich ist zugesandt worden."

"Es thut mir leid, mein Herr, daß die Beweggründe, welche ich gestern dem Adjutanten sagte, den Sie mir zugesandt haben, mich verhindern, Ihnen diese Erklärung selbst zu überbringen, und in den Unterhandlungen fort zu fahren, mit denen wir uns in den verflossenen Tagen beschäftigten: allein nichts soll mich hindern, das Andenken der freundschaftlichen Aufnahme zu behalten, die ich von Ihnen, mein General, erhielt, so wie auch eine Gelegenheit zu suchen, Sie von der ausgezeichneten Achtung zu überzeugen, mit welcher ich die Ehre habe zu seyn, u. s. w.

"Im Hauptquartier zu Hans am 28. September 1792."

"Maustein."

Der General Dümouriez machte seiner Armee seine Schrift an den König von Preußen sowohl, als das erhaltene Manifest, mit folgender Anrede durch den Druck bekannt:

"Hier, meine Waffenbrüder, sehet Ihr, was für billige Vorschläge ich den Preußen gethan habe, nachdem ich von ihnen Botschaften, die sich auf den Frieden bezogen, erhielt. Der Herzog von Braunschweig hat mir, statt der Antwort, ein unverschämtes Manifest übersandt, welches die ganze Nation aufbringen, und die Anzahl der Soldaten vermehren wird. Keinen längeren Waffenstillstand, meine Freunde, lasset uns diese Tyrannen angreifen, und machen wir, daß sie es bereuen mögen, hieher gekommen zu seyn, und ein freies Land betreten zu haben!"

Dem Obristen von Maustein antwortete Dümouriez:

"Es thut mir leid, tugendhafter Manstein, daß ich, statt aller Antwort auf Vorschläge, welche Menschlichkeit und Vernunft mir eingaben, eine Erklärung erhalte, welche ein freies Volk nothwendig aufbringen muß. Von diesem Augenblicke an soll der Waffenstillstand zwischen den beiden Armeen aufhören, und wir dürfen jetzt an nichts denken, als uns zu schlagen, weil wir keine Grundlage mehr zu Unterhandlungen haben. Morgen früh werde ich alle meine Vorposten benachrichtigen lassen, daß der Waffenstillstand zu Ende ist: thun Sie dasselbe Ihrerseits."

"Es thut mir leid um Ihre Freundschaft. Ich beklage zwei tapfere Nationen, die von den Launen einiger Leute abhangen: allein Sie werden die Frankreicher der von ihnen eroberten Freiheit würdig, und bereit finden, es Diejenigen bereuen zu machen, die da versuchen möchten, ihnen dieselbe zu entreißen. Ich werde die Schrift des Herzogs von Braunschweig der Nationalkonvention übersenden; ich werde dieselbe in meinem Lager vorlesen lassen: und überall wird sie mit demselben Unwillen aufgenommen werden. Das ist nicht der Weg, wie man mit einer großen und freien Nation verhandeln muß; nicht so kann man einem souverainen Volke Gesetze vorschreiben."

"Zu Ste. Menehould, am 28. September 1792, im 4 Jahre der Freiheit, und im ersten der Republik."

"Dümouriez."

Indessen suchte man von Preußischer Seite die abgebrochenen Unterhandlungen wieder anzuknüpfen, und der Hr. von Manstein schrieb zu diesem Zwecke am folgenden Tage dem Generale Dümouriez:

"Mein Herr. Der Brief, den ich von Ihnen durch den Lieutenant Qualtini erhalten habe, war mir ganz unerwartet. Es scheint mir, Herr General, als wenn Sie den Sinn der Erklärung nicht hätten fassen, und den eigentlichen Geist, in welchem dieselbe geschrieben ist, nicht hätten bemerken wollen, und daß Sie dem Entschlusse, den die Nation über den Hauptgegenstand derselben fassen möchte, vorgreifen. Ich würde es uns endlich bedauren, wenn deßwegen, weil wir uns nicht gesprochen haben, man voreilige Schritte thun wollte, die vielleicht zu vermeiden wären, wenn wir uns noch Ein mal sprechen könnten. Dieser Gedanke sowohl, als die Menschlichkeit, machen es mir zur Pflicht, Ihnen auf morgen gegen Mittag eine Unterredung bei den Vorposten unserer beiden Armeen vorzuschlagen. Unsere Armee wird nicht zuerst den Waffenstillstand brechen. Ich erwarte Ihre Antwort: und was auch der Erfolg unserer Unterredung seyn mag, so wird sie mir doch auf alle Fälle das Vergnügen gewähren, Ihnen mündlich die Versicherung der Hochachtung zu wiederholen, mit welcher ich die Ehre habe zu seyn, u. s. w.

"Im Hauptquartier zu Hans, am 29. September 1792."

"Manstein."

Dümouriez antwortete:

"Es ist mir unmöglich, mein Herr, weder den Waffenstillstand noch die Unterhandlung fortzusetzen, wenn man das Manifest des Herzogs von Braunschweig zur Grundlage nimmt. Ich habe dasselbe gestern durch einen außerordentlichen Eilboten der Nationalkonvention zugesandt. Ich selbst habe diese Schrift drucken lassen, dem Wunsche zufolge, den Sie mir bezeugten, und zufolge der Ankündigung, die Sie mir thaten, daß Sie selbst dieselbe würden drucken lassen. Kellermanns Armee und meine kennen bereits diese

Schrift; und ich kann jetzt nicht anders thun, als die Befehle meines Souverains abwarten, welcher das, durch seine Stellvertreter in der Nationalkonvention versammelte, Frankreichische Volk ist. Es ist mir sogar unmöglich, das Vergnügen zu haben, Sie zu sprechen, so lange diese Schrift vorhanden ist. Was ich schrieb, war eine Privatschrift; was der Herzog von Braunschweig geschrieben hat, ist ein Manifest. Dieses Manifest bringt Drohung und Krieg: folglich hat es den Faden der Unterhandlung abgerissen. Es ist auf keine Weise in dem Sinne dessen, was seit vier Tagen zwischen uns ist gesprochen worden; es vernichtet alles gänzlich; ja es widerspricht sogar der Unterredung, womit der Herzog von Braunschweig den General Thouvenot beehrt hat. Urtheilen Sie also selbst, mein Herr, unpartheiisch; vergessen Sie auf einen Augenblick, daß Sie ein Preuße sind; seien Sie neutral. Was würden Sie von einer Nation denken, welche, ohne überwunden zu seyn, sich vor einem Manifeste bücken, und unter den Bedingungen der Sklaverei unterhandeln wollte, nachdem sie sich für republikanisch erklärt hat? Ich sehe Unglück für Jedermann voraus, und ich seufze darüber. Meine Meinung über Ihren rechtschaffenen König, über Ihre schätzenswürdige Nation, und über Sie selbst, zeigen mir zu meinem größten Mißvergnügen, daß die Unterhandlung nicht durch Manifeste geschehen kann. Ich werde nichts desto weniger lebenslänglich das Vergnügen schätzen, Sie kennen gelernt zu haben, und werde Sie lieben und hochschätzen.

"Am 29. September 1792, im 4 J. der Fr. und im 1. der Republik."

"Dumouriez."

Der Rückzug der Preußischen Armee wurde nunmehr beschlossen; allein es hatte derselbe, wegen des anhaltenden Regenwetters, wegen der schlechten Wege und wegen der Menge von Kranken, große Schwierigkeiten; jedoch nicht zu groß für das Genie des Herzogs von Braunschweig, der mit bewundernswürdiger Klugheit alle diese Schwierigkeiten überwand, und im Angesichte des Feindes den Rückzug bewerkstelligte.

Am 29. September brach der Herzog sein Lager bei la Lüne ab, und marschirte zurück. Rouvroy ließen die Preußen am 1 Oktober rechter Hand liegen. Wegen der vielen Kranken und schlechten Wege konnte der Marsch nicht anders als langsam geschehen, und besonders war bei Grand Pre, durch welchen Ort der Rückweg ging, der Morast so tief, daß die ganze Bagage daselbst stecken blieb. Todte Pferde, zerbrochene Wagen, ja sogar Menschen, blieben hier liegen; über und neben ihnen wateten die Soldaten einzeln im Moraste, und kamen erst in später Nacht auf dem Lagerplatze an. Von Grand Pre ging der Marsch nach Büsanzy, und von da über Bajonville, Remonville, und an dem Gehölze bei Han de verl vorbei. Bei Dün setzten die Preußen über die Maas. Mangel an Lebensmitteln, vorzüglich aber Mangel an Fourage für die Pferde, verursachte der Armee große Beschwerlichkeit. Eine Menge Pferde kamen um, und die übrigen waren alle mehr oder weniger krank. Die Kanonen versanken im Moraste, und die Munition, die aus Mangel an Pferden nicht mitgeführt werden konnte, wurde begraben, um sie dem Feinde unbrauchbar zu machen. Hätten die Frankreicher auf diesem Rückzuge die Preußische Armee beunruhigt, so würde dieselbe sich in einer bedenklichen Lage befunden haben. Sie folgten zwar der Armee, griffen sie aber, man

weiß noch nicht genau aus welchem Grunde, gar nicht
an. Die Oesterreicher hatten sich schon bei la Lüne
von den Preußen getrennt, und waren, unter dem
Generale Clairfait, bei Stenay über die Maas
gegangen, um auf dem nächsten Wege sich nach dem
Luxemburgischen zu ziehen. Am 5. Oktober wurde
Clairfait von den Frankreichern angegriffen, er wies
sie aber durch eine heftige Kanonade zurück.

Von Dün bis Verdün ging die Preußische Armee an der Maas herauf.

Bei der Frankreichschen Armee kamen indessen drei,
von der Nationalkonvention abgesandte, Kommissarien, Sillery, Prieur und Carra, an. Sie
wurden mit lautem Geschrei: "Hoch lebe die Republik!" empfangen. Hierauf hielten sie eine Anrede an
die Soldaten, denen sie sagten: sie müßten jetzt für
ihren Heerd, für ihre Weiber und für ihre Kinder
streiten; sie hätten vierzehn Jahrhunderte lang unter
der Tyrannei gelebt; jetzt aber wäre der Zeitpunkt gekommen, da die Frankreichische Nation allen Völkern,
die unter dem Drucke seufzten, ein großes Beispiel geben müßte; die Frankreicher hätten das Königthum
abgeschafft, und erklärt, daß die Regierungsform republikanisch seyn sollte; daß künftig Gleichheit unter allen Staatsbürgern die Grundlage der Regierungsform
seyn sollte; und daß blos das Gesetz herrschen sollte.
Sie sagten ferner: da die Frankreicher das Königthum
abgeschafft hätten, so hätten sie zugleich allen Tyrannen einen ewigen Haß geschworen. Hierauf zeigten sie
den Soldaten das Preußische Lager, welches nur eine
Stunde weit entfernt war, und sagten: "Sehet, tapfe„re Bürger, sehet dort die Tyrannen, die Euch unter„drücken wollen: wir rechnen auf Euren Muth, und
„auf Euren Haß gegen sie!" — Diese Rede wurde

mit allgemeinem Jauchzen aufgenommen, und brachte große Wirkungen auf die Soldaten hervor.

Eben diese Kommissarien der Konvention machten nachher eine sehr traurige, wahrscheinlich übertriebene, Beschreibung von dem Rückzuge der preußischen Armee. Sie schrieben von Ste. Menebould am 2. Oktober: „Die Feinde ziehen sich mit starken Schritten zurück... „Der Weg, wo sie durch ziehen, ist ganz mit Leichna- „men bedeckt. Ihr Lager, welches wir besucht haben, „gleicht einem großen Kirchhofe. Es waren darin mehr „als drei hundert, theils todte, theils halb verzehrte „Pferde. Die Ausreißer haben uns gesagt, jede Kom- „pagnie hätte wenigstens funfzig Kranke, und oft fehle „es der Armee sechs Tage lang an Brod.

Den Hessen, welche sich mehrere Wochen lang zu Clermont aufgehalten hatten, legten daselbst diese Kommissarien großes Lob bei. Sie schrieben am 2. Oktober, in einem Briefe der am 4. Oktober in der Abendsitzung der Konvention vorgelesen wurde: „Da wir erfuhren, daß die Feinde Clermont ge- „räumt hätten, begaben wir uns in jene Stadt, um „uns durch den Augenschein zu überzeugen, in welchem „Zustande sie sich nach dem Abzuge der Feinde befinde. „Die Hessen haben sich daselbst sehr vernünftig betragen, „und außer einigen Häusern in der Nähe der Stadt, „welche sie abgerissen haben, um ihre große Wache da- „hin zu setzen, haben sie das Eigenthum der Einwohner „in Achtung gehalten." a) Hieraus erhellt, daß die

---

a) Les Hessois s'y sont conduits sagement; et à l'ex-
ception de quelques maisons aux environs de la ville,
qu'ils ont démolies pour l'établissement de leur grande
garde, ils ont respecté les propriétés des habitans.

Behauptung des Verfassers der historischen Briefe in der Minerva (Dezember 1792), die Hessen hätten zu Clermont geraubt und geplündert, eine ungegründete Verläumdung war.

Das Verfolgen der vereinigten Armee überließ Dumouriez den ihm untergeordneten Feldherren; er selbst ging nach Paris, indem er den Plan hatte, noch vor dem Eintritte des Winters in die Oesterreichschen Niederlande einzufallen. Schon am 1. Oktober schrieb er von Ste. Menehould einen Brief, welcher am 2. in der Konvention verlesen wurde, und worin Dumouriez erklärte, es wäre sein Plan, sein Winterquartier zu Brüssel zu nehmen. Auch hatte er bereits einen Theil seines Heeres nach der Oesterreichischen Grenze beordert.

Die Generale Kellermann und Valence verfolgten die Preußen, doch mehr zum Scheine als in der That; der General Dillon folgte den Oesterreichern und Hessen. Auf dem Wege erfuhr er, daß die Hessen und die Oesterreicher uneinig unter sich geworden wären, und daß sich sogar der Landgraf über das Betragen der Oesterreicher beschwert hätte. Dieß hielt er für eine gute Gelegenheit, den Hrn. Landgrafen von dem Bündnisse mit Oesterreich abzubringen, und zu günstigen Ideen gegen Frankreich zu bewegen. Er sandte daher von Domballe einen gefangenen Hessischen Offizier, Hrn. von Lindau, und zugleich seinen General-Adjutanten Gobert, mit folgendem Briefe an den Landgrafen:

„Ich habe die Ehre, Sr. Durchlaucht dem Landgrafen von Hessen-Kassel, den Lieutenant Lindau zu senden. Aus dem Zeugnisse, welches ich diesem Offiziere habe geben lassen, werden Sie ersehen können, daß die, jederzeit große, jederzeit großmüthige Frankreichische Nation, eine schöne That zu schätzen weiß, und selbst an ihren Feinden Tapferkeit verehrt."

„Ich ergreife diese Gelegenheit, Er. Durchl. einige Gedanken vorzulegen, welche Vernunft und Menschenliebe eingeben. Sie können nicht in Abrede seyn, daß eine ganze zusammen genommene Nation, das Recht hat, sich diejenige Regierungsform zu geben, die sie für rathsam hält, und daß demzufolge kein Privatwille sich dem Willen der ganzen Nation entgegen setzen kann. Die freie und auf ewig unabhängige Frankreichische Nation hat sich ihrer Rechte wieder bemächtigt, und für gut gefunden, ihre Regierungsform abzuändern: dieß ist, mit wenigen Worten der Inbegriff dessen, was in Frankreich vorgeht. Se. Durchl. von Hessen-Kassel haben ein Korps Truppen nach Frankreich geführt; als Fürst opfern Sie Ihre Unterthanen für eine Sache auf, die Sie nichts angeht; als Krieger müssen Sie die Lage einsehen, in der Sie Sich jetzt befinden. Diese Lage ist gefährlich für Sie. Sie sind umringt. Ich rathe Ihnen, morgen früh den Rückweg nach Ihrem Lande anzutreten, und das Frankreichische Gebiet zu räumen. Ich will Ihnen die Mittel verschaffen, sicher an der Frankreichischen Armee vorbei zu kommen, welche sich verschiedener Posten, durch welche sie ziehen müssen, bemächtigt hat. Dieser Antrag ist freimüthig, und ich verlange eine förmliche, kathegorische Antwort. Die Frankreichische Republik entschuldigt einen Irrthum;

sie weiß aber auch einen Einbruch in ihr Gebiet, und die Plünderung desselben, ohne Erbarmen zu rächen."

„Dillon."

„N. S. Ich sende Ihnen diesen Brief durch meinen General-Adjutanten Gobert, der auf Ihre Antwort warten wird. Die Beschleunigung derselben ist dringend nothwendig, denn ich bin im Begriffe zu marschieren."

Der General-Adjutant des Hrn. Landgrafen antwortete folgendermaßen:

„Mein Herr. Se. Durchl. der Landgraf erkennt vollkommen die besondere Höflichkeit, welche Sie Ihm durch die edle und großmüthige Art beweisen, womit Sie den Lieutenant von Lindau haben behandeln wollen. Se. Durchl. hat mir aufgetragen, mein Herr, Ihnen Seine lebhafteste Danksagung dafür abzustatten, als für eine Handlung, die Ihrem Verdienste und Ihrer Menschenliebe Ehre macht."

„Da Se. Durchl. übrigens die dermaligen Vorfälle in Frankreich aus einem ganz andern Gesichtspunkte betrachtet, als derjenige ist, aus welchem ein irre geleitetes Volk dieselben ansieht; so hat mir der Landgraf geäußert; wie der Inhalt Ihres Schreibens von solcher Art sey, daß Er sich in keine Antwort darauf einlassen könne. Ich habe die Ehre mit vorzüglichster Hochachtung zu seyn, u. s. w.

Dieser Briefwechsel des Generals Dillon mit dem Landgrafen von Hessen-Kassel wurde der Nationalkonvention übersandt, und am 11. Oktober vorgelesen. Einige Mitglieder bezeugten ihre Unzufriedenheit laut darüber. Es entstand ein allgemeines Geschrei des

Mißvergnügens. „Was," rief man, „ein General „thut Friedensvorschläge! Das ist ein Verbrechen! eine „Verrätherei! — Merlin von Thionville stand auf, und sagte: „Der Brief des Generals Dillon beweiset deutlich die Verrätherei dieses Generals, und ist ein würdiges Gegenstück zu seinem Betragen im Lager bei Pont für Sambre, nach den Begebenheiten des zehnten August. Ich trage darauf an, daß ein Anklagedekret gegen Dillon abgegeben werde!" Die Versammlung war geneigt, ein solches Dekret gegen Dillon abzugeben, als Chabot bemerkte, der Brief an den Landgrafen sei vielleicht eine bloße Kriegslist, und man müsse dieß vorher untersuchen. Kersaint vertheldigte den General Dillon, und sagte: „vielleicht habe der General den Brief auf Befehl des Generals Dümouriez schreiben müssen." Couthon wiederlegte Hrn. Kersaint, und verlangte, daß das Anklagedekret gegen Dillon sogleich sollte abgegeben werden. Nach langen Debatten wurde endlich beschlossen, daß der vollziehende Staatsrath Dillons Betragen untersuchen, und der Konvention darüber Bericht abstatten sollte.

Es war dem Karakter des Generals Dümouriez gemäß, niemals irgend einem Befehle seiner Obern zu gehorchen, wenn derselbe nicht mit seinen eigenen Ideen und Planen übereinstimmte. Sich leidend zu verhalten war ihm unmöglich; er mußte immer selbstthätig seyn: und sein außerordentlicher Stolz sowohl, als das unbedingte Vertrauen welches er in sich selbst setzte, erlaubte ihm nicht den Rath irgend eines andern Menschen zu befolgen, viel weniger sich nach den Befehlen seiner Vorgesetzten zu richten. Dieser sein eigensinniger, harte nackiger und stolzer Karakter, zeigte sich bei jeder Gelegenheit. Als die vereinigte Armee in Frankreich einrückte; als dieselbe Longwy und Verdün weggenommen hatte; als ihre Vorposten bereits in der Nähe der Stadt Rheims streiften: da waren Furcht und Bestürzung zu Paris allgemein. Dümouriez erhielt Briefe über Briefe, Befehle über Befehle von dem Kriegsminister Servan, mit seinen Truppen vorzurücken, und den Deutschen den Weg nach Paris streitig zu machen. Noch am 27. September schrieb ihm der Kriegsminister, unter dessen Befehlen er stand: „Wahrlich, ich hoffe, lieber General, Sie werden, so gut als wir, von der Nothwendigkeit überzeugt seyn, daß Sie, ohne einen Augenblick länger zu zögern, sich der Marne nähern müssen, um hiedurch Chalons, Rheims, und die gesegneten Ebenen des Soissonnois und La Brie, zu decken. Mag immer der Feind sich in den dürren Feldern der Champagne behaupten!.... Ach! wer kann sie so ruhig bei Ste. Menehould stehen sehen, während die Uhlanen bereits die Vorstädte von Rheims bedrohen!"

Auf alle diese Vorstellungen, Bitten und Befehle, nahm Dümouriez gar keine Rücksicht. Er befolgte seinen eigenen Plan, und that was er wollte: auch war das Glück ihm günstig, und der Erfolg rechtfertigte seinen Ungehorsam so sehr, daß ihm nicht einmal Vorwürfe gemacht werden konnten, und daß man sogar seine Halsstarrigkeit bewundern mußte.

Sobald die Preußen ihren Rückzug angetreten hatten, schien es ihm zu langweilig denselben zu folgen. Er überließ, wie bereits gesagt worden ist, die Verfolgung der Feinde seinen untergebnen Generalen, und eilte nach Paris. Es war zwar ein ausdrückliches Gesetz vorhanden, welches den Generalen verbot, ohne Erlaubniß des Kriegsministers ihre Armee zu verlassen: allein Dümouriez setzte sich über dieses, wie über alle anderen Gesetze weg. Am 9. Oktober schrieb er von Bouziers an den Kriegsminister:

„Ich weiß wohl, daß ein Dekret vorhanden ist, welches den Generalen verbietet, ohne einen Befehl des Ministers ihre Armee zu verlassen. Dißes Dekret, welches bei Gelegenheit des Verräthers La Fayette abgegeben wurde, hat zum Zwecke, strafbare oder ehrsüchtige Plane von Seiten der Generale zu verhindern. Allein es läßt sich auf die Lage, in der ich mich befinde, gar nicht anwenden. Das wäre vielmehr ein wirklicher Verbrecher, der mich anklagen wollte. Ich würde gegen meine Pflicht als General fehlen, wenn ich dumm genug wäre, mich an den Buchstaben des Dekrets halten zu wollen, wenn ich zehen Tage damit verlöhre, daß ich vor oder hinter den Kolonnen her marschierte, und wenn ich nicht vielmehr diese Zeit dazu anwenden wollte, mit dem Staatsrathe alles das zu verabreden, was meinen militairischen Operationen einen guten Erfolg verschaffen kann. Ich hoffe, daß auch die feinste Kritik gegen diesen nöthigen Schritt nichts wird einzuwenden haben, und daß die Aufrichtigkeit meiner Gesinnungen sowohl, als mein offenes Betragen, den Neid hinlänglich widerlegen werden."

Am 11. Oktober kam Dümouriez schon nach Paris, und am 12 erschien er vor der Konvention, von welcher er mit den lebhaftesten Freudensbezeugungen aufgenommen wurde. Er sprach: „Ueberall siegt die Freiheit. Geleitet von der Philosophie wird sie sich bald auf alle Thronen setzen, wenn sie vorher den Despotismus wird vertilgt, und die Völker aufgeklärt haben. Die Konstitution, an welcher sie jetzt arbeiten wollen, wird die Grundlage des Glückes und der Brüderschaft der Völker werden. Der gegenwärtige Krieg wird der letzte seyn; die Tyrannen sowohl, als die Privilegirten, werden sich in ihren strafbaren Planen betrogen finden: sie allein werden das Opfer dieses Kampfes der willkührlichen Gewalt gegen die Vernunft. Die Armee, mit deren Anführung das Zutrauen der Nation mich beehrte, hat sich um das Vaterland verdient gemacht. Als ich am 28. August zu derselben kam, war sie bis auf siebzehntausend Mann zusammen geschmolzen, und durch Verräther, welche Strafe und Schande überall verfolgt, in Verwirrung gebracht. Dennoch fürchtete sie sich weder vor der Anzahl, noch vor der Geübtheit, noch vor den Drohungen, noch vor der Grausamkeit, noch vor dem anfänglichen Glücke der achtzig tausend Despotenknechte. Die engen Pässe des Argonner Waldes waren das Thermopylä, wo diese Handvoll Freiheitskrieger vierzehn Tage lang jener furchtbaren Armee einen stolzen Widerstand that. Glücklicher als die Spartaner sind wir durch zwei, von demselben Geiste belebte, Armeen unterstützt worden, mit denen wir uns in dem unüberwindlichen Lager bei Ste. Menehould vereinigt haben. Die Feinde geriethen in Verzweiflung, und wagten einen Angriff, welcher der kriegerischen Laufbahn meines Gehülfen und Freundes Kellermann einen neuen Sieg hinzugefügt hat. In jenem Lager bei Ste.

Menehould haben die Freiheitssoldaten Beweise noch anderer kriegerischen Tugenden gegeben, ohne welche sogar der Muth schädlich seyn würde; sie zeigten nämlich: Zutrauen in ihre Anführer, Gehorsam, Geduld und Standhaftigkeit. Jener Theil der Frankreichischen Republik ist dürre und hat weder Holz noch Wasser. Die Deutschen werden daran denken; ihr unreines Blut wird vielleicht das damit getränkte unfruchtbare Erdreich fruchtbar machen. Das Wetter war sehr regnicht und sehr kalt. Unsere Soldaten waren schlecht gekleidet; ohne Stroh, worauf sie sich hätten legen können; ohne Decken, und bisweilen zwei Tage ohne Brod: weil die Stellung des Feindes unsere Zufuhren zwang, weite Umwege zu nehmen, durch Nebenstraßen, die zu jeder Jahreszeit schlecht, damals aber durch anhaltenden Regen ganz grundlos waren. Denn ich muß den Oberaufsehern über Lebensmittel und Fourage die Gerechtigkeit widerfahren lassen, daß sie, ungeachtet aller Hindernisse, welche schlechte Wege und Regenwetter verursachten, ungeachtet meiner oft veränderten Stellungen, die entweder nicht vorausgesehen werden konnten, oder die ich verhehlten mußte, alles gethan haben, was nur möglich war, um Ueberfluß zu verschaffen. Ich mache mir ein Vergnügen daraus, öffentlich zu erklären, daß man die gute Gesundheit der Soldaten ihrer Vorsorge zu verdanken hat. Diese habe ich nie unwillig gefunden. Ihrem Singen und ihrer Fröhlichkeit nach zu schließen, hätte man dieses fürchterliche Lager für eines jener Lustlager halten sollen, in denen die Ueppigkeit der Könige vormals Regimenter von Drathpuppen, zur Belustigung ihrer Beischläferinnen und ihrer Kinder, versammelte.

Die

Die Hoffnung zu siegen hielt die Freiheitskrieger aufrecht; ihre Beschwerden und ihre Enthaltsamkeit sind vergolten worden: der Feind ist unter Hunger, Elend und Krankheit, erlegen. Jene fürchterliche Armee ist auf die Hälfte zusammen geschmolzen. Leichname und todte Pferde bezeichnen des Feindes Weg. Kellermann verfolgt ihn mit 40,000 Mann, während ich, mit einer gleichen Anzahl, der Abtheilung des Nordens, und den unglücklichen, achtungswürdigen Belgiern und Lütichern, zu Hülfe eile. Nur auf vier Tage bin ich hieher gekommen, um mit dem vollziehenden Staatsrathe diesen Winterfeldzug vollends zu verabreden. Ich bediene mich dieser Gelegenheit, um Ihnen meine Ehrfurcht zu bezeugen. Ich will keinen neuen Eid vor Ihnen ablegen; aber ich will mich würdig zeigen, Kinder der Freiheit anzuführen, und die Gesetze aufrecht zu erhalten, welche das souveraine Volk sich durch Ihren Mund selbst geben wird."

Diese Rede wurde mit anhaltendem Beifallklatschen aufgenommen.

Hr. Lasource schlug darauf vor: der Präsident solle den General fragen, was er von dem Briefwechsel des Generals Dillon mit dem Landgrafen von Hessen-Kassel halte. Dümouriez antwortete: er halte Dillons Brief für eine unbedeutende Prahlerei, die man dem Generale Dillon um so weniger übel nehmen könne, da er zwei Tage nachher dieselben Hessen angegriffen und muthig verfolgt habe.

Eben dieser angeklagte, und verdächtig gewordene General Dillon sandte an demselben Tage den folgenden Brief an den Kriegsminister:

„Im Lager zu Regres bei Verdün am 11 Oktober 1792, im ersten Jahre der Republik."

„Bürger-Minister. In meinem gestrigen Briefe habe ich Ihnen Nachricht gegeben, daß der Feind eine Bewegung gemacht habe, daß er in der Nacht vom 10 auf den 11 sein Lager abgebrochen habe, und über die Maas gegangen sei. Ich habe Ihnen gemeldet, daß ich mich in Marsch setzen würde, um mich der Anhöhen von Regres und Glorieux zu bemächtigen. In der That habe ich auch gestern früh eine Batterie von sechs Zwölfpfündern und vier Achtpfündern auf der Anhöhe von St. Barthelemy, ungefähr 350 Klafter von der Zitadelle von Verdün, errichtet, ohne daß mir der Feind ein Hinderniß in den Weg gelegt hätte. Sobald meine Batterie zum Schießen fertig war, habe ich durch einen meiner Adjutanten und einen Trompeter die beiliegende Aufforderung dem Kommendanten der Stadt übersandt, ihm aber zugleich befohlen, seine Botschaft nicht zu übergeben, falls der Kommendant ein Oesterreichischer Offizier seyn sollte. a) Bald nachher verlangte der Preußische General Kalkreuth eine Unterredung mit mir in dem Dorfe Glorieux. Ich begab mich dahin, begleitet von dem Generale Galbaud. Ich glaube bemerkt zu haben, daß der General Kalkreuth aufs lebhafteste den Frieden

a) Warum das? Warum sollte die Botschaft nur einem Preußischen, und nicht einem Oesterreichischen Offiziere, übergeben werden? Warum machten die Frankreicher bei diesem Rückzuge einen so großen Unterschied zwischen Oesterreichern und Preußen? Dieses Geheimniß wird wahrscheinlich die Zeit aufklären; denn diese klärt alles auf. Bis dahin aber bleibt der ganze Rückzug noch für die Uneingeweihten ein unauflösliches Räthsel.

wünscht, und daß er durch gänzliche Räumung des Frankreichischen Gebiets von der Preußischen Armee denselben zu erlangen wünscht. Gegen Abend erhielt ich von dem Generale Courbiere die Antwort auf meine Aufforderung. Ich habe dieselbe sogleich dem Generale Kellermann sowohl, als den Kommissarien der Nationalkonvention zugesandt; und dem zufolge wird eine Kompagnie Grenadiere von Kellermanns Armee, und eine von meiner Armee, heute mit den Herren Galbaud und Valence Besitz von dem Thore Sécours der Zitadelle von Verdün nehmen. Der General Kellermann wird Ihnen von den Einrichtungen, die er in Rücksicht auf diese Stadt machen wird, Nachricht geben."

"Abschrift der Aufforderung, welche der General-Lieutenant Arthur Dillon an den Kommendanten der Preußischen Truppen zu Verdün hat ergehen lassen."

"Im Lager zu Regres am 11 Oktober 1792, im 1ten Jahre der Republik."

"Der General Dillon, welcher eine Frankreichische Armee kommandirt, die unter Verdün gelagert ist, schlägt dem Hrn. Kommendanten Sr. Königl. Preußischen Majestät zu Verdün in der Zitadelle vor, ihm diesen Platz zu übergeben, und denselben entweder sogleich, oder in einer bestimmten Zeit heute noch zu räumen. Unter dieser Bedingung verspricht der General, den Rückmarsch der Preußischen Truppen nicht zu beunruhigen, und sogar die Wegbringung der Kranken, die im Stande sind weggebracht zu werden, zu beschützen. Wenn der Hr. Kommendant diesen Vorschlag annimmt, dessen Zweck es ist, unnöthiges Blutvergießen zu verhüten, so wird er dadurch einer mörderischen Belagerung ausweichen, die heute noch anfangen soll. Ich sende den Obristlieutenant Schenetz, meinen Adjutanten, welcher diesen Brief übergeben, und mir die Antwort überbringen wird."

"Antwort des Hrn. von Courbiere, General-Lieutenants in Preußischen Diensten, an Hrn. Arthur Dillon, General-Lieutenant und Kommendant der Armee der Ardennen."

"Verdün am 11 Oktober 1792."

"Ich habe Befehl vom Könige, Ihnen, in Antwort auf die Aufforderung, die Sie an mich haben ergehen lassen, zu antworten, daß morgen, am 12 des laufenden Monats, am Vormittage das Thor Secours bewilligt werden, und von den Königlichen Truppen und den Frankreichischen Truppen gemeinschaftlich besetzt werden soll. Der Zeitpunkt der gänzlichen Räumung von Verdün, kann am 14 statt finden, und die Kranken, welche transportirt werden können, sollen auf Wagen vom Lande, die man bezahlen wird, nachfolgen. Auf diese Weise bin ich bevollmächtigt, über die Punkte der Kapitulation überein zu kommen. Uebrigens habe ich mit den Gesinnungen der ausgezeichnetsten Hochachtung die Ehre zu seyn, u. s. w."

"von Courbiere,
General-Lieutenant im Preußischen Dienste.

Am 12 Oktober wurde die folgende Kapitulation geschlossen:

"Da Se. Majest. der König von Preußen beschlossen hat, die Stadt Verdün zu räumen, so ist zu diesem Zwecke die folgende Uebereinkunft zwischen den Herren von Courbiere, General-Lieutenant in Preußischen Diensten, Cyrus Valence, Generallieu-

341

tenant der Armeen der Frankreichischen Republik und Franz Thomas Galbaud, Marechal de Camp, welche zu diesem Zwecke von ihren Kommittenten hinlänglich bevollmächtigt sind, geschlossen worden:

1. "Am 14 des laufenden Oktober-Monats werden die Preußischen Truppen die Stadt Verdün vor Mittag räumen, um sich mit dem, diesem Korps zugehörigen, Gewehre, Gepäcke und Geschütze, auf denjenigen Weg zu begeben, der sie am beßten zur Preußischen Armee in der Gegend dieser Stadt führen wird."

2. "Das sämmtliche grobe Geschütz, welches in der Stadt Verdün bei ihrer Uebergabe gefunden worden, so wie alles, was sich in den Magazinen gefunden hat, soll dem hiezu ernannten Generale der Frankreichischen Armee getreulich überliefert werden."

3. "Die sämmtlichen Kranken, welche im Stande sind nach den Hospitälern der Armee gebracht zu werden, sollen, so wie Se. Maj. es gut findet, weggebracht werden. Diejenigen, die nicht weggebracht werden können, sollen, bis zu ihrer gänzlichen Genesung, in den Hospitälern, so wie sie jetzt sind, bleiben, und auf Kosten Sr. Preußischen Maj. verpflegt werden. Nachher soll es ihnen frei stehen, sich auf dem kürzesten Wege zur Preußischen Armee zu begeben, ohne daß sie auf irgend einen Fall können zu Kriegsgefangenen gemacht werden, ehe sie wieder zu ihrer Armee gekommen sind. Und damit die Wiedergenesenen ganz sicher wieder zu ihren Truppen gelangen können, so machen sich die Frankreichischen Generale verbindlich, diesen Wiedergenesenen Pässe in beßter Form zu geben."

4. "Alle, Sr. Preußischen Maj. zugehörigen, Effekten sollen frei weggebracht werden dürfen."

5. "Sogleich nach Genehmigung und Unterzeich-

nnng dieses Vertrages, werden die Frankreichischen Truppen das Secours-Thor der Zitadelle mit einer, nicht über hundert Mann starken, Kompagnie Gendarmerie besetzen."

6. "Am 14 Oktober vor Mittag werden die Preußischen Truppen Verdün geräumt haben; und um allen Unordnungen, die in unvorhergesehenen Fällen sich ereignen möchten, zuvor zu kommen, werden die Frankreichischen Bürger-Generale ihre Truppen nicht eher in Verdün einrücken lassen, als nachdem der Nachtrab der Preußischen Truppen durch das Chaussee-Thor wird ausgezogen seyn."

7. "Sollte durch ein Mißverständniß, oder durch irgend einen Zufall, gegen alle Erwartung, sich irgend eine Uebertretung der obigen Kapitulation zutragen; so soll dieß keinen Einfluß auf den gegenwärtigen Vertrag haben, und es soll derselbe darum nichts desto weniger getreulich vollzogen werden: und sollte sich, gegen alle Erwartung, irgend ein Vorfall ereignen, so sollen die Schuldigen gestraft werden."

8. "Um diesem Vertrage alle nöthige Kraft zu geben, soll derselbe doppelt ausgefertigt, von den oberwähnten Bürger-Kommissären unterzeichnet, und mit dem Preußischen Wappen sowohl, als mit dem Wappen der Frankreichischen Nation, gesiegelt werden."

"Morgen am 13ten, um zehen Uhr, stehet es dem Generale Kellermann frei, für sich, oder für irgend einen andern Offizier seiner Armee, sein Hauptquartier in der Zitadelle von Verdün zu nehmen. Das aus der Zitadelle in die Stadt führende Thor soll mit einer Kompagnie Preußischer und einer Kompagnie Frankreichischer Truppen besetzt werden. Er darf nicht mehr, als noch zwei andere Kompagnien und fünf und zwanzig Reuter, einrücken lassen."

"Verdün am 12. Oktober 1792."

"Galbaud, Valence."

"De Courbieres."

In dieser Kapitulation geschah der Hessen, der Oesterreicher, der Ausgewanderten, und sogar der Einwohner von Verdün, keine Erwähnung; diese wurden in die Kapitulation nicht mit eingeschlossen. a)

Am 14ten Oktober räumten die Preußen die Stadt Verdün, und ließen beträchtliche Magazine in derselben zurück. Am 15 und 16 blieb die Armee bei Chatillon stehen, um sich wieder unter ihre Kompagnien zu sammeln. Die Kanonen wurden nicht ohne große Mühe fortgebracht, und vor dem Versinken im Moraste gerettet. Die Fränkreichische Armee, welche den Preußen auf dem Fuße nachfolgte, und die von ihnen verlassenen Lager sogleich besetzte, verhielt sich ganz ruhig: allein die Bauern aus der benachbarten Gegend bewafneten sich mit den in Menge weggeworfenen Gewehren und der weggeworfenen Munizion. Sie griffen den Nachtrab der Preußischen Armee an, erschossen Einen Husaren, machten einige Soldaten zu Gefangenen, und plünderten sie rein aus. Diese Gefangenen wurden jedoch durch Frankreichische Husaren befreit, und mit einem Trompeter nach der Preußischen Armee zurück geschickt. Pferde fielen in Menge, und die Anzahl der Kranken nahm noch täglich zu.

a) Les généraux, chargés de la négociation, n'ont voulu entendre à aucun article, rélatif aux habitants, aux Autrichiens, et aux Hessois.
Lettre des commissaires de la Convention, lue à la séance du 16 Octobre.

Am 20. Oktober stand die Armee bei Longwy. Schon am 17. Oktober hatte der Herzog von Braunschweig einen Adjutanten mit einem Trompeter an den General Kellermann gesandt, um eine Unterredung zu verlangen. Kellermann antwortete: er könne sich in keine Unterhandlung einlassen, so lange sich die Preußische Armee auf dem Frankreichischen Gebiete befinde; auch müsse die Uebergabe von Longwy bei jeder Unterhandlung ein vorläufiger Artikel seyn. Der Herzog von Braunschweig erbot sich, dem Generale Kellermann am 26. Oktober die Festung Longwy zu übergeben; allein Kellermann bestand darauf, daß Longwy schon am 22sten geräumt werden müßte. Dieß wurde bewilligt, und in Rücksicht auf die Festung Longwy die folgende Kapitulation geschlossen:

"Da Se. Maj. der König von Preußen beschlossen hat, die Stadt und Festung Longwy zu räumen, so ist die gegenwärtige Uebereinkunft zwischen uns Unterzeichneten, dem Bürger Cyrus Valence, Generallieutenant der Armeen der Republik, und dem Grafen von Kalkreuth, Generallieutenant Sr. Maj. des Königs von Preußen, die beide mit der nöthigen Vollmacht versehen sind, geschlossen worden:

1. "Am 22. des laufenden Monats wird das Frankreichische Thor der Stadt und Festung Longwy den Frankreichischen Truppen übergeben, und die Stadt innerhalb 24 Stunden nachher ganz geräumt."

2. "Sämmtliches Geschütz sowohl, als die Magazine, sollen in dem Zustande, in welchem sie sich bei der Einnahme der Festung befanden, dem, vom Generale Kellermann zu ihrer Uebernahme ernannten, Offiziere übergeben werden."

3. "In Ansehung der Kranken wird wie bei der Uebergabe von Verdün verfahren."

4. "Der General Kalkreuth wird einen Offizier ab=
senden, um den Abzug der Truppen zu melden, sobald
dieselben ganz durch das Burgunder-Thor gezogen seyn
werden, um jedem Unheil vorzubeugen."

5. "Sollte sich etwa ein unvermutheter Zufall er=
eignen, so soll derselbe doch keine Abänderung in den
obgemeldten Kapitulationspunkten veranlassen. Die
Schuldigen sollen bestraft, und der Vertrag vollzogen
werden."

6. "Um diesen Vertrag desto authentischer zu ma=
chen, so soll derselbe mit dem Siegel des Frank=
reichischen Volkes und dem Siegel Sr. Maj. des
Königs von Preußen, besiegelt werden.
 Am 17. Oktober 1792.

"Cyrus Valence,
General der Armee der Republik.

Der Graf von Kalkreuth, General=
lieutenant der Armeen des Königs von Preußen.

Die Frankreicher thaten sich nicht wenig darauf zu
gut, daß in dieser Kapitulation sowohl, als in der Kapi=
tulation von Verdün, ihre Generale als Generale
der Frankreichischen Republik anerkannt wor=
den waren; daß im 6. Artikel der vorstehenden Kapi=
tulation ein Siegel des Frankreichischen Vol=
kes anerkannt wurde; und daß in demselben Artikel
sogar des Frankreichischen Volkes noch vor Sr. Maj.
dem Könige von Preußen Erwähnung geschah. a)

a) Die Kommissarien der Konvention schrieben an die Kon=
vention: La convention nationale verra, que la capitula-
tion est faite entre les Généraux de la République Françoise et ceux du Roi de Prusse. . . . . .
Les généraux de la République n'ont accordé aux ennemis que ce que les loix de la guerre et de la politi-
que préscrivent strictement; ou plutôt il est flatteur
pour eux d'avoir été les premiers à signer comme Gé-

Am 22. Oktober 1792. verließ die Preußische Armee das Frankreichische Gebiet, und übergab die Festung Longwy den Republikanern.

Ueber diesen gänzlichen Rückzug der Preußischen Armee aus Frankreich hat man verschiedene Betrachtungen gemacht, die aber größtentheils nur dazu dienen, zu beweisen, daß irgend eine geheime, bisher noch nicht bekannte, Ursache denselben bewirkt haben muß. Die Uebergabe eines Orts wie Verdun, den man nicht zu vertheidigen vermochte, sobald er ernsthaft angegriffen wurde, war der Klugheit gemäß, und hat nichts unbegreifliches; aber die Rückgabe einer so wichtigen Gränzfestung, wie Longwy, welche dazu dienen konnte, das Luxemburgische zu decken, und welche sehr gut hätte vertheidigt werden können, bleibt bis jetzt noch ein Räthsel. Sogar die Kommissarien der Nationalkonvention, die vermuthlich in das Geheimniß nicht eingeweihet waren, fanden diese Uebergabe unbegreiflich. a)

néraux de la République Françoise. Lettre de Commissaires lue à la séance du 16. Octobre.

a) Carra, einer dieser Kommissarien, schreibt: La reddition de Verdun, après la levée du camp de la Lune, n'avoit rien de surprenant. On comprenoit facilement, qu'une armée couverte de toutes les maledictions de la nature, ne pouvoit se conserver au milieu de la France dans un poste aussi faible que Verdun, où tôt ou tard elle auroit fini par périr toute entière de maladie ou de misère, ou être faite prisonnière par nos armées réunies et accumulées autour d'elle. Mais ce qu'on n'a pas conçu vraisemblablement avec autant de facilité, c'est la reddition de Longwy, forteresse de l'extrême frontière, et en très-bon état, où l'ennemi, avec quatre ou cinq mille hommes de garnison, et à portée de Luxembourg, pouvoit arrêter deux mois au moins l'armée de Kellermann, et renforcer continuellement la place d'hommes et d'aprovisionnements. Rapport de Carra imprimé par ordre de la Convention.

Diese Kommissarien, die sich damals bei der Armee befanden, behaupteten, der König von Preußen wäre bewogen worden Longwy zu übergeben, weil er gerade damals ganz unerwartete Nachrichten aus Pohlen erhalten hätte; a) allein dieses war wahrscheinlich bloß eine ungegründete Muthmaßung der Kommissarien.

Wir wollen nunmehr von den kriegerischen Thaten der ausgewanderten Frankreicher einige Nachricht geben. b)

Die Armee der Frankreichischen Prinzen bestand beinahe aus lauter Edelleuten, wozu noch einige Frankreichische Kavallerieregimenter, die übergegangen waren, und einige in Deutschland errichtete Korps kamen. Die Stärke der ganzen Armee hat man nie erfahren können; es blieb dieses ein Geheimniß ihres Generalstabes, welches selbst den Prinzen nicht mitgetheilt wurde: sicher aber kann man behaupten, daß diese Armee wenigstens 25,000 Mann stark gewesen sei.

Die Truppen waren in drei Hauptkorps vertheilt. An der Spitze der größten und ansehnlichsten dieser Korps, welches am Rheine und an der Mosel, bei Trier, Koblenz, und in der umliegenden Gegend lag, befanden sich die beiden Brüder Ludwigs des XVI. Das zweite Hauptkorps lag in den Niederlanden, und wurde von den beiden Generalen, dem Grafen von Egmond und dem Markis de la Queille, angeführt: das dritte Korps befand sich in Breisgau, und bestand aus der sogenannten Mirabeauschen Legion.

a) Ce qui est important que vous sachiez, c'est que la reddition si prompte de Longwy a été due aux nouvelles allarmantes de la Pologne. Ebendaselbst.

c) Man sehe das Journal der Emigranten in dem Magazin der neuesten Kriegsbegebenheiten. 1 Bd. S. 106.

Bei dem Einzuge der vereinigten Armee in Frankreich wurden allen Frankreichen Ausgewanderten in drei Theile getheilt und dreien Armeen zugegeben. Die beiden Brüder des Königs blieben mit einem Korps von 15 bis 16,000 Mann bei der Preußischen Armee, und unter ihnen führten die beiden Marschälle von Frankreich, Broglio und Castries, das Kommando. Der Königlich Preußische Generallieutenant der Reiterei, Hr. von Schönfeld, erhielt von dem Könige den Auftrag, von Preußischer Seite die Oberaufsicht über dasselbe zu führen. Er kam am 16. Julius zu Bingen an, woselbst die Prinzen ihr Hauptquartier hatten.

Ein zweites Korps Ausgewanderter, von dem Prinzen von Conde angeführt, und nicht so stark als das erste, stieß zu der Oesterreichischen Armee in Breisgau. Ein drittes Korps, unter Anführung des Herzogs von Bourbon, vereinigte sich in den Niederlanden mit der Armee des Herzogs von Sachsen-Teschen.

Die Frankreichischen Prinzen verließen mit ihrem Korps Bingen am 2. August, und marschierten über Kirchberg, Gunzerode, Berick, Halsberg, Trier, Grevemachern, Bredemus und Rademachern, vor Thionville. Dieses Korps machte den linken Flügel der Preußischen Armee aus, welche über Luxemburg gegen Longwy vorrückte. Thionville wurde vergeblich aufgefordert und berennt. Die Ausgewanderten hatten keine Kanonen, kein Belagerungsgeschütz: sie mußten also, da man ihnen die Festung nicht freiwillig übergab, die Belagerung aufheben. Man verlangte von dem Kommendanten zu Luxemburg, dem Baron von Schröder, das schwere Geschütz: er schlug es aber ab. Hierauf verließen die

Prinzen mit ihrem Korps Thionville und marschierten über Ometz und Spincourt nach Verdun, wo sie am 13. September ankamen. Bei Dün gingen sie über die Maas nach Bůsanzy, kamen hier mit der vereinigten Armee in gleiche Höhe, und machten die äußerste Kolonne rechter Hand von derselben aus. Am 18. gingen sie bei Bouzlers über den Aisne Fluß. Ueber Suipps kamen sie am 20. September nach Somme Tourbe, und blieben, während des Waffenstillstandes, bis zum 29. daselbst stehen. Sie sollten hier den Rücken der großen Armee sichern, und die beiden Wege nach Challons und Rheims beobachten.

Am 30. traten die Ausgewanderten ihren Rückmarsch an. Sie verließen ihr Vaterland um dasselbe niemals wieder zu betreten. Am 1. Oktober kamen sie nach Bouzlers, und blieben daselbst bis zum dritten. Am vierten giengen sie über die Aisne, zogen sich, linker Hand der Oesterreicher unter dem Generale Clairfait, über le Chene le populeux nach Sey, besetzten die beiden engen Pässe, les grandes Armoises und die Höhe bei dem Dorfe Stonne. Aus dem Dorfe les grandes Armoises wurden die Ausgewanderten von den bewaffneten Bauern vertrieben. Bei dem Dorfe Stonne griffen die Bürgersoldaten abermals an. Sie wurden aber in die Flucht gejagt, und zwei Dörfer von den Ausgewanderten in Brand gesteckt. Von hier ging der Marsch, über Stenay, Marville, Longuion, Lery und Longwy, nach Arlon in den Oesterreichischen Niederlanden, und von da ins Lüttichsche.

Am Ende des Monats November machte der Generallieutenant von Schönfeld der Prinzenarmee im Nahmen des Königs bekannt, daß sich der König von dieser Zeit an schlechterdings auf keine weitere Unterſtützung einlaſſen wolle. Nun blieb den unglücklichen Ausgewanderten nichts übrig, als aus einander zu gehen, ohne zu wiſſen, was ſie thun und wovon ſie leben ſollten.

Von dieſer Zeit an wurden die unglücklichen Frankreichiſchen Ausgewanderten überall vertrieben, an keinem Orte geduldet, nicht einmal ſo lange, daß ſie von den Beſchwerlichkeiten einer Reiſe hätten ausruhen können. Man floh ſie, verabſcheute ſie, verweigerte ihnen ſogar die Gaſtfreundſchaft und verſagte ihnen die dringendſten Bedürfniſſe des Lebens. Schon am 23 Oktober ließ die Regierung in den Oeſterreichiſchen Niederlanden in Rückſicht auf die Frankreichiſchen Ausgewanderten die folgende Verordnung ergehen: a)

"Da Se. Maj. den Beſchwerlichkeiten vorbeugen wollen, welche für das gemeine Weſen aus dem großen Zufluſſe der Frankreichiſchen Ausgewanderten von allen Ständen in dieſes Land entſtehen könnten; ſo hat ſie, auf Berathen der Durchlauchtigſten General-Gouvernöre, für gut befunden, feſt zu ſetzen und zu verordnen, wie ſie hiemit feſt ſetzet und verordnet, folgendes:

1. "Die, unter der Armee der Frankreichiſchen Prinzen dienenden, oder ihr zugehörigen Ausgewanderten, ſollen ſich ſonſt nirgendwo aufhalten, oder bleiben dürfen, als in den Oertern die zu den Kantonirungen dieſer Armee angewieſen ſind. Alle diejenigen, die ſich in irgend einer andern Stadt dieſes Landes einfinden, ſollen von den Polizeibedienten angehalten werden, mit Beihülfe des Militairs, wenn es nöthig iſt, um ſie zurück zu treiben; auch ſollen ſie als Störer der öffentlichen Ruhe geſtraft werden."

a) Gazette de Leyde. 1792. No. 88.

2. "Die übrigen Frankreichischen Ausgewanderten, welches Standes oder Ranges sie auch seyn mögen, geistliche oder weltliche, die kein Haus oder keine Wohnung gemiethet haben, sollen in Zeit von acht Tagen von der Bekanntmachung dieser Verordnung an zu rechnen, das Land räumen, bei Strafe als Landstreicher behandelt zu werden."

3. "Alle diejenigen, unter den Ausgewanderten, die, dem vorhergehenden Artikel zufolge, im Lande bleiben dürfen, müssen, innerhalb der nämlichen Zeitfrist von acht Tagen, dem Justiz, oder Polizeibeamten ihres Wohnortes eine genaue und richtige Anzeige ihrer Tauf, und Zunahmen sowohl, als derjenigen Personen übergeben, die ihre Familie und ihr Dienstgesinde ausmachen, nebst einer genauen Anzeige ihrer Wohnung und ihres letzten Wohnplatzes, den sie in Frankreich hatten, so wie auch ihres Standes, oder ihrer Profession. Diejenigen, welche diese Anzeige unterlassen würden, oder es sich herausnehmen weiße Kokarden, oder weiße Federbüsche, zu tragen, sollen gleichfalls, bei der nämlichen Strafe, das Land räumen müssen."

4. "Die Justiz, und Polizeibeamten sollen die Anzeigen, die sie zufolge des vorhergehenden Artikels werden erhalten haben, den Fiskalräthen ihrer jederseitigen Provinzen einhändigen, welche alsdann dieselben der Regierung übersenden werden."

Aehnliche strenge Verordnungen gegen die Frankreichischen Ausgewanderten ergingen in den meisten andern Europäischen Ländern. In Deutschland wurden sie gar nicht geduldet. Und was das Maas des Unglücks dieser bedauernswürdigen Flüchtlinge voll machte, war, daß ihnen die Nationalkonvention den Rückweg in ihr Vaterland bei Todesstrafe versperrte, und aller ihrer, in Frankreich liegenden, Güter sich bemächtigte.

Zuerst wurde, auf Cambons Vorschlag, beschlossen: daß alle diejenigen, welche Gelder, oder Geldeswerth, von ausgewanderten Frankreichern in Verwahrung hätten, bei Todesstrafe gehalten seyn sollten, diese Gelder, Staatsobligationen, u. s. w. innerhalb vier und zwanzig Stunden nach Bekanntmachung dieses Dekretes dem Nationalschatze zu überliefern. — Dieß war ein schreckliches Dekret. Es setzte die Todesstrafe auf die Freundschaft, und nöthigte alle diejenigen, die dergleichen Gelder in Verwahrung hatten, pflicht- und ehrwidrig zu handeln, Baarschaften, welche ihnen unter dem heiligen Siegel der Freundschaft, der Treue und Ehrlichkeit, anvertraut worden waren, auszuliefern, und an ihren Freunden und Verwandten zu niederträchtigen Verräthern zu werden, wenn sie sich nicht der Gefahr aussetzen wollten, auf dem Schaffote zu sterben. Gesetze dieser Art, welche die unverbrüchlichsten Pflichten der Moral, der Ehre, der Menschlichkeit, mit der Pflicht der Selbsterhaltung in Kollision bringen, können keine andere Wirkung haben, als alles Gefühl für Tugend und Ehre bei den Nationen, denen sie gegeben werden, zu ersticken, und die Grundlagen, auf denen die menschliche Gesellschaft beruht, auf die schrecklichste Weise zu erschüttern.

Am 23 Oktober berathschlagte sich die Konvention über die Frage: was ein Ausgewanderter, der in sein Vaterland zurück kehrte, für eine Strafe leiden sollte? Man that verschiedene Vorschläge: aber Osselin bestand darauf, daß die Todesstrafe festgesetzt werden müßte, und zwar ohne allen Unterschied des Alters, des Geschlechts, oder des Standes.

Büzot war derselben Meinung. "Das Auswandern, „ sagte er, "ist an sich kein Verbrechen; es kann daher auch nicht mit dem Tode bestraft werden. Alles kommt

kommt auf die Umstände an; und diese allein können
das Auswandern verbrecherisch und strafbar machen.
Derjenige, welcher seinem Vaterlande in der Gefahr
entflieht, welcher ihm seine Kräfte und sein Vermögen
entwendet, wenn es dieselben verlangt, ist ein Nieder-
trächtiger; derjenige, welcher es flieht, und ihm Feinde erweckt, oder selbst gegen dasselbe die Waffen führt,
ist ein Verräther: die ersten müssen mit ewiger Verbannung, die letzten mit dem Tode bestraft werden; jedoch
muß man auch die ersten mit dem Tode bestrafen, wenn
sie ihre Verbannung brechen, und es wagen zurück zu
kommen.

Danton unterstützte ebenfalls diesen Vorschlag,
und die Konvention beschloß: daß die Ausgewanderten
von dem Gebiete der Republik auf ewig verbannt wären, und daß diejenigen, welche nach Bekanntmachung dieses Beschlusses zurück kommen würden, mit
dem Tode bestraft werden sollten. Diejenigen, welche
mit den Waffen in der Hand ergriffen würden, mußten ohnehin, zufolge eines bereits abgegebenen
Dekretes, mit dem Tode bestraft werden.
Demzufolge wurden einige, mit den Waffen in der
Hand ergriffene, Ausgewanderte sogleich hingerichtet.

Hätte dieses grausame, unmenschliche Dekret sich
nur auf solche Personen erstreckt, welche gegen ihr Vaterland gestritten hatten, so dürfte sich dasselbe noch
entschuldigen lassen. Da aber alle Ausgewanderten,
ohne Unterschied, darin begriffen wurden, so war der
Beschluß hart und tyrannisch. Um so viel mehr, da
die konstituirende Versammlung förmlich erklärt hatte:
das Auswandern sei kein Verbrechen, und jeder Staatsbürger habe das Recht nach Willkühr aus dem Reiche
zu gehen und in dasselbe zu kommen. Viele Ausgewanderten sind geflohen, weil sie sich fürchteten ermor-

det zu werden. Sie flohen nicht vor der Konstitution, sondern sie flohen vor Orleans, vor Marat, Robespierre, Danton, Pethion und Manuel. Es fanden sich unter ihnen viele furchtsame Weiber und Kinder, die sich nun auf immer ihres Vermögens und ihrer Wohnungen beraubt sahen; viele rechtschaffene Patrioten, denen die, im August und September vorgefallenen, Mordthaten ein Greuel waren, und deren Absicht es gar nicht gewesen war, Frankreich auf immer zu verlassen. Was hatten diese gethan, um so hart bestraft zu werden!

"Das Dekret, sagt Moore, macht einen Unterschied, und läßt dennoch keinen Unterschied zu; denn vermöge dieses grausamen und ungerechten Beschlusses ist derjenige, der sein Vaterland aus bloßer Furcht verließ, und keine Parthei dagegen nahm, in der That eben so hart gestraft, als wer sich mit feindlichen Heeren verband, und mit den Waffen in der Hand gefangen wurde. Der erste soll Todesstrafe erdulden, wenn er in das Land zurückkehrt, das ihn gebahr; den zweiten kann die Todesstrafe nicht eher treffen, als bis er auch das nämliche thut.... Dieser unsinnige, ungerechte Beschluß, verurtheilt Weiber, weil sie furchtsam sind, wie es ihr Geschlecht mit sich bringt; und viele Männer verlieren ihr Vermögen, und werden dem äußersten Mangel ausgesetzt, die nur auswanderten, um ihr Leben — nicht vor dem Schwerte der Gerechtigkeit, sondern vor dem Dolche der Mörder — zu schützen."

So weit ging der Haß der Konvention gegen die unglücklichen Ausgewanderten, daß man sogar denen, die nach ihrem Vaterlande zurück zu kehren, und demselben zu dienen wünschten, wenn man ihnen erlauben wolle, daß sie mit Sicherheit zurück kommen könnten, diese Erlaubniß nicht gab. Der General Custine sowohl, als der General Biron, übersandte der Konvention Briefe von Offizieren unter dem Condeischen Korps, die um Verzeihung baten, und um Erlaubniß nach Frankreich zurück kehren zu dürfen: die Konvention gieng aber, nach Vorlesung dieser Briefe, jedesmal zur Tagesordnung über, ohne dieselben der mindesten Aufmerksamkeit zu würdigen.

Während der Zeit, da der Herzog von Braunschweig mit dem Generale Dumouriez unterhandelte, machte die Oesterreichische Armee, unter Anführung des Herzogs von Sachsen Teschen, einen Versuch die wichtige Festung Lille durch einen Ueberfall wegzunehmen, indem zu einer förmlichen und regelmäßigen Belagerung die Jahrszeit bereits verstrichen war. Am 24 September rückte der Herzog, dessen Hauptquartier schon seit einiger Zeit zu Tournay gewesen war, mit seiner Armee, die höchstens 30,000 Mann stark war, gegen Lille vor, und verlegte sein Hauptquartier nach Flers, einem Dorfe unweit Lille, im Französischen Flandern. Am folgenden Tage erließ der Herzog an die Einwohner jener Gegend die folgende Proclamation.

"Da die unglücklichen Ereignisse in Frankreich Se. Maj. den Kaiser, als guten Nachbar des Französischen Flandern, bewogen haben, den rechtschaffenen Einwohnern dieser Provinz zu Hülfe zu kommen, und ihren rechtmäßigen König, nebst seiner königlichen Familie, aus der unglücklichen Lage zu befreien, welche sie drückt: so erklären wir durch die gegenwärtige Schrift, daß alle Diejenigen, welche ihre Waffen niederlegen, und sich dem Schutze unterwerfen werden, den Se. Maj. der Kaiser ihnen anbietet, als Freunde behandelt, und alles Schutzes des Gesetzes theilhaftig seyn sollen; daß aber Diejenigen, die sich widersetzen werden, als Rebellen gegen ihren rechtmäßigen Oberherren sollen behandelt werden."

"Gegeben in Unserem Hauptquartiere vor Lille am 24 September 1792."

"Albrecht."

Die Besatzung von Lille machte sich sogleich zum Widerstande bereit, und that schon am 25 September einen Ausfall. Indessen bemächtigte sich die Kaiserliche Armee einer Vorstadt, Fisves genannt, und fing an sich daselbst zu verschanzen. Die Besatzung der Festung unterhielt aber ein so heftiges Feuer auf die Belagerer, daß das Hauptquartier des Herzogs einige Tage später von Flers weiter rückwärts, nach Anappe, verlegt wurde. Das Feuer der Oesterreicher that der Stadt großen Schaden.

Am 29 forderte der Major Dastre, im Nahmen des Herzogs, die Festung zum zweitenmale auf. Der Herzog schrieb an den Kommendanten derselben:

"Hr. Kommendant. Die Armee Sr. Maj. des Kaisers, über welche ich die Ehre habe das Kommando zu führen, befindet sich vor Ihren Thoren. Die Batterien sind aufgerichtet. Die Menschlichkeit macht es mir zur Pflicht, mein Herr, Sie nebst Ihrer Besatzung aufzufordern, mir die Stadt und Zitadelle von Lille zu übergeben, um das Blutvergießen zu verhüten. Wofern Sie Sich weigern, so werden Sie mich, gegen meinen Willen, nöthigen eine reiche und bevölkerte Stadt zu bombardieren, die ich zu schonen wünschte. Ich verlange ohne Verzug eine kathegorische Antwort."

"Albrecht,
Fürst von Sachsen-Teschen."

Zugleich erließ der Herzog auch an den Bürgerrath der Stadt Lille die folgende Aufforderung:

"Da ich, meine Herren, mit der Armee Sr. Kaiserl. Maj., die meiner Sorgfalt anvertraut ist, mich vor Ihrer Stadt befinde, so komme ich Sie aufzufordern, mir dieselbe nebst der Zitadelle zu übergeben, und den Einwohnern den mächtigen Schutz des Kaisers anzubieten. Sollte man aber durch einen vergeblichen Widerstand, die Anerbietungen verkennen, die ich thue; so sind die Batterien errichtet und bereit die Stadt zu beschießen; dann wird der Bürgerrath seinen Mitbürgern für alles das Unglück verantwortlich seyn, welches die nothwendige Folge davon seyn würde."

"Albrecht,
Fürst von Sachsen-Teschen,

Der Kommendant antwortete:

"Herr Generalkommendant. Die Besatzung, welche ich die Ehre habe zu befehligen, ist, sowohl als ich, entschlossen, uns eher unter die Trümmer dieser Stadt zu begraben, als dieselbe unsern Feinden zu übergeben: und die Bürger, welche, so wie wir, ihrem Eide, frei zu leben oder zu sterben, getreu bleiben, theilen unsere Gesinnungen, und werden uns aus allen Kräften unterstützen."

"Lille am 29 September, im ersten Jahre der Frankr. Republik, um Mittag."

"Ruault,
Marechal de Camp, Kommendant von Lille."

Antwort des Bürgerrathes:

"Wir haben so eben, mein Herr, unseren Eid erneuert, der Nation getreu zu bleiben, und die Freiheit und Gleichheit aufrecht zu erhalten, oder auf unserem Posten zu sterben. Wir sind keine Meineidige."

"Gegeben auf dem Rathhause am 29 September."

"Der Bürgerrath."

Andre, Maire, Rochart, Stadtschreiber.

"Sobald diese Antworten im Lager angekommen waren, fingen die Oesterreicher das Bombardement an. Am 30 September war es schrecklich, so daß die Stadt an mehreren Orten zugleich brannte. Eben so dauerte es an den folgenden Tagen fort. Allein ungeachtet dieses heftigen Feuers, ungeachtet, ein Theil der Stadt schon verbrannt war, ungeachtet dessen zeigten die unglücklichen Einwohner einen so unerschütterlichen Muth in Vertheidigung ihrer Stadt, daß sie über den Trümmern ihrer Häuser den Eid wiederholten, frei zu leben oder zu sterben. Die Kaiserliche Armee hob daher am 8 Oktober die Belagerung auf.

"Die Bomben und glühenden Kugeln, sagt Moore, a) "waren hauptsächlich gegen den Theil der Stadt gerichtet, welchen die ärmeren Bürger bewohnten: erstlich, um die kostbaren Gebäude einer Stadt zu schonen, von welcher man hoffte, sie werde bald dem Kaiser gehören; zweitens aber, um die zahlreichste Klasse der Einwohner gegen die Reichen aufzubringen, und durch sie den Kommendanten zur Uebergabe zwingen zu lassen. Aber diese Absicht schlug fehl, und der Patriotismus der Bürger wuchs mit jeder Stunde. Bewundernswürdig war der Muth und die Behendigkeit, womit sie die glühenden Kugeln ergriffen und bei Seite stießen, ehe sie Zeit hatten, das Holz zu entzünden. Man erfand eiserne Zangen zu diesem Behuf. Die Städte Armentieres, Bethune, Arras, Dünkirchen, Cambray, und andere, sandten Sprützen nach Lille, um das Feuer zu löschen, und Freiwillige in großer Anzahl, um die Stadt zu vertheidigen. Daher sahen sich die Oesterreicher genöthigt, von der Stadt abzuziehen, nachdem sie ganze drei

a) Moore Journal. T. 2. S. 314.

Straßen im Viertel St. Sauveur, und viele andere Häuser, in verschiedenen Theilen der Stadt, niedergeschossen hatten. Es gibt wenige Häuser, worein nicht einige Kugeln drangen; und die Einwohner bewahren diese Kugeln als kostbare Reliquien.

Seitdem der Graf von Erbach mit dem unter seinem Befehle stehenden Korps aufgebrochen war, um zu der vereinigten Armee zu stoßen, blieb die Rheingegend unbesetzt, und in desto größerer Gefahr, weil der Kurfürst von der Pfalz sich für neutral erklärt hatte. Der General der Frankreichischen Rheinarmee, der Herzog von Biron, hielt den Zeitpunkt für bequem, um in jene Gegenden einen Einfall zu versuchen. Das große Kaiserliche Magazin zu Speier, fünf Stunden von der Frankreichischen Festung Landau, wurde nur von 3000 Mann bewacht, 2000 Mayniern, und 1000 Oesterreichern, unter den Befehlen des Kurmaynzischen Obristen, Hrn. von Winkelmann. Dieser geschickte Offizier erfuhr, daß die Frankreicher die Absicht hätten ihn anzugreifen. Er machte daher Anstalten zur Vertheidigung. Auch hat er um Verstärkung, aber er erhielt keine. Am 29 September ließ er des Abends die Kriegskasse, die Kranken und das Gepäcke, von Speier nach Mannheim aufbrechen, um es in Sicherheit zu bringen. Die Wagen kamen um 12 Uhr des Nachts vor den Thoren von Mannheim an. Hier wurde aber die Kurfürstliche Neutralität so strenge beobachtet, daß die Wagen kaum in Mannheim einrücken, nicht einmal durch die Stadt ziehen durften. Bis um sieben Uhr des Morgens, blieb alles vor dem Thore; dann erhielt der Offizier, welcher den Zug unter seinen Befehlen hatte, die Erlaubniß, nach Bezahlung eines ansehnlichen Brückengeldes, über die Neckarbrü-

cke nach dem Kurmaynzischen Amte Birnheim zu
ziehen.

Nachdem sich der Obrist von Winkelmann auf diese
Weise des unnöthigen und überflüßigen Gepäckes entledigt hatte, erwartete er am 29 September von acht
Uhr Abends bis acht Uhr Morgens den Feind. Die
ganze Nacht über standen seine Truppen unter den
Waffen vor den vier Thoren von Speier. Die Frankreicher kamen nicht und die Truppen rückten wieder in
ihre Quartiere. Endlich gegen zwölf Uhr Mittags erschien ein, 16 bis 17,000 Mann starkes, Korps Frankreicher, unter der Anführung des Generals Cüstine
(Mitgliedes der konstituirenden Nationalversammlung)
den der General Biron zu dieser Expedition beordert
hatte Bis drei Uhr that das in Speier liegende Korps
tapfern Widerstand; endlich aber mußte es der Uebermacht weichen. Es defilirte durch Speier nach der
Rheinhauserfahrt, eine Stunde von der Stadt. Hier
wollte es über den Rhein setzen. Zum Unglück waren
aber alle Schiffe jenseits des Flusses: es blieb also
nichts übrig, als sich dem Feinde durch Kapitulation
gefangen zu geben. Die mündlich geschlossene Kapitulation enthielt: "daß die Armatur sowohl, als die Pfer-
"de der Gemeinen und das Geschütz in der Stadt an
"die Frankreicher abgegeben werden sollten; die Offi-
"ziere hingegen sollten ihre Armatur, Bagage und
"Equipage, behalten, und der gemeine Mann alles,
"bis auf die Armatur." Dem zufolge wurden die
Gemeinen, vom Feldwebel abwärts, 1546 Mann, am
ersten Oktober nach Landau gebracht. Die Offiziere
mußten einen Revers unterschreiben, daß sie in diesem
Kriege gegen Frankreich nicht mehr dienen wollten;
nachher wurden sie, gegen die Kapitulation, ausgeplün-

dert und nach Hause geschickt. a) Daß sich der Obriste von Winkelmann nicht vorher der Fahrzeuge am Rhein bemächtigte, um auf alle Fälle seines Rückzuges gewiß seyn zu können, wird ihm zur Last gelegt: ob mit Recht oder Unrecht kann ein Geschichtschreiber, dem es an militairischen Kenntnissen ganz fehlt, nicht entscheiden.

In seinem Berichte an den General Biron meldete Cüstine, prahlerisch genug: er sei beinahe todt vor Hunger und Müdigkeit, denn die Truppen hätten zwei und zwanzig Stunden unter den Waffen gestanden. b) Die Entfernung von Landau nach Speier beträgt fünf Stunden, und drei Stunden daurte das Gefecht — höchstens acht Stunden konnten dem zufolge die Truppen unter den Waffen gestanden haben.

Die Soldaten fingen in Speier an zu plündern, Cüstine aber hielt gute Mannszucht und ließ einige von den Anführern sogleich todt schließen. Die Magazine aus Speier befahl Cüstine so schnell als möglich nach Landau zu bringen, und in der Stadt schrieb er eine Brandschatzung von 500,000 Livres aus.

Am 4 Oktober kam der, von Cüstine abgeschickte, General Neuwinger, mit einem Korps von 6000 Mann und 32 Kanonen, nach Worms, bemächtigte sich der Stadt, und forderte eine Brandschatzung von 1,200,000 Livres, wovon dem Fürstbischof 400,000 Livres, dem Domkapitel 200,000 Livres, und der Stadt 600,000 Livres angesetzt wurden. Uebrigens

a) Man sehe den offiziellen Bericht in dem dritten Extrablatte zur Mainzer Zeitung vom 3 Oktober 1792.

b) Je finis, parceque je meurs de faim et de lassitude, ayant été 22 heures à cheval sans en descendre, et les troupes 22 heures sous les armes. Lettre de Custine de Spire du 30 Septembre 1792.

hielt Neuwinger gute Mannszucht, Niemandes Eigenthum wurde verletzt. Der Professor am Gymnasium zu Worms, Böhmer, reiste zu Cüstine, und wurde von ihm zum Sekretair angenommen. Dieser Böhmer brachte es dahin, daß der Anschlag auf die Stadt von 600,000 Livres auf die Hälfte herabgesetzt wurde. Da die Brandschatzung zu hoch angesetzt war, als daß dieselbe hätte zusammen gebracht werden können, so wurden Geiseln mitgenommen und nach Landau geführt.

Es war übrigens damals gar nicht Cüstines Absicht, sich in dieser Gegend länger aufzuhalten. Er eilte vielmehr, so schnell als möglich hinweg zu kommen, weil er sich vor dem Oesterreichischen Generale, dem Grafen von Erbach, fürchtete, von welchem er glaubte, daß derselbe mit 12,000 Mann gegen ihn anrücke. a).

Die anfänglich auf 1,200,000 Livres angesetzte Brandschatzung von Worms wurde, durch Böhmers Vermittlung, der den General Cüstine noch an die, vorher vergessenen, Stifter und Klöster erinnerte, auf 1,480,000 Livres erhöht, wobei jedoch der Stadt 300,000 Livres abgenommen waren. b)

Am Tage der Einnahme von Worms schrieb der, jetzt übermüthig gewordene, Cüstine an den Grafen

a) Am 5 Oktober schrieb Cüstine von Speier an den General Biron: Mr. d'Erbach a reçu, dès le 2, ordre de venir couvrir Worms et Mayence, avec un corps de 12,000 hommes. Il arrivera un peu tard pour la première ville, car j'en suis maître.... J'ai demandé dans cette ville 1,200,000 livres de contribution, savoir 200,000 liv. du très noble chapitre, 400,000 liv. de l'évêque, et 600,000 liv. du magistrat. Cette opération sera finie avant l'arrivée du compte d'Erbach, et mon évacuation de Spire aussi.

b) Zweiter Beitrag zur Revolutionsgeschichte von Worms.

von Oberndorf, dirigirenden Minister zu Mannheim, den folgenden Brief:

"Im Hauptquartiere zu Speier
am 4 Oktober 1792.

"Mein Herr.

"Es thut mir leid, daß ich mich genöthigt sehe, mich an Ew. Exzellenz zu wenden, um Ihnen mein Erstaunen über die Nachricht zu äußern, daß die Magazine der Feinde in Mannheim Schutz gefunden haben. Die alten Bundesgenossen des Pfalzbayrischen Hofes hätten diese Verletzung der Neutralität, zu der sich Se. Kurfürstl. Durchl. entschlossen, nicht erwartet. Ich kann daher nicht umhin, von Ihnen, mein Herr, zu verlangen, daß ich die Wahrheit dieses Vorgebens durch Kommissärien untersuchen lassen könne, wofern Sie nicht lieber, mit der Redlichkeit, die zwischen alten Bundesgenossen herrschen soll, uns diese Magazine selbst anzeigen, und dann zugeben wollen, daß das Getreide, der Haber, das Mehl, u. s. w. in Gegenwart sechs, von mir ernannter, oder von Ihnen selbst gewählter, Kommissärien in den Rhein geworfen, das Heu und Stroh aber verbrannt oder in den Rhein geworfen werde."

"Es würde mir sehr nahe gehen, wenn ich, um meiner Pflicht ein Genüge zu thun, mich gezwungen sehen sollte, diese Magazine zu verbrennen, im Falle Sie meinem Verlangen nicht entsprächen. Seyen Sie versichert, daß es mir weh thun würde, zu diesem äußersten Mittel gegen einen Fürsten schreiten zu müssen, dessen Tugenden ich schon seit langer Zeit verehre. Allein dessen ungeachtet müßte, und werde ich mit nicht weniger Thätigkeit dasjenige vollziehen, wozu mich Ihre Weigerung zwingen würde. Ich habe die Ehre, u. s. w.

"Der General der Frankreichschen Armee
"Custine."

Der Schrecken, welcher durch den Cüstinischen Einfall in Deutschland in der Gegend am Rheine und weit umher verbreitet wurde, ist unbeschreiblich. Wohlhabende Bürger flohen; Grafen und Herren aus der Gegend schrieben an Cüstine und verlangten Schutzbriefe. a) Dadurch ward der Muth oder die Kühnheit dieses Generals so groß, daß er einen Angriff auf die wichtige Festung Maynz unternehmen zu dürfen glaubte; um so viel mehr, da einige Verräther in der Stadt ihm bereits versprochen hatten, dieselbe in seine Hände zu liefern, sobald er sich nur zeigen würde.

So sehr auch Cüstine in Worten und Schriften prahlte, so furchtsam war er doch in der That; und das Rekognosciren versäumte er so sehr, daß er von der Stellung der Deutschen gar keine zuverläßigen Nachrichten hatte. Ein Preußischer Werbefeldwebel von Wisbaden, Nahmens Riel, der dieses erfahren hatte, machte sich daher zu Maynz anheischig, die ganze Frankreichische Armee aus der Gegend zu vertreiben, wofern man ihm nur drei Pferde und zwei Mann mitgeben wollte. Dieß wurde sogleich bewilligt. b)

Mit seinen beiden Gehülfen ritt jetzt dieser Feldwebel seitwärts Worms von Dorf zu Dorf, und bestellte Quartier für 25,000 Mann Preußen. Sobald die Frankreicher hievon Nachricht erhielten, zogen sie sich in größter Eile zurück; so daß sogar die Vorposten zu Rheindürkheim das schon aufgetragene Mittagsessen stehen ließen. Am 10 Oktober hatte die ganze Armee nicht allein

---

a) Geschichte der Französischen Eroberungen am Rheinstrome. Bd. 1. S. 48. Ein sehr gut geschriebenes, interessantes Buch, nur etwas partheiisch.

b) Darstellung der Mainzer Revolution. Erstes Heft. S. 29. Die beste Schrift über die sogenannte Mainzer Revolution.

Worms, sondern auch Speier verlassen, und war nach Landau zurück gekehrt.

Die mit Custine einverstandenen Verräther zu Maynz benachrichtigten ihn aber bald, daß dieses ein panischer Schrecken gewesen wäre, und ersuchten ihn, wieder vor zurücken, um sich der Festung Maynz zu bemächtigen. Custine hatte große Lust dazu; nur seine außerordentliche Furcht vor den Preußen und Oesterreichern hielt ihn noch ab. Endlich aber wagte er es, wieder vorzurücken. Am 16 Oktober kam er nach Frankenthal, und schickte von da Hrn. Böhmer nebst einem Adjutanten seiner Armee aus Strasburg, Nahmens Stamm, und den Obristen Houchard, der sich verkleiden mußte, als Spionen nach Maynz. Diese drei Männer fuhren zusammen in einer Postchaise bis nach dem Dorfe Weissenau bei Maynz. Hier blieben Böhmer und Houchard zurück, Stamm aber fuhr in die Stadt. a) Stamm behauptete nachher, daß er der Wachsamkeit der Maynzer Regierung durch Päße entgangen wäre, die er sich, durch Böhmers Einfluß, in Mannheim zu verschaffen gewußt hätte. b) Auch Custine lobt die Dienste, welche ihm Stamm als Spion geleistet habe. c)

Ueberhaupt war Custine von der ganzen Lage der Festung, wie er selbst gesteht, durch Verräther auf das ge-

a) Ebendaselbst. S. 36.
b) Geschichte der Französischen Eroberungen. Theil 1. S. 54.
c) J'avois su me procurer avec de grandes certitudes et par l'intelligence et la grande audacité du jeune Stamm la connoissance précise des points qui avoient été négligés dans la place. Moniteur du 27 Octobre 1792. Die Schwächen der Festung zu Maynz kannte aber Niemand, als der Kurmaynzische Major Eickemayer.

naueste unterrichtet. Er schrieb am 18. Oktober von Worms an den General Biron:

"Bürger und lieber Kollege. Noch habe ich Hoffnung, mich in Besitz von Maynz zu setzen. Ich weiß ganz genau die Anzahl der Soldaten die darin sind. Durch Einverständnisse, die ich mir in dieser Festung zu verschaffen gewußt habe, kenne ich ganz genau die Art wie man sie angreifen muß.... Alle Berichte, die mir zugekommen sind, melden, daß die Oesterreicher noch nicht in diese Gegend marschieren.... Ich empfehle Ihnen aber, mir von allem Nachricht zu geben, was Sie über die Rückkehr der Oesterreicher erfahren. Ich will immer meine Maasregeln so nehmen, daß ich zurück kehren kann. Wenn ich auch weiter nichts thue, als daß ich den Rückzug der Oesterreicher beschleunige, so daß sie Menschen und Bagage im Stiche lassen müssen, so habe ich schon was Großes gethan. a) Sollte es mir auch nicht gelingen, Maynz weg zu nehmen, so habe ich doch allemal einen recht kühnen Versuch gewagt.." Ich habe allemal unsere Feinde in große Besorgniß gesetzt. Mein Rückzug wird ganz ruhig geschehen können, und ohne alle Gefahr seyn." b)

Nachdem dieser Brief bereits geschrieben war, wurde Custine abermals unschlüssig, weil ihm die Spione gemeldet hatten, daß Oesterreicher gegen Maynz anrückten. Er gab schon den Plan auf, Maynz einzunehmen, als ihn Houchard wieder ermunterte und ihm Muth einsprach. c) Nun rückte er vor.

a) Immer die Furcht vor den Oesterreichern!
b) Hieraus erhellt, wie wenig Custine selbst darauf rechnete, daß er Manz würde wegnehmen können.
c) Geschichte der Französischen Eroberungen. S. 98.

Am 1g Oktpber zog sich der rechte Flügel der Frankreichischen Armee den Rhein hinab und bemächtigte sich aller Schiffe und Nachen. Cüstine marschierte nach Worms. In der Nacht vom 18 auf den 19 rückte die ganze Armee in drei Kolonnen gegen Maynz. Am 19 des Morgens um sieben Uhr war die Stadt Maynz von der linken Seite des Rheins gänzlich berennt; nur der Uebergang über den Rhein durch Kastell, über die Rheinbrücke, blieb noch offen. Die Frankreichische Armee, mit welcher die Belagerung einer so wichtigen Festung unternommen wurde, war höchstens 12,000 Mann stark. Ein schwächeres Korps stand weiter rückwärts, um die Belagerung zu decken. Die Belagerungsarmee hatte gar kein Belagerungsgeschütz bei sich: ihre ganze Artillerie bestand aus 45 Kanonen, Achtpfündern und Zwölfpfündern. Die Truppen standen außer dem Kanonenschusse.

Cüstine ließ jetzt die Außenwerke der Festung durch den General Houchard mit ungefähr 4000 Mann ganz in der Nähe rekognosziren. Dieses Korps zog, durch Zahlbach nicht weit von den Pallisaden des Linsenbergs und Hauptsteins vorbei, machte gegen den letztern, auf der Anhöhe von Gonsenheim Fronte, und besetzte die ganze dortige Gegend bis in das Gartenfeld. Als sie unter den Kanonen der Festung vorbei zogen, brauchten sie die Kriegslist, weiße Fahnen zu zeigen, und laut zu rufen: Hoch lebe der Prinz von Conde! Der Kommendant des Hauptsteins ließ bei dem Gouverneur anfragen: ob er auch auf den Prinzen von Conde schießen solle. Ehe noch die Antwort zurück kam, hatte sich das Korps bereits hinweg gezogen, und war außer dem Schusse. Man hätte doch auch wohl auf den Prinzen von Conde schießen sollen, wenn er sich den Kanonen der Festung so sehr genähert hätte, ohne vorher seine Ankunft zu melden. a)

Der Hofrath Wedekind war, unter dem Vorwande, einen Kranken zu besuchen, am 18. des Morgens früh aus der Stadt geritten, und blieb nachher bei dem Belagerungskorps. Seine Familie, die über seine Abwesenheit sehr bekümmert war, tröstete der Major Eikemayer, mit der Versicherung: Wedekind würde von den Frankreichern nur so lange aufgehalten, bis sich der Angriff auf die Stadt, entweder auf die eine oder auf die andere Weise, würde entschieden haben. b) — Ein Beweis daß beide mit einander einverstanden waren, und nach einem gemeinschaftlichen Plane handelten.

Nach einigen, theils in die Aussenwerke, theils in die Stadt geschossenen Kugeln, welche, wie der Augenschein bewies, Achtpfünder und Zwölfpfünder waren, sandte Cüstine einen Trompeter an den Gouverneur der Festung, Herrn von Gymnich, mit folgender Aufforderung:

»Am 19. Oktober 1792.«

»Herr General.«

»Die Truppen, welche Sie unter sich haben, können Ihre Stadt vom Untergange nicht retten. Was für Vorwürfe würden Sie Sich nicht zu machen haben, Herr General, wenn Sie an der Wuth Ihres Kurfürsten c) Theil nehmen, und die, Ihnen anvertraute,

a) Geschichte der Französischen Eroberungen. S. 62. Darstellung der Maynzer Revolution. Heft 1. S. 44.

b) Darstellung der Maynzer Revolution. Heft 1. S. 45.

c) Der Kurfürst war nicht zu Maynz, sondern zu Aschaffenburg.

traute, Stadt dem Greuel eines gewaltsamen Angriffes aussetzen wollten. Mit Ihrem Kopfe müßten Sie dafür haften. Die Frankreicher, über welche ich das Kommando führe, haben zu Speier gezeigt, was sie vermögen. Wenn ich zu ihnen rede, wenn ich ihnen befehle, dann ist nichts im Stande ihren Muth zu erschüttern. Zaudern Sie nicht; ich warne Sie. Wenige Augenblicke sind Ihnen noch übrig: wofern Sie diese nicht benutzen, so ist morgen keine Zeit mehr; eine reiche und glückliche Stadt wird in einen Steinhaufen verwandelt. Sie haben die Wahl, ob Sie die Verwüstung vorziehen, oder die Verbrüderung annehmen wollen, die wir Ihnen anbieten. Eine große Schaar tapferer Kriegsmänner wird Ihre Stadt der ohnmächtigen Wuth verschworner Despoten zu entreißen wissen, die sich einbildeten, daß sie nichts, als mit dem Tode ringende Menschen, in Frankreich zurück gelassen hätten. Ihre Armeen sind zu Grunde gerichtet; sie wußten nicht was es heißt, ein freies Volk zu bekämpfen. Nehmen Sie Antheil an dieser unserer Freiheit; Ihre Waffenbrüder haben bereits unter Verjähren kennen gelernt, welches wir einer jeden Nation angedeihen lassen, die sich zu unserem Zwecke vereinigt. Ich erwarte Ihre Antwort, und nehme keine Bedenkzeit an."

"Der Frankreichische Bürger und General Custine."

Der Herr von Gymnich gab keine schriftliche Antwort auf diese Aufforderung. Er erklärte aber mündlich: er sei noch gesonnen, die Stadt zu vertheidigen, er verlange aber bis zum 21 October Bedenkzeit, innerhalb welcher er über die Aufforderung nachdenken wolle.

Zur Vertheidigung der Stadt wurden jetzt zwar

Anstalten gemacht; allein es fehlte an allem. Kanonen waren zwar da, aber die Kugeln paßten nicht dazu, und Patronen waren keine vorhanden. Bei dem Laden mußte die Mannschaft die Patronen erst mit Schleßpulver füllen, und dann die Kugel nachschieben. Da wurde bald die Eine Kanone zu stark, bald eine andere zu leicht geladen, und die Schüsse blieben ohne Wirkung. a) Der Gouvernör verließ sich ganz auf Elkemayer; dieser aber war mit Cüstine einverstanden.

Während der Nacht vom 19. auf den 20. geschahen von den Frantreichern einige Kanonenschüsse, die aber keinen Schaden thaten.

Am 20. kam die zweite Aufforderung an den Gouvernör, folgenden Inhalts:

"Im Hauptquartier zu Marienborn am 20. Oktober 1792."

"Herr Kommendant."

"Mein Wunsch, Menschenblut zu schonen, ist so groß, daß ich mit Vergnügen Ihrem geäußerten Verlangen nachgeben, und einen Aufschub bis morgen ertheilen würde, um dann Ihre Antwort zu erhalten: aber, Herr Gouvernör, die Wuth meiner Grenadiere ist so heftig, daß ich nicht im Stande bin, derselben Einhalt zu thun. Sie sehen auf nichts, als auf den Ruhm, die Feinde der Freiheit zu bekämpfen, und auf die reiche Plünderung, die der Lohn ihrer Tapferkeit seyn soll: denn, ich sage es Ihnen im voraus, Sie haben keinen regelmäßigen Angriff zu erwarten, sondern einen Angriff mit Sturm."

"Ein solcher Angriff ist nicht allein möglich, sondern

a) Des Freiherrn von Gymnich Beschreibung der Festung Maynz mit Anmerkungen. S. 85.

es ist auch keine Gefahr damit verbunden. Ich kenne Ihre Festung so gut, als Sie selbst, und ich kenne die Art von Truppen, welche dieselbe vertheidigen soll. Schonen Sie das Blut so vieler unschuldigen Schlachtopfer, so vieler tausend Menschen. Unser Leben ist uns wahrlich nichts werth; wir sind gewohnt es in Schlachten auf die Spitze zu bieten, und es ruhig zu verlieren: dann mögen aber auch jene stolzen Leute, die sich weigerten der Menschlichkeit ein Opfer zu bringen, eingedenk seyn, daß Keiner von ihnen davon kommen wird. Der Ehre der Republik, die sich die Ohnmacht jener Tyrannen zu Nutz machte, welche sie unterdrücken wollten, welche aber doch vor dem Panner der Freiheit fliehen mußten, bin ich es schuldig, die Wuth meiner tapfern Soldaten nicht zurück zu halten; und wollte ich es, so wäre es vergeblich. Antwort, Antwort, Herr Gouvernör!!"

„Frankreichischer Bürger und General
der Armee

Cüstine."

Zugleich sandte der General Cüstine das folgende Schreiben an die Obrigkeit der Stadt:

„Im Hauptquartiere vor Maynz, am
20. Oktober 1792, im ersten Jahre
der Republik."

„Vorsteher des Volkes."

„Vom Volke gewählt, von demselben auserkohren, um sein Glück zu befördern, was kann Euch theurer angelegen seyn, als von demselben die Greuel des Krieges, und die unvermeidlichen Verheerungen einer, mit gewaltsamer Hand gemachten, Eroberung abzuwenden? — Alle Mittel stehen mir zu Befehle, Eure Stadt in Asche zu verwandeln: Röste, zur Verfertigung feuriger Kugeln, Haubitzen und entzündendes Feuerwerk. Ihr kennet die Vollkommenheit unserer Artillerie: sie erschreckte unsere hochmüthigen Feinde, brachte sie zum Stillschweigen, und vereitelte ihre hochfliegenden Plane, welche durch die sträflichen Ränke unserer vormaligen Minister genährt warden. Euer Kurfürst war Theilnehmer ihrer Wuth; die Frankreichische Republik wird aber, nach ihrer Gerechtigkeit, den Wunsch des friedlichen Bürgers von den unsinnigen Projekten Eures Fürsten zu unterscheiden wissen. Gebet uns Beweise Eurer brüderlichen Einigkeit; öffnet uns die Thore, und rechnet auf die brüderliche Behandlung, die ich Euch anbiete. Eine zahlreiche Besatzung tapferer Vertheidiger, und eine ganze Armee zu ihrer Unterstützung werden Euch mit gewaltiger Hand gegen die Drohungen verschworner Despoten in Sicherheit stellen. Vielleicht ist Euch jetzt die traurige Lage schon bekannt, in welche ihre Wuth sie stürzte. Ihre Armeen fliehen aufgescheucht vor den Fahnen der Freiheit her; und ohne Gefahr könnet Ihr den Ruhm theilen, den unsere kraftvolle Entschließung Euch zusichert. Aber höret es, Räthe des Volkes, wenn Ihr mich zwinget, das schreckliche Mittel des Krieges anzuwenden, wenn Eure Bürger sich als unsere Feinde erklären; so schreibet Euch selbst die Greuel der Plünderung und die gänzliche Einäscherung Eurer Stadt zu. Ihr kennet die streitbaren Männer der Frankreicher. Diejenigen, denen ich befehle, hören meine Stimme; ein alter Krieger führet sie an;

unter seinen Befehlen ist ihnen nichts unmöglich. Die Anstalten zu Eurem Untergange sind gemacht; der morgende Tag ist der letzte Eures Daseins. Ich kündige Euch nichts an, das nicht geschehen wird; ich betrüge Euch nicht. Noch wenige Stunden habt Ihr Zeit; bedenkt Euch; handelt." a)

    „Der Frankreichsche Bürger-General
       der Armee
          Custine."

Es wurde jetzt ein Kriegsrath gehalten, und in demselben beschlossen, die Stadt zu überliefern. Dem zufolge sandte der Gouverneur, Hr. von Gymnich, den Major Eikemayer nebst einem Trompeter an den General Custine mit folgendem Schreiben:

    „Maynz am 20. Oktober 1792."

„Wenn ich die Ehre hätte, von Ihnen persönlich bekannt zu seyn, so bin ich überzeugt, Herr General, daß Sie nicht zu Drohungsmitteln würden gegriffen haben, um mich zur Uebergabe einer Festung zu bereden, von der ich Kommendant bin. Ich bin Offizier, Herr General; auch Sie kennen dieses Wort; und ich fürchte den Tod nicht, wann ich meine Pflicht erfülle. Den Antheil, den ich an dem Wohl meiner Mitbürger nehme, und mein Wunsch, denselben die Greuel eines Bombardements zu ersparen, bewegen mich, und ich habe dazu volle Gewalt von meinem Fürsten, Ihnen die Stadt und Festung Maynz unter nachstehenden Bedingungen zu übergeben:

 1. „Die Maynzer Besatzung, mit allen ihren

a) Dieses Schreiben ward dem Magistrate nicht übergeben.

Hülfstruppen ohne Ausnahme, kann frei, und mit den Ehrenzeichen des Krieges abziehen; sie kann sich hinbegeben, wohin sie will; und zugleich überläßt man es ihr, selbst die nöthigen Mittel zu ergreifen, um ihre Kriegskasse, Artillerie, Effekten und Gepäcke, fortzuschaffen."

2. „Das Ministerium, die Dikasterien, und alle Personen, die in Diensten Ihrer Kurfürstl. Gnaden standen, wie auch die hohe und niedere Geistlichkeit, dürfen mit ihren Effekten auswandern. Jeder Einwohner der Stadt Maynz, er mag gegenwärtig seyn oder nicht, genießt die nämliche Freiheit, und jedem Bürger wird man sein Eigenthum ungekränkt lassen."

3. „Obgleich mein Fürst in keinen Krieg mit Frankreich verwickelt war, so ist er doch bereit, keinen Antheil je daran zu nehmen; er hofft daher, daß man sein Eigenthum und seine Besitzungen schonen werde.

4. „Nach Unterzeichnung dieser Kapitulation wird alle Feindseligkeit aufhören, und man wird von beiden Seiten Kommissarien ernennen, um den Marsch, Transport, und alles, was dahin einschlägt, fest zu setzen."

„B. v. Gymnich,
Gouvernör von Maynz."

Ungefähr eine halbe Stunde nachdem der Obristlieutenant Elkemayer mit diesem Briefe nach dem Lager des Generals Cüstine war gesandt worden, kam ein Hessendarmstädtscher Eilbote, welcher, wie das Gerücht sagt, die Nachricht brachte, daß, längstens bis am 22. eine Hülfe von einigen tausend Hessen-Darmstädtern eintreffen würde, wenn man sich nur bis dahin halten könnte. Dieser Eilbote wurde sehr schlecht empfangen, und ihm angedeutet: die versprochene Hülfe werde zu spät kommen, denn die Festung sei schon so gut als übergeben. a)

Sobald der Brief an Cüstine abgesandt war, ließ der Gouvernör dem Kaiserl. Königl. Hauptmann des Regiments Joseph Colloredo, welcher das Oberkommando über ungefähr tausend Mann Kaiserlicher, in Mainz liegender, Truppen hatte, das folgende Schreiben übergeben:

„Am 20. Oktober 1792."

„Nachdem der K. K. Herr Hauptmann Andujar von Joseph Colloredo mit seiner unterhabenden Mannschaft zur Vertheidigung der Festung Mainz meinem Kommando überlassen worden; da aber dermalen, wegen von allen Seiten gesuchten und nicht erhaltenen Sickurses, mich genöthigt sehe, mit den Französischen Truppen mich in Kapitulation einzulassen: so wird dem Herrn Hauptmann angeordnet, hier zu verbleiben, und sich in jenes zu fügen, was die Kapitulation mit sich bringen wird, da man ohnehin darauf bedacht ist, selbe so wenig nachtheilig zu machen, als es immer möglich ist. Da nun der Hauptmann der älteste Infanteristenoffizier ist, so hat derselbe diesen Befehl den gesammten Herren bekannt zu machen, welche solchem wie derselbe nachzukommen haben."

„Gouvernör von Kur-Mainz, und Kais.
Kön. Generalmajor.
B. v. Gymnich."

a) Darstellung der Maynzer Revolution. Heft 1. S. 60.

Der tapfere Hauptmann gerieth in Wuth, als er diesen Brief erhielt. Zu dem Generaladjutanten, welcher ihm den Brief überbrachte, sprach er: „Sagen „Sie Ihrem Kommendanten, daß weder ich, noch der „geringste unter den Kaiserlichen Truppen, die Schan„de der Kapitulation mit ihm theilen wolle. Jeder „von uns läßt sich eher in Stücken hauen, als daß er „sich Franzosen auf Diskretion ergibt."

Hierauf ließ er alle Offiziere seines Kommando zusammen kommen, und redete sie an: „Wer von uns „wollte bei der Kapitulation schwören, den Franzosen „schwören, nicht mehr gegen sie zu dienen?" — „Kei„ner! Keiner! riefen sie einstimmig. a)

Nun übersandte Anbusar dem Gouverneur die folgende Antwort:

„Am 20. um eilf Uhr Abends."

„Nach Erhaltung des, von Ew. Excellenz mir ertheilten, Befehls habe alsogleich die K. K. Herren Offiziere, die meinem Kommando anvertraut worden sind, während des Waffenstillstandes zusammen berufen, den Befehl kommuniciret, und schon meine Meinung und festen Entschluß offenbaret, und alle sind der nämlichen Meinung und Entschließung, sich bis auf den letzten Mann zu vertheidigen, und nie den Franzosen sich zu ergeben. Wenn also Ew. Excellenz uns unterstützen wollen, so werden wir uns aufs äusserste vertheidigen; wo

a) Die alten Franzosen in Deutschland. S. 16. Dieses Buch enthält sehr gute und richtige Nachrichten, nebst Anekdoten, die man sonst nicht findet. Nur ist es zu heftig geschrieben, und mit zu viel Deklamation.

nicht, so kann ich mich in keine Bedingnisse einlassen, sondern muß es aufs schleunigste Sr. Hochfürstl. Durchl., Herrn Feldmarschall, Prinzen zu Nassau Usingen, berichten, unter dessen hohen Befehlen ich stehe, sobald meine Bestimmung hier aufhöret."

Eikemayer war indessen um zwölf Uhr in der Nacht zurück gekommen, mit der Nachricht, daß Cüstine geneigt sey, eine Kapitulation anzunehmen. Dem zufolge wurde der Herr Geheimerath Kalthof mit dem Major Eikemayer in das Frankreichische Lager geschickt, und die folgende Kapitulation geschlossen:

"Wir Unterzeichnete, Louis Dominique Munier, Mareschal de Camp der Frankreichischen Republik, und Anne René Joseph Petigny, Kriegskommissair der Frankreichischen Armeen, Bevollmächtigte des Generals Cüstine zur Feststellung der Kapitulationsartikel der Stadt Maynz auf Einer Seite;

"Und Moritz Kalthof, geheimer Rath des Kurfürsten und Erzbischofes von Maynz, und Rudolph Eikemayer, Ingenieur-Major, von dem Kommandanten der Stadt und Festung Maynz, Freiherrn von Gymnich, zur besagten Kapitulation Bevollmächtigte auf der andern Seite, haben, zu diesem Endzweck vereinigt, nachstehende Artikel festgesetzt:

"Artikel I. Die Maynzer und andere, mit ihnen vereinigten, Kreistruppen, ohne alle Ausnahme, sollen frei und mit allen kriegerischen Ehrenzeichen abziehen, und können sich ihren künftigen Aufenthalt nach Belieben erwählen. Sie nehmen ihre Kriegskassen, ihre Artillerie und ihr Gepäcke mit sich, wozu man ihnen alle, nur immer nöthigen, Pässe ertheilen wird."

„Artikel II. Da die Besatzung nur aus vier Bataillonen besteht, so darf sie nicht mehr als vier Feldstücke, mit den dazu nöthigen Pferden und Munizionswagen, mit sich führen. Zur Fortbringung ihres Gepäckes wird man ihnen die nöthige Zahl von Schiffen und Fuhren verschaffen.

„Artikel III. Die genannten Maynzer und Kreistruppen machen sich anheischig, von dem heutigen Tage an ein Jahr lang weder gegen die Frankreichische Republik, noch gegen die Bundesgenossen derselben, zu dienen."

„Artikel IV. Alles zur Festung gehörige Geschütz, alle dahin Bezug habenden Zeichnungen, und sonstige Papiere, aller Kriegs- und Mundvorrath, so wie auch die übrigen militairischen Magazine und Einrichtungen, welche sich in der Stadt Maynz befinden, sollen daselbst bleiben, und den Kommissarien überliefert werden, welche der General der Frankreichischen Armee dazu ernennen wird."

„Artikel V. Alle, in den militärischen Spitälern befindliche, Kranke sollen daselbst auf Kosten ihrer Korps fernerhin verpflegt, und denselben, nach ihrer Genesung, mit Pässen und sicherem Geleite nachgeschickt werden."

„Artikel VI. Der Frankreichische General wird, unmittelbar nach der beiderseitigen Genehmigung gegenwärtiger Kapitulation, das Rheinbrückenthor und das Gauthor durch zwei Kompagnien Frankreichischer Grenadiere besetzen lassen."

„Artikel VII. Das Ministerium, die Dikasterien, die hohe und niedere Geistlichkeit, und alle in

Dienſten des Kurfürſten befindlichen Perſonen, haben die Erlaubniß, ſich mit ihrer Habe zu entfernen. Jeder gegenwärtige oder abweſende Einwohner von Maynz ſoll eben daſſelbe Recht genießen. Einem jeden von ihnen ſoll, auf Verlangen, Paß und ſicheres Geleit ertheilt werden."

„Artikel VIII. Der Frankreichiſche General nimmt das beſondere Eigenthum eines jeden Einzelnen unter den Schutz des Geſetzes, und verbürgt deſſen Sicherheit, gemäß den Grundſätzen der Frankreichiſchen Konſtitution."

„Geſchehen und beſchloſſen durch uns unterzeichnete Kommiſſarien in dem Lager bei Marienborn, unweit Maynz, am 21. Oktober 1792. Im erſten Jahre der Frankreichiſchen Republik."

„Kalkhöf
geh. Rath Sr. Kurf. Gn.
zu Maynz."

„Der Bürger Mareſchal
de Camp
Münier."

„N. Eikemayer
Kurmaynziſch. Ingenieur-
Major."

„A. R. Petigny
Kriegskommiſſair."

„Genehmigt durch mich
den Gouvern. von Maynz,
am 21. Okt. 1792.

von Gymnich."

Genehmigt durch den
Bürger-General der
Frankreichiſchen Armeen.
Maynz am 21. Okt. 1792
im erſten Jahre der Republik.

Cüſtine."

„Indeſſen wartet der Kaiſerliche Hauptmann Andujar immer noch auf Antwort von dem Gouvernör. Schon hörte er in dem Frankreichischen Lager den Generalmarsch schlagen und Freudenschüsse thun, und noch hatte er keine Antwort. Schon näherte sich der Feind, um die Festung in Besitz zu nehmen, und immer noch blieb die Antwort aus. Sein Abgesandter wurde von dem Gouvernör aufgehalten, und kam nicht zurück. Als er aber sah, daß er bald den Frankreichern in die Hände fallen müßte, wenn er länger zögerte, da zog er alle seine Posten an sich. Auf dem Schloßplatze versammelten sich diese tapfern Kaiserlichen Soldaten, und machten unwillig den zuschauenden Maynzern Vorwürfe darüber, daß sie eine so wichtige Festung den Frankreichern übergeben hätten, ehe sie noch wäre angegriffen worden. a) Dann zogen sie über die Rheinbrücke ab. Als Andujar an der Spitze seiner Krieger schon auf dem Wege dahin sich befand, ließ ihm der Gouvernör sagen: er möchte noch warten; Andujar antwortete: „neun hundert streitbare Männer erbetteln nicht, was „sie mit den Waffen in der Hand behaupten können. „Keiner von uns kann sich mit Ehre der Willkühr des „Feindes überlassen. Marsch! b)

Er kam mit seinem Korps über die Rheinbrücke glücklich nach Maßstädten, und datirte von dorther seinen Bericht vom 22. Oktober. In diesem Berichte sagt er: „Es schmerzt mich, daß ich in vier und zwan„zigjährigen Diensten hier das erstemal gegen die Sub„ordination gehandelt habe; aber wie wäre es sonst

a) Darstellung der Manzer Revolution Heft 1. S. 63.

b) Der alten Franzosen in Deutschland. S. 16.

"möglich gewesen, diese tausend Mann dem Kaiser "und dem Vaterlande zu erhalten?"

Am 21. Oktober ward die Festung den Frankreichern übergeben. Custine nahm seine Wohnung auf dem Schlosse, in den Zimmern des abwesenden Kurfürsten. Von da begab er sich nach dem neuen Rathhause, woselbst der Rath und ein großer Theil der Bürgerschaft versammelt war. Hier versicherte er der Bürgerschaft: er wäre blos gekommen, um ihnen die Freundschaft der Frankreichischen Republik anzubieten, und es stünde nun in ihrer eigenen Wahl, was für eine Regierungsverfassung sie sich geben wollten.

Am 22. Oktober zog die Deutsche Besatzung aus Maynz ab. Diese bestand, zufolge eines Berichts des Hrn. Gouvernörs, aus 2,862 Mann a). Schon jetzt brach Custine die unterschriebene Kapitulation, indem er die Kriegskasse nicht abziehen ließ, sondern dieselbe, bis auf 25,000 Gulden, unter einem nichtigen Vorwande, zurück behielt. Die Frankreichische Besatzung betrug ungefähr 6,000 Mann.

Auf diese Weise ging eine der wichtigsten Festungen Deutschlands, ehe sie noch angegriffen war, an die Frankreicher über. Hätte sich dieselbe nur wenige Tage gehalten, so würde sie entsetzt worden seyn; denn schon am 26. Oktober, also fünf Tage nach geschlossener Kapitulation, waren die Hessen in Koblenz, und am 28. kamen die Preußen dahin; folglich war Maynz in Zeit von elf Tagen gewiß entsetzt. b)

a) Des Freiherrn von Gymnich Beschreibung der Festung Maynz mit Anmerkungen. S. 43.
b) Des Freiherrn von Gymnich Beschreibung der Festung Maynz mit Anmerkungen. S. 73. Anm. oo.

Custine fand zu Manz: 130 Kanonen von Messing; 107 Kanonen von Eisen; 20,983 Bomben; 27,684 Haubitzenkugeln; 7,757 Granaten; 250,973 Kugeln; 2,305 Kartätschen; 174 Zelten; 1,537 gute und 3,600 schlechte Flinten; 1,772 Musketen; 138,867 Pfund Blei und 468,000 Pfund Schießpulver. — Sollte man nicht mit diesem Vorrathe die Stadt eilf Tage lang haben vertheidigen können?

Der General Custine konnte sich in seiner Freude, eine so wichtige Festung, ohne die mindeste Gefahr, ohne den mindesten Widerstand zu finden, erobert zu haben, nicht fassen, und er hielt sich nun in vollem Ernst für einen großen General. Am 22. Okt. schrieb er von Maynz an den Kriegsminister:

„Ich sah wol ein, daß ich kein anderes Mittel hatte, mich dieser Festung zu bemächtigen, als ihre Vertheidiger zu schrecken ... Ich war nicht nur genau unterrichtet, was für Truppen sich in der Stadt befänden, was für eine zahlreiche Artillerie auf den Wällen befindlich wäre, sondern ich kannte auch die ganze Lage dieser wichtigen Festung. Durch die Geschicklichkeit und die große Dreistigkeit des jungen Stamm hatte ich mir die genaue Kenntniß derjenigen Stellen der Festung, die sich in schlechtem Vertheidigungsstande befanden, zu verschaffen gewußt... Diese nützliche Eroberung verdankt man dem hohen Begriffe, welcher durch die Einnahme von Speier; durch den Muth der Frankreichischen Soldaten, die daselbst stritten; durch die Ordnung die unter der Armee herrscht, und die in ganz Deutschland die tiefste Hochachtung für die Waffen der Republik erregt hat, hervorgebracht worden ist. Ich würde mich glücklich schätzen, wenn die Meinung, welche man von der langen Erfahrung des alten Soldaten der diese Armee befehligt, hegt, etwas dazu beigetragen haben könnte: denn für mich wird es, mitten unter den Greueln des Krieges, das größte Vergnügen seyn, wenn ich das Blut unserer Feinde schonen kann. a) Wegen der von den Oesterreichern bezeigten Furcht, und wegen ihres außerordentlichen Verlangens, die Festung zu verlassen, weil sie sich fürchteten ermordet zu werden, wie ihnen ihre Offiziere versichert hatten, willigte ich ein, daß sie vor der Ankunft der Frankreichischen Truppen abziehen könnten, um den Greueln vorzubeugen, mit denen diese Oesterreicher Maynz bedrohten." b)

Die Nachricht von der so unerwarteten Eroberung der Festung Maynz setzte ganz Deutschland in Furcht und Schrecken. Man erwartete, daß jetzt Cüstine, den man allgemein für einen kriegsverständigen General hielt, sich der, damals gar nicht besetzten, Festungen Koblenz, Ehrenbreitstein und Rheinfels, bemächtigen, dadurch sich Meister von dem Laufe des Rheins machen, und die, in jenen Festungen enthaltenen, wichtigen Magazine wegnehmen würde. Hätte Cüstine dieses gethan, so würde er eine Verbindung mit

a) Je m'estimerois heureux, si l'opinion qu'a inspiré la longue expérience d'un vieux soldat, qui les commande, pouvoit y être entrée pour quelque chose; car épargner le sang de nos ennemis sera pour moi, au milieu des horreurs de la guerre, la jouissance la plus douce.

b) Dieß ist eine offenbare Unwahrheit. Die Sache verhält sich so, wie sie oben erzählt worden ist, und der brave Aubusar hat die Ankunft des Generals Cüstine nicht abgewartet.

den Frankreichischen Armeen an der Mosel und in den Oesterreichischen Niederlanden (gegen welche Dumouriez damals vorrückte) gehabt, und den Rückzug der Preußischen Armee beinahe unmöglich gemacht, wenigstens sehr erschwert haben; denn nach weggenommenen Magazinen hätte die Preußische Armee ihren Rückzug über Wesel nehmen müssen. Frankfurt, Hanau und Gießen, würden nachher dem Frankreichischen Generale von selbst in die Hände gefallen seyn, und wahrscheinlich hätte er dann, bei einiger Klugheit und Schonung, den Freiheitsbaum bis an die Werre pflanzen können. a)

Custine wurde sogar daran erinnert, Koblenz wegzunehmen; denn es kam von daher eine Gesandtschaft an ihn, welche ihm die Stadt anbot; allein er hörte nicht darauf; er war viel zu begierig, das reiche Frankfurt zu plündern, als daß er an andere wichtigere Plane hätte denken können. Ueberhaupt zeichnete sich Custine durch seine Habsucht und Geldgierde vor allen andern Frankreichischen Generalen aus. Wo er hin kam, da nahm er Geld und was Geldeswerth hatte, mit sich: bei den übrigen Frankreichischen Generalen waren Brandschatzungen damals etwas unerhörtes.

Custines Gierigkeit, sich der Reichthümer Frankfurts zu bemächtigen, rettete Koblenz, rettete Ehrenbreitstein, rettete Rheinfels, rettete die Magazine, rettete die Preußische Armee — rettete Deutschland.

Schon am 21. Oktober sandte Custine, ehe er noch in Maynz eingezogen war, in der Nacht den Obristen Hou

a) Magazin der neuesten Kriegsbegebenheiten. S. 4.

Houchard mit einer starken Abtheilung Reiterei über Höchst nach Frankfurt. Zu eben der Zeit schickte er den General Neuwinger, von Oppenheim aus, durch das Darmstädtische, am linken Ufer des Mayns hinauf, nach Frankfurt. Am 22. Oktober früh des Morgens kam Houchard vor dem Bokenheimer Thore der Stadt Frankfurt an. Der Magistrat sandte zu dem Obristen, und ließ ihn fragen, was seine Absicht sei? „Ich verlange," war die Antwort, „weiter nichts, „als Speise und Trank, gegen baare Bezahlung; ich „warte hier auf Verstärkung." Er erhielt was er verlangte. Die Frankfurter bezeigten sich gegen die Frankreicher äußerst höflich und freundschaftlich; sie schienen sich wegen dieser unerwarteten Ankunft derselben mehr zu freuen, als zu fürchten a) Gegen drei Uhr Nachmittags kam der General Neuwinger vor dem Sachsenhäuserthore an. Auch ihn ließ der Magistrat fragen, was seine Absicht sei? Er gab zur Antwort: er müsse, heute noch, dem Magistrat einen Brief des Französischen Feldherrn Custine selbst überreichen, und bat daher, mit seinen Truppen in die Stadt gelassen zu werden. Der Magistrat verweigerte dies, indem er sich auf seine Neutralität berief, und ersuchte den General Neuwinger seinen Brief vor dem Thore abzugeben. Allein Neuwinger bestand darauf: es sei seine Ordre, diesen Brief auf dem Rathhause persönlich dem Magistrate zu

---

a) „Aller Erwartung war gespannt, doch nur wenige besorgten Böses." Tagebuch der Einnahme Frankfurts. S. 15. „Hier in Frankfurt ist bei weitem der größte Theil der Einwohner auf eine vernünftige Art demokratisch gesinnt." Ebendaselbst. S. 3. „Sehr „viele Bürger hatten sie freundschaftlich und voll Zutrauen vor den Thoren besucht." Ebendas. S. 17.

überliefern. Noch weigerte man sich, ihn einzulassen: da kommandirte er: Marsch! Die Deputation des Magistrats fuhr bestürzt zurück in die Stadt, und ließ hinter sich die Brücken aufziehen. Als Neuwinger bei seinem Anrücken die Brücke aufgezogen fand, kommandirte er: „Kanonen vor! Kanonen vor!" Als die erschrokkenen Frankfurter dieses hörten, sahen sie, was sie keinesweges erwarten konnten — daß ihre Stadt mit Gewalt sollte eingenommen werden. Widerstand war hier unmöglich; es wurden also die Brücken niedergelassen, und die Frankreicher zogen, mit fliegenden Fahnen, mit klingendem Spiele und mit dem Geschrei „Hoch lebe die Freiheit! Hoch lebe die Freiheit!" in die Stadt. Mit 3000 Mann quartierte Neuwinger sich in der Stadt Frankfurt ein, und überbrachte dem Magistrate ein Schreiben von dem Generale Cüstine, worin es hieß: „Der Magistrat habe den Frankreichischen „Ausgewanderten Schutz angedeihen lassen, und ge„stattet, daß dieselben, sogar innerhalb der Mauren „Frankfurts, ihre drohenden Kriegszurüstungen gemacht „hätten; dieß sei ein deutlicher Beweis, daß der Ma„gistrat die Sache der grausamsten Feinde der Republik „zu seiner eigenen mache. Ferner sei, unter dem Schu„tze des Magistrats, in den Frankfurter Zeitungen der „Frankreichische Nahme verunglimpft, und dadurch die „gute Meinung des deutschen Publikums von der Frank„reichischen Konstitution irre geführt worden; der Ge„neral Neuwinger werde mündlich die Strafe für ei„ne so offenbare Feindschaft bestimmen." — Der General Neuwinger forderte zwei Millionen Gulden Brandschatzung. Der Magistrat sandte Abgeordnete an Custine nach Maynz, um diesem Generale die Ungerechtigkeit seiner Forderungen vorzustellen, und bewies, aus seinen Protokollen, nicht nur seine Unschuld, sondern sogar die Vorliebe der Frankfurter für die Frankreicher. a)

Um dieses zu beweisen, wurden unter andern auch folgende Thatsachen angeführt:

Erstens: Die Weigerung des Frankfurter Magistrats, ihre Kanonen an die Frankreichischen Prinzen zu verkaufen, und das hierüber von dem konstitutionsmäßigen Könige erhaltene Danksagungsschreiben.

Zweitens: Die abschlägige Antwort, welche dem Grafen von Artois im Monate May 1791 gegeben worden war, als er auf dem Frankfurter Pfandhause eine große Menge Diamanten von hohem Werthe niederlegen, und nur 200,000 Gulden darauf borgen wollte.

Drittens: Die Vertreibung der, im Nahmen der Frankreichischen Prinzen werbenden, Offiziere im November 1791, welche so strenge beobachtet wurde, daß der Magistrat sogar dem Grafen von Wittgenstein, bei welchem man die Absicht zu werben bloß vermuthete, dieses Dekret bekannt machen ließ. Der Frankreichische Markis de Mesle, welcher Einen Artilleristen angeworben hatte, wurde, nebst dem Angeworbenen, auf drei Tage ins Gefängniß gesetzt, und nachher aus der Stadt verwiesen.

Viertens: Die Wegnahme einiger Rekruten, welche durch die Stadt zu dem Korps der Frankreichischen Prinzen ziehen wollten.

a) Geschichte der Französischen Eroberungen. S. 86. Die alten Franzosen in Deutschland. S. 206.

Solche Thatsachen beweisen in der That deutlich genug, daß die Frankfurter von dem Generale Cüstine auf die allerungerechteste Weise einer Vorliebe für die geflüchteten Prinzen, und einer Abneigung gegen die Frankreichische Nation beschuldigt wurden.

Die Frankfurter Abgeordneten brachten von Cüstine die folgende Antwort zurück: "Die so oft wiederholten Verbote in der Stadt Frankfurt, für die Ausgewanderten zu werben, sind im Gegentheile ein Beweis, daß man wirklich daselbst geworben hat. Wären diese Verbote aufrichtig gewesen, hätte der Magistrat die gehörigen Mittel gewählt, um dieselben wirksam zu machen; so würde er nicht nöthig gehabt haben, seine Verbote zu vervielfältigen. — Und jene Zeitung, welche unter den Augen des Magistrats herauskam, und welche ohne seine Billigung gar nicht erscheinen durfte, welche am meisten dazu beitrug, den Geist der Deutschen, in Rücksicht auf die Grundsätze der Frankreichischen Revolution, irre zu leiten; ich frage Sie, ist das ein Beweis Ihrer Zuneigung gegen die Frankreichische Nation? Ohne Zweifel werden Sie jetzt Ihren Irrthum einsehen. Indessen, obgleich das Unrecht des Magistrats der Stadt Frankfurt offenbar vor Augen liegt; so soll er doch nicht vergeblich gebeten haben. Die Frankreichische Nation willigt ein, daß ich 500,000 Gulden an der Brandschatzung nachlasse." a)

a) Die alten Franzosen in Deutschland. S. 110. Les troupes de la République sont entrées dans Francfort sur le Main. J'ai exigé de cette ville, qui a montré une protection si ouverte aux émigrés, et aux ennemis de la révolution, une contribution de 1,500,000 florins. J'ai aussi l'honneur, de vous envoyer copie de la réponse que j'ai faite aux observations des magistrats de cette ville, et par laquelle j'ai consenti à réduire la contri-

Gegen den König von Sardinien hatten die Jakobiner, wegen seiner nahen Verwandschaft mit der Königlichen Familie in Frankreich, schon seit langer Zeit einen unauslöschlichen Haß. Sobald sie daher die Oberhand erhielten, suchten sie diesen König in den Krieg, den sie mit den Häusern Oesterreich und Preußen führten, zu verwickeln. Schon zu Anfange des Septembers gab der vollziehende Staatsrath dem Generale Montesquiou den Befehl, in die Staaten des Königs von Sardinien einzurücken. Ueber diesen Gegenstand hielt der Minister der auswärtigen Angelegenheiten, Lebrun, in der Nationalversammlung am 15 September den folgenden Vortrag:

"Hr. Presiden. Ich komme, im Nahmen des vorläufigen vollziehenden Staatsrathes, der Versammlung Rechenschaft von den Maasregeln abzulegen, welche die Ehre sowohl, als die Sicherheit des Staates, uns genöthigt haben, gegen den König von Sardinien zu ergreifen. Schon seit langer Zeit, meine Herren, hat dieser Fürst selbst zu dergleichen Maasregeln gereizt. Schon seit langer Zeit ist ihm, so gut wie anderen Königen, die Frankreichische Revolution zuwider und verhaßt gewesen. Der Turiner-Hof war der erste Zufluchtsort jener großen Verbrecher, welche mit so vielem Rechte von der Rachsucht des Volkes verfolgt wurden. Jener Hof war der erste Mittelpunkt ihrer niederträchtigen Verschwörungen. Von dort sind die ersten Horden jener bewaffneten Rebellen ausgegangen, die sich nachher weiter verbreitet, und die Ufer des Rheins, der Mosel und der Schelde, überzogen haben."

"Es hieße die Versammlung mit unnützen Kleinig-

bution de deux millions de florins à 1,500,000." Lettre de Custine au président de la Convention.

selten aufhalten, wenn man ihr die wiederholten Beleidigungen aus einander setzen wollte, welche die Frankreicher, während des Laufes dreier Jahre, von der Sardinischen Regierung ausstehen mußten. Wir haben sogar dafür gehalten, daß es nicht einmal nöthig seyn würde, Eurer Untersuchung den förmlichen Vorschlag zum Kriege gegen einen Fürsten vorzulegen, welcher, schon seit langer Zeit, gegen uns alle Rechte, alle Verträge, ja sogar die Schicklichkeit, verletzt hat. Wir wollen gerade und offen ihn bekriegen: aber das Verbrechen dieses Krieges fällt auf ihn allein. Er ist es eigentlich, der uns den Krieg erklärt hat, und zwar an jenem Tage, an welchem er es wagte, die Majestät des Frankreichischen Volkes in der Person seines Gesandten zu beleidigen, welcher, unter dem unbedeutendsten und gehäßigsten Vorwande, an der Grenze des Königreiches ist angehalten worden; er hat uns den Krieg erklärt, als er, gegen den ausdrücklichen Inhalt der ältesten Verträge, Truppen in die Festung Montmellian legte, und in Savoyen kriegerische Zurüstungen zu machen fortfuhr; er hat uns den Krieg erklärt, als er dem gottlosen Bündnisse der Tyrannen beitrat; als er die Oesterreichischen Schaaren in seine Staaten berief; als er ihnen nahe bei seiner Hauptstadt einen Ort zum Lager anwies."

"Und bemerken Sie, meine Herren, daß, während der Turiner Hof sich gegen uns so unerträgliche Beleidigungen erlaubte, er nicht einmal, zur Beschönigung seines Betragens, die Ereignisse des zehenten Augusts zum Vorwande nehmen konnte; die Ereignisse jenes Tages, welcher dadurch, daß er ein Ueberbleibsel von Heiligkeit vernichtete, welches noch am Nahmen des Königs hing, endlich unter uns unter das

Reich der Freiheit und der Gleichheit auf unerschütterliche Grundlagen gesetzt hat."

"Wenn indessen jener Tag uns nicht in dem Könige von Sardinien einen neuen Feind erweckt hat, so hat derselbe doch seinem Hasse neue Nahrung gegeben. Sobald die Nachricht davon nach Turin kam, wurde daselbst ein großer Staatsrath, eine Art von allgemeiner Versammlung, über die gegen Frankreich zu nehmenden Maasregeln, gehalten. Die Frage, ob man uns nicht angreifen solle? ist in diesem Staatsrathe vorgebracht und hin und her untersucht worden. Ob nun gleich das Resultat der Berathschlagung dahin ausfiel, jene äußerste Maasregel noch eine Zeit lang aufzuschieben, und indessen sich bloß leidend zu verhalten, so müssen wir uns dadurch doch nicht täuschen lassen. Es fehlt unserem Feinde nicht am Willen, bloß an Kraft. Seine Wuth ist nicht gestillt, aber sie ist unmächtig; und wir mußten immer noch befürchten, daß, wenn wir ihm Zeit ließen seine Kräfte zu vergrößern, er sich einst entschließen möchte, Feuer und Flamme in die mittäglichen Abtheilungen zu bringen."

"Es giebt Lagen, meine Herren, in denen die einzige Art sich mit Vortheil zu vertheidigen darin besteht, selbst anzugreifen. In dieser Lage befinden wir uns gegen den König von Sardinien. Wollten wir auf seine scheinbare und treulose Neutralität achten, so würden wir bloß eine schöne Armee in Unthätigkeit versetzen, die man anderswo nützlicher brauchen kann, während jener Fürst, der mit unsern Feinden einverstanden ist, jederzeit durch seine Italienischen Staaten seine Truppen mit den ihrigen vereinigen, ihnen die wichtigen Pässe der Alpen überliefern, und uns so lange aufhalten könnte, bis ihm die Gelegenheit günstig scheinen würde, mit einiger Hoffnung des guten Erfolges über uns her zu fallen."

„Unter solchen Umständen, meine Herren, werden Sie ohne Zweifel dafür halten, es habe nur Eine Maasregel gegeben, nämlich den Feind, der uns durch seine triegerische Unthätigkeit einzuschläfern sucht, zum Kampfe zu zwingen. Dieses Mittel hat der vorläufige vollziehende Staatsrath beschlossen. Er stützt sich auf Euren Beschluß vom verflossenen 16 Julius: „Welcher "berechtigt, einen jeden Feind der sich in dem Zustande "drohender Feindseligkeiten gegen die Frankreichsche Nation befindet, durch die Gewalt der Waffen abzuhalten." Der General, welcher die Südliche Armee unter seinen Befehlen hatte, hat bereits seinen Plan gemacht, um in Savoyen einzudringen; er erwartete bloß einen förmlichen Befehl. Diesen Befehl haben wir ihm am achten des laufenden Monats übersandt. Alle Hülfsmittel, den guten Erfolg dieser Expedition zu begünstigen, hat die vollziehende Gewalt angewandt; und wahrscheinlich werden noch vor dem Winter die Alpen den freien Frankreichern gegen die Tyrannen Italiens zur Vormauer dienen."

Demzufolge hatte also der General Montesquiou von dem vollziehenden Staatsrathe am 8. September bereits Befehl erhalten, in Savoyen einzurücken, ohne daß eine Kriegserklärung an den König von Sardinien vorher gegangen wäre. Da aber Montesquiou bei seiner lebten Anwesenheit zu Paris, kurz vor dem zehenten August, erklärt hatte, daß er die Suspension des Königs niemals billigen würde; so trauten ihm die Jakobiner nicht, ungeachtet er seither den neuen Eid geleistet hatte. Kaum war die Nationalkonvention versammelt, als auch dieser General angeklagt wurde. Am 23 September standen mehrere Mitglieder der Konvention gegen ihn

, und warfen ihm vor: er hätte die Anzahl der Truppen des Königs von Sardinien größer angegeben, als selbe wirklich wäre, bloß um dem an ihn ergangenen Befehle, 20 Bataillone zur Rheinarmee abzugeben, nicht gehorchen zu müssen; er hätte behauptet, die Absetzung des Königs würde die Frankreichischen Armeen ganz in Verwirrung bringen, welcher Voraussagung der Erfolg widersprochen habe; und überhaupt wäre er ein Mann, auf den sich die Nation keinesweges verlassen könnte. Cullen (ein Advokat) sprach dem Generale gerade zu die militairischen Kenntnisse ab. Chabot (der Kapuziner) stimmte ihm bei, und beschuldigte den General aristokratischer Gesinnungen. Carra verlangte, daß er von der Stelle abgesetzt werden sollte. Niemand nahm sich des Generals an, als Herr Larivière. Er bat, daß man erst das Betragen des Generals untersuchen, und dann erst, falls man ihn schuldig finden sollte, ihn absetzen möchte. Billaud de Varennes rief Hrn. Larivière zu: "Stille! Stille! Sie sind der Vertheidiger aller Verräther! Sie vertheidigen jetzt den General Montesquiou, so wie sie vormals den General La Fayette vertheidigt haben!"

Dieß war ein boshafter Vorwurf, der zum Zwecke hatte, den Hrn. Larivière bei der Konvention verdächtig, und dem Volke verhaßt zu machen. Larivière erklärte daher sogleich: die Beschuldigung, die man ihm mache, sey ungerecht; denn er habe sich unter der Zahl derjenigen zwei hundert vier und zwanzig Mitglieder der gesetzgebenden Versammlung befunden, die am 8ten August gegen La Fayette gestimmt hätten: folglich sei Billaud ein Verläumder, und müsse zur Ordnung gerufen werden.

Danton nahm sich seines Freundes Billaud an. "Was!" rief er, "zur Ordnung rufen! Warum?

Warum soll Bissaud zur Ordnung gerufen werden? Im Römischen Senate sprachen Brutus und Cato kühn und keck die trockne Wahrheit; wir aber, bei unsern elenden Sitten, nennen das Persönlichkeit. Ich habe dessen ungeachtet fest bei mir beschlossen, jeden, der mir verdächtig vorkommt, ohne alle Umschweife zu verklagen. Dem Generale Montesquiou muß man das Kommando nehmen, man muß ihn absetzen; denn: erstens ist er verdächtig, und das darf keiner unserer Feldherren seyn; zweitens müssen wir uns fürchterlich machen, und ein auffallendes Beispiel von Strafe geben; drittens hat der vollziehende Staatsrath seine Absetzung bereits beschlossen, und dem Generale Anselme, dessen Talente und Bürgersinn bekannt sind, befohlen, seine Stelle zu übernehmen.

Die Konvention entsetzte hierauf den General Montesquiou seiner Stelle.

Dieser General war aber, an eben dem Tage, da man ihn zu Paris absetzte, in Savoyen eingedrungen, und siegreich vorgerückt. Am 22 September geschah der erste Einfall in Savoyen, an fünf verschiedenen Orten zugleich. Die stärkste Macht der Frankreicher drang über Montmelian und Chambery ein, während die übrigen Kolonnen Thonon, Annecy und Carouge, einnahmen. Die Sardinischen Truppen, denen dieser Angriff ganz unerwartet war, thaten keinen Widerstand, sondern zogen sich nach den engen Pässen bei Tarentaise und Maurienne zurück, und überließen den Frankreichern die ganze Provinz Savoyen.

Der Kriegsminister Servan gab am 24 September der Konvention Nachricht von den glücklichen Fortschritten des Generals Montesquiou, und schlug vor, daß drei Kommissarien der Konvention nach der Armee dieses Generals gesandt werden sollten, um seine Geingen zu erforschen, sein Betragen zu untersuchen, einen andern General an seiner Stelle zu ernennen. Lacroix stand auf, nahm sich des Generals an, verlangte, daß der am vorigen Tage gegen ihn er[laßne] Beschluß zurück genommen werden sollte. Ma[rat] war derselben Meinung, und sagte: man dürfe [d]em Widerrufe nicht säumen, damit nicht der Ge[neral] durch einen neuen Sieg das Unrecht der Konven[tion] noch größer mache. Carra behauptete dagegen: [das] Interesse der Republik erlaube nicht, einen Gene[ral a]n der Spitze der Armee zu lassen, von dem man [wisse], daß er den zehnten August mißbillige. Andere [Mit]glieder bestanden darauf, daß ein einmal abgege[bnes] Dekret schlechterdings nicht zurück genommen [werd]en dürfe. Danton sagte: man muß freilich vor[sich]tig verfahren, damit die Absetzung des Generals [Mon]tesquiou keine unangenehmen Folgen habe. Bis[her] war nichts zu besorgen; denn ich hatte dem Gene[ral] einen sicheren Mann beigesellt, und zu diesem ge[sagt]: wache über Montesquiou; gieb auf alle seine [Sch]ritte Achtung; und sobald er einen verrätherischen [Sch]ritt thut, so schieße ihm eine Kugel durch [den] Kopf. Das Dekret muß vollzogen werden, und [ich] unterstütze den Vorschlag zur Absendung der Kom[miss]arien."

Die Konvention nahm diesen Vorschlag an, und [ernannte] die Herren Dübois Crance, Lacombe St. [Mich]el und Gasparin, als Kommissarien nach der [Armee] des Generals Montesquiou.

[A]m 26 September wurde der Konvention ein [Schr]eiben dieses Generals vorgelesen, welches aus [dem L]ager des Marches in Savoyen am 23 Septem[ber (am] Tage seiner Absetzung zu Paris) datirt war, [und] er Nachricht von seinem Siege gab, und versprach, seinen nächsten Brief aus der Hauptstadt Savoyens, aus Chambery, zu schreiben.

Nach Vorlesung dieses Briefes verlangten mehrere Mitglieder, die Zurücknahme des Dekretes gegen den General Montesquiou; allein Hr. Gensone sagte: Wir wollen unser Dekret nicht zurück nehmen, wir wollen dasselbe aber auch nicht beibehalten, sondern wir wollen unser Urtheil so lange aufschieben, bis uns die, nach der Armee des Generals gesandten, Kommissarien über ihm werden Bericht abgestattet haben.

Dieses wurde beschlossen, und zugleich festgesetzt, daß dem Generale dieses Dekret durch einen Eilboten sollte überbracht werden.

Am 28 September kam schon ein zweiter Brief von dem Generale Montesquion, seinem Versprechen gemäß aus Chambery datirt. Er schrieb an den Kriegsminister am 25 September:

"Ich habe die Ehre gehabt, Ihnen zu melden, daß mein nächster Brief von Chambery datirt seyn würde; und Sie sehen, daß ich Wort halte. Von den Ufern des Genfer Sees bis an die Ufer der Isere, ist alles geflohen, und aus allen Städten Savoyens kommen Gesandschaften an mich, um der Frankreichschen Nation zu huldigen, und ihren Schutz anzuflehen. Die Flucht war allzueilig, denn ich habe die Feinde nicht einmal einholen können. Wenn ich aber nur wenig Hoffnung habe, Gefangene von ihnen zu machen, so entschädige ich mich durch nützlichere Beute, die ich ihrer übereilten Flucht verdanke. Ich übersende Ihnen ein Verzeichniß des Vorrathes von Lebensmitteln, Kriegsmunition, Waffen und Kriegsgeräthe, welches von den Feinden ist zurück gelassen worden. . . . Ich hatte nicht mehr als zwölf Bataillone, vor denen 15,000 Mann wie der Blitz verschwunden sind. . . . Der Marsch meiner Armee ist

n Sieges-Einzug. Das Volk, auf dem platten Lande
wohl, als aus den Städten, läuft uns entgegen. Ue-
rall sieht man die dreifarbige Kokarde; Beifallklatschen
d Freudengeschrei begleitet alle unsere Schritte.....
er Magistrat von Chambery erwartete mich am Thore,
d übergab mir die Schlüssel der Stadt, und der Ar-
ee wurde ein großes Gastmahl gegeben. ... Heute
ird der Freiheitsbaum mit großen Feierlichkeiten auf
m Hauptplatze dieser Stadt aufgerichtet werden. Es
eint mir, daß alle Gemüther zu einer, der unsrigen
nlichen, Revolution gestimmt sind. Ich habe be-
its von dem Vorschlage gehört, eine vier und achtzi-
ste Abtheilung Frankreichs, oder wenigstens eine Re-
iblik unter Französischem Schutze auszumachen. Ich
ünschte hierüber die Absicht der Regierung zu er-
hren."

Nachdem dieser Brief vorgelesen war, bemerkte
ancal: durch einen feierlichen Beschluß habe die kon-
tuirende Versammlung einer jeden künftigen Eroberung
tsagt; die Konvention müsse diesem weisen Beschlusse
treu bleiben, den Vorschlag, Savoyen zur vier und
htzigsten Abtheilung Frankreichs zu machen, verwer-
n, und den Savoyarden erklären lassen, daß es ihnen
ei stünde, sich nach Gefallen eine Regierungsform
wählen.

Sehr viele Mitglieder widersetzten sich diesem Vor-
lage. Man müsse, hieß es, kein Land auf eine Zeit
ng frei machen, und es dann wieder in die Hände sei-
s vorigen Tyrannen überliefern. Frankreich müsse
weit als möglich das Reich der Freiheit verbreiten;
müsse den edeln Wünschen des von ihm frei gemach-
n Volkes nachgeben, und die Vereinigung gewähren.
anz Europa müsse sich nach und nach mit Frankreich

verbinden; dann werde ganz Europa nur Eine Familie ausmachen.

Mit dem anhaltendsten Beifallklatschen wurden diese Aeußerungen aufgenommen. Nur Louvet stand auf, und erklärte: man dürfte sich in die innere Staatsverwaltung eines fremden Landes keinesweges mischen, und man würde die heiligsten Rechte des Savoyschen Volkes verletzen, wenn man ihm diejenige Verfassung aufdringen wolle, die Frankreich sich selbst gegeben habe; diese Verfassung sei zwar für Frankreich wohlthätig, allein es sei noch die Frage, ob sie es auch für Savoyen seyn würde; es sei ferner die Frage, ob die Savoyarden dieselbe von Herzen verlangten; die Konvention müsse allen Völkern erklären: daß es bei ihnen stehe, sich nach Gutdünken eine Verfassung zu wählen, und sich selbst Gesetze zu geben; es sei eben so klug als gerecht gehandelt, wenn die Frankreicher ein jedes Land, wohin ihre Waffen dringen würden, für gänzlich unabhängig erklären wollten.

Danton erwiederte: das Recht der Frankreicher sei unbezweifelt, einem jeden eroberten Lande zu erklären, daß es sich ferner von keinem Könige dürfe beherrschen lassen. Sei das Volk einfältig genug, eine Staatsverfassung zu verlangen, die seinem eigenen Vortheile zuwider laufe, so dürfe man ihm nicht nachgeben — und überhaupt müsse die Frankreichische Nationalkonvention ein Empörungsausschuß gegen alle Könige der Erde seyn. "Es darf," rief er aus, "keine Könige mehr in Europa geben. Ein einziger König würde hinreichend seyn, die allgemeine Freiheit in Gefahr zu bringen! Ich verlange daher, daß ein Ausschuß niedergesetzt werde, der mit Ernst sich über die Mittel berathschlagt, unter allen Völkern eine allgemeine Empörung gegen alle Könige anzustiften!"

Die Versammlung gab dem diplomatischen Ausschusse den Auftrag, den Vorschlag über Savoyen in Betrachtung zu ziehen.

Der Kriegsminister Servan schrieb an die Konvention am 28. September: da der Einfall in Savoyen dieses Land frei gemacht habe, so scheine es ihm der frankreichischen Republik angemessen, ein so glückliches Ereigniß dadurch zu feiern, daß man auf dem Revolutionsplatze (dem vormaligen Platze Ludwigs des XV.) mit der größten Feierlichkeit und unter Begleitung einer herrlichen Instrumentalmusik, den Marseiller Marsch absinge; der Marseiller-Marsch sei das Te-Deum der Frankreicher. „Dieser patriotische Gesang," fuhr der Minister fort, „welcher einen getreuen Ausdruck der frankreichischen Gesinnungen enthält, müsse in unserem ganzen Lande ertönen; unsere Nachbarn müssen ihn hören; und er müsse auf ewig die Hoffnung der Völker und der Schrecken der Tyrannen seyn! Solche Eroberungen sind eines freien Volkes würdig; nicht für sich selbst, sondern für die Freiheit, macht es Eroberungen: und seine Kriege bereiten das Wohl der Völker!"

Die Konvention beschloß: daß Abschriften dieses Briefes des Ministers nach den drei und achtzig Abtheilungen Frankreichs versandt werden sollten, und daß auf dem Revolutionsplatze ein öffentliches Fest zu Ehren der Befreiung Savoyens, mit Absingung des Marseillergesanges, gefeiert werden sollte.

Am 3. Oktober wurde der Konvention abermals ein Brief des Generals Montesquiou vorgelesen, worin er ankündigte, daß Savoyen jetzt von den Piemontesern gänzlich geräumt wäre. Er übersandte zugleich eine Abschrift der Proklamation, welche er an die Savoyer hatte ergehen lassen. Es hieß in dieser Proklamation:

"Völker Savoyens. Die Frankreichische Armee kommt nicht Eure Felder zu verheeren. Was sie zu ihren Bedürfnissen nöthig hat, das wird der General zutraulich von Euch fordern. Jederzeit wird er mit dem Gelde in der Hand Euren Beistand anrufen; für Eure Personen, Eure Wohnungen und Euer Eigenthum, wird er Achtung haben. Das Frankreichische Volk bietet Euch seine Freundschaft an, und will Euch mit sich das für den Menschen kostbarste Gut theilen lassen; das Gut, welches sogar der Sklave noch zu erhalten hofft, oder wünscht — die Freiheit. Möget Ihr derselben unter Frankreichschem Schutze genießen! Dieß wird alsdann der ruhmvollste Sieg unserer Waffen seyn.

Am 6. Oktober kam ein neuer Brief des Generals Montesquiou an die Konvention. Der General schrieb: er habe das Dekret erhalten, durch welches seine Absetzung noch sei aufgeschoben worden; wenn die Konvention die Wahrheit hätte hören können, so würde sie wissen, daß alles, was man gegen ihn vorgebracht habe, weiter nichts als Lügen wären. "Man klagt mich "an„ sagte Montesquiou, die Macht des Königs von "Sardinien falsch angegeben zu haben; ich aber erkläre, "daß meine Angabe vollkommen richtig war. Man "wirft mir vor, meinen Einmarsch in Savoyen ver- "schoben zu haben: allein der vollziehende Staatsrath "wird der Konvention versichern, daß er bloß auf mein "wiederholtes Ansuchen mich bevollmächtigt hat, den "Einfall zu thun, den ich so glücklich vollzogen habe. "Ich habe das Glück gehabt, meinem Vaterlande so- "wohl, als der Menschheit, einen Dienst zu leisten, "indem ich das Panner der Freiheit zu einem guten Vol- "ke gebracht habe, welches mir dieser großen Wohlthat "würdig zu seyn scheint. Dieses Glück ist ohne alles "Blutvergießen erlangt worden. Meine Laufbahn ist vollendet; ich darf nicht länger hoffen, nützlich seyn zu können. Die Ränkemacher werden mir nie die Eroberung Savoyens verzeihen. Ich verlange daher, daß ein anderer General an meiner Stelle ernannt werde. Ich weiß, daß das gegen mich erlassene Dekret, durch nichts kann umgestoßen werden; und ich verlange keine andere Gnade, als die, nach meinem Hause zurück zu kehren, und meiner Rechte als Staatsbürger genießen zu dürfen. Ich will beweisen, daß ich nie einen andern Ehrgeiz gehabt habe, als den, meinem Vaterlande zu dienen."

Nach Vorlesung dieses Briefes entstanden einige Debatten, in Rücksicht auf das, gegen den General erlassene, Absetzungsdekret, und den Abschied welchen er in dem vorstehenden Briefe förderte. "Freilich," sagte Bergniaud, "wird, in stürmischen Zeiten der Republik, ein gegen einen General erlassenes strenges Dekret durch den mindesten Verdacht gerechtfertigt, der sich gegen ihn erhoben hatte. Doch muß man nicht bloß strenge seyn; man muß auch dem unschuldig Angeklagten Gerechtigkeit wiederfahren lassen. Montesquiou hat gerade zu der Zeit gesiegt, da man ihn anklagte, daß er nicht siegen wolle. Er hat die Freiheit auf Menschlichkeit gegründet, ohne welche es keine andere Freiheit giebt, als die Freiheit der Tyger in den Wäldern. Er hat sich gegen alle Verleumdung gerechtfertigt. Jetzt nimmt er seinen Abschied; man muß ihm aber denselben nicht ertheilen, sondern ihn vielmehr in den Stand setzen, seinem Vaterlande noch ferner dienen zu können."

Hr. Jullen widersetzte sich diesem Vorschlage. Er nannte das, gegen den General Montesquiou abgegebene Dekret ein gerechtes Dekret, und bestand darauf, daß dasselbe nicht dürfe zurück genommen werden.

Endlich schlug Barrere vor: daß die Versammlung nicht eher etwas beschließen solle, als bis sie den Bericht ihrer Kommissarien bei der Armee würde gehört haben. Dieser Vorschlag ward angenommen.

Ein Brief dieser Kommissarien wurde am siebenten Oktober der Konvention vorgelesen. Sie billigten das Betragen des Generals, ertheilten ihm die größten Lobeserhebungen, und baten die Konvention, ihn ferner an seinem Posten zu lassen. Hierauf nahm die Konvention ihr, am 23. September gegen den General Montesquiou erlassenes, Dekret, vermöge welches er seiner Stelle war entsetzt worden, zurück, und erlaubte ihm ferner an der Spitze der Südlichen Armee zu bleiben.

Zu eben der Zeit, da der General Montesquiou Savoyen eroberte, drang, von der andern Seite, der General Anselme, an der Spitze einer Frankreichischen Armee, und von einem Geschwader unterstützt, in die Grafschaft Nizza. Er hatte am 17. September von dem vollziehenden Staatsrathe den Befehl erhalten, von jener Seite in die Staaten des Königs von Sardinien einzufallen, und zu Marseille alles gefunden, was zu diesem Angriffe nöthig war. Diese Stadt allein verschaffte ihm sechs tausend auserlesene Bürgersoldaten, die nöthigen Schiffe und Eine Million Livres an baarem Gelde. Die Soldaten des Königs von Sardinien flohen bei der Ankunft der Frankreicher, und die Grafschaft Nizza wurde ohne Widerstand erobert. Anselme schrieb am 29. September aus Nizza an den Kriegsminister: "Ich denn"ke morgen den Freiheitsbaum in der Stadt Nizza und "in der Festung Montalban pflanzen zu lassen, und "übermorgen in der Stadt und Festung Villefranche. "Noch kann ich nicht begreifen, was für Gründe die "Truppen des Königs von Sardinien bewogen haben "mögen, so große Vertheidigungsmittel und so wichtige "Posten auf eine so feigherzige Weise zu verlassen. Es ist "ein panischer Schrecken, den ich mir zu Nutze mache." — In der That ist die so schnelle Uebergabe der Stadt Nizza, ohne die mindeste Vertheidigung, eine ganz unbegreifliche Begebenheit. Die Stadt war mit allem Nöthigen reichlich versehen und hatte eine sehr zahlreiche Besatzung — aber freilich bestand diese Besatzung aus Sardinischen Truppen!

Am 14. Oktober wurde, wegen dieser Siege, zu Paris ein großes öffentliches Fest gefeiert. Auf dem vormaligen Platze Ludwigs des Funfzehnten, welchem man jetzt den Nahmen Revolutionsplatz gegeben hatte, wurde auf dem Fußgestelle der herunter geworfenen Bildsäule Ludwigs des Funfzehnten eine Bildsäule der Freiheit errichtet. Das Fußgestell selbst war mit Inschriften geziert. Auf der Einen Seite las man: Frankreichische Republik 1792; auf der andern: Montesquious Einzug in Chambery, die Hauptstadt von Savoyen; auf der dritten: Anselmes Einzug in die Grafschaften Nizza und Montalbano. Die Pariser Bürgermiliz marschierte, unter Abfeurung der Kanonen, mit fliegenden Fahnen und klingendem Spiele, nach diesem Platze. Ein Amphitheater war auf demselben errichtet, wo die Mitglieder der Nationalkonvention und des Pariser-Bürgerrathes Platz nahmen. Eine Menge Savoyer kamen mit kriegerischer Musik, paarweise, Hand in Hand, auf dem Platze an, und wurden von den zahlreichen Zuschauern mit lebhaftem Beifallklatschen empfangen. Die Fahnen und Panniere der Bürgermiliz wurden rund um die Bildsäule hergestellt; ein zahlreiches Orchester spielte den Gesang der Marseiller, der von allen Anwesenden gesungen wurde; mit dem Abfeuren der Kanonen, und dem Geschrei: Hoch lebe die Republik! wurde die Feierlichkeit beschlossen.

In seiner bedrängten Lage wendete sich der König von

Sardinien an alle seine Freunde und Bundesgenossen und bat um Hülfe. Er ersuchte England um seine Unterstützung durch ein kleines Geschwader, welches eben damals im Hafen von Villafranca lag.

An die vereinigten Helvetischen Staaten schrieb der König von Sardinien den folgenden Brief:

Schreiben des Königs von Sardinien an die dreizehen Kantone, die Eidsgenossen und die Bundsgenossen des Helvetischen Staatskörpers.

"Victor Amadeus, von Gottes Gnaden König von Sardinien, Cypern und Jerusalem, u. s. w. Liebste und wertheste Freunde, Nachbarn und Bundesverwandte. Ohne Zweifel müssen Sie schon benachrichtigt seyn, und mit Erstaunen vernommen haben, wie die Frankreicher, mit einer Uebermacht von mehr als zwanzig tausend Mann, auf der Seite von Montmelian in Savoyen eingefallen sind; und zwar ohne daß sie uns vorher den Krieg erklärt hätten, oder von unserer Seite, durch irgend eine feindselige Maasregel oder Handlung, dazu gereizt worden wären. Wir können nicht umhin, Ihnen dieses als einen Vorfall bekannt zu machen, der die Verwunderung und den Unwillen aller Mächte Europens erwecken, ganz besonders aber die Helvetischen Staaten interessiren muß, mit welchen wir und unsere königlichen Vorfahren jederzeit als gute Nachbarn, Freunde und Blutsverwandte, zu leben aufrichtig gewünscht haben.

"Indem wir nun die schädlichen Wirkungen und schrecklichen Folgen erwägen, welche ein so unerhörtes Verfahren, als das der Frankreicher gegen uns und unsere Staaten, wahrscheinlich in allen benachbarten Ländern nach sich ziehen muß: so halten wir uns auch versichert, daß Sie nicht nur an der unangenehmen

Lage, in welche wir dadurch gerathen sind, Theil nehmen, sondern auch zu gleicher Zeit auf Alles, was daraus entspringen kann, die größte und ernstlichste Aufmerksamkeit wenden werden. Wir hoffen sogar, daß Sie, bei weiser Prüfung der schicklichsten und wirksamsten Mittel zu Hemmung und Aufhaltung des ferneren Fortganges eines Uebels, welches, durch den Umsturz aller Regierungsverfassungen, allen Staaten den Untergang drohet, reiflich erwägen werden, ob nicht unter diesen Mitteln die Ergreifung gemeinschaftlicher, zu diesem Endzwecke dienlicher Maasregeln, besonders aber Ihr Beistand zur Befreiung Savoyens von dem Joche der Frankreicher, die allerschicklichsten seyn möchten. Sie werden schon von selbst den Einfluß, welchen das Beispiel von demjenigen, was sich in Savoyen zugetragen, auf alle benachbarten Länder haben kann, so wie auch die Gefahren einsehen, welche daraus entspringen können, ohne daß wir der Mühe bedürfen, Ihnen selbige zu schildern. Wir schränken uns daher jetzt nur auf die Bitte ein, daß Sie, überzeugt von der Ungerechtigkeit dieses Frankreichischen Angriffes auf uns, von den Folgen, die daraus zu besorgen sind, und von der Nothwendigkeit einer guten und festen Vereinigung zwischen allen dabei interessirten guten Nachbarn, von allen andern, so viel Ihnen nur immer Ihre eigene Lage gestattet, eine, dem Unheil zuvorkommende und unserem gerechten Anliegen entsprechende, Entschließung fassen, und uns in der Hoffnung bestärken werden, von Ihnen denjenigen Beistand zu erhalten, welchen wir, angetrieben von unserem Vertrauen auf Ihre Freundschaft, und auf den Antheil, welchen Sie jederzeit an allen, unsere Familienstaaten angehenden Dingen, genommen haben;

bei einer so wichtigen und dringenden Gelegenheit, als die gegenwärtige ist, von Ihnen erbitten."

"In dieser Erwartung bleibt uns nichts übrig, als Sie der Fortdauer unserer ausnehmenden Freundschaft zu versichern, und wir bitten Gott u. s. w."

"Geschrieben zu Turin am 10. Oktober, im Jahre des Heils 1792, und im 20sten unserer Regierung."

"Victor Amadeus."

An den Kanton Bern schrieb der König noch besonders, wie folgt:

"Victor Amadeus, von Gottes Gnaden, König von Sardinien, Cypern und Jerusalem, u. s. w. Liebste und wertheste Freunde, Nachbarn und Bundesverwandte."

"Wenn wir schon nicht gleich im ersten Augenblicke, da wir den Einfall der Frankreicher in Savoyen vernahmen, eilten, Ihnen diesen unangenehmen Vorfall zu melden, so schmeicheln wir uns doch, daß Sie, weit entfernt diesen Aufschub irgend einem Mangel an Zutrauen von unserer Seite zu den Gesinnungen Ihrer Republik gegen uns beizumessen, denselben vielmehr als die natürliche Folge unserer ersten Ueberraschung, und der unumgänglichen Vorkehrungen, wozu uns ein solcher Vorfall nöthigte, ansehen werden. Da wir jedoch hoffen, daß Sie auf anderen Wegen, mit eben so viel Unwillen als Mißvergnügen, das ungerechte und schreiende Verfahren einer benachbarten Nation werden vernommen haben, mit welcher wir in keinem Kriege begriffen waren, und welche wir durch keinerlei Feindseligkeit aufgereizt hatten: so benachrichtigen wir Sie jetzt nur, als gute Freunde und Nachbarn, von der gerechten Besorgniß, die wir in Ansehung der ferneren Absichten der Frankreicher auf unsere übrigen Staaten zu hegen Ursache haben, so wie auch von unserem festen Entschlüsse, alle unsere

Mittel zu einer nachdrücklichen Widersetzung anzuwenden."

"Der Antheil, welchen Ihre Republik jederzeit an allen, sowohl uns als unsere Staaten betreffenden Dingen, genommen, läßt uns nicht zweifeln, daß Sie bei diesen unangenehmen Umständen vorzüglich geneigt seyn werden, uns, so viel es nämlich die Lage und die Umstände Ihres eigenen Staates gestatten, neue Beweise davon zu geben. Wir schmeicheln uns dessen um so mehr, da die Verbindung, welche jederzeit zwischen den Provinzen Ihrer Republik und unserem Herzogthume Savoyen obgewaltet hat, sowohl, als die in derselben von jeher wahrgenommenen Gesinnungen, nach Beschaffenheit der Umstände dazu beizutragen, daß gedachtes Herzogthum in seiner alten Abhängigkeit von unserer Herrschaft erhalten werde, uns versichern, daß Sie dasjenige, was gedachtem Herzogthume begegnet ist, eben so wenig mit gleichgültigen Augen ansehen werden, als die Folgen, welche dadurch für die benachbarten Staaten entspringen können."

"Wir können, indem wir obiges Ihrer eigenen Weisheit und Scharfsicht überlassen, Ihnen nur die Versicherung geben, daß, ungeachtet wir gegenwärtig genöthigt sind, unsere ganze Macht diesseits der Alpen, zur Beschützung Piemonts vor dem Einfalle der Frankreicher, zu vereinigen, wir dennoch nichts, was in unserem Vermögen steht, unterlassen werden, den Verlust, welchen wir erlitten haben, wieder einzubringen. Wir glauben uns hiebei besonders auf die Freundschaft Ihrer Republik, und zwar um so mehr verlassen zu können, da Ihr eigenes Interesse dabei obwaltet, auch Sie geneigt zu finden, uns zur Erreichung unseres Endzweckes beizustehen, in so fern die Reihe der Begebenheiten solches zulassen wird. Immittelst haben wir mit großer Zufriedenheit vernom-

men, was für Maasregeln Sie so muthig ausgeführt
haben, um sowohl die Stadt Genf nicht unter der Macht
der Frankreichischen Truppen, wovon sie bedrohet wurde,
erliegen zu lassen, als auch Ihren eigenen Staat vor je,
dem unangenehmen Vorfalle von jener Seite zu decken.
Wir wünschen auf das lebhafteste, daß Sie uns ferner
die Maasregeln eröffnen wollen, welche Sie zu ergreifen für nöthig achten, um noch ferner einen Feind von
Ihren Gränzen abzuhalten, den man wohl mit Recht
den gemeinschaftlichen Feind von ganz Europa nennen
mag. Sollten Sie es zugleich für zuträglich halten, einige, zu diesem Endzwecke führende, Maasregeln, welche
noch wirksamer zum Vortheile beider Staaten beitragen
könnten, mit den unsrigen zu vereinigen; so würden wir
schleunigst alles, was Sie uns etwa vorzuschlagen hätten,
mit eben so viel Vergnügen als Dank annehmen. Sie
können demnach von nun an versichert seyn, daß wir beständig geneigt seyn werden, von unserer Seite alles beizutragen, was nur irgend zur Erreichung des erwünschten gemeinschaftlichen Zieles am dienlichsten seyn mag:
und wir haben Ursache uns zu schmeicheln, daß sowohl
die mit uns verbundenen Mächte, als auch diejenigen,
welche uns unsere Staaten garantirt haben, den Fall
dringend genug, und unsere Sache gerecht genug finden
werden, um sich bewegen zu lassen, uns auf das Schleunigste denjenigen Beistand zu leisten, welchen wir, in
Gemäßheit unserer Verträge sowohl, als unserer dringenden Anforderungen, ein Recht haben zu erwarten."

"Uebrigens bitten wir Gott, daß er Sie, unsere
liebsten und werthesten Freunde, Nachbarn und Bun-
desverwandten, in seinen heiligen Schutz nehmen
wolle."

"Geschrieben zu Turin, am 10. Oktober im Jahre
des Heils 1792, und im zwanzigsten unserer Regierung."

"Victor Amadeus."

Die Helvetischen Staaten antworteten dem Könige in folgenden Ausdrücken:

Entwurf der, an den König von Sardinien zu erlassenden, Antwort.

November 1792.

"Sire,"

"Aus Ew. Maj. Schreiben vom 10. Oktober haben wir mit großer Bekümmerniß ersehen, wie die Flammen des Krieges sich bis in Ew. Maj. Staaten ausgebreitet haben, und wir nehmen wahren Antheil an diesem unglücklichen Ereignisse."

"Ew. Maj. laden den ganzen Helvetischen Staatskörper ein, mit Ihnen gemeinschaftliche Sache gegen die Frankreichische Nation zu machen. Allein es kann Ihnen nicht entfallen seyn, wie wir sowohl an Sie, als an die übrigen Kriegführenden Mächte, eine Erklärung gelangen lassen, worin wir uns zur Beobachtung der genauesten Neutralität anheischig gemacht haben. Ew. Maj. wollen in gnädigste Erwägung zu ziehen geruhen, wie die Lage und die Umstände, in welchen sich gegenwärtig die Helvetischen Staaten befinden, und die Versicherungen, welche sie gaben, es unnachläßlich erfordern, daß sie dem angenommenen Systeme getreu bleiben, und pünktlich bei der Neutralität beharren, welche den Kriegführenden Mächten angekündigt worden ist."

"Wir bitten, daß es dem Allmächtigen gefallen wolle, den so sehr erwünschten Frieden bald wieder herzustellen, und sowohl Ew. Maj. insbesondere, als auch alle Dero Unterthanen, mit seinen Segnungen zu überschütten."

Ferner wandte sich der König von Sardinien an den Wiener-Hof. Dieser ließ, am 14. Oktober, durch seinen Minister, den Vice-Hofkanzler Grafen von Cobenzl, folgende Note an die Minister der Italienischen Höfe übergeben:

"Ein Korps von 25,000 Frankreichern, unter dem Kommando des Hrn. Montesquiou, hat, nachdem es die, zur Vertheidigung des Schlosses des Marches postirten, Piemontesischen Truppen zurück gedrängt hatte, sich ohne ferneren Widerstand der sämmtlichen niederen Länder Savoyens bemächtigt, und ist zu Chambery mit den lebhaftesten Freudensbezeugungen aufgenommen worden. Ungeachtet sich die Piemonteser am Eingange von Tarentese verschanzt haben, wo sie Verstärkungen erwarten, ist es dennoch sehr wahrscheinlich, daß sie bei Annäherung des Schneewetters über den Berg Cenis werden zurück gehen müssen, und daß folglich das Herzogthum Savoyen in der Gewalt der Frankreicher bleiben wird."

"Da Se. Sardinische Maj. in dieser bedenklichen Lage sich an Se. Maj. den Kaiser gewendet hat, um von ihm eine Verstärkung von Truppen und jede andere Hülfsleistung zu erlangen, die Se. Apostolische Maj. Ihm durch Ihre Vermittlung verschaffen könnten; so hat Se. Kaiserl. Maj. beschlossen, sich unverzüglich an die Italienischen Fürsten zu wenden, welchen allen daran gelegen ist, zu verbindern, daß dieser Schlüssel Italiens nicht in die Hände der Frankreicher gerathe, welche nicht sowohl ihrer Waffen, als ihrer Lehre wegen, zu fürchten sind, die sehr tauglich ist, ihnen in allen Ländern Proselyten zu verschaffen, und die, wenn sie auch nur von einer mittelmäßigen Kriegsmacht unterstützt wird, die Ordnung und öffentliche Ruhe stören, und vielleicht gar vernichten kann."

"Diese Gefahr ist um so mehr zu befürchten, da die Frankreicher im Besitze der Grafschaft Nizza sind, aus welcher sie in Piemont eindringen, und von dort her in den benachbarten Italienischen Ländern Unruhen erregen können."

"Unnöthig würde es seyn, dem .... Hofe zu zeigen, wie höchst schädlich die Ausbreitung jener Lehre der Grundlage seiner Regierung seyn würde; jener Lehre, welche die in Frankreich herrschende Parthei durch alle möglichen Mittel in Europa, und vornehmlich in Italien, zu verbreiten sucht, wo die Frankreichischen Truppen, wenn sie bis ins Gebiet des .... Hofes vordringen könnten, sich bestreben würden, Empörungen in seinen Ländern und sogar in seiner Hauptstadt anzuzetteln."

"Diese, für den .... Hof so höchst dringenden und wichtigen, Betrachtungen lassen Se. Kaiserl. Maj. keinen Augenblick daran zweifeln, daß der ... Hof sich entschließen werde, Sr. Sardinischen Maj. alle Hülfe zu leisten, welche der Zustand seines Landes gestatten wird, da Se. Kaiserl. Maj. Selbst Sich vorsetzt, zu den Maasregeln mit zu wirken, welche man ergreifen wird, um von den Italienischen Gränzen einen Feind zu entfernen, der, wegen der Verführungsmittel, die er anwendet, gefährlicher ist als wegen der Macht seiner Waffen, und der durch die nämlichen Mittel seine Operationen viel weiter, als durch die Siege seiner Waffen, ausbreiten könnte."

"Zur Aeußerung der Gesinnungen Se. Apostol. Maj an den Hrn. Minister des .... Hofes, setzte der Wienerische Hofkanzler noch, auf ausdrücklichen Befehl seines Souverains, hinzu, wie Se. Maj. vollkommen überzeugt ist, daß dem .... Hofe belieben werde, auf diese Note, welche bloß auf Wiederherstellung der öffentlichen Ruhe abzweckt, deren Handhabung dem ....

Hofe höchst wichtig seyn muß, ohne Zeitverlust diejenige Antwort zu geben, welche die Umstände erfordern."

Ueber so viele und so große, in so kurzer Zeit errungene Siege, wurden die Frankreicher außerordentlich stolz; sie hielten ihre Waffen für unwiderstehlich, und machten im vollen Ernste Plane zur Eroberung der ganzen Welt.

Der Frankreichischen Armee fehlte es indessen nur allzusehr an Mannszucht und militairischer Unterwürfigkeit; und vergeblich bemühten sich ihre Anführer, die Soldaten von Ausschweifungen zurück zu halten. Eines der zu Paris errichteten Bataillone brach zu Cambray die Gefängnisse auf und ließ die Gefangenen los. Nachdem diese Truppen sich aus der Stadt entfernt hatten, ließ der Bürgerrath die losgelassenen Gefangenen wieder einsperren. Allein die zweite Division desselben Bataillons, welche am folgenden Tage einrückte, erbrach die Kerker abermals, schlug einem von den Gefangenen den Kopf ab, und ließ die übrigen los. Einige Offiziere, welche diesem Unfuge Einhalt thun wollten, wurden ermordet.

Ein anderer, ähnlicher Vorfall, ereignete sich beinahe um dieselbe Zeit. Vier Ausreißer, Dragoner, gingen zu Rethel von den Preußen zu der Frankreichischen Armee über, und ließen sich von den Frankreichern anwerben. Einige Frankreichische Soldaten von dem Pariser Bataillon Mauconseil trafen diese Preußischen Ausreißer in einer Schenke an, zankten sich mit ihnen, schimpften sie, und warfen sie aus dem Hause. Der General Chazot befahl ruhig zu seyn, und sandte einige Leute ab, die Neuangeworbenen zu beschützen. Allein es hatte sich mit den Parisern noch eine Menge anderer Soldaten vereinigt, und der Haufe bot jetzt dem Generale sowohl, als den von ihm abgesandten Leuten, Trotz. Der General begab sich selbst nach dem Orte des Aufruhrs, ließ die Preußen vor sich bringen, und wandte alle seine Beredsamkeit an, um die Aufrührer zu bewegen, daß sie derselben schonen möchten. Dieß half aber so wenig, daß Einer von den Kerlen endlich ausrief: "wenn der General nicht will wie wir, so muß man ihm auch aus der Welt helfen!" Bei diesen Worten ritt der General, der da sah daß seine Gegenwart unnütz sei, hinweg, und erfuhr bald nachher, daß die vier Preußen wären in Stücken gehauen worden — eine abscheuliche That! eine ganz zwecklose Grausamkeit!

Sobald der General Dümouriez davon Nachricht erhielt, befahl er dem Generale Beurnonville, einige Mannschaft mit Feldstücken gegen beide Bataillone ausrücken zu lassen, und ihnen anzudeuten, daß sie sogleich die Waffen niederlegen, und sich ergeben sollten, sonst würden sie zusammen geschossen werden. Sie ergaben sich. Darauf sandte man ihre Fahnen an ihre Stadtviertel, nahm ihnen Waffen und Uniform, und schickte die Leute in dieser schmählichen Verfassung nach Paris, um den Willen der Konvention zu vernehmen. a)

Wegen dieses Vorfalls griff Marat in seiner Zeitschrift den General Dümouriez an; und hieß ihn einen Wollüstling, einen Hoflakayen, einen Aristokraten. Die Mörder nannte er: rechtschaffene Männer, Patrioten, die bloß aus Patriotismus dem Henker, dem die Ermordeten dennoch hätten zu Theil werden müssen, um einige Stunden zuvor gekommen wären; die vier Ausreißer wären, sagte er, keine Preußen gewesen, sondern ausgewanderte Franzosen die man mit

a) Moore Journal, 2. Th. S. 105.

den Waffen in der Hand ergriffen hätte, und die daher von den patriotischen Soldaten mit Recht wären zum Tode verurtheilt worden; diese patriotischen Soldaten würden jetzt von dem Generale Dümouriez und Chazot bloß in der Absicht verleumdet, um die Bürger von Paris, vorzüglich aber den Pariser Bürgerrath, welchem man die Revolution vom zehnten August zu verdanken habe, dem ganzen Lande verhaßt zu machen. a)

Eben diese Anklagen wiederholte Marat auch im Jakobinerklubbe, wo er behauptete, daß die Mörder Bürgerkronen verdient hätten: ja er war unverschämt und frech genug, den General Dümouriez, während dessen Anwesenheit zu Paris, zu besuchen, und ihn wegen der Bestrafung dieser Mörder zur Rede zu stellen. Er traf den General nicht zu Hause an. Allein er ließ sich sagen, wo der General sich befände, begab sich dahin, und fand den General in einer zahlreichen schwelgenden Gesellschaft von Deputirten der Konvention, Generalen, Schauspielern, Ministern und Freudenmädchen, an einer üppigen, mit allem versehenen Tafel. An der Thüre des Zimmers that der Kommendant Santerre Lakayendienste. Die Minister Roland und Lebrün waren ebenfalls in dieser Versammlung, so wie auch Kersaint und Lasource. Aus dieser Gesellschaft rief Marat den General Dümouriez, den damals ganz Frankreich anbetete, in ein besonderes Zimmer, und stellte ihn zur Rede: er erhielt aber nur kurze verächtliche Antwort.

Dieser abscheuliche Mensch, Marat, dessen Betragen seit dem Anfange der Revolution man in den vorigen Bänden dieser Nachrichten aufgezeichnet findet, war ein wahres Original von Unverschämtheit, Frech-

a) Ebendaselbst.

heit, Mordlust und Schaamlosigkeit. Es war ein kleiner Mann, weit unter mittlerer Größe, mit einem abscheulichen Gesichte. Seine Kleidung war immer schmuzig und zerrissen, und zwar war in dieser Zerlumptheit, durch welche er sich dem Volke beliebt zu machen suchte, etwas gesuchtes. Sein unfrisirtes, ungepudertes Haar hing um den Kopf herum, und war mit einem schmuzigen Tuche umwickelt. "Marat," sagt Moore, "ist ein kleiner leichenfarbiger Mann, dessen "Gesicht seine Leidenschaften treffend ausdrückt. Wer "Mordscenen machen will, für den ist Marats Kopf "unschätzbar.... Wenn Marat auf der Rednerbühne "steht, trägt er den Kopf so hoch wie möglich, und "will sich gern das Ansehen der Würde geben. Das "gelingt ihm freilich nicht;. aber es ist doch zum Er "staunen, wie er, unter allen lauten Aeußerungen und "Zeichen des Hasses und Ekels, womit man ihn be "legt, so außerordentlich zufrieden mit sich selbst scheinen kann. Es fällt ihm nie ein, furchtsam oder nach "giebig auszusehen; und mir schien es immer, als blicke er verächtlich, oder drohend, von der Bühne auf "die Versammlung herab. Er spricht in einem holen, "krächzenden Tone, mit Nachdruck, der ihm aber nicht "gerathen will." — Vor der Revolution war Marat Arzt, und machte sich durch mehrere Frankreichische und Engländische, physikalische und medizinische Schriften bekannt, deren Inhalt aber nicht sehr bedeutend ist.

Der Denkspruch, den Marat der Zeitschrift vorsetzte, die er seit der Revolution schrieb, hieß: Ut redeat miseris, abeat fortuna superbis, welches hinlänglich beweiset, daß sein Zweck war, die Armen zum Plündern der Reichen aufzuhetzen.

Am 18 Oktober wiederholte er in der Konvention alles,

was er am vorigen Tage zur Entschuldigung der Mörder und zur Beschuldigung der Generale Dümouriez und Chazot vorgebracht hatte. Gegen den letztern verlangte er sogar ein Anklagedekret. Er wurde aber nicht gehört, und sein Antrag ward mit Verachtung abgewiesen.

Zu einer Zeit, wo alle Generale der Armee, Dümouriez und Kellermann ausgenommen, für mehr oder weniger verdächtig gehalten wurden, traute man auch dem alten Generale Luckner nicht. Er wurde von Chalons nach Paris beschieden um sich zu verantworten. Am 23 September kam er zu Paris an und verlangte am folgenden Tage vor den Schranken der Konvention zu erscheinen. Er wurde nicht vorgelassen. Hierauf schrieb er an die Konvention einen Brief, welcher am 27 September vorgelesen wurde. Dieser Brief verdient hier eine Stelle, weil er so ganz originell ist, weil er den Karakter dieses alten Kriegers sehr treffend schildert, und weil er bis jetzt in Deutschland noch nicht bekannt geworden ist. Der Brief lautete wie folgt.

"Bürger Stellvertreter. Da ich durch den vollziehenden Staatsrath nach Paris bin berufen worden, um mit ihm die Kriegsoperationen zu verabreden, so habe ich mich bemüht, die Erlaubniß zu erhalten, mich vor der Nationalkonvention zu stellen, bei welcher alle Gewalt und alle Macht ist. Sie haben das Königreich in eine Republik verwandelt. Recht gut. Ich will ganz der Nation gehorchen; aber ich muß Ihnen, Stellvertreter, offenherzig den Zustand beschreiben, in dem ich mich befinde. Wenn der Soldat an seinem Posten bleiben soll, so muß dieser Posten fest stehen, und er muß, sobald er seine Pflicht erfüllt, auch nach Verdienst geehrt werden. Ich sehe, daß seit einiger Zeit mich die Verleumdung umgibt, und Beschuldigungen über mich häuft. Stellvertreter, mein Herz ist Frankreichisch. Man thut
mir

mir unrecht. Ich kann zwar nicht Französisch sprechen, aber ich kann mich schlagen, und ich widme mich Frankreich, meinem gewählten Vaterlande. Man wirft mir einige Ausdrücke in meinen Briefen vor; aber ich habe ja oft genug gesagt, daß ich dieselben durch jemand anders in die Französische Sprache übersetzen lasse. Man wirft mir mein Verfahren zu Courtray vor. Was konnte ich aber thun, da ich unter einem schlechten Minister stand, und da La Fayette in meiner Nähe war, dem ich niemals getraut habe; denn ich wußte ganz zuverläßig, daß er mich in Verlegenheit zu setzen suchte. Man hält mir mein Betragen seit dem zehenten August vor: aber bin nicht ich es, der, gleich in den ersten Tagen nach dem zehenten August, den Kommissarien der Versammlung bei der Armee alles vorbereitet hat; so daß sie nur das zu endigen brauchten, was ich angefangen hatte. Die Kommissarien sind nach meiner Armee gekommen. Nachher bin ich zum Generalissimus ernannt worden, nicht um die Truppen in die Schlacht zu führen, sondern um Plane mit den übrigen Generalen zu verabreden. Zu Chalons habe ich an der Bildung der neugeworbenen Soldaten gearbeitet, die mir zugesandt wurden. Ich that was jeder andere Offizier würde gethan haben; ich sandte diejenigen Soldaten zurück, die nicht bewaffnet, oder die nur schlecht bewaffnet waren. Man sagt, ich hätte das Zutrauen der Soldaten nicht. Dadurch, daß man dieses sagte, hoffte man mich desselben verlustig zu machen; aber meine Waffenbrüder, die mich mit ihnen im Feuer gesehen, haben das Zutrauen nicht verlohren, welches sie in mich gesetzt hatten. Man wirft mir vor, meine beiden Söhne wären bei der Oesterreichischen Armee. Dieß ist eine Erdichtung meiner Feinde; denn meine Söhne sind in Dänischen Diensten, und haben niemals gegen Frankreich die Waffen getragen. Wisten unter diesen Verleumdungen werde ich nach Paris berufen, während sich der Feind an unseren Gränzen, und innerhalb derselben befindet. Bürger! verdächtigen Menschen muß man ihre Stellen nehmen; es ist hohe Zeit dazu: allein man muß von dieser gerechten Strenge diejenigen Männer ausnehmen, die ihre Gesinnungen so deutlich gezeigt haben, daß man an ihrer Treue gar nicht zweifeln kann. Bevollmächtigte der Nation. Luckner kommt nicht, um Ihnen ungegründete Lobsprüche zu machen; er kommt, sich über die Verleumdung zu beklagen, die ihn verfolgt. Bei vielen Völkern geehrt, hat er sich in den Schooß desjenigen begeben, welches ihm am meisten Wohlwollen bezeigte. Luckner ist stufenweise durch alle militairischen Grade gegangen; er will mit Ehren und als Soldat sein Leben beschließen. Er wünscht sein Leben im Dienste der Frankreichischen Nation aufzuopfern. Die, von den Frankreichern so hoch geschätzten, Vorschriften der Ehre sind die Vorschriften die er befolgt. Warum hält man ihn in der Entfernung vom Feinde, statt ihn zum Siege abzusenden? Wie dem auch seyn mag, er ersucht Sie, bevollmächtigte Bürger, den Eid anzunehmen, den er in ihre Hände ablegt, daß er aus allen seinen Kräften die Frankreichische Republik, die Freiheit und die Gleichheit, aufrecht erhalten wolle."

Diese Rede wurde von der Konvention mit lautem Beifallklatschen aufgenommen.

Die Abgeordneten der Helvetischen Staaten, welche um diese Zeit auf einer außerordentlichen Tagsatzung zu Arau versammelt waren, beschlossen, nach langen und heftigen Debatten: an dem Kriege keinen Antheil zu nehmen, sondern neutral zu bleiben, und diese Neutralität gegen alle, die in dieselbe Eingriffe zu thun wagen möchten, zu vertheidigen. Die Frankreicher, de nen viel daran gelegen war, die Schweizer nicht unter die Zahl ihrer Feinde zu wissen, erließen an die Helvetischen Staaten die folgende Zuschrift:

"Brüder und Freunde„

"Schon seit langer Zeit strebet das Haus Oesterreich, Euch in einen Bund zu ziehen, den es gegen die Frankreichische Freiheit errichtet hat. Eure Erklärung der Neutralität hat es nicht irre gemacht. Es schöpfet neue Beweggründe aus den Begebenheiten des zehenten Augusts, und hofft noch immer, Euch durch die Sprache der Verleumdung und Ränkemacherei zu verführen. Wir aber wollen die Sprache der Freimüthigkeit und Vernunft mit Euch reden.„

"Ludwig der XVI herrschte bloß kraft einer Konstitution, die er aufrecht zu halten geschworen hatte. Die Macht, welche er durch dieselbe erhalten hatte, wendete er an, sie umzustürzen. Schon näherten sich uns zahlreiche Heere, angeführt von seinen Brüdern. In seinem Nahmen kamen sie, Frankreich zu erobern. Allenthalben hatte er die Verrätherei in ein System gebracht; schon wollte sich der Thron des Despotismus wiederum erheben. Das Volk fürchtete für seine Freiheit; es beklagte sich: statt aller Antwort aber wurde das Zeichen zu seiner Ermordung in dem Pallaste seines ersten Staatsbeamten gegeben. An der Spitze seiner Mörder erblickte es eben die Schweizergarden, deren Verabschiedung von der Konstitution geboten worden war, denen wir aber gleichwohl, wegen des Wohlwollens, welches die Frankreichische Nation an die Helvetische knüpft, ihren völligen Sold gelassen hatten. Hier mußte überwunden; es mußten die Werkzeuge eines solchen Bubenstücks zerschmettert, oder die Ketten wieder angenommen werden. Und nun fragen wir Euch, die

Ihr den Werth der Freiheit kennet: durften freie Bürger unentschlossen bleiben?

"Dieß, Brüder und Bundesgenossen, dieß ist die Gestalt der Begebenheiten, die unsere Feinde Euch in so treulosen Farben darstellen. Wir haben das Joch der Bourbons abgeschüttelt, gleichwie Ihr ehmals das Joch der Oesterreicher abschütteltet: und dennoch wollen die Oesterreicher Euch nun zu Mitverschwornen ihres Hasses gegen die Freiheit machen! Keinesweges fürchten zwar die Frankreicher einen Feind mehr; sie werden den Anstrengungen aller Despoten und aller Völker widerstehen, welche die Niederträchtigkeit haben möchten, wüthenden Leidenschaften zu fröhnen: aber mit Schmerz würden sie unter ihren Feinden eine Nation erblicken, die sie lieben, die sie hochschätzen; eine Nation, welche die Natur selbst zu ihrer ewigen Bundesgenossinn bestimmt zu haben scheint. Wir wollen Euch nicht an Dasjenige erinnern, was sie für Euch thaten; nicht an das, wodurch sie, vornehmlich im letzten Jahrhunderte, das Haus Oesterreich zwangen, Eure Nationalunabhängigkeit anzuerkennen. Euer gegenwärtiges Interesse, Euern Ruhm, Eure politische Existenz, bitten wir Euch zu erwegen. Ist es nicht ein unumgängliches Bedürfniß Eures Landes, durch ein ununterbrochenes Verkehr mit Frankreich befruchtet zu werden? Was können Euch unsere Feinde zur Entschädigung des Verlustes unserer Freundschaft anbieten? Und sehet Ihr denn nicht, daß unsere Feinde auch die Eurigen sind? Habt Ihr vergessen die Anstalten, die Joseph der II wider seinen Willen verrieth? Sie sind erblich seinem Hause, welches, getreu den Grundsätzen der

Tyrannei, Helvetien immer als sein Eigenthum betrachtet. Sollte Euch denn Euer langes Mißtrauen gegen sein politisches Betragen in einem Zeitpunkte verlassen, da der große Kampf zwischen Despotismus und Freiheit, das Schicksal der Nationen auf immer zu entscheiden im Begriff ist?"

„Welcher Schmach, welchen Gefahren sogar würdet Ihr Euch aussetzen, wenn Ihr, die Ihr durch Euer Beispiel die neuern Völker von ihren unverjährbaren Souverainitätsrechten belehrtet, — wenn Ihr gegen das freie Frankreich die Sache eines Tyrannengeschlechts, welches von jeher gegen alle Volkssouverainetät sich so feindseelig bewies, zu der Eurigen machtet! Ha! hättet Ihr Euch jemals gegen Frankreich erklären wollen, so hätte es damals geschehen müssen, als eines seiner strafbaren Oberhäupter eine Mißgeburt von Bündniß mit Oesterreich ausgebrütet hatte. Jetzt aber, da dieses Bündniß vernichtet ist, jetzt ist seine Sache wieder die Eurige geworden; sie ist es noch mehr geworden, seitdem es sich zu einer Republik erklärt hat."

„Was bedeutet denn also das Mißtrauen, welches man Euch über den Zug unsrer Heere einzuflößen trachtet? Es sind nicht diese, nein! es sind vielmehr die zu Euch geflüchteten Frankreicher; es sind einige Eurer eigenen, vom Despotismus erkauften, Mitglieder; es sind die nichtswürdigen Menschen, die ihre eigene Sache von der öffentlichen trennen, und Euch sogern den allgemeinen Vortheil des Helvetischen Staatskörpers ihrem persönlichen Ehrgeize aufopfern sähen: die sind es, gegen welche Ihr auf Eurer Hut seyn müsset. Unsere Heere haben keine andere Bestimmung, als die Tyrannen von dem Boden der Frankreichschen Republik zu vertreiben, und ihren Bund, selbst bis in ihre Heimath, zu verfolgen. In Ehren aber werden sie immer halten das Gebiet neutraler oder verbündeter Mächte; in Ehren halten das Eigenthum, selbst auf dem Boden, welchen die Füße der Tyrannen betreten, die uns aufreizten: und nur dadurch werden sie sich an ihnen rächen, daß sie den Völkern, die ihr Joch belastet, Freiheit anbieten."

„O! es stehet dem Hause Oesterreich herrlich an, uns als Verletzer der Verträge und des Völkerrechtes zu schildern! Kennt Ihr die neuen Verbrechen schon, womit es sich so eben auf Frankreichschem Boden befleckt? Ihm war es vorbehalten, zu zeigen, bis zu welcher Ausschweifung der überlegte Haß der Despoten gegen freie Menschen, die Vergessenheit aller Gesetze der Natur und Menschlichkeit treiben könne! Nein, es wird keine Früchte sammeln, von den ersten glücklichen Fortschritten, die ihm die Verrätherelen Ludwigs des XVI. gewährt hatten! Nur allzulange ist Europa von ihm bedrohet, beunruhiget, unterdrückt worden. Sie muß nunmehr ausbrechen, die majestätische Volksrache. Endlich muß er sich neigen lernen, der Despotismus, vor den geheiligten Rechten der Nationen. Die Hände der Freiheit müssen das Reich des Friedens gründen und befestigen. Die Frankreicher haben es geschworen; und ein großes, freies Volk, schwöret nicht vergebens."

„Du aber, freies, edelmüthiges Volk, wenn Du auch nicht mit uns die Gefahren einer so schönen Unternehmung theilen willst; so verdiene wenigstens Deine Theilnahme an dem glücklichen Erfolge, und setze Dich nicht, durch treulose Eingebungen unserer gemeinschaftlichen Feinde, der Gefahr aus, von Deinen vier Jahrhunderten der Freiheit, der Weisheit und des Ruhmes, die Früchte zu verlieren!"

Der Verfasser dieser beredten Zuschrift an die Helvetische Nation war Hr. Mailhe.

Die unglückliche königliche Familie wurde, seitdem die Nationalkonvention versammelt war, noch härter und strenger behandelt, als vorher. Um den König bei dem Volke verhaßt zu machen, gab der Bürgerrath vor, er mache sogar im Gefängnisse noch Verschwörungen. In den Nachrichten vom Befinden der königlichen Familie, welche der Bürgerrath täglich drucken ließ, kamen die ungereimtesten und abgeschmacktesten Beschuldigungen vor. Bald hieß es: der König spräche mit der Königinn in einer geheimen Sprache; man habe den König sagen gehört: ich habe 45 gesehen, worauf die Königinn geantwortet hätte: und ich 52. Ein andermal wurde gesagt: die Königinn und die Prinzessinnen besuchten oft die Garderobe, weil man von da die umliegenden Häuser sehen, und den Bewohnern derselben Zeichen geben könne. Ein andermal hieß es: die Gefangenen verlangten oft reine Wäsche, weil sie mit derselben verborgene Billete von außen erhielten. Ein andermal war ein Ausrufer verdächtig, der mit lauter Stimme unter den Fenstern der Gefangenen Waaren zum Verkaufe ausrief. Endlich wurde erzählt: die Königinn hätte ein Kopfzeug verlangt; eine Modehändlerinn wäre gekommen, und hätte verschiedene Kopfzeuge ausgekramt; die Königinn hätte alle zu schön gefunden, und einfachere verlangt; endlich hätte sie die Mobehändlerinn ersucht, ihr das Kopfzeug zu verkaufen, welches sie selbst trüge; die Modehändlerinn hätte eingewilligt; allein bei dem Abnehmen hätten die wachtbabenden Kommissarien ein Knistern bemerkt, und bei genauer Untersuchung ein in Ziffern geschriebenes Billet gefunden. Aus den unverschämten Nachrichten, die auf Befehl des Bürgerrathes gedruckt wurden, will ich Eine Stelle ausheben, um eine Probe des empörenden Tones zu geben, welcher in diesen Nachrichten herrschte, in denen man über unglückliche, tief gefallene Gefangene, sich zu spotten erlaubte.

„Als ich den 16. September auf der Wache war, von eilf Uhr des Morgens bis eilf Uhr des Abends, hörte ich zu wiederholten malen und mit Affektation sagen: La Belle. Dieses Wort schien sehr wichtig zu seyn. Als ich am Montage mit Ludwig dem XVI und seiner Schwester spazieren ging, fragte ihn diese halblaut: „Haben Sie La Belle gesehen?" — „Ja, zuweilen," antwortete er. — Ludwig der XVI. ergreift ein Buch, lieset darin, nimmt ein anderes, macht Noten mit einem Bleistifte, läßt bisweilen seinen Sohn lateinische Stellen erklären, und wählt sorgfältig nur solche, die auf die Umstände passen, in denen er sich befindet. Marie Antoinette läßt ihre Kinder lesen und so laut aufsagen, daß es scheinet man vermuthe Horcher an den Thüren. Vor einigen Tagen fand sich der Kammerdiener des vormaligen Herzogs de Coigny an ihrer Thüre, als Ohnehose verkleidet. Elisabeth giebt ihrer Nichte Unterricht im Rechnen und Zeichnen. Dann nehmen sie jede ein Buch in die Hand; dann sprechen sie. Man speiset, und die Mahlzeit ist ausge

sucht. Nur die Dolchritter fehlen, sonst wäre es ganz,
so wie in den Thuillerien. Nach Tische giebt es ei=
nige Parthien Piket; mit unter nach allerhand kleine
Kniffe, mit den Kommissarien zu sprechen und sie
auszufragen. Dergleichen Ausfragungen werden von
Zeit zu Zeit unterbrochen. Dann nimmt man wie=
der die Bücher zur Hand, oder man spatzieret, wo=
bei man die Majestät affektirt und sich über kleine Unan=
nehmlichkeiten hinwegzusetzen schafft. Des Abends lie=
set die Gemahlinn Ludwigs des XVI. vor, unter an=
dern aus den Briefen der Cecilia. Bald von einem
unglücklichen Grafen, der in die Tochter eines Prinzen
von großem Hause verliebt ist, und die ihn sowohl, als
sich selbst, rächen soll; bald u. s. w. Während des
Vorlesens herrscht das tiefste Stillschweigen; und aus
dem Lesen zieht man diese oder jene Anspielung. Auch
gibt man sich Räthsel auf; sagt sich absichtlich Zweideu=
tigkeiten; wahrsagt aus Karten Regen, Sturm oder
heitern Himmel. Ueberhaupt wird in Zahlen und Bil=
dern gesprochen. Da heißt es: „ich habe neun gese=
hen," — „und ich eilf," — „und ich bis neunzehn."
Die Witwe der Zivilliste sagte vor vier Tagen zu
ihrer Schwägerinn Elisabeth: „Heute Morgen ha=
ben Sie vorsätzlich eine große Lüge gesagt." —
„Wollen Sie daß ich zehen mit zehen multipliciren solle?"
erwiederte diese."

So lautet dieser Bericht des Bürgerrathes; so lau=
ten sie alle, diese Berichte. Die Witwe der Zi=
villiste — welch ein bitterer, grausamer, unmensch=
licher Spott! welche entsetzliche Bösewichter, die so
was schrieben, die des tiefsten Elends, das nur den

Menschen befallen kann, den größten und unverdientesten Unglücks so kaltblütig spotten können!

"Jedes Frauenzimmer," sagt Moore von der Königinn, "würde in ihrer Lage höchst beklagenswürdig seyn: allein wir können nicht umhin zu glauben, daß sie beklagenswürdiger war, als jede andere an ihrer Stelle. Ihre Pein war um so unerträglicher, da ihr erhabener Rang und Stand, sie über das Elend hinweg gesetzt zu haben schien, welches sie betraf und quälte. Ein fühlendes Herz braucht eben kein ungereimtes Vorurtheil für menschliche Hoheit zu nähren, um dieser Betrachtung Raum zu geben. Eine Kaiserinn ihre Mutter, ihre Brüder Kaiser, und der mächtigste Monarch in Europa ihr Gemahl: so außerordentlich war vormals ihr Glanz und ihre Hoheit; aber noch weit außerordentlicher war nachher ihr Elend. Nicht bloß eine Königinn war sie, sondern auch eine schöne Frau; nicht bloß an die eigennützige, augendienerische Unterwürfigkeit war sie gewöhnt, die der Gewalt schmeichelt, sondern an die weit gefälligere Achtung und Ergebenheit, die der Schönheit huldigt. Ihre Freundschaft beglückte; ihr Lächeln machte selig; ihren Wünschen kam man zuvor; ihre Winke waren Befehle. Aber, welch ein schreckliches Widerspiel! In ein enges Gefängniß eingeschlossen, von Barbaren umgeben, von Niederträchtigen umringt, die sich ihrer Leiden freuen, die ihrem Kummer Hohn sprechen, ungeachtet sie nie von ihr sind beleidigt worden; ihre treusten Diener und Freunde ermordet, bloß weil sie ihre Freunde waren; die Todesquaal banger Erwartung in ihrem Herzen; bebend und zitternd für ihr eigenes Schicksal, für das Schicksal ihres Gatten, ihrer Schwester, ihrer Kinder. — Nein!

die Jahrbücher der Unglücklichen umfassen keine schrecklichere Lage, die höchste Einbildungskraft der tragischen Dichter erfand keine schrecklichere Lage, als die peinliche, quaalvolle Lage der Königinn von Frankreich Maria Antonia. Die entferntesten Jahrhunderte werden ihren Nahmen nicht aussprechen, ohne den Teufeln in Menschengestalt zu fluchen, die sie so behandelten, so behandeln ließen! —

Sobald die Monarchie abgeschafft war, machte man dem Könige dieses sogleich bekannt, und man setzte in sein Zimmer sowohl, als in das Zimmer der Königinn, an die Decke die Inschrift: Im ersten Jahre der Gleichheit und der Frankreichischen Republik.

Am 29. September faßte der Pariser Bürgerrath in Rücksicht auf die königliche Familie den folgenden Beschluß: „1. Ludwig und Antonia sollen gänzlich „getrennt werden. 2. Jeder Gefangene soll ein eige„nes Zimmer haben. 3. Der Kammerdiener soll in „Verhaft genommen werden. 4. Der Bürger He„bert soll den fünf bereits ernannten Kommissarien „zugesellt werden. 5. Dieser Beschluß soll heute Abend „noch in Ausführung gebracht werden. 6. Auch soll al„les Silbergeschirr den Gefangenen weggenommen wer„den, und die Kommissarien sollen Vollmacht haben, „diese Geiseln der Tyrannenverschwörung nach Willkühr „zu behandeln."

Von der Ausführung dieses Befehls stattete der Bürger und Kerkermeister Hebert den folgenden Bericht ab: „Ich kam," sprach er, des Nachts in das „Zimmer. Ludwig lag im Bette. Ich machte ihm

„den Befehl des Bürgerraths bekannt und las denselben
„ab. Er verlangte ihn zu sehen. Ich zeigte ihn vor.
„Dann wurden, Feder, Dinte, Papier und Bleife„
„dern, weggenommen. Ludwig schien außer sich vor
„Erstaunen, und sprach: Lassen Sie mich in
„diesem Zimmer wenigstens nach diese
„Nacht. Ich aber befahl ihm, sogleich aufzustehen,
„und mir zu folgen. Ludwig zog sich an, und folgte
„mir in sein neues Zimmer. Vorher trat er noch in
„das Zimmer seiner Gemahlinn und der Elisabeth. Die„
„sen machte ich bekannt, daß sie getrennt werden müß„
„ten. Da fielen sie sich einander um den Hals und wein„
„ten bitterlich. Ludwig ergriff die Hand seiner Gemah„
„linn und die Hand seiner Schwester, drückte beide Hän„
„de, und sah gen Himmel, ohne ein Wort zu sprechen.
„Die Weiber heulten noch lauter als vorher. Da ris„
„sen wir sie mit Gewalt von einander, und führten
„Ludwig in sein neues Gemach. Er sah sich um, und
„legte sich zu Bette. Als er des Morgens die eisernen
„Stäbe vor den Fenstern erblickte, und die kleinen Lö„
„cher, durch welche das Licht herein fiel, da sprach er:
„dieses Zimmer ist für mich zu enge und
„zu heiß, ich mag darin nicht länger bleiben.
„Er erhielt zur Antwort: er müßte darin bleiben, selbst
„gegen seinen Willen. Da seufzte er. Die Weiber ba„
„ten um Erlaubniß mit den Kindern sprechen zu dür„
„fen. Dieß wurde zugegeben; jedoch unter der Be„
„dingung, daß sie nicht durch Zeichen sprechen sollten."
— In diesem Tone sprachen die Mitglieder des Pari„
ser Bürgerraths von ihrem gefangenen Könige und sei„
ner Familie.

Man kann auf alle Kleinigkeiten, um den König zu kränken. So setzte man z. B. in das Zimmer des Königs eine Wanduhr, welche vormals in den Thuillerien gestanden hatte, und auf deren Zifferblatt die Worte standen: le Pautre Uhrmacher des Königs. Diese Worte: des Königs wurden ausgestrichen, und statt derselben: der Republik gesetzt; so daß es jetzt hieß: le Pautre Uhrmacher der Republik. — Eine lächerliche, kindische Aenderung, weil le Pautre, als er die Uhr verfertigte, allerdings Uhrmacher des Königs gewesen war. Aus dergleichen Zügen kann man aber den Geist der sich selbst so nennenden Frankreichischen Republikaner am besten kennen lernen. In allen Handlungen derselben findet man einen kleinlichen, kindischen, erbärmlichen Triumph darüber, daß sie sich ihres Monarchen entledigt hätten: nichts großes, edles, erhabenes, wirklich republikanisches. Es sind elende, verachtenswürdige Menschen, die in allen ihren Handlungen Mangel an Erziehung und guten Sitten verrathen.

Was damals die Gesinnungen der Pariser über den König waren, davon giebt Moore ausführliche Nachricht. a) „Ueber das wahrscheinliche Schicksal des Königs," schreibt er am 16. Oktober, „habe ich mich häufig mit Mitgliedern der Konvention besprochen, denen man auf die Konvention großen Einfluß zutraut. Sie schienen überzeugt, die Mehrheit der Versammlung, mit Einfluß der achtbarsten Mitglieder, sei geneigt ihn zu verbannen, und gäbe sich Mühe, jeden Vorschlag zur Eröffnung seines Prozesses aufzuschie-

a) Moore Journal T. 2. p. 96.

ben, bis das Volk kalt genug geworden sei, einen solchen Ausspruch gut zu heißen, welches, wie sie fürchten, jetzt noch nicht der Fall ist. Man glaubt folgende Bemerkung eines Deputirten habe großen Eindruck auf die Konvention gemacht: Karl der Erste hatte Nachfolger; die Tarquinier bekamen keine.... So weit mein Auge reicht, wünschen die wirklichen Pariser Bürger, die eigentliche Bürgerschaft, keineswegs den Tod des Königs. Versteht man aber unter dem Volke, den verworfenen unnützen Pöbel der Vorstädte, und das Lumpenpack, das sich dingen läßt auf öffentlichen Plätzen umher zu schreien: so ist es nicht wahrscheinlich, daß diese jemals kalt werden, oder sich irgend einen Ausspruch werden gefallen lassen, den Diejenigen, von denen sie gedingt sind, oder ihr eigener grausamer Sinn, ihnen nicht angeben. Noch heute (16. Okt.) hatte ich in der Konvention Gelegenheit zu beurtheilen, wie wenig man den Hoffnungen obermähnter Deputirten vertrauen dürfe. Die Debatte hatte nicht die entfernteste Beziehung auf den König, als Hr. Hardi, ein Deputirter, den Rednerstuhl bestieg, und sagte: „Ich erinnere die Konvention an eine wichtige Pflicht gegen das Vaterland, welche sie zu lange verschiebt, an den Prozeß gegen Ludwig Capet. Ich verlange, daß ein Tag zu seinem Prozesse anberaumt werde, das mit das Blut des Verräthers die der Nation zugefügten Beleidigungen büße." — Also galten dem Sprecher Prozeß und Hinrichtung für einerlei! Dieß veranlaßte viele ungemäßigte aberwitzige Ausdrücke anderer Deputirten, welche den Antrag auf den Prozeß unterstützten, worunter sie gleichfalls Hinrichtung verstanden.

Einer sagte: die Geister der am zehnten August vor dem Schlosse gefallenen Freiheitsmärtyrer riefen um Rache gegen den meineidigen Ludwig; und als ein anderer bemerkte: man müsse Aktenstücke zum Beweise der Verrätherei des Königs drucken lassen, und den Deputirten mittheilen, folglich werde es beträchtlich viel Zeit erfordern, ehe man zum Urtheile schreiten könne; da behauptete ein Dritter: Ludwig Capet könne nicht als König betrachtet werden, weil die königliche Würde in Frankreich abgeschafft sei; — wie dann? — je nun! als ein bloßer Privatmann, den man eingezogen habe, um ihm den Prozeß zu machen; nun sage aber das Gesetz ausdrücklich, wer eines Verbrechens wegen eingezogen sei, der solle innerhalb vier und zwanzig Stunden nach seiner Gefangennehmung vor den Richter gebracht werden; folglich habe der Meuchelmörder Ludwig bereits zu lange gesessen, und sollte daher sobald als möglich vor seine Richter gebracht und gestraft werden. — Bei dieser und andern ähnlichen Gelegenheiten verdoppelten, wie ich beobachtete, die Leute auf den Gallerien ihr Beifallklatschen bei jeder grausamen Aeußerung, bei jedem heftigen Vorschlage, und diejenigen, die sich bei der Menge in Gunst setzen wollten, schienen, dadurch aufgemuntert, mit neuen, immer heftigern, Maaßregeln hervor zu treten."

An einem andern Orte a) sagt er: „Uebrigens fragt man jetzt nicht bloß, ob es gerecht oder zuträglich sei, den König zu richten, sondern man hat unglücklicherweise das Ja oder Nein der Beantwortung zu einer Partheisache gemacht, wobei Leidenschaft mehr

a) T. 2. S. 180.

gilt, als jene beiden Rückſichten. Dantons Parthei weiß, daß die Girondiſten wünſchen den König zu retten; dieß iſt ihr Grund genug, alles mögliche zur Beförderung ſeines Prozeſſes und ſeiner Verurtheilung beizutragen, und den Widerſtand ihrer Gegner als einen Beweis aufzuſtellen, daß dieſe in ihrem Herzen Ariſtokraten und Königlichgeſinnte ſind. Marat, der große Geſchäftsträger Dantons und Robespierre, behauptet: es ſei ſehr ungerecht, und eine ſchmähliche Abweichung von den ſchmeichelhaften Grundſätzen der Gleichheit, da man Hrn. Delaporte und andere untergeordnete Verbrecher beſtraft habe, wenn man nun den größten aller Verbrecher übergehen wollte. Endlich ſind mir neuerdings noch eine Menge Umſtände aufgefallen, für einzelne Hererzählung zu kleinlich, die mich mit Beſorgniß um das Schickſal des Königs erfüllen. Es iſt freilich abſcheulich, und erniedrigend für die menſchliche Natur; aber ich fürchte, der Pöbel dieſer Stadt hat ſo viel von einem großen Beiſpiele gehört, deſſen Curopa bedürfe, und ſeine Einbildungskraft ſo lange mit dem Traume beſchäftigt, einen König peinlich verhören, und nachher zur Hinrichtung führen zu laſſen, daß er den Gedanken nicht ertragen kann, einem ſo außerordentlichen Schauſpiele zu entſagen."

Nachdem die Nationalkonvention in ihrer erſten Sitzung die Monarchie in Frankreich abgeſchafft hatte, fuhr ſie fort, in den folgenden die Ueberreſte des Königthums aus dem Wege zu räumen. Sie wählte Hrn. Condorcet zu ihrem Vice-Preſidenten, und beſchloß: daß künftig die Zeitrechnung von dem erſten Jahre der Republik angefangen werden ſollte; daß alle

Zeit-

Zeichen des Königthums, wo sich dieselben auch finden möchten, sollten vernichtet werden, damit nichts mehr an die Existenz der vormaligen monarchischen Verfassung erinnere; daß das Staatssiegel verändert werden, und künftig aus einem Bündel Piken und einer darüber hängenden Mütze bestehen sollte, mit der Umschrift: Frank̶reichische Republik.

Kaum hatten auf diese Weise die Jakobiner das Zepter aus den Händen der Bourbons gerissen, als sie sich unter sich selbst stritten, wem es jetzt gehören sollte. Die Konvention theilte sich in zwei Hauptpartheien; in die Parthei des Brissot, und in die Parthei des Robespierre. Zu der ersten Parthei, welcher man den Nahmen Brissotiner und Girondisten gab, gehörten vorzüglich folgende Männer: Brissot, Lanjuinais, Guadet, Gensonne, Vergniaud, Boileau, Louvet, Pethion (der sich mit Robespierre entzweit hatte), Kersaint, Rebecqui, Barbaroux, Lasource und Büzot, nebst den Ministern Roland, Claviers und Lebrün. Die Parthei des Robespierre, welcher man den Beinahmen der Maratisten gab, hatte Robespierre, Couthon, Desmoulins, Danton, Marot, Panis, Santerre (den Kommendanten der Bürgermiliz), Bazire, Chabot, Merlin von Thionville, Collot Dherbois, Jullen, St. Andre und Tallien an ihrer Spitze. Condorcet wankte lange Zeit zwischen beiden Partheien, und vereinigte sich endlich mit den Girondisten; der Abbe Sieyes, welcher ebenfalls zum Mitgliede der Konvention erwählt worden war, schlug sich zu keiner

Parthei; auch Barrere nicht, der, unter dem Nahmen Barrere de Vieuzac, Mitglied der konstituirenden Nationalversammlung gewesen, und damals kaum bemerkt worden war, jetzt aber, nachdem die großen Männer alle vom Schauplatze abgetreten waren, selbst die Rolle eines großen Mannes zu spielen anfing. Orleans, mit seinen Anhängern, Sillery, Cara und einigen wenigen andern, war eine Zeit lang unschlüssig, zu welcher Parthei er sich schlagen sollte, doch schien er sich zu den Girondisten zu neigen; wahrscheinlich weil er voraus zu sehen glaubte, daß diese in dem Kampfe um die Herrschaft über Frankreich die Oberhand behalten würden.

Schon am 14. September fing der Kampf an. Der ränkevolle Minister Roland gab das Signal dazu. Er schrieb an die Konvention: daß seinen Arbeiten überall Hindernisse in den Weg gelegt würden; daß die Posten nicht sicher wären; daß zu Chalons neue Mordthaten vorgefallen wären, u. s. w. Nach der Vorlesung dieses Briefes stand Hr. Kersaint auf, und rief aus: „Es ist endlich Zeit, Blutgerüste für die Mörder zu errichten, so wie auch für Diejenigen, die zum Morden aufhetzen. Dergleichen Mordthaten entehren den Frankreichischen Nahmen. Ich verlange, daß die Nationalkonvention sich ernstlich damit beschäftige, diesen Frevelthaten Einhalt zu thun; ich verlange, daß ein Gesetz gegeben werde, welches die Rechte der Menschheit räche, die so frech und ungestraft verletzt werden; ich verlange, daß sogleich vier Kommissarien ernannt werden sollen, mit dem Auftrage, morgen der Konvention einen Plan vorzulegen, wie man durch wirksame Maasregeln Mordthaten verhüten und bestrafen könne."

Bei diesen Worten fuhren alle Maratisten zugleich in die Höhe, und widersetzten sich aus allen Kräften einem solchem Vorschlage. Sie behaupteten: es wären noch mehr Mordthaten nöthig; Schrecken müsse in Frankreich herrschen, sonst könne die Revolution nicht bestehen; was der Bürger Kersaint Mord und Raub nenne, sei weiter nichts, als ein in Thaten ausbrechender feuriger Patriotismus.

Tallien sagte: man müsse zur Tagesordnung übergehen, und auf Kersaints Vorschlag gar keine Rücksicht nehmen, weil die bereits vorhandenen Gesetze zur Sicherheit der Staatsbürger hinlänglich wären.

Bazire war derselben Meinung. Er sagte: Frankreich liege noch am Revolutionsfieber krank, und eine kleine Aderlässe sei nöthig, um das Fieber zu mäßigen. Er gestand, daß viele Gefangene wären ermordet worden; allein diese hätten einen Bürgerkrieg zu erregen gesucht. Auch behauptete er: es sei nicht möglich, in dem gegenwärtigen Augenblicke das Recht des einzelnen Bürgers sicher zu stellen und geltend zu machen, ohne das Beste des Staates zu verletzen.

Viele schrien: man solle über den Vorschlag ein andermal debattiren.

Nun trat Bergniaud auf: „Wer Aufschub verlangt," rief er, „der verlangt, daß Mörder ungestraft bleiben sollen; wer zur Tagesordnung übergehen will, der will daß die Gesetzlosigkeit herrschend werde! Es giebt leider! Leute, die sich für Republikaner ausgeben, die aber Sklaven der Tyrannen sind. Diese verbreiten Argwohn, Haß und Rachsucht, unter den Bürgern: sie suchen das Frankreichische Volk aufzuwiegeln, daß es sich unter einander selbst umbringe, wie die Krieger des Cadmus, statt den gemeinschaftlichen Feind zu bekämpfen.

Merlin von Thionville widersprach ihm, und widersetzte sich heftig jeder strengen Maasregel. Eben so auch Collot D'herbois, der sich sogar unterstand zu sagen, ein solches Gesetz zur Bestrafung der Mörder würde die verehrungswürdigsten Patrioten auf das Schaffot bringen.

Am Ende siegte doch die Menschlichkeit. Die Konvention beschloß: daß sechs Kommissarien aus ihrer Mitte ernannt werden sollten, mit dem Auftrage: 1) von dem Zustande der Republik überhaupt, und vorzüglich der Stadt Paris, eine so viel möglich genaue Rechenschaft abzulegen. 2) Den Plan zu einem Gesetze gegen die Mörder sowohl, als gegen die Aufhetzer zum Morde, vorzulegen. 3) Einen Vorschlag zu machen, wie die Nationalkonvention eine, aus den drei und achtzig Abtheilungen gewählte, und von ihr allein abhängige, Wache sich verschaffen könne, damit ihre Mitglieder freimüthig sprechen und stimmen dürften, und weder von dem Volke auf den Gallerien, noch von dem tyrannischen Bürgerrathe der Stadt Paris, etwas zu befürchten hätten.

Dieß war also der erste Schritt, Sicherheit und Ordnung in Frankreich wieder herzustellen — allein er gelang nicht. Die Maratisten geriethen in Wuth, daß man ihnen in ihrem Plane, alle diejenigen, die es nicht mit ihnen hielten, ermorden zu laſſen, Einhalt thun wollte.

Die Mittel, deren ſich die herrſchende Parthei ſeit dem Anfange der Revolution bedient hatte, um ihre Plane durchzuſetzen, wurden auch dießmal angewandt. Der Pöbel ward in Bewegung geſetzt. Am folgenden Tage, am 25. September, meldete der Preſident Pethion, gleich zu Anfang der Sitzung, daß der Verſammlungsſaal mit Leuten umringt ſei, die mit Gewalt einzudringen verſuchten. Hierauf ſtanden die beiden heftigen Jakobiner, Lavau und Merlin auf, und verlangten, daß das am vorigen Tage abgegebene Dekret, vorzüglich der Artikel deſſelben, welcher die Errichtung einer Wache für die Konvention aus den 83 Abtheilungen betraf, aufgehoben werden ſollte. Großer Lärm und lautes Geſchrei entſtand bei dieſem Vorſchlage. Merlin rief nun, im heftigſten Zorne: "mögen Diejenigen, welche in dieſer Verſammlung "Leute kennen, die dreiſt genug ſind, nach der Diktatur zu ſtreben, dieſelben nennen! Ich rufe hiemit "den Bürger Laſource auf. Er ſoll erklären, ob er "mir nicht geſtern geſtanden hat, daß eine Parthei "vorhanden ſei, die einen Diktator wolle; ich aber, "ich ſchwöre, daß ich bereit bin mit meinem Dolche "den Erſten niederzuſtechen, der es wagen dürfte, ſich "die Gewalt eines Diktators anzumaßen!"

Laſource war nicht wenig verlegen, als er hörte, daß er aufgerufen wurde, eine im vertrauten Geſpräche gemachte Bemerkung öffentlich zu wiederholen und zu vertheidigen. Er ſuchte ſich ſo gut als möglich aus der Sache zu ziehen, indem er ſeinen Worten eine andere Bedeutung gab. "Ich habe," ſprach er, "weder von der Diktatur, noch von einem Diktator geſprochen. Wie käme ich dazu, der Mitwiſſer eines Komplottes von dieser Art zu seyn, gesetzt daß eines vorhanden wäre. Ich sprach bloß von einer diktatorischen, tyrannischen Gewalt, nach welcher ich einige herrschsüchtige Männer streben sehe. Diese Leute schmeicheln den Pariser Bürgern, hintergehen dieselben, und hetzen die Mörder gegen die besten Patrioten und Volksfreunde auf. Diese Männer sind in der That schon Diktatoren. Es ist daher nöthig, die Unabhängigkeit der Konvention durch eine bewaffnete Macht sicher zu stellen, und dadurch dieselbe der Diktatur derjenigen zu entziehen, die sich ungesetzmäßigen Einfluß erworben haben. Jene Männer, jene Verbrecher, die unaufhörlich die Doiche gegen die Mitglieder der gesetzgebenden Nationalversammlung wetzten; jene Männer, die darüber erschrecken, daß man ein Gesetz gegen die Aufhetzer zum Mord und Todschlage gibt, mögen zittern, und erkennen, daß eben die Macht, welche Ludwig den Sechszehnten vom Throne stieß, nicht lange den Despotismus anderer ertragen wird! Auch ich rufe den Bürger Merlin auf. Ich fordere ihn auf, er soll sagen, ob er mich nicht selbst gewarnt und mir kund gethan habe, daß ich unter meiner Hausthüre beim Nachhausegehen würde ermordet werden, und daß mehrere meiner Kollegen dasselbe Schicksale haben würden."

"Wer„ rief Ossel in, "wer ist der freche Bürger, der durch die Stimme des Volks hieher berufen ist, und sich dennoch erdreistet, die Rechte desselben mit Füßen zu treten, und nach der Diktatorwürde zu streben?„

"Robespierre ists!„ — rief Rebecqui.

Mit dem unbändigsten Beifallklatschen wurde dieser Ausruf von den Girondisten aufgenommen. Die Maratisten, welche in der Konvention die Minderheit ausmachten, schäumten vor Wuth. Alle Augen waren auf Robespierre gerichtet. Man erwartete, daß er den Rednerstuhl besteigen, und sich vertheidigen würde. Allein er that es nicht; er hatte alle Fassung, alle Gegenwart des Geistes so sehr verlohren, daß er außer Stande war sich zu vertheidigen. Sein Freund Danton half ihm aus dieser Verlegenheit. Mit der schrecklichen Stimme, durch welche er sich auszeichnete, rief er, so daß es im Saale wiederhallte.

"O! welch ein schöner Tag für die Nation, welch ein schöner Tag für die Republik ist der heutige! Er bringt zwischen uns eine brüderliche Erklärung. Ist ein Verbrecher vorhanden, so muß sein Kopf fallen! Aber eine so wichtige Anklage muß von dem Ankläger unterzeichnet werden. Wäre ich der Ankläger, so würde ich die Anklage ohne Bedenken unterzeichnen; gesetzt auch daß dadurch der Kopf meines vertrautesten Freundes springen müßte!" — Nun suchte er die Aufmerksamkeit auf einen andern Gegenstand zu leiten. "Ich bin bereit," fuhr er fort, "Euch mein öffentliches Leben ganz zu schildern. So lange ich Minister war, habe ich die ganze Kraft meines Karakters auf die Geschäffte gewandt. Ich habe in den Staatsrath allen den Eifer und alle die Thätigkeit gebracht, deren ein, von Liebe für sein Vaterland glühender, Bürger nur fähig ist!" — Nachher entschuldigte er Marat, dessen Schriften er lobte, wobei er aber zugleich versicherte, daß er an denselben keinen Theil hätte. "Lasset uns," beschloß Danton seine meisterhafte Rede, "lasset uns aus dieser Debatte Nutzen für das gemeine Beste ziehen. Lasset uns die Todesstrafe darauf setzen, wenn sich Jemand unterstünde, sich zu Gunsten des Diktatorthums oder des Triumvirats zu erklären! Lasset uns die Todesstrafe darauf setzen, wenn Jemand vorschlüge, Frankreich zu zerstückeln, und die Einheit der Stellvertretung zu zerstören! (Die Girondisten wollten Frankreich zu einer Republik von 83 föderirten Staaten machen). Ich verlange, daß die Nationalkonvention zur Grundlage der Regierungsform, die sie errichten will, festsetzt, daß nur Eine Stellvertretung, nur Eine Vollziehung seyn soll!„

"Ey, Bürger Danton,„ fiel ihm Buzot in die Rede, "woher wissen Sie, daß irgend Jemand den Gedanken habe, diese Einheit zu zerreißen. Gerade um dieselbe zu erhalten, haben wir beschlossen, daß die Nationalkonvention von einer, aus den drei und achtzig Abtheilungen gewählten, Leibwache umgeben seyn solle. Sie verlangen die Todesstrafe gegen Denjenigen, der das Triumvirat oder das Diktatorthum einführen wollte: aber nicht gegen das Diktatorthum muß man eine Strafe dekretiren, sondern gegen die Maasregeln, die zu demselben führen. Ist erst einmal ein Diktator aufgestanden, so möchte es wohl zu spät seyn, ihn bestrafen zu wollen.

Robespierre, welcher sich indessen erholt hatte, trat jetzt auf den Rednerstuhl, und suchte mit dem Wortschwalle, der ihm immer zu Gebote stand, den ungünstigen Eindruck, welchen Rebecquis Anklage auf die Konvention gemacht hatte, auszulöschen. "Nicht meine eigene Sache„ so fing er an, "nicht meine eigene Sache will ich vertheidigen, sondern die Sache des öffentlichen Wesens. Wenn ich mich rechtfertige, so dürft Ihr nicht glauben, daß ich mich mit mir selbst beschäftige, sondern mit dem Vaterlande. Ich bin es, der in der konstituirenden Versammlung drei Jahre lang alle Faktionen bekämpft hat; ich bins, der gegen den Hof gekämpft hat; ich bins, ich bins. . . . (Hier fielen ihm mehre Mitglieder in die Rede, und verlangten er solle von der Sache, nicht von seinen Thaten sprechen; er solle sagen, was er denke, nicht was er in seinem ganzen Leben gethan habe) Robespierre fuhr fort, ohne auf das Geschrei seiner Kollegen zu achten: "Es ist doch wahrlich nichts geringes, drei Jahre lang einen unwiderleglichen Beweis meines Patriotismus gegeben zu haben. Ich bin es. . . . (Neue Unterbrechung) Ich bin es, der in der konstituirenden Versammlung hat dekretiren lassen. . . . . . ("Ey! das wollen wir nicht wissen; wir verlangen bloß zu wissen, ob Du habest Diktator werden wollen!") Ich sagte, daß die beiden Dekrete. . . . (Abermalige Unterbrechung) Robespierre fährt wüthend fort: "Ich fordere die Gerechtigkeit der Nationalkonvention gegen einige ihrer Mitglieder auf, die meine Feinde sind. . . ."

"Das sind wir alle!" ertönte es durch den ganzen Saal.

Robespierre ließ sich nicht irre machen. "Man verlangt," fuhr er fort, "daß ich bloß auf die Frage antworten solle: ob ich das Diktatorthum, oder das Triumvirat, vorgeschlagen habe? Ich erkläre, daß diese Anklage nicht gegen mich, sondern gegen das öffentliche Wohl gerichtet ist. Wo sind Eure Beweise? Ihr klaget mich an: aber werdet Ihr es auch wagen, Eure Anklage schriftlich einzugeben? Wer wird dieselbe unterschreiben? . . . ,

Barbaroux von Marseille, ein junger Mann und wüthender Jakobiner, der die Marseiller Soldaten nach Paris geführt hatte, stand auf, und rief: "Ich will sie unterschreiben; ich will Dich anklagen! Sobald ich und meine Marseiller nach Paris gekommen waren, beschied man uns zu Robespierre. Wir fanden ihn in Gesellschaft seiner Freunde. Man sagte uns, wir müßten uns mit denjenigen Bürgern vereinigen, die Popularität hätten. Der Bürger Panis zeigte auf Robespierre, und sagte: dieß ist der tugendhafte Mann, der unumschränkter Diktator in Frankreich werden muß. Wir gaben zur Antwort: die Marseiller wollen weder einen König, noch einen Diktator." — Barbaroux bewies nunmehr, daß der ganze Pariser Bürgerrath nach dem zehenten August Antheil an diesem Komplotte gehabt habe.

Panis stand jetzt auf, um sich zu vertheidigen. "Barbaroux," sagte er, "hat mich unrecht verstanden. Barbaroux, der gute Barbaroux, der rechtschaffene Barbaroux, der Patriot Barbaroux, kann mir unmöglich im Ernste eine solche Absicht zutrauen."

Barbaroux wiederholte und bekräftigte, was er gesagt hatte.

"Dennoch," rief Panis, "dennoch ist es nicht wahr! Wo ist Jemand, außer Barbaroux, der behaupten kann, ich hätte Robespierre zum Diktator vorgeschlagen?"

"Das kann ich," sagte Rebecqui, "denn ich war zugegen."

Bei diesen Worten verlohren nicht nur Robespierre und Panis die Fassung, sondern ihre ganze Parthei verstummte. Marat glaubte, eine solche gänzliche Niedergeschlagenheit erfordere seine Hülfe. Er sprang auf den Rednerstuhl, und wollte anfangen zu sprechen; allein ein allgemeines Murren, Zischen und Klopfen, verhinderten ihn daran. Ohne sich hiedurch irre machen zu lassen, wartete er bis der Lärm etwas aufgehört hatte, und sagte dann: "es scheint, als wenn sich in dieser Versammlung eine große Anzahl meiner persönlichen Feinde befänden." — — "Wir alle, alle, sind Deine Feinde!" rief man von beiden Seiten des Saales.

Marat schaute hohnlächelnd von dem Rednerstuhle auf die Versammlung herab, und sagte ganz kaltblütig, mit einer Unverschämtheit die Jedermann in Erstaunen setzte, der seinen, zu allem fähigen, Karakter nicht vorher schon kannte: "Wahrlich, ich bedaure es herzlich, daß so viele Menschen sich irren, und mir, der ich es so redlich meine, feind seyn können! — — Uebrigens erkläre ich; daß ich, ich ganz allein, es bin, der auf den Gedanken gefallen ist, einen Diktator ernennen zu lassen. Ich habe diese meine Meinung gegen verschiedene Deputirte geäußert. Es ist möglich, daß einige derselben diesen meinen Gedanken wiederholt haben; aber es ist mein Gedanke, und der Einfall gehört ursprünglich mir, Niemand anders als mir, zu. Ich bin seit so langer Zeit von den Verschwörungen eines treulosen Hofes, und von den Verräthereien vieler Bürger überzeugt, daß ich dafür gehalten habe, in so bedrängten Zeiten gebe es kein anderes Mittel, dem öffentlichen Wesen zu helfen, als die Oberaufsicht über die Angelegenheiten des Staates einem ehrlichen, rechtschaffenen und entschlossenen Manne anzuvertrauen, einem aufgeklärten tugendhaften Patrioten, welcher ohne Ansehen der Person, ohne Furcht, das Beil der Gerechtigkeit auf den Nacken aller Verbrecher fallen lasse. Dieß ist meine Meinung; ich erkläre es laut; und wenn Eure Gesinnungen sich nicht bis zu der Höhe der meinigen erheben können, so ist der Schaden auf Eurer Seite!"

Ein allgemeines Gelächter entstand in der Versammlung, über diese unsinnige Prahlerei. Vergniaud hielt dafür, es wäre jetzt nicht Zeit zu lachen. Mit der Miene und dem Anstande eines Mannes der tief betrübt und gerührt ist, trat er auf den Rednerstuhl, und sprach: "Ich zittere vor Abscheu, daß ich hier auf einer Stelle stehen muß, die eben diesen Augenblick ein Mann verlassen hat, der sich in Verleumdung, in Galle und in Blut, beständig herumwälzt!" — Hierauf klagte er die Parthei des Robespierre sowohl, als den, zu dieser Parthei gehörenden, Pariser Bürgerrath, wegen der Mordthaten des Septembers an, und las den schrecklichen Brief vor, den dieser Bürgerrath am dritten September an alle Bürgergerichte Frankreichs geschrieben hatte, um sie aufzumuntern, ebenfalls alle Gefangenen abzuschlachten.

Boileau stand auf, und las einige Stellen aus Marats Journal vor, worin dieser Bösewicht die Pariser aufforderte, noch mehr Mordthaten zu begehen. — Ein allgemeines Geschrei gegen Marat entstand in der Versammlung. Einige verlangten sogar, daß er nach dem Gefängnisse der Abtei gebracht werden sollte. "Ich," rief Boileau, "ich verlange, daß Ihr gegen dieses Ungeheuer ein Anklagedekret abgeben sollet!"

Marat trat ganz kaltblütig auf, um sich zu vertheidigen. Er zog ein Papier aus der Tasche, welches, wie er sagte, zum Drucke bestimmt sei, und in welchem er etwas gelindere Grundsätze predigte. — Hierauf verwarf die Versammlung den Vorschlag, ihn anzuklagen. — Sobald dieser Vorschlag verworfen war, zog Marat eine Pistole aus seiner Tasche, hielt die Mündung derselben an seine St..e, und rief: "Nun, Bürger! sage ich Euch, daß wenn Ihr in Eurer Wuth gegen mich so weit gegangen wäret, ein Anklagedekret gegen mich zu beschließen, ich mir mit dieser Pistole vor Euren Augen den Kopf würde zerschmettert haben!"

Nachdem man sich auf diese Weise von zehen Uhr,

des Morgens bis sechs Uhr des Abends gestritten hatte, wurde endlich die Sitzung mit dem Dekrete beschlossen: „daß der Frankreichische Staat eine einzige und ungetheilte Republik ausmachen solle."

Um acht Uhr des Abends fing die Konvention ihre Sitzung wieder an. Sogleich erschien eine Gesandtschaft des Pariser Bürgerraths vor den Schranken, welche kam um sich gegen die Vorwürfe, die Vergniaud diesem Bürgerrathe am Vormittage gemacht hatte, zu vertheidigen. Folgendes war die Rede dieser Abgesandten:

"Ihr sehet vor Euch eine Gesandschaft des vorläufigen Bürgerrathes. Wir kommen als freie Menschen, freien Menschen die Wahrheit zu sagen. Es ist wahr, daß wir nach mehreren Bürgergerichten der Frankreichischen Republik Kommissarien gesandt haben. Aber was für einen Auftrag haben wir ihnen gegeben? Keinen andern, als den, die brüderliche Eintracht zu verbreiten, deren wir so sehr bedürfen, um den Feind zurück zu schlagen. Diese Instruktion hatten sie erhalten; diese Gesinnung sollten sie verbreiten: haben sie ihre Vollmacht überschritten, so kommt es Euch zu, sie zu bestrafen. Wir verlangen bloß Freiheit; wir wollen die Verräther zermalmen, und allen unseren Feinden Schrecken einjagen."

Am 30 September erschienen die Abgesandten einer Sektion der Stadt Paris vor den Schranken, beklagten sich abermals über den Bürgerrath, und verlangten seine baldige Absetzung. "Wir kommen," sagte der Redner, "jene ungerechte Magistratspersonen "bei Euch anzuklagen, welche ihre Gewalt beständig "zu behalten suchen, um Unordnung und Anarchie "fortdauern zu machen. Endlich ist es Zeit, daß die

"Gesetze wieder herrschen, und daß die Gewalt der "Stellvertreter des Volkes anerkannt werde!"

Einige Mitglieder der Konvention brachten ebenfalls Klagen gegen den Bürgerrath vor: Bourdon und Taillen hingegen vertheidigten denselben. Die Konvention verwies diese Sache an den Minister Roland.

Dieser Minister war jetzt im offenbaren Streite mit dem Bürgerrathe der Stadt Paris sowohl, als mit der Parthei der Maratisten. Diese letztern konnten ihm das Ansehn von unbestechlicher Tugend, und von Catonischer Strenge, welches er sich zu geben suchte, nicht verzeihen, weil diese Tugend ein nur desto gehässigeres Licht auf die von ihnen begangenen Frevelthaten warf. Aus diesem Grunde suchten die Maratisten, durch alle nur mögliche Mittel, den Minister Roland aus seiner Stelle zu verdrängen. Da man wußte, daß er dieselbe nicht freiwillig niederlegen würde, so erfand Danton einen Plan, der so fein angelegt war, daß er beinahe gelungen wäre. Er ließ den Minister Roland zu einem Mitgliede der Konvention wählen, in der Erwartung, daß Roland, so wie auch er gethan hatte, seine Ministerstelle niederlegen und die Stelle eines Deputirten dagegen annehmen würde. Nun war aber dafür gesorgt, daß bei der Wahl des Ministers ein gesetzwidriger Fehler vorfiel, der die ganze Wahl ungültig machte, der aber verborgen blieb. Hätte also der Minister seine Stelle niedergelegt, um Deputirter zu werden, so würde man diesen Fehler an das Tagesslicht gebracht, die Wahl Rolands zum Konventionsdeputirten für ungültig erkläret, und auf diese Weise Hrn. Roland sowohl seiner Ministerstelle, als seiner Stelle eines Deputirten der Konvention, beraubt haben. Anfänglich schien dieser Plan zu gelingen. Roland schrieb am 25 September an die Konvention, und er

447

klärte, daß er zum Mitgliede der Konvention gewählt worden sei, und daß er, wegen der vielen, mit seiner Ministerstelle verbundenen Mühseligkeiten, dieselbe niederlegen, dagegen aber seinen Platz in der Konvention einnehmen wolle. Er schlug zu gleicher Zeit der Konvention einen Mann vor, der an seiner Statt zum Minister der innern Angelegenheiten könnte gewählt werden, nämlich Hrn. Pache, einen Schweizer. "Es gibt unstreitig, „ so drückte Roland in seinem Briefe an die Konvention sich aus, „es gibt unstreitig viele Bürger, die fähig wä„ ren diese schwierige Stelle zu bekleiden. Ich kenne aber „ nur Einen, und ich will ihn nennen. Er ist eben so „ bescheiden, als weise und kenntnißvoll. Sein Karakter „ wird von allen denen geschätzt, die mit ihm umgehen; „ seine Kenntnisse können aber nur von denjenigen gehö„ rig geschä t werden, die seine Arbeiten gesehen haben. „ Mit den verschiedenen Theilen der Staatsverwaltung „ ist er völlig bekannt und hat sich lange damit beschäf„ tigt. Geld und Glücksgüter, die er verachtet, hat er „ vormals aufgegeben, um Freiheit und Ruhe in den „ Gebirgen der Schweiz zu suchen. Zur Zeit der Re„ volution ist er nach Frankreich zurück gekommen, um „ der Freiheit zu dienen. Seinen klugen Rathschlägen „ bin ich viel schuldig. Er ist ein Feind alles dessen, „ was auffällt, und hat daher viele Stellen ausgeschla„ gen. . . . Als Minister wird er der Republik sehr „ nützlich seyn. Der Mann, von dem ich spreche, ist „ der verehrungswürdig Pache. Ich erfülle, wie mein „ Gewissen mir sagt, eine Pflicht, und ich diene dem „ Vaterlande, indem ich ihn vorschlage. „

Durch diese bewirkte Abdankung des Ministers Roland war ein Theil des Plans der Maratisten ausgeführt. Um nun diesen Minister an der Rückkehr in seine Stelle zu verhindern, schlugen sie vor, und die

Konvention beschloß am 29 September: daß die Minister nicht aus den Mitgliedern der Konvention gewählt werden könnten. Allein die Girondisten, die Anhänger Rolands, welche die ihnen gelegte Falle merkten, thaten an demselben Tage den Vorschlag: die Konvention möge den Minister Roland ersuchen, an seiner Stelle zu bleiben. Büzot unterstützte diesen Vorschlag nachdrücklich, und hielt dem Herrn Roland eine große Lobrede. Die Maratisten widersetzten sich mit Wuth. Man stritt sich heftig von beiden Seiten. Barrere war von keiner Parthei. Er lobte zwar den Hrn. Roland, hielt es aber dem öffentlichen Wesen für gefährlich, einen Mann an seiner Stelle für unentbehrlich zu halten.

Dennoch war die Mehrheit der Mitglieder dafür, den Vorschlag anzunehmen, als Danton aufstand, und mit Bitterkeit sagte: "wenn Ihr den Vorschlag "annehmet, und den Minister ersuchet an seiner Stelle "zu bleiben, so trage ich darauf an, daß die Frau Ro-"land ebenfalls darum ersucht werde; denn es ist be-"kannt, daß der Minister nichts thut, ohne sie erst "um Rath zu fragen."

Rolands Anhänger murrten über diesen unanständigen Ausfall, und bemühten sich, noch eifriger als vorher, die Sache durchzusetzen. Dann trat Cambon auf, und bemerkte, daß ein Minister, den man ersuche an seinem Posten zu bleiben, dadurch minder verantwortlich werde. Nun erklärte Büzot: diese Bemerkung leuchte ihm so ein, daß er seinen Vorschlag selbst zurück nehmen wolle; und niemand bestand nun weiter darauf.

Am folgenden Tage (30 September) schrieb der Minister Roland an die Versammlung: er wolle seinen Posten nicht niederlegen, sondern an seiner Stelle bleiben, weil er sehe, daß die Mehrheit der Mitglieder dieses wünsche; daß man sich über die Eintracht, in welcher er mit seiner Frau lebe, aufhalte, dieß rechne er sich zur Ehre: überhaupt aber sehe er, nach einer reiflichen Ueberlegung, wohl ein, daß es seinem Vaterlande zum großen Vortheile gereichen werde, wenn er Minister bleibe.

Dieser übermüthige, prahlerische Brief, wurde von der Mehrheit mit Beifallklatschen aufgenommen, und es ward beschlossen, denselben drucken zu lassen, und ihn nach den drei und achtzig Abtheilungen Frankreichs sowohl, als nach allen Armeen, zu senden.

Der Streit zwischen den Girondisten und den Maratisten wurde mit großer Wuth betrieben, und von beiden Seiten wurden alle Mittel angewandt, um sich gegenseitig zu stürzen. Die Maratisten waren dadurch mächtig, daß sie den Pariser Bürgerrath und den Kommendanten der Bürgermiliz Santerre, folglich die ganze bewaffnete Macht der Stadt Paris, auf ihrer Seite hatten; die Girondisten hatten die Mehrheit in der Konvention für sich.

Nachdem der Plan, den Minister Roland zu stürzen, mißlungen war, erfanden die Maratisten sogleich einen andern Plan, nämlich die Mitglieder der Girondistenparthei dem Volke verächtlich und verdächtig zu machen. Am ersten Oktober erschien eine Gesandtschaft des Pariser Bürgerrathes vor den Schranken, und erklärte der Versammlung: der Sicherheitsausschuß des Bürgerrathes habe wichtige Originalpapiere entdeckt, aus denen erhellt, daß sich der Finanzausschuß der zweiten Nationalversammlung (dessen vorzüglichste Mitglieder jetzt in der Konvention saßen, und Mitglieder der Rolandischen Parthei waren) von dem Könige habe bestechen lassen, um Dekrete durchzusetzen, die dem gemeinen Wesen schädlich gewesen wären.

Diese angebliche Entdeckung versetzte die Versammlung in die größte Bestürzung, und die Konvention ernannte sogleich einen Ausschuß von vier und zwanzig Mitgliedern, um die Sache zu untersuchen.

Am 24. Oktober stattete dieser Ausschuß der Konvention Bericht ab. Nach der allergenauesten Untersuchung hatte er nicht den mindesten Beweis gegen irgend ein Mitglied der Konvention in den gefundenen Papieren entdecken können; er gab es daher als seine Meinung, daß die ganze Sache bloß erdichtet worden wäre, um einen ungegründeten, verleumderischen Verdacht auf einige Mitglieder zu werfen. "Alles was "wir," sagten die Kommissarien, "nach einer genauen "Untersuchung in jenen Papieren gefunden haben, ist "die schreckliche Gewißheit, daß eine große Anzahl von "denen, die im September in den Gefängnissen sind ermordet worden, ganz unschuldig waren. Dieses Verbrechen fällt dem Sicherheitsausschusse des Bürgerrathes zur Last, welcher durch willkührliche Verhaftsbefehle eine Menge Personen in den Gefängnissen hat "anhäufen lassen, wobei man sich sogar oft in den Nahmen geirrt hat." — Bei diesen Worten erhoben die Girondisten ein lautes Geschrei des Unwillens. "Endlich," rief ein Mitglied aus, "endlich ist es Zeit, daß "diese blutdürstigen Tyrannen für ihre Verbrechen bestraft werden! endlich ist es Zeit, daß das Volk seine "wahren Feinde kennen lerne!" — Barbaroux trat auf, und sprach: "Sie haben Euch schändlich hintergangen, als sie bisher kamen und behaupteten, daß sie Beweise von Bestechung, nebst dem Verzeichnisse der bestochenen Personen, in Händen hätten: sie haben nichts, sie haben keine Beweise." Lecointre klagte

Marat, als den Urheber dieses Komplotts, an. Marat trat auf, er konnte aber nur mit Mühe zum Worte kommen. Endlich fing er an: "Ich will mich nicht so "weit erniedrigen, auf Schmähreden zu antworten; ver, "möge meiner politischen Absichten, vermöge meiner Ge, "sinnungen, vermöge meiner Art die Dinge anzusehen, bin "ich über Eure Dekrete erhaben. Ihr seid nicht im "Stande, mich etwas sehen zu machen, was ich nicht "sehe, und Ihr könnet nicht machen, daß ich nicht "sehe was ich sehe. Ihr wäret nicht einmal hier, "wenn ich nicht auf die öffentliche Meinung gewirkt, "und dieselbe vorbereitet hätte."..... Lautes Ge, lächter und unwilliges Murren der Girondisten unter, brach hier Marat, der sich aber dadurch nicht irre machen ließ, und endlich die Mitglieder der Gironde, parthei überhaupt, namentlich aber Guadet, förm, lich anklagte.

Guadet trat auf. "Ich wundere mich gar nicht," sprach er, "daß ich von einem Manne angeklagt werde, dessen Nahmen niemals über meine Lippen gehen zu las, sen ich mir zur Pflicht mache. Sobald ich erfuhr, daß ich zum Mitgliede der Konvention gewählt werden sollte, ward mir bange. Mir ward bange, daß ich der Kollege einiger Personen werden sollte, die unter Revolution Morden, unter Freiheit Ausgelassen, heit, und unter Vaterland Parthei und Faktion verstehen!"

Die Girondisten sahen immer mehr und mehr ein, daß ihnen kein anderes Mittel übrig bliebe, als sich dem Pariser Bürgerrathe, welcher den Beschlüssen der Konvention nicht gehorchte, mit Gewalt entgegen zu setzen, und ihn entweder zur Unterwerfung zu zwingen, oder ihn abzudanken. Zu diesem Ende wurde der Plan erneuert, aus allen Abtheilungen Frankreichs eine, aus

Freiwilligen bestehende, ansehnlich bewaffnete Macht nach Paris zu berufen, die, von allen andern Obrigkeiten unabhängig, bloß zum Dienste der Konvention vorhanden seyn, und von keinem andern, als von ihrem Befehle, in Bewegung gesetzt werden sollte. Da die Girondisten in der Konvention die Mehrheit ausmachten und die Oberhand hatten, so schmeichelten sie sich, daß diese bewaffnete Macht ganz zu ihrem Befehle stehen würde, und zu keinen andern, als zu ihren Zwecken, würde gebraucht werden können. Demzufolge sagte Lanjuinais am fünften Oktober: "es ist jetzt nöthiger, als jemals, eine öffentliche bewaffnete Macht "zu errichten, denn wir sind hier nicht sicher. "Ich verlange, daß sogleich festgesetzt werde, diese "Macht solle aus 24,000, in den 83 Abtheilungen ge= "wählten, Männern bestehen, 6000 derselben sollen "beständig im Dienste seyn, und alle Vierteljahre sollen "sie abwechseln." Die Konvention wies diesen Vorschlag an den Kriegsausschuß.

Sobald die Maratisten sahen, daß es den Girondisten wirklich Ernst wäre, diesen Plan auszuführen, setzten sie sich aus allen Kräften dagegen. Sie wiegelten zu Paris das Volk auf, sich dieser Maasregel zu widersetzen. Schon am sechsten Oktober erschien eine Gesandtschaft der Sektion des Tempels und beklagte sich, daß die Konvention fremde Truppen wolle kommen lassen; daß sie den Parisern so wenig Zutrauen zeige, dessen diese doch so würdig wären; und daß dadurch die Stadt Paris den übrigen Abtheilungen verdächtig gemacht würde.

Am siebenten Oktober kam eine andere Gesandtschaft der Sektion des Gravilliers. Diese sprach schon lauter und dreister. Sie verlangte, daß dem Könige bald und ohne Aufschub der Prozeß gemacht werde;

sie beklagte sich über verschiedene Beschlüsse der Konvention; und endlich sagte sie: "Die Männer des zehenten Augusts wollen nicht leiden, daß diejenigen, "die sie mit ihrem Zutrauen beehrt haben, auch nur "Einen Augenblick vergessen sollen, das Volk sei der "Souverain. Von dem Grundsatze gehen wir nicht "ab: daß es zwar recht ist, den Gesetzen zu gehorchen, "aber eben so recht, den Despoten zu widerstehen, "u. s. w."

Endlich stattete Buzot am achten Oktober, im Nahmen des Ausschusses, über die Einrichtung der bewaffneten Macht, welche die Konvention umgeben sollte, Bericht ab.

Am zehenten Oktober wurde der Pariser Bürgerrath von den Girondisten angeklagt, eine Menge Kostbarkeiten aller Art, welche theils den Ausgewanderten, theils den in den Gefängnissen Ermordeten zugehörten, unterschlagen und unter seine Mitglieder vertheilt zu haben. Man verlangte, daß dieser Bürgerrath Rechnung ablegen sollte. Dagegen setzten sich seine vormaligen Mitglieder, vorzüglich Bourdon und Thuriot. Barbaroux sagte: der Bürgerrath habe selbst gestanden, daß seit dem zehenten August eine große Menge Silbergeschirr und 1,100,000 Livres in baarem Gelde abhanden gekommen sei. — Die Mitglieder dieses Bürgerraths stahlen so unverschämt, daß sie sich ihrer Diebstähle sogar rühmten. Sergent, Panis, und andere, trugen die gestohlenen Fingerringe und Uhren der Ermordeten öffentlich und ohne Scheu. Am eilften Oktober bewies Cambon der Konvention einen neuen Diebstahl des Bürgerraths, der mehrere Millionen betrug. Marat behauptete hierauf, der Minister Roland hätte sich ebenfalls eines Theils der Diamanten der Ausgewanderten bemächtigt, und führte die Häuser an, aus welchen er dieselben zu sich genommen hatte. Diese Anklage hatte keinen Erfolg, ungeachtet sie, wie mehrere Umstände bewiesen, nicht ganz ungegründet war.

Am 19 Oktober erschien endlich vor den Schranken eine Gesandtschaft im Nahmen aller acht und vierzig Sektionen der Stadt Paris. Diese Gesandtschaft überbrachte eine Bittschrift gegen die zu errichtende Leibwache der Nationalkonvention. In dieser Bittschrift hieß es: "Ihr wollet Euch den Tyrannen gleich machen, "und mit einer Leibwache Euch umgeben, mit einer "Prätorianischen Leibwache. Paris hat die Revolution "des zehenten Augusts bewirkt, und Paris wird diese "Revolution zu behaupten wissen. Die Sektionen der "Stadt Paris erklären Euch, daß sie dieses Vorhaben "gehässig und gefährlich finden. . . . Welcher freche "Mensch hat es wagen dürfen, nur zu vermuthen, daß "das Volk einen solchen Beschluß würde durchgehen lassen! . . . Ihr müsset wissen, daß Ihr unter den Augen von Männern handelt, die Euer Betragen genau "beobachten, und Eure Beschlüsse abwiegen! Das Volk "wird sich vor keinem Gesetze bücken, ehe es nicht dasselbe genehmigt hat. Paris hat Frankreich frei gemacht, "und Paris wird Frankreich frei erhalten." — So wagte es der Pariser Pöbel mit der Nationalkonvention zu sprechen!

Als die Girondisten sahen, daß die Ausführung ihres Plans so außerordentliche Schwierigkeiten hatte, da suchten sie durch andere Mittel ihre Absichten zu erreichen. Barbaroux, welcher die Marseiller nach Paris geführt hatte, die daselbst am zehenten August so große Verbrechen ausübten, schrieb nach Marseille, man möchte ihm sobald als möglich ein neues Bataillon nach Paris senden, welches die Girondisten aus dem Nationalschatze besolden würde. Schon am neunzehnten Oktober kamen diese Marseiller zu Paris an, und am ein und zwanzigsten erschien eine Gesandtschaft von ihnen vor den Schranken der Konvention. Diese sagte: "Die Küsten des Mittelländischen Meeres haben wir verlassen, und sind Paris zu Hülfe gekommen. Man sagt uns, wir hätten keine anderen Feinde mehr, als die Aufwiegler, und die Leute, die nach dem Diktatorthum schmachten. Ihr gehöret allen drei und achtzig Abtheilungen Frankreichs, folglich auch uns zu, eben so gut als der Stadt Paris. Es gibt zwar Leute, wie wir hören, welche die Pariser überreden wollen, daß die Konvention die Absicht habe, sich zu tyrannischen Zwecken mit einer Prätorianischen Leibwache zu umgeben. Diese Verleumdung wollen wir mit Einem Worte widerlegen: wir werden zu der Wache gehören. Stellvertreter des Volkes! die Söhne der Marseiller verstehen sich eben so gut darauf zu gehorchen, als zu fechten; sie hassen die Diktatoren nicht weniger als sie die Könige hassen. Ihr aber könnet, zur Unterstützung Eures Gesetzes und Eures Ansehens, fest auf sie zählen."

Nach diesem Redner trat ein anderer hervor, und klagte Marat in heftigen Ausdrücken an. Er nannte ihn einen blutdürstigen Mann, der bloß nach Mord und Todschlag schmachte, und verlangte ein Anklagedekret gegen Marat.

Der Präsident erinnerte den Redner, die einem Stellvertreter des Volkes schuldige Achtung nicht aus den Augen zu setzen. "Nicht gegen den Stellvertreter "Marat spreche ich," rief der Redner, "sondern gegen "Marat den Flugschreiber, den Mordbrenner, ruft die "Französische Republik, ruft die menschliche Natur "Euch zur Rache auf!"

Die Girondisten setzten es durch, daß diese Anklage an den Wohlfahrtsausschuß verwiesen wurde. Ueberhaupt war die Bittschrift der Pariser-Sektionen eine Maasregel der Maratisten, und vorzüglich Dantons; die Bittschrift der Marseiller hingegen eine Maasregel der Girondisten, und vorzüglich Rolands. a)

Am 24 Oktober las Lasource eine lange, von ihm ausgearbeitete, Rede in der Konvention ab. Er schilderte in derselben die Revolution, und sagte: in solchen stürmischen Zeiten gebe es allemal auch Bösewichter, welche aus ihren Schlupfwinkeln hervor kröchen, welche die Schande und die Plage solcher Revolutionszeiten wären, welche die Grimmigkeit wilder Thiere mit dem Zorne der Menschen verbänden, und welche der Dolche der Meuchelmörder nicht weniger, als der Keule des Volkes, sich bedienten. Marat erkannte sich in dieser Schilderung, ungeachtet sein Nahme nicht genannt wurde. Er unterbrach den Redner, und rief: "das schickt sich nicht!" — Sobald die Rede zu Ende war, bat er um das Wort. Der Präsident schlug es ihm ab, endlich aber erhielt er es, da er darauf bestand, dennoch. "Nicht einige im Verborgenen lebende Staats"bürger," sprach er, "welche unaufhörlich die Rechte "des Volks vertheidigen, sind die Feinde der Nation, "sondern die ungetreuen Stellvertreter des Volks, die "bestochenen öffentlichen Beamten; vorzüglich aber die "infamen Minister, welche, um ihrem Ehrgeize zu fröh"nen, willkührliche Verhaftbefehle gegen die Staats"bürger erlassen! Hier ist ein solcher Verhaftbefehl von "Roland (er zog ihn aus der Tasche). Nur das thut "mir leid, daß der Minister nicht selbst hier ist, um "mich zu hören."

Barbaroux trat auf die Rednerbühne und klagte

a) Moore Journal T. 2. S. 123.

Marat an.) Marat sei nach der Kaserne der neu angekommenen Marseiller gegangen und habe sie zu verführen gesucht; er habe drei Mann von jeder Kompagnie zu sich zum Frühstück gebeten; dann habe er sich gestellt, als nähme er Antheil an ihrem Schicksale; er habe zu den Marseillern gesagt: er bedaurte, daß sie so schlechtes Quartier hätten; die Dragoner in der Militairschule wohnten weit besser, und zwar deßwegen, weil sie Gegenrevolutionairs und Aristokraten, ehemalige Kammerdiener, Kutscher und Leibgardisten wären, die sich für Patrioten ausgäben; die Marseiller hätten Marats treulose Absichten gemerkt, und das Frühstück ausgeschlagen.

Die Girondisten riefen von allen Seiten: Barbaroux sollte diese Anzeige aufsetzen, und dieselbe dem Sicherheits-Ausschusse der Konvention zur näheren Untersuchung übergeben. Marat nahm Himmel und Erde zu Zeugen der Reinheit seiner Absichten, und sagte, die Sache sei ganz klar. Er habe seine Freunde, seine Brüder, die Marseiller besucht; er habe Soldaten und Offiziere zu sich gebeten, damit sich keiner beklagen könne, zurückgesetzt zu seyn; sein Herz habe sich empört, als er gesehen habe, wie schlecht sie behandelt würden, während die Dragoner in schönen himmelblauen Röcken einher gingen, und gut bezahlt wären. Nun sei man frech genug, aus dieser patriotischen Höflichkeit einen politischen Plan machen zu wollen.

Die Versammlung beschloß dessen ungeachtet, daß der Sicherheits-Ausschuß über diese Anklage gegen Marat nächstens einen Bericht abstatten solle. Ein Deputirter setzte hinzu: er habe Marat sagen gehört, es müßten noch 270,000 Köpfe springen, ehe die Ruhe hergestellt seyn würde. a) Ein an-

a) Mercure François 1792. Novembre S. 23.

beter Deputirter erklärte: auch er hätte diese Rede aus Marats Munde gehört. Mit frecher Stirne stand jetzt Marat auf, und sagte ganz gelassen: "Freilich, das habe ich gesagt. Ist es ein Verbrechen, so bringt mich um. Ich wiederhole es, es ist meine Meinung." – Alles verstummte vor Entsetzen. Da fing Marat wieder an: "Ja, ja, das ist meine Meinung. Wer darf sich unterfangen, hier einen Deputirten wegen seiner Meinung zur Rede zu stellen? Meinungen müssen frei seyn. Nun, was rechnet Ihr mir dann so hoch an? Ich sagte: eher habt Ihr weder Frieden noch Ruhe, ehe Ihr nicht den Unterdrückern des Volks die Köpfe würdet abgeschlagen haben. Sehr bescheiden nahm ich an, es wären ihrer nur 270,000. Und darum will man mich verklagen! Auch deßwegen, weil ich dem neulich von Marseille gekommenen Bataillon mehr Achtung bewiesen, als irgend ein anderes Mitglied der Konvention. Sind dieß Verbrechen, so schneidet mir den Hals ab." Hier strich er sich mit der Schärfe seiner rechten Hand über den Hals.

Ich schließe diese Abtheilung meines Buches mit einer Schilderung des damaligen Zustandes von Paris, die ich, damit man mich keiner Partheilichkeit beschuldige, nicht selbst verfertigen, sondern von einem bekannten Republikanischgesinnten Demokraten entlehnen, und nur die Sprache verbessern will. a)

"Die Republikanische Regierungsform verspricht erst spät Früchte zu tragen; denn wir sind durch die letzten Krämpfe wenigstens um zwölf Jahrzehende zurück gewichen..... Die besser erzogene Bürgerklasse zu Paris hat sich, halb freiwillig halb aus Furcht, dem Publikum entzogen, oder ist aus den Aemtern verwiesen, oder wagt nicht ihre Stimme zu erheben..... Wer sich nicht wie

a) Archenholz Minerva. 1793. Februar. S. 295.

ein Miethkutscher ausdrückt, tolle Einfälle und Brutalitäten schnaubet, auf alle schimpft und lästert, die nicht in Ton, Geberden und Denkungsart, dem Pöbel sich gleich stellen; der wird als ein Feuillant zum Stillschweigen gebrüllt, oder gar mit Mißhandlungen bedroht. Kurz alles, was eine beßere Erziehung verräth, ist verdächtig geworden. Und dieß mag wohl der höchste und bejammernswertheste Grad der Anarchie seyn, wann alle gesitteten Bürger das Zutrauen verlieren; wann der Bannstrahl des großen Haufens, auf die veredelte Moral fällt; wann man die Begriffe von Unwissenheit und Tugend ausschließlich zusammen gesellt, und alle Aufklärung mit Zetergeschrei verdammt. . . . Eben der Bürgerrath, dessen Dummheiten und Verbrechen in dem Berichte des Ministers Roland Stück für Stück ans Licht gebracht sind, bestehet noch; eine Bande mit Mord und Diebstahl beladener Halunken, wovon die Hälfte weder schreiben noch lesen kann, beherrscht willkührlich die Hauptstadt und zeigt Lust die, bis jetzt nur vergebliche De´rete gegen sie schleudernde, Konvention aus derselben zu vertreiben. Die Konvention befindet sich unter der Ruthe einer Handvoll abgedankter Bedienter und Nachttopf-Austrägerinnen; nämlich derjenigen Leute, welche die Gallerien füllen, dort die eigentlichen Vertreter des Volkes vorstellen, und Lob und Tadel ausspenden; oder vielmehr bald unsinnigen Jubel, bald Zoten und Schimpfreden heulen. Die Konvention sieht in ihrer Mitte, ohne sie ausstoßen zu können, die Urheber der Greuelthaten des Septembers; nach Raub und Gewalt dürstende Bösewichter; verkappte Königlichgesinnte, die keine andere Absicht hegen, als die Republik herabzuwürdigen und über den Haufen zu werfen. Sergent, Tallien, Robert u. s. w. tragen auf ihrem Leibe die den Ermordeten abgenommene Beute. Marat gesteht in der Versammlung öffentlich: seine Meinung sei, daß noch 250,000 Bürger, das heißt, alle Edelleute, alle Exprivilegirte, alle aufgeklärten Männer, welche keine Beweise ihres Maratischen Bürgersinnes gegeben, zum allgemeinen Beßten ermordet werden müßten. Robespierre sagt: wir wollen noch ein mal über Paris die Sichel der Gleichheit schwingen; und Danton, welcher mit dem Gelde der Nation die Meuchelmörder bezahlt hat, versichert, daß dieselbe von allen ihren Feinden würde befreit worden seyn, wenn man ihm zehen Millionen mehr anvertraut hätte. Indessen hat er einem jeden Generale einen sichern Mann zugegeben, mit dem Auftrage, den General zu ermorden, sobald er Verrätherei oder Zweideutigkeit zu bemerken glaube. Im ehemaligen Jakobinerklub erklären die Barfüßer den zweiten September für den Haupttag der Patrioten; und Anacharsis Cloots (der sich, aus Verzweiflung darüber, daß er allen vernünftigen Leuten verächtlich ist, zu dieser Rotte gesellt hat) behauptet: daß innerhalb kurzer Zeit nicht mehr würde gefragt werden, ob Jemand Patriot oder Aristokrat sei, sondern ob er den zweiten September billige, oder nicht? und daß ein zweites Blutbad nothwendig sei..... Die Gallerien sind mit Stöcken bewaffnet, und wer sich zum Beßten der Vernunft zu sprechen untersteht, über den fällt der Feind von allen Seiten her.... In den Sektionen geht es eben so zu.... Giebt es wohl etwas Demüthigenderes, als, nach so vielen und großen Erschöpfungen von Kraft, und Muth, und Geist, sich aus den Klauen des Durchlauchtigen in die Klauen des Durchlöcherten Pöbels gefallen zu sehen?

Ende des neunten Bandes.

www.ingramcontent.com/pod-product-compliance
Lightning Source LLC
Chambersburg PA
CBHW022115300426
44117CB00007B/712